H. P. Lovecraft

Der Schatten über Innsmouth

H. P. Lovecraft

Der Schatten über Innsmouth

und andere Horrorerzählungen

Herausgegeben und neu übersetzt
von Florian F. Marzin

Anaconda

Penguin Random House Verlagsgruppe FSC® N001967

Die Deutsche Nationalbibliothek verzeichnet diese Publikation in der Deutschen Nationalbibliografie; detaillierte bibliografische Daten sind im Internet unter http://dnb.d-nb.de abrufbar.

Umschlagmotiv: Shutterstock / Krisnaokky, Furiarossa
Umschlaggestaltung: www.katjaholst.de
Satz und Layout: Intermedia – Lemke e. K., Heiligenhaus
Druck und Bindung: GGP Media GmbH, Pößneck
Printed in Germany
ISBN 978-3-7306-1265-1
www.anacondaverlag.de

Inhalt

Die Farbe aus dem All

Westlich von Arkham erheben sich die Hügel steil in die Höhe, und es gibt tiefe Täler mit ausgedehnten Wäldern, die noch nie eine Axt gesehen haben. In den engen, dunklen Schluchten neigen sich die Bäume in fantastischen Winkeln und schmale Wasserläufe plätschern dahin, ohne dass jemals ein Sonnenstrahl sie trifft. Auf den sanfteren Hängen stehen Gehöfte, alt und wackelig, mit gedrungenen, vom Moos überwachsenen Gebäuden, die im Windschatten der hohen Bergkämme seit Ewigkeiten über die Geheimnisse des alten Neuengland brüten. Doch jetzt stehen sie alle leer, die großen Kamine sind verfallen, und die mit Schindeln verkleideten Mauern krümmen sich gefährlich unter den niedrigen Walmdächern.

Die einstigen Bewohner haben sie verlassen, und Fremde wollen hier nicht leben. Franco-Kanadier haben es versucht, Italiener ebenfalls, und die Polen waren gekommen und wieder gegangen. Es liegt an nichts, was man sehen oder hören könnte oder mit dem man zurechtgekommen wäre, sondern hat mit der Einbildung zu tun. Der Ort tut der Einbildung nicht gut und bringt in der Nacht auch keine ruhigen Träume. Das muss es sein, was die Fremden aus der Gegend fernhält, denn der alte Ammi Pierce hat ihnen nie das erzählt, was er von den seltsamen Tagen noch weiß. Ammi, der schon seit Jahren ein bisschen verwirrt ist, ist der Einzige, der noch dort ausharrt oder der überhaupt noch von den seltsamen Tagen spricht, und er wagt es nur, weil sich sein Haus sehr nahe an den offenen Feldern und den viel befahrenen Straßen rund um Arkham befindet.

Es gab einmal eine Straße über die Hügel und durch die Täler, die genau dort hindurchführte, wo sich jetzt die Öde Heide befindet, doch die Leute benutzten sie nicht mehr, und es wurde eine neue gebaut, die sich in großem Abstand Richtung Süden schlängelt. Man kann immer noch Spuren der alten Straße zwischen dem Unkraut der zurückkehrenden Wildnis finden, und Teile davon werden immer noch vorhanden sein, selbst wenn die Hälfte der Senken für das neue Wasserreservoir geflutet sein werden. Dann werden die dunklen Wälder gefällt werden und die Öde Heide wird tief unter dem blauen Wasser schlummern, in dessen Oberfläche sich der Himmel spiegeln und die sich im Sonnenlicht kräuseln wird. Und die Geheimnisse der seltsamen Tage werden eins sein mit den Geheimnissen der Tiefe, mit der Sage vom alten Ozean und all den Mysterien der urzeitlichen Welt.

Als ich mich in den Hügeln und Tälern auf die Suche nach einem Platz für das neue Reservoir begab, warnte man mich, dieser Ort sei böse. Man hat mir das in Arkham gesagt, und weil dies eine sehr alte Stadt voller Legenden ist, dachte ich, dass das Böse etwas sein müsste, was die Großmütter seit Jahrhunderten ihren Kindern zuraunten. Die Bezeichnung »Öde Heide« erschien mir sehr seltsam und übertrieben, und ich fragte mich, wie sie wohl Eingang in die Folklore von Puritanern gefunden hatte. Dann erblickte ich mit eigenen Augen das sich nach Westen erstreckende, dunkle Gewirr von Schluchten und Abhängen und bezweifelte nichts mehr, außer die alten Mysterien, die darin lagen. Ich sah es im Morgenlicht, doch dort lauerten immer die Schatten. Die Bäume standen eng beieinander, und ihre Stämme waren zu dick für jeden gesunden, neuenglischen Wald. Die Stille in den schmalen Wegen zwischen ihnen war zu groß und der Boden zu weich von dem feuchten Moos und den Lagen von unendlichen Jahren des Verfalls.

Auf den Lichtungen, hauptsächlich entlang der alten Straße, lagen kleine Bauernhöfe, manchmal standen noch alle Gebäude, manchmal nur ein oder zwei und manchmal gab es nur noch einen einzelnen Schornstein oder ein sich schnell mit Schutt füllendes Kellergewölbe. Unkraut und Dornenbüsche hatten die Herrschaft übernommen, und verborgene, wilde Dinge raschelten im Unterholz. Über allem schwebte ein Hauch von Ruhelosigkeit und Bedrücktheit, ein Anflug von Unwirklichkeit und des Abseitigen, so als ob sich ein wichtiges Element der Perspektive oder des Spiels von Licht und Schatten verschoben hätte. Ich wunderte mich nicht, dass keiner der Fremden hier bleiben wollte, denn das war keine Gegend, in der man schlafen wollte. Sie erinnerte zu sehr an eine Landschaft, gemalt von Salvatore Rosa, oder einen abseitigen Holzschnitt aus einer Horrorgeschichte.

Doch das alles war nicht so schlimm wie die Öde Heide. Das erkannte ich in dem Moment, als ich in einem weitläufigen Tal darauf stieß, denn keine andere Bezeichnung würde dazu passen, wie auch nichts anderes zu dieser Bezeichnung passen würde. Als hätte ein Dichter diesen Namen geprägt, als er genau dieser Gegend ansichtig geworden war. Es musste, so überlegte ich bei dem Anblick, das Ergebnis eines Feuers sein, doch warum war niemals etwas Neues auf diesen fünf Morgen grauer Zerstörung gewachsen, die sich offen unter dem Himmel ausbreiteten wie ein großer, von Säure zerfressener Fleck zwischen Wäldern und Feldern? Sie lag im Wesentlichen nördlich der alten Straße, doch griff sie auch ein kleines Stück weit auf die andere Seite über. Ich verspürte ein seltsames Gefühl der Abneigung, mich zu nähern, und tat es schließlich nur, weil meine Arbeit mich dort hindurch- und vorbeiführte. Auf diesem ausgedehnten, freien Gelände gab es keinerlei Vegetation, nur einen feinen, grauen Staub oder Asche, die kein Luftzug je umherzublasen schien. Die Bäume in der Nähe waren gedrungen und wirkten krank, und viele abgestorbene Stämme standen oder lagen verrottet am Rand. Als ich schnell daran vorbeiging, sah ich die zusammengefallenen Ziegel und Steine eines alten Kamins und eines Kellers zu meiner Rechten und den schwarzen, klaffenden Schlund eines aufgegebenen Brunnens, dessen träge Dämpfe sich merkwürdig mit den Sonnenstrahlen vermischten. Im Vergleich dazu wirkten die dahinter liegenden, lang ansteigenden, dunklen Wälder fast einladend, und ich wunderte mich nicht mehr über das furchtsame Geflüster der Leute in Arkham. In der Nähe gab es keine Häuser oder Ruinen, und der Ort musste selbst in vergangenen Tagen einsam und abgelegen gewesen sein. Und in der Dämmerung, aus Angst davor, den seltsamen Ort noch einmal passieren zu müssen, machte ich auf meinem Weg die südliche Straße entlang, zurück in die Stadt, einen großen Bogen darum. Unbestimmt wünschte ich, dass Wolken aufziehen würden, da eine seltsame Verzagtheit angesichts der unendlichen Weiten über mir mich ergriffen hatte.

Am Abend befragte ich ein paar alte Leute über die Öde Heide und was mit der Bezeichnung »seltsame Tage«, die von vielen ausweichend gemurmelt wurde, gemeint sei. Wie auch immer, ich bekam keine wirkliche Antwort, außer dass all diese Mysterien weniger weit zurücklägen, als ich mir vorstellen könne. Es war keineswegs eine Angelegenheit von alten Legenden, sondern etwas, was sich erst in der Lebenszeit derer, die davon sprachen, ereignet hatte. Es war in den Achtzehnhundertachtzigern geschehen; eine Familie war verschwunden oder getötet worden. Die davon sprachen wurden nicht konkret, und weil sie mir alle rieten, den wirren Erzählungen von Ammi Pierce keine Beachtung zu schenken, suchte ich ihn am nächsten Morgen auf. Ich hatte gehört, er wohne allein in dem alten, wackligen Haus, wo die Bäume begannen, sehr mächtige Stämme zu haben. Es war ein Furcht einflößender, altertümlicher Bau, und er strömte den schwachen, üblen Geruch aus, der Häusern eigentümlich ist, die schon viel zu alt sind. Erst nach heftigem, mehrfachem Klopfen konnte ich den alten Mann aufwecken, und als er verhalten zur Tür schlurfte, wurde mir klar, dass er nicht erfreut war, mich zu sehen. Er war nicht so gebrechlich, wie ich erwartet hatte, doch seine Augen hingen auf merkwürdige Weise herunter, und seine unordentliche Kleidung und der weiße Bart ließen ihn müde und verbraucht erscheinen. Da ich nicht wusste, wie ich ihn am besten zum Erzählen bringen könnte, täuschte ich etwas Geschäftliches vor. Ich berichtete ihm von meinen Untersuchungen und stellte ein paar allgemeine Fragen über die Gegend. Er war weit aufgeweckter und gebildeter, als mir glauben gemacht worden war, und bevor es mir noch bewusst wurde, hatte er schon genauso viel von der Angelegenheit erfasst wie jeder andere Mann, mit dem ich in Arkham gesprochen hatte. Er verhielt sich nicht wie andere Bauern in den Bereichen, wo Reservoirs angelegt werden sollten. Von ihm kam kein Widerspruch dagegen, dass Kilometer von alten Wäldern und Ackerland ausgelöscht würden, wie es wahrscheinlich der Fall gewesen wäre, wenn sein Heim nicht weit außerhalb der Grenzen des zukünftigen Sees gelegen hätte. Er zeigte lediglich Erleichterung, Erleichterung über den Untergang der dunklen, alten Täler, durch die er sein Leben lang gestreift war. Es sei besser, dass sie jetzt im Wasser versinken würden – besser sie verschwänden – seit den seltsamen Tagen – im Wasser. Und mit diesem Hinweis wurde seine raue Stimme leiser, während er sich vorbeugte und seinen rechten Zeigefinger bedeutungsvoll und zitternd erhob.

Das war der Zeitpunkt, an dem ich die Geschichte erfuhr und als die faselnde Stimme kratzend und flüsternd erzählte, erschauderte ich, trotz des warmen Sommertages, immer wieder. Oftmals musste ich sein Geschwafel unterbrechen, wissenschaftliche Zusammenhänge, die er nur in einer Art von mangelhaft erinnerter Gelehrtensprache nachplapperte, zurechtrücken und Zusammenhänge herstellen, wenn ihm der Sinn für Logik und Kontinuität verloren ging. Als er geendet hatte, wunderte ich mich nicht, dass sein Geist etwas verwirrt war und warum die Bewohner von Arkham nicht viel über die Öde Heide sprachen. Ich beeilte mich, noch vor Sonnenuntergang in mein Hotel zu kommen, damit ich nicht im Freien, mit den Sternen über mir, sein müsste. Am nächsten Tag kehrte ich nach Boston zurück und kündigte meine Stellung. Ich konnte nicht noch einmal in dieses Chaos von Wäldern und Hängen gehen oder erneut dieser grauen, öden Heide gegenübertreten, wo der tiefe, schwarze Brunnen neben den verfallenen Ziegeln und Steinen gähnte. Die Reservoire werden schon bald gebaut, und all diese uralten Geheimnisse werden sicher unter den Wassermassen begraben sein. Doch selbst dann werde ich wohl diese Gegend nicht bei Nacht besuchen – zumindest nicht, wenn die unheimlichen Sterne am Himmel stehen, und nichts wird mich dazu bringen, das neue städtische Wasser von Arkham zu trinken.

Es begann alles, wie der alte Ammi sagte, mit dem Meteoriten. Davor hätte es, seit den Zeiten der Hexenprozesse, keine unnatürlichen Legenden gegeben, und selbst damals wurden diese westlichen Wälder nicht halb so gefürchtet wie die kleine Insel im Miskatonic River, wo der Teufel neben einem seltsamen Steinaltar, der älter als die Indianer war, Hof hielt. Es waren keine verwunschenen Wälder und die fantastische Abenddämmerung in ihnen war bis zu den seltsamen Tagen nie schrecklich gewesen. Dann war mittags jene weiße Wolke gekommen, eine Reihe von Explosionen in der Luft und die Rauchsäule über dem Tal tief in den Wäldern. Und in der Nacht hatte ganz Arkham von dem großen Stein gehört, der vom Himmel fiel und neben dem Brunnen auf Nahum Gardners Hof einschlug. Das war das Gebäude, das sich dort befand, wo sich die Öde Heide entwickeln sollte – das hübsche, weiße Haus von Nahum Gardner inmitten fruchtbarer Felder und Obstgärten.

Nahum war in die Stadt gekommen, um den Leuten von dem Stein zu berichten, und hatte auf dem Weg dorthin bei Ammi Pierce vorbeigeschaut. Ammi war damals vierzig Jahre alt gewesen, doch all die seltsamen Dinge waren ihm heute noch deutlich präsent. Er und seine Frau hatten die drei Professoren von der Miskatonic-Universität begleitet, die am nächsten Morgen herbeigeeilt kamen, um den unheimlichen Besucher aus unbekannten Regionen des Weltraums in Augenschein zu nehmen. Sie wunderten sich, warum Nahum ihn am Tag zuvor als sehr groß bezeichnet hatte. Er sei geschrumpft, sagte Nahum, als er auf den großen, braunen Haufen auf der zusammengeschobenen Erde und das verkohlte Gras nahe dem alten Brunnenschacht in seinem Vorgarten deutete, doch die gelehrten Männer entgegneten, dass ein Stein nicht schrumpfen würde. Der Stein strahlte immer noch Hitze aus, und Nahum sagte, dass er in der Nacht schwach geleuchtet habe. Die Professoren bearbeiteten ihn mit einem Geologenhammer und meinten, dass er seltsam weich sei. Er war in Wahrheit so weich, dass er beinahe formbar war, und sie schabten eher ein Stück davon heraus, als dass sie es abschlugen, um es für Untersuchungen mit zum College zu nehmen. Sie legten es in einen alten Eimer, den sie sich aus Nahums Küche ausborgten, denn selbst das kleine Stück kühlte nicht ab. Auf dem Rückweg legten sie bei Ammis Haus eine Rast ein, und als Mrs Pierce sagte, dass das Stück kleiner und sich durch den Eimerboden brennen würde, machten sie besorgte Gesichter. Ohne Zweifel war es nicht groß, aber vielleicht hatten sie einfach weniger genommen, als sie glaubten.

Am Tag danach – all das spielte sich im Juni 1882 ab – fielen die Professoren in heller Aufregung erneut ein. Als sie bei Ammi vorbeikamen, erzählten sie ihm, was für seltsame Dinge in Zusammenhang mit der Probe passiert seien und wie sie vollständig verschwunden sei, nachdem man sie in ein Becherglas gelegt habe. Auch das Becherglas sei verschwunden, und die gelehrten Männer berichteten über die merkwürdige Wirkung des Steins auf Siliziumverbindungen. Er hatte sich in dem gut organisierten Labor ziemlich ungewöhnlich verhalten, er veränderte sich nicht und es gab keine Anzeichen von eingeschlossenen Gasen, als man ihn über Holzkohle erhitzte. Er reagierte überhaupt nicht, als man ihn in ein Bad von borsaurem Natron legte, und zeigte sich schon bald völlig unempfindlich gegenüber jeder Temperatur, der man ihn aussetzte, einschließlich einem Schweißbrenner. Auf dem Amboss erwies er sich als überaus formbar und in der Dunkelheit war sein Leuchten deutlich erkennbar. Hartnäckig weigerte er sich abzukühlen, und schon bald befand sich das College wirklich in Aufregung, da bei der Erhitzung das Spektrometer glänzende Linien von im normalen Spektrum bisher unbekannten Farben gezeigt hatte. Es gab hastige Erörterungen von neuen Elementen, bizarren optischen Eigenschaften und anderen Dingen, die Wissenschaftler verwirren, und so sagten sie lediglich, was Wissenschaftler gewöhnlich sagen, wenn sie mit etwas Unbekannten konfrontiert werden.

So heiß wie er war, untersuchten sie ihn unter Einsatz sämtlicher infrage kommender Chemikalien in einem Schmelztiegel. Wasser bewirkte nichts, Salzsäure ebenso wenig. Salpetersäure und selbst Königswasser zischte und spritzte nur, wenn sie auf seine heiße, undurchdringliche Oberfläche trafen. Ammi hatte Schwierigkeiten, sich an all das in der richtigen Form zu erinnern, doch als ich ihm einige der üblichen Lösungsmittel nannte, erkannte er sie wieder. Man versuchte es mit Ammoniak und Ätznatron, Alkohol und Äther, dem ekelhaften Schwefelkohlenstoff und Dutzend anderen Stoffen, doch obwohl die Masse mit der Zeit immer mehr abnahm und das Bruchstück langsam abzukühlen schien, zeigte doch kein Lösungsmittel irgendeine Wirkung auf die Substanz. Ohne Zweifel handelte es sich dabei um eine Art Metall. Zum einen war es magnetisch, und nachdem man es in die Säuren gelegt hatte, schienen schwache Spuren der Widmannstätten-Strukturen erkennbar, wie man sie in Meteor-Eisen gefunden hatte. Als die Abkühlung einen beträchtlichen Fortschritt gemacht hatte, führte man die Untersuchungen in Glasbehältern fort, und man ließ all die kleinen Stücke, die man von dem Stein genommen hatte, nach der Arbeit damit in einem Becherglas zurück. Am nächsten Morgen waren die Stücke und das Becherglas spurlos verschwunden, und nur ein verkohlter Fleck zeigte die Stelle auf dem Holzbrett, wo es sich einmal befunden hatte.

Das alles hatten die Professoren Ammi erzählt, während sie bei seinem Haus eine Pause einlegten, und wieder begleitete er sie, um sich den steinigen Boten von den Sternen anzusehen, allerdings war seine Frau beim zweiten Besuch nicht dabei. Diesmal war deutlich zu sehen, dass der Stein geschrumpft war, und selbst die nüchternen Professoren konnten nicht die Wahrheit dessen leugnen, was sie sahen. Überall um den verblassenden, braunen Haufen in der Nähe des Brunnens befand sich eine freie Fläche, außer dort, wo sich in der Erde die Furche befand, doch entgegen den zwei Metern Länge vom Tag zuvor, betrug diese jetzt kaum eineinhalb Meter. Die Furche strahlte immer noch Hitze ab, und die Gelehrten studierten sie neugierig, während sie ein weiteres, größeres Stück des Steins mit Hammer und Meißel entfernten. Sie drangen tief ein, und als sie die Probe entnahmen, sahen sie, dass der Kern des Dinges nicht wirklich gleichförmig war.

Was sie freigelegt hatten, schien die Oberfläche einer großen, farbigen Kugel zu sein, die in der Substanz eingebettet war. Die Farbe, die an einige der Streifen in dem seltsamen Spektrum der Meteoritensubstanz erinnerte, war fast unmöglich zu beschreiben, und es war auch nur eine Analogie, es überhaupt Farbe zu nennen. Die Oberfläche glänzte, und als man darauf klopfte, vermittelte sie den Eindruck sowohl von Sprödigkeit als auch Hohlheit. Einer der Professoren schlug leicht mit dem Hammer dagegen, und die Kugel zerbrach mit einem beunruhigenden, leisen Plopp. Nichts trat daraus hervor, und jede Spur von dem Ding verschwand mit dem Zerbrechen. Zurück blieb ein Hohlraum von ungefähr acht Zentimetern Durchmesser, und jeder war der Überzeugung, dass man weitere finden würde, wenn sich die umgebende Substanz aufgelöst hätte.

Doch diese Vermutung war falsch, denn nachdem eifrige Versuche, durch Bohrungen weitere Kugeln zu finden, vergeblich waren, blieben die Suchenden einzig mit ihrer neuen Probe zurück, die sich aber als genauso erstaunlich erwies wie die vorherige. Abgesehen von der Ähnlichkeit mit Kunststoff, der Hitze, dem Magnetismus, einer schwachen Leuchtkraft, dem langsamen Abkühlen in konzentrierten Säuren, dem unbekannten Spektrum, dem Verfall in der Luft und der zerstörerischen Wirkung auf Siliziumverbindungen gab es keine, wie auch immer gearteten Identifizierungsmerkmale, und nach Abschluss der Untersuchungen waren die Wissenschaftler des Colleges gezwungen zuzugeben, dass sie es nicht einordnen konnten. Es war nichts von dieser Erde, sondern ein Stück aus dem Weltraum, und somit gehörte es zu außerirdischen Bereichen und unterlag außerirdischen Gesetzen.

In dieser Nacht tobte ein Gewitter, und als die Professoren am nächsten Tag zu Nahum hinausfuhren, erwartete sie eine bittere Enttäuschung. Der Stein, da er ja magnetisch war, musste eine bestimmte elektrische Ladung gehabt haben, denn er hatte die Blitze mit einer einzigartigen Kraft angezogen, wie Nahum es ausdrückte. Sechs Mal während einer Stunde hatte der Bauer Blitze in die Furche in seinem Vorgarten einschlagen sehen, und als das Gewitter vorüber war, blieb nichts weiter zurück als eine zerfetzte Grube bei der Brunnenöffnung, halb verbrannt und tief aufgerissen. Grabungen brachten nichts ein, und die Wissenschaftler fanden sich damit ab, dass alles verschwunden war. Es war ein völliger Misserfolg, sodass nichts übrigblieb, als zurück in die Labore zu gehen, und erneut das sich verflüchtigende Bruchstück zu untersuchen, das man sorgfältig in einem Bleibehälter verwahrte. Das Bruchstück überdauerte noch eine Woche, doch am Ende hatte man nichts von Bedeutung erfahren. Als es verschwunden war, war nicht das kleinste Krümelchen zurückgeblieben, und nach einer gewissen Zeit waren sich die Professoren sicher, dass sie wirklich mit offenen Augen einen rätselhaften Teil der unergründlichen Tiefen des Weltraums erblickt hatten, eine einsame, geheimnisvolle Botschaft von anderen Universen und anderen Bereichen der Materie, Kräfte und des Daseins.

Die Zeitungen in Arkham machten unter tätiger Hilfe der College-Professoren aus diesem Ereignis natürlich eine große Sache und Reporter suchten Nahum Gardner und seine Familie auf. Mindestens eine Bostoner Zeitung schickte einen Schreiberling, und Nahum wurde schnell zu so etwas wie einer lokalen Berühmtheit. Er war ein hagerer, leutseliger Mensch um die fünfzig und lebte mit seiner Frau und drei Söhnen in einem hübschen Gehöft im Tal. Er und Ammi besuchten sich häufig gegenseitig, wie es auch ihre Frauen taten, und nach all den Jahren war Ammi noch voll des Lobes für ihn. Nahum schien einigermaßen stolz auf die Aufmerksamkeit, die seiner Wohnstatt widerfahren war, und in den darauffolgenden Wochen sprach er häufig von dem

Meteoriten. Im Juli und August war es heiß, und Nahum hatte mit der Heuernte auf den zehn Morgen Land jenseits von Chapman's Brook alle Hände voll zu tun, und sein klappriger Karren riss tiefe Furchen in die schattigen Wege. Die Arbeit ermüdete ihn mehr als noch vor Jahren, und er fühlte, wie das Alter begann, seinen Tribut zu fordern.

Dann kam die Zeit der Obsternte. Birnen und Äpfel gelangten langsam zur Reife, und Nahum schwor, dass seine Obstgärten mehr trugen als jemals zuvor. Die Früchte wuchsen zu ungewöhnlicher Größe und mit ungewohntem Glanz heran und in solcher Fülle, dass man zusätzliche Fässer besorgen musste, um ihrer Herr zu werden. Doch mit der Ernte kam die totale Enttäuschung, denn trotz des prächtigen Aussehens und des vordergründigen Glanzes war nicht ein einziges Exemplar genießbar. Zwischen den feinen Geschmack der Birnen und Äpfel hatte sich eine Bitterkeit und Übelkeit erregende Note geschlichen, sodass selbst der kleinste Bissen eine anhaltende Abscheu auslöste. Dasselbe traf auf die Melonen und Tomaten zu, und Nahum stellte traurig fest, dass seine gesamte Ernte verloren war. Schnell stellte er eine Verbindung zwischen den Ereignissen her und erklärte, dass der Meteorit den Boden verseucht hätte, und dankte dem Himmel, dass die meisten anderen Feldfrüchte sich auf dem höher gelegenen Acker an der Straße befanden.

Der Winter kam früh und wurde sehr kalt. Ammi traf Nahum nicht mehr so oft wie üblich, stellte aber fest, dass sein Freund besorgt wirkte. Auch der Rest der Familie schien wortkarg geworden zu sein, und ihre Kirchenbesuche oder die Teilnahme an den verschiedenen, gemeinsamen Veranstaltungen der Landleute waren nur sehr spärlich. Für diese Zurückhaltung oder Traurigkeit fand man keine Erklärung, doch die gesamte Familie gestand ab und zu ein, nicht ganz gesund zu sein und ein leichtes Gefühl der Beunruhigung zu haben. Es war Nahum selbst, der die genaueste Aussage von allen machte, als er erklärte, dass er von bestimmten Fußabdrücken im Schnee verwirrt sei. Es gab natürlich die üblichen winterlichen Spuren von Eichhörnchen, Kaninchen und Füchsen, doch der grüblerische Bauer bestand darauf, etwas gesehen zu haben, dessen Form und Anordnung nicht zusammenpassten. Er ging niemals ins Detail, doch schien er zu glauben, dass diese Spuren nicht zu dem Körperbau und dem Verhalten von Eichhörnchen, Kaninchen und Füchsen passten. Ammi schenkte diesem Gerede wenig Aufmerksamkeit, bis zu jener Nacht, als er auf dem Rückweg von Clarks Corner mit seinem Schlitten an Nahums Haus vorbeikam. Der Mond stand am Himmel, und ein Kaninchen rannte über die Straße, und die Sprünge dieses Kaninchens waren weiter als es Ammi oder seinem Pferd gefiel. Letzteres war gerade noch durch ein heftiges Reißen an dem Zügel am Durchgehen zu hindern. Danach brachte Ammi Nahums Erzählungen mehr Interesse entgegen und fragte sich, warum die Hunde der Gardners jeden Morgen so eingeschüchtert waren und zitterten. Sie hatten, so stellte sich heraus, fast gänzlich den Willen zum Bellen verloren.

Im Februar waren die Jungs von McGregor aus Meadow Hill unterwegs, um Murmeltiere zu jagen, und nicht weit von Gardners Haus erwischten sie ein ganz besonderes Exemplar. Die Form des Körpers schien auf eine seltsame Art, die man nicht beschreiben kann, anders zu sein, während das Gesicht einen Ausdruck hatte, den man nie zuvor bei einem Murmeltier gesehen hatte. Die Jungs waren überaus erschrocken und warfen das Ding sofort weg, sodass nur ihr abseitiger Bericht jemals den Landleuten zur Kenntnis kam. Doch das Scheuen der Pferde in der Nähe von Nahums Haus war jetzt allgemein bekannt und wurde zum Auslöser geflüsterter Vermutungen, die schnell eine bestimmte Form annahmen.

Die Leute schworen, dass der Schnee um Nahums Haus schneller schmelzen würde, als sonst wo, und Anfang März kam es in Potters Kramladen in Clark's Corner zu einer verhaltenen Auseinandersetzung. Stephen Rice war am Morgen bei den Gardners vorbeigefahren und hatte gesehen, wie der Stinkkohl schon aus dem Schlamm am Rand des Waldes auf der anderen Seite der

Straße aufgeschossen war. Noch nie hatte er so große Exemplare davon gesehen und von einer so seltsamen Farbe, dass man sie nicht in Worte fassen konnte. Seine Form war monströs, und das Pferd hatte bei dem Geruch, der Stephen völlig unbekannt war, geschnauft. An diesem Nachmittag fuhren mehrere Leute an der Stelle vorbei, um die unnatürlichen Gewächse in Augenschein zu nehmen, und alle waren der Meinung, dass Pflanzen dieser Art nicht in eine intakte Welt gehörten. Man erwähnte ganz offen das Obst aus dem zurückliegenden Herbst, und es ging von Mund zu Mund, dass Nahums Land vergiftet sei. Natürlich lag es an dem Meteoriten, und als man sich erinnerte, wie merkwürdig die Männer vom College den Stein eingeschätzt hatten, sprachen einige der Bauern mit ihnen über diese Angelegenheit.

Eines Tages statteten die Professoren Nahum einen Besuch ab, aber da sie keinen Sinn für wilde Erzählungen und ländliche Folklore hatten, waren sie bei ihren Schlussfolgerungen sehr vorsichtig. Die Pflanzen waren sicherlich ungewöhnlich, doch alle Stinkkohlarten seien mehr oder weniger seltsam in Form, Geruch und Farbe. Vielleicht waren irgendwelche Mineralien aus dem Stein in den Boden gedrungen, doch die würden schon bald weggeschwemmt sein. Und was die Spuren und die verängstigten Pferde betraf – war das ganz sicher nur ländliches Gerede, das so ein Phänomen wie der Meteorit fast folgerichtig auslöste. Für ernsthafte Männer gab es in Fällen von wilden Gerüchten wirklich nichts zu tun, denn das abergläubische Landvolk würde ja alles glauben und weitererzählen. Und daraufhin blieben alle Professoren in den seltsamen Tagen aus Geringschätzung der Gegend fern. Nur einer von ihnen, als man ihm zwei Phiolen mit Staub in Zusammenhang mit einer polizeilichen Ermittlung eineinhalb Jahre später zur Analyse übergab, erinnerte sich daran, dass die seltsame Farbe des Stinkkohls sehr stark einem der abnormalen Lichtstreifen ähnelte, die man im Spektrometer des Colleges bei der Untersuchung eines Bruchstücks des Meteors gesehen hatte und ebenfalls bei jener spröden Kugel, die in dem Stein aus den Abgründen des Weltraums eingebettet gewesen war. Die Proben in der polizeilichen angeordneten Analyse zeigten anfangs die gleichen seltsamen Streifen, verloren diese Eigenschaften später dann aber.

Rund um Nahums Gehöft schlugen die Bäume zu früh aus, und nachts schwankten sie geheimnisvoll im Wind. Nahums zweiter Sohn Thaddeus, ein Junge von fünfzehn Jahren, beschwor, dass sie auch schwankten, wenn kein Wind wehe, doch selbst die Gerüchteküchen würdigten diese Aussage nicht. Wie auch immer, es lag eindeutig Unruhe in der Luft. Die gesamte Gardner Familie entwickelte die Gewohnheit, beständig verstohlen zu lauschen, allerdings nicht auf ein Geräusch, das sie bewusst hätten benennen können. Dieses Lauschen war eher in den Momenten angesiedelt, in denen das Bewusstsein schon halb hinweggedämmert war. Leider wurden diese Momente von Woche zu Woche beständig häufiger, sodass man inzwischen allgemein davon sprach; »mit allen Gardeners ist etwas nicht in Ordnung«. Als der frühe Steinbrech aufblühte, hatte auch er eine seltsame Farbe, nicht genau dieselbe wie der Stinkkohl, aber deutlich ähnlich und ebenso jedem unbekannt, der sie sah. Nahum brachte einige der Blüten nach Arkham und zeigte sie dem Herausgeber der *Gazette*, doch dieser ehrenwerte Mann tat nichts anderes, als einen humorvollen Artikel zu schreiben, in dem die dunklen Ängste der Landbevölkerung einem höflichen Spott ausgesetzt wurden. Es war ein Fehler von Nahum gewesen, dem sturen Städter davon zu erzählen, wie sich die zu groß geratenen Trauermantelschmetterlinge in Zusammenhang mit dem Steinbrech verhielten.

Im April breitete sich eine Form von Wahnsinn unter der Landbevölkerung aus, und man begann, die Straße an Nahums Gehöft vorbei zu meiden, was schließlich zu ihrer völligen Aufgabe führte. Es lag an der Vegetation. Alle Bäume des Obstgartens blühten unentwegt in seltsamen Farben, und durch den steinigen Boden des Hofs und des sich anschließenden Weidelandes sprossen bizarre Gewächse, die nur ein Botaniker in die übliche Flora der Region hätte einordnen können. Nirgendwo waren gesunde, gewohnte Farben zu sehen, außer beim Gras und dem Laubwerk der Bäume, doch ansonsten gab es nur diese erschütternden, spektralfarbigen Abwandlungen in einer kranken, unterschwelligen, urzeitlichen Schattierung, die keine Entsprechung in den bekannten, irdischen Farben hatte. Der blühende Doppelsporn wirke wie eine unheilvolle Drohung, und die Blutwurz breitete sich unverschämt in ihrer perversen Farbgebung aus. Ammi und die Gardners glaubten, die meisten der Farben wiesen eine quälende Vertrautheit auf und kamen zu dem Ergebnis, dass sie an die spröde Kugel in dem Meteor erinnerten. Nahum pflügte und säte die zehn Morgen Weideland und den höher gelegenen Acker, machte aber nichts mit dem Land um das Haus herum. Er wusste, dass es keinen Zweck hätte und hoffte, dass der seltsame Bewuchs im Sommer das ganze Gift aus dem Boden sog. Inzwischen war er auf fast alles vorbereitet und hatte sich an das Gefühl gewöhnt, dass etwas in seiner Nähe war und darauf wartete, gehört zu werden. Dass die Nachbarn sein Haus mieden, setzte ihm natürlich zu, seiner Frau allerdings noch mehr. Die Jungs waren besser dran, gingen sie doch jeden Tag in die Schule, dennoch versetzten sie die Gerüchte in Angst. Thaddeus, ein besonders empfindsamer Junge, litt am meisten.

Im Mai kamen die Insekten, und Nahums Gehöft entwickelte sich zu einem Albtraum aus Summen und Gekrabbel. Die meisten der Tiere schienen in ihrem Aussehen und ihren Bewegungen nicht ganz normal zu sein, und ihr nächtliches Verhalten stand im Gegensatz zu allen vorherigen Erfahrungen. Die Gardners begannen, nachts Ausschau zu halten – planlose Ausschau in alle Richtungen nach etwas …, von dem sie nicht wussten, was es war. Es war zu diesem Zeitpunkt, als sie einräumen mussten, dass Thaddeus mit den Bäumen Recht gehabt hatte. Mrs Gardner war die nächste, die es vom Fenster aus sah, als sie die angeschwollenen Äste eines Ahorns gegen den vom Mond erleuchteten Himmel beobachtete. Die Äste bewegten sich, obwohl kein Wind wehte. Es musste der Saft sein. Etwas Seltsames hatte von allem, was jetzt wuchs, Besitz ergriffen. Und doch war es kein Mitglied von Nahums Familie, das die nächste Entdeckung machte. Die Gewohnheit hatte sie abgestumpft, und das, was sie nicht mehr sahen, erblickte ein schüchterner Vertreter für Windmühlenmodelle aus Bolton, der in Unkenntnis der ländlichen Legenden dort vorbeifuhr. Was er in Arkham zu berichten hatte, erschien als kurze Meldung in der *Gazette* und dort erfuhren auch alle Bauern, einschließlich Nahum zum ersten Mal davon. Die Nacht war dunkel gewesen, und die Lampen des Buggy leuchteten nur noch schwach, doch im Umkreis dieses Gehöfts im Tal, von dem jeder wusste, dass es sich um Nahums handeln musste, sei die Dunkelheit weniger undurchdringlich gewesen. Von der gesamten Vegetation, ob Gras, Blätter oder Blüten, ging unterschiedslos ein bestimmtes Leuchten aus, während einen Augenblick lang ein losgelöstes, phosphoreszierendes Stück verdächtig in dem Hof neben der Scheune herumschwirrte.

Bis zu diesem Zeitpunkt glaubte man, das Gras sei davon nicht betroffen, und die Kühe liefen frei auf der Weide neben dem Haus herum, doch gegen Ende Mai begann die Milch schlecht zu schmecken. Danach hatte Nahum die Kühe auf das oberhalb gelegene Land getrieben, und die Probleme waren damit verschwunden. Nicht lange danach konnte man die Veränderungen am Gras und dem Laub mit bloßem Auge erkennen. Das ganze Gemüse wurde grau und entwickelte eine absolut einzigartige Form von Sprödigkeit. Ammi war jetzt die einzige Person, die das Gehöft noch besuchte, und auch seine Besuche wurden immer seltener. Als die Schule für die Sommerferien schloss, waren die Gardners tatsächlich von der Welt abgeschnitten, und manchmal ließen sie Ammi ihre Besorgungen in der Stadt erledigen. Sie verfielen auf merkwürdige Weise sowohl körperlich als auch geistig, und niemand war überrascht, als die Nachricht vom Wahnsinn der Mrs Gardner die Runde machte.

Es trug sich im Juni zu, ungefähr um die Zeit, als der Meteor ein Jahr zuvor herabgestürzt war, und die arme Frau schrie Dinge in der Luft an, die sie nicht beschreiben konnte. Während ihres Tobens gab sie nicht ein einziges Substantiv von sich, nur Verben und Pronomen. Dinge bewegten und veränderten sich, flatterten herum und die Ohren klingelten ihr von Schwingungen, die keine richtigen Töne waren. Etwas riss sie hinweg – ihr wurde etwas ausgesaugt – etwas klammerte sich an ihr fest, was dort nicht sein sollte – jemand musste es wegnehmen – nichts war jemals still in der Nacht – die Mauern und Fenster bewegten sich. Nahum brachte sie nicht in die Irrenanstalt des Countys, sondern ließ sie im Haus herumstreichen, solange sie nicht sich selbst oder anderen etwas antat. Selbst als sich ihr Zustand verschlechterte, unternahm er nichts. Doch als die Jungs vor ihr Angst bekamen, und Thaddeus fast in Ohnmacht gefallen war, als sie ihm Grimassen schnitt, beschloss er, sie auf dem Dachboden einzuschließen. Im Juli sprach sie nicht mehr und kroch auf allen vieren herum, und bevor dieser Monat vergangen war, hatte Nahum den verrückten Eindruck, dass sie in der Dunkelheit schwach leuchtete, genauso wie er es deutlich an der umgebenden Vegetation sah.

Nicht lange vor diesen Geschehnissen waren die Pferde durchgegangen. Irgendetwas hatte sie erschreckt, und ihr Wiehern und Ausschlagen in den Boxen war schrecklich gewesen. Offensichtlich konnte man nichts tun, um sie zu beruhigen, und als Nahum den Stall öffnete, stürmten sie heraus wie verängstigte Rehe. Es dauerte eine Woche, bis man die vier Tiere wieder gefunden hatte, und es stellte sich heraus, dass sie jetzt unbrauchbar und unbeherrschbar waren. Irgendetwas war in ihren Köpfen passiert, und alle mussten zu ihrem eigenen Wohl erschossen werden. Nahum lieh sich für die Heuernte ein Pferd von Ammi, doch es stellte sich heraus, dass es nicht bereit war, sich der Scheune zu nähern. Es scheute, schlug aus und wieherte, und schließlich brachte man es vom Hof, während die Männer aus eigener Kraft den schweren Wagen zum Heuboden bringen mussten, um ihn bequem entladen zu können. Die Vegetation wurde weiterhin grau und spröde. Selbst die Blumen, deren Farbe so seltsam war, wurden jetzt grau, und die Früchte wurden grau, verschrumpelten und waren ohne Geschmack. Die Astern und Goldruten blühten grau und verkümmerten, auch die Rosen, Zinnien und Malven im Vorgarten waren zu blasphemisch aussehenden Dingern geworden, weshalb Nahums ältester Sohn, Zenas, sie wegschnitt. Zur gleichen Zeit starben die seltsam angeschwollenen Insekten, und selbst die Bienen hatten ihre Stöcke verlassen und waren im Wald verschwunden.

Als der September kam, verwandelte sich die gesamte Vegetation schnell zu einem grauen Staub, und Nahum befürchtete, dass auch die Bäume absterben würden, bevor das Gift aus dem Boden heraus war. Seine Frau hatte jetzt Anfälle, in denen sie schrecklich schrie, und er und seine Söhne befanden sich in einem andauernden Zustand nervlicher Anspannung. Sie mieden jetzt andere Menschen, und als die Schule begann, gingen die Jungs nicht hin. Allerdings war es Ammi, der bei einem seiner seltenen Besuche feststellte, dass das Wasser aus dem Brunnen nicht mehr in Ordnung war. Es hatte einen üblen Geschmack, nicht wirklich stinkend oder salzig, und Ammi riet seinem Freund, weiter oben einen neuen Brunnen zu graben und diesen zu benutzen, bis der Boden wieder in Ordnung wäre. Aber Nahum ignorierte den Hinweis, denn zu diesem Zeitpunkt war er schon unempfindlich gegenüber seltsamen und unangenehmen Dingen geworden. Er und seine Söhne nutzten weiter das verdorbene Wasser, tranken es lustlos und gleichgültig, so wie sie ihre kargen und schlecht zubereiteten Mahlzeiten einnahmen und ihre undankbaren und eintönigen häuslichen Pflichten die inhaltslosen Tage hindurch erfüllten. Über ihnen lag so etwas wie eine teilnahmslose Resignation, so als bewegten sie sich zum Teil in einer anderen Welt zwischen Reihen namenloser Wächter auf einen sicheren und vertrauten Untergang zu.

Im September wurde Thaddeus, nachdem er am Brunnen gewesen war, wahnsinnig. Er war mit einem Eimer losgegangen und kam mit leeren Händen zurück, schreiend und mit den Armen fuchtelnd, und manchmal schaute er sich verwirrt um oder flüsterte etwas wie »die sich bewegenden Farben dort unten«. Zwei in einer Familie war ziemlich übel, doch Nahum zeigte sehr viel Mut. Er ließ den Jungen eine Woche lang frei herumlaufen, bis er anfing zu stolpern und sich zu verletzen, dann schloss er ihn auf dem Dachboden in einem Raum ein, der dem seiner Mutter gegenüberlag. Die Art, wie sie sich durch die geschlossenen Türen anschrien, war sehr schrecklich, besonders für den kleinen Merwin, der mitbekam, wie sie in einer schrecklichen Sprache redeten, die nicht von dieser Erde war. Merwin begann beängstigend zu fantasieren und seine Ruhelosigkeit verschlimmerte sich, nachdem man seinen Bruder, der sein liebster Spielkamerad war, weggeschlossen hatte.

Nahezu gleichzeitig breitete sich das Sterben unter dem Vieh aus. Das Geflügel wurde grau und starb sehr schnell, sein Fleisch war trocken und beim Schneiden war es widerlich. Die Schweine wurden ungewöhnlich fett, und dann plötzlich fanden ekelerregende Veränderungen statt, die sich niemand erklären konnte. Natürlich war ihr Fleisch ungenießbar, und Nahum war mit seiner Weisheit am Ende. Keiner der Tierärzte auf dem Land würde sein Gehöft betreten, und der städtische Veterinär aus Arkham war deutlich überrascht. Die Schweine fingen an, grau und spröde zu werden, und noch bevor sie starben, fielen sie in Stücke, und ihre Augen und Schnauzen wiese einzigartige Veränderungen auf. Das war unerklärlich, denn man hatte sie nie mit den verdorbenen Pflanzen gefüttert. Dann geschah etwas mit den Kühen. Bestimmte Körperteile, manchmal auch der gesamte Körper, schienen auf unheimliche Art ausgedörrt oder zusammengedrückt, und scheußliche Dellen oder Zersetzungen waren an der Tagesordnung. Im letzten Stadium – und das Ende war immer der Tod – wurden sie grau und spröde, genau wie die Schweine. Eine Vergiftung kam nicht infrage, denn in allen Fällen befanden sich die Tiere in einer abgeschlossenen und unbehelligten Scheune. Keine Bisse von irgendwelchem herumkriechenden Viehzeug konnte den Virus eingeschleppt haben, denn welches Tier auf Erden konnte ein so festes Hindernis überwinden? Es konnte nur eine natürliche Krankheit sein – doch welche Krankheit solche Auswirkungen haben könnte, das lag jenseits aller Vermutungen. Als die Erntezeit kam, lebte auf dem Gehöft kein einziges Tier mehr, das Vieh und das Geflügel war tot, und die Hunde waren weggelaufen. Diese Hunde, drei an der Zahl, waren alle in einer Nacht verschwunden, und man hat nie mehr von ihnen gehört. Die fünf Katzen hatten sich schon vorher aus dem Staub gemacht, doch ihr Verschwinden war nicht weiter zur Kenntnis genommen worden, da es den Anschein hatte, dass es auch keine Mäuse mehr gab, und da nur Mrs Gardner an den anmutigen Katzen als Haustiere Gefallen gefunden hatte.

Am neunzehnten Oktober taumelte Nahum in Ammis Haus und brachte grässliche Neuigkeiten. In seinem Dachzimmer hatte den armen Thaddeus der Tod ereilt, und zwar auf eine Weise, die man nicht aussprechen kann. Nahum hatte in der umzäunten Familiengrabstätte hinter dem Gehöft ein Grab ausgehoben und dort hineingelegt, was er gefunden hatte. Es konnte nichts von außerhalb gewesen sein, denn das vergitterte, kleine Fenster und die verriegelte Tür waren unversehrt, die Umstände waren so wie in der Scheune. Ammi und seine Frau kümmerten sich, so gut es ging, um den verstörten Mann, waren allerdings in gleicher Weise erschüttert. Es schien, als beherrschte etwas überaus Schreckliches das Gardner-Gehöft und alles, was damit in Berührung kam, und die Anwesenheit eines Mitglieds aus dieser Familie in ihrem Haus war wie der Atem von etwas Unbekanntem und Unaussprechlichem. Ammi begleitete Nahum mit größtem Widerstreben nach Hause und tat sein Möglichstes, den hysterisch schluchzenden, kleinen Merwin zu beruhigen. Zenas brauchte nicht beruhigt zu werden. Er saß letztendlich nur da, starrte in die Ferne und machte das, was sein Vater ihm auftrug. Ammi dachte, dass sein Schicksal sehr gnädig war. Ab und zu wurden Merwins Schreie leise von dem Dachboden herab beantwortet, und als Antwort auf einen fragenden Blick erklärte Nahum, dass seine Frau sehr schwach geworden sei. Als die Nacht hereinbrach, schaffte es Ammi wegzukommen, denn noch nicht einmal seine Freundschaft konnte ihn dazu bringen, an diesem Ort zu bleiben, wenn die Vegetation schwach zu leuchten begann und die Bäume zu schwanken anfingen – oder auch nicht – ohne dass Wind wehte. Es war gut für Ammi, dass er nicht über mehr Fantasie verfügte. Aber wie die Dinge standen, war sein Geist ein bisschen angeschlagen, doch wäre er in der Lage gewesen, all die Anzeichen um ihn herum zu überdenken und in Zusammenhang zu stellen, wäre er mit Sicherheit unweigerlich dem Wahnsinn verfallen. Im Dämmerlicht eilte er nach Hause, während die Schreie der verrückten Frau und des verwirrten Kindes immer noch schrecklich in seinen Ohren klangen.

Drei Tage später, früh am Morgen, taumelte Nahum in Ammis Küche, und in Abwesenheit seines Freundes stammelte er erneut eine schreckliche Geschichte, während Mrs Pierce ihm vor Schreck erstarrt zuhörte. Diesmal war es der kleine Merwin. Er war verschwunden. Er war spät in der Nacht mit einer Laterne hinausgegangen, um einen Eimer Wasser zu holen, und nicht zurückgekommen. Schon seit Tagen war Merwin völlig aus der Fassung gewesen und hatte kaum gewusst, was er tat. Er hatte alles angeschrien. An jenem Abend erscholl ein entsetzlicher Schrei vom Hof, doch bevor der Vater noch die Tür erreichte, war der Junge schon weg. Es gab keinen Lichtschein seiner Laterne und von dem Jungen selbst keine Spur. Zu diesem Zeitpunkt, glaubte Nahum, dass auch die Laterne und der Eimer verschwunden wären, aber als die Morgendämmerung einsetzte und der Mann von seiner die ganze Nacht andauernden Suche in den Wäldern und auf den Feldern zurückkam, fand er einige seltsame Dinge neben dem Brunnen. Dort lag ein zerquetschter und offensichtlich irgendwie geschmolzener Eisenklumpen, der ganz bestimmt einmal die Laterne gewesen war, während ein verbogener Henkel und verdrehte Eisenringe, halb verschmolzen, daneben die Überreste des Eimers zu sein schienen. Das war alles. Nahum war schon darüber hinaus, sich Gedanken zu machen. Mrs Pierce war sprachlos, und Ammi, als er nach Hause kam und die Geschichte hörte, wusste auch nicht, was zu tun sei. Merwin war verschwunden, und es hätte keinen Zweck, die hier lebenden Leute zu informieren, denn die wollten mit den Gardners nichts zu tun haben. Es hätte auch keinen Zweck, die Bewohner in Arkham zu informieren, denn die nahmen das Ganze sowieso nicht ernst. Thad war dahin und nun hatte es auch Mernie erwischt. Irgendetwas kroch immerzu herum und wartete darauf, dass man es sah, fühlte und hörte. Schon bald würde es Nahum erwischen, und er bat Ammi, sich um seine Frau und Zenas zu kümmern, wenn diese ihn überleben würden. Es musste eine Art göttliche Strafe sein, doch er wusste nicht für was, er war immer ein aufrechter Mann im Sinne des Herrn gewesen, zumindest soweit er sich erinnerte.

Mehr als zwei Wochen lang sah Ammi nichts von Nahum, doch dann, in Sorge, was möglicherweise passiert sein könnte, überwand er seine Furcht und stattete den Gardners einen Besuch ab. Aus dem großen Kamin stieg kein Rauch auf, und einen Moment lang rechnete der Besucher mit dem Schlimmsten. Das Aussehen des gesamten Gehöfts war erschreckend – grau gefärbtes Gras und Laub auf der Erde, Weinreben hingen spröde von den alten Mauern und Giebeln herab, und große, kahle Bäume ragten mit offensichtlicher Bösartigkeit in den grauen Novemberhimmel, die, wie es Ammi erschien, durch unterschwellige Veränderung der Neigung der Äste ihre Ursache hatte. Trotz allem lebte Nahum noch. Er war schwach und lag in der niedrigen Küche auf dem Sofa, war aber völlig bei Bewusstsein und konnte Zenas einfache Anweisungen geben. In dem Raum war es eiskalt, und als Ammi deutlich zitterte, rief sein Gastgeber Zenas mit rauer Stimme zu, mehr Holz zu bringen. Holz wurde wirklich gebraucht, da die große Feuerstelle ungenutzt und ohne ein Feuer war und der kalte Wind, der durch den Kamin fuhr, Wolken von Ruß aufwirbelte. Augenblicklich fragte ihn Nahum, ob das Holz es für ihn komfortabler gemacht hätte, und da bemerkte Ammi, was geschehen war. Das stärkste

Seil war schließlich gerissen, und der mitgenommene Geist des Bauern hatte sich gegen weitere Sorgen geschützt.

Vorsichtig Fragen stellend, konnte Ammi aber nicht herausfinden, was mit dem abwesenden Zenas geschehen war. »Im Brunnen – er lebt im Brunnen –«, war alles, was der umnachtete Vater hervorbrachte. Dann ging dem Besucher plötzlich der Gedanke an die wahnsinnige Frau durch den Kopf, und er änderte die Richtung seiner Nachforschungen. »Nabby? Warum, sie ist doch hier!«, war die Antwort des überraschten Nahum, und Ammi wurde schnell klar, dass er selbst nachsehen musste. Er ließ den harmlosen Brabbler auf dem Sofa zurück, nahm die Schlüssel von dem Nagel neben der Tür und stieg die knarrenden Stufen zum Dachboden hinauf. Es war sehr eng und eklig dort oben, und kein Geräusch war zu vernehmen. Von den vier Türen, die man sehen konnte, war nur eine verschlossen, und an dieser probierte er verschiedene Schlüssel aus, die er mitgenommen hatte. Der dritte erwies sich als der passende, und nach einiger Fummelei stieß Ammi die niedrige weiße Tür auf.

In dem Raum war es ziemlich dunkel, da das Fenster klein und mit groben, hölzernen Gitterstäben bestückt war, und Ammi konnte nichts auf dem weißen Holzfußboden sehen. Der Gestank war unerträglich, und bevor er weitergehen konnte, musste er erst zurück in einen anderen Raum und seine Lungen mit atembarer Luft füllen. Als er zurückkam, bemerkte er in einer Ecke etwas Dunkles, und als er genauer hinsah, schrie er auf. Während er noch schrie, glaubte er einen Augenblick lang, eine Wolke hätte das Fenster verdeckt, und eine Sekunde später fühlte er sich von einem hasserfüllten Luftzug berührt. Seltsame Farben tanzten vor seinen Augen, und wenn er nicht durch einen momentanen Schrecken gelähmt gewesen wäre, hätte er vielleicht an die Kugel in dem Meteor gedacht, die der Geologenhammer zerstört hatte, und an die abscheulichen Pflanzen, die im Frühling gewachsen waren. Aber so wie es war, dachte er nur an die blasphemische Monstrosität, der er gegenüberstand und die ganz eindeutig das gleiche Schicksal ereilt hatte wie den jungen Thaddeus und das Vieh. Doch das Entsetzlichste an diesem Schrecken war, dass es sich langsam und deutlich bewegte, während es weiter zerfiel.

Ammi gab keine weiteren Einzelheiten über diesen Vorfall preis, doch jenes Ding in der Ecke tauchte in seiner Erzählung nicht mehr als ein lebendes Objekt auf. Es gibt Dinge, die man nicht erwähnen sollte, und was man aus menschlicher Anteilnahme tat, wird vom Gesetz manchmal als grausam angesehen. Ich vermute, dass auf dem Dachboden nichts Lebendes zurückgelassen wurde, und wenn etwas, das noch lebte, dennoch dort verblieben wäre, dann hätte man es damit zu ewigen Höllenqualen verdammt. Jeder, außer einem sturen Bauern, wäre ohnmächtig oder wahnsinnig geworden, doch Ammi ging bei vollem Bewusstsein durch die niedrige Tür und schloss das verfluchte Geheimnis hinter sich ein. Jetzt musste er sich um Nahum kümmern, man musste ihn ernähren, ihn pflegen und ihn an einen Ort bringen, wo man für ihn sorgen konnte.

Bei seinem Abstieg die dunklen Stufen hinab hörte Ammi unten einen dumpfen Schlag. Er glaubte auch, einen plötzlichen Schrei gehört zu haben, und dadurch aufgeschreckt, erinnerte er sich an den feuchtkalten Luftzug, der ihn in dem fürchterlichen Raum dort oben berührt hatte. Welche Erscheinung hatte diesen Schrei heraufbeschworen? Eine unbestimmte Furcht ließ ihn innehalten, während weitere Geräusche von unten heraufdrangen. Ohne Zweifel wurde dort etwas Schweres herumgeschleppt, und ein überaus abscheuliches, eindringliches Geräusch – wie ein Saugen von einem teuflischen, üblen Wesen – war zu hören. In seiner fieberhaft übersteigerten Vorstellungskraft musste er unerklärlicherweise an das denken, was er auf dem Dachboden gesehen hatte. Herr im Himmel! In welche unheimliche Traumwelt war er nur hineingeraten? Er wagte sich weder einen Schritt vor noch einen zurück, sondern verharrte zitternd auf dem engen Treppenabsatz. Jede Kleinigkeit der Szenerie brannte sich in sein Gehirn ein. Die Geräusche, die fürchterliche Vorahnung, die Dunkelheit, die enge, steile Treppe – und, gütiger Himmel! …, das schwache, doch eindeutige Glühen sämtlichen Holzes in Sichtweite, einschließlich der Stufen, der Paneele, hervorstehender Latten und Balken!

Dann erklang von draußen das verzweifelte Wiehern von Ammis Pferd, gefolgt von einem Klappern, das auf eine kopflose Flucht hindeutete. Einen Moment später waren Pferd und Wagen schon außer Hörweite und ließen den verschrecken Mann auf der dunklen Treppe zurück, der sich fragte, was das Tier wohl in die Flucht getrieben hatte. Doch das war nicht alles, dort draußen waren noch andere Geräusche gewesen. Etwas wie ein Platschen – Wasser –, das musste vom Brunnen stammen. Er hatte sein Pferd, ohne es anzubinden, in der Nähe zurückgelassen, und ein Wagenrad musste die Kante des Brunnens gestreift und einen Stein hineingestoßen haben. Und immer noch glühte das schwache Phosphoreszieren in dem abscheulichen, alten Holz. Mein Gott, wie alt dieses Haus war! Ein Großteil davon schon vor 1670 erbaut, und das Walmdach nicht später als 1730.

Jetzt war ein kraftloses Kratzen auf dem Fußboden unten deutlich zu vernehmen, und Ammis Griff um den schweren Stock, den er auf dem Dachboden zu irgendeinem Zweck an sich genommen hatte, wurde fester. Langsam bekam er seine Nerven wieder unter Kontrolle, beendete seinen Abstieg und ging kühn in Richtung Küche. Doch er kam nicht ganz dorthin, denn was er suchte, war nicht mehr da. Es war ihm entgegengekommen, und es lebte immer noch – irgendwie. Ob es nun gekrochen oder von einer fremden Kraft gezogen worden war, konnte Ammi nicht sagen, doch es war dem Tod ausgeliefert. Alles war in der letzten halben Stunde geschehen, doch der Zusammenbruch, die graue Verfärbung und der Zerfall waren schon weit fortgeschritten. Es war schrecklich spröde, und ausgetrocknete Teile fielen von ihm ab. Ammi brachte es nicht fertig, es zu berühren, blickte aber entsetzt in die verzerrte Parodie, die einmal ein Gesicht gewesen war. »Was ist geschehen, Nahum – was ist geschehen?«, flüsterte er, und die klaffenden, aufgeworfenen Lippen waren gerade noch in der Lage, eine letzte Antwort zu geben.

»Nichts … nichts … die Farbe … sie brennt … kalt und nass, aber sie brennt … es lebt im Brunnen … ich hab es gesehen … eine Art Rauch … fast wie die Blumen letzten Frühling … der Brunnen leuchtet bei Nacht … Thad und Mernie und Zenas … alle leben … saugen das Leben aus allem … in dem Stein … es muss in dem Stein gekommen sein … hat die ganze Gegend vergiftet … ich weiß nicht, was es will … das runde Ding, das die Männer vom College aus dem Stein geholt haben … sie haben es zerbrochen … es hatte dieselbe Farbe … genau dieselbe wie die Blumen und die anderen Pflanzen … müssen noch mehr von ihnen gewesen sein … Samen … Samen … sie wuchsen … diese Woche habe ich sie zum ersten Mal gesehen … müssen durch Zenas stark geworden sein … er war ein großer Junge, voll von Leben … es ringt deinen Geist nieder, und dann kriegt es dich … brennt dich aus … im Wasser des Brunnens … du hattest Recht … böses Wasser … Zenas ist nie vom Brunnen zurückgekommen … konnte nicht wegkommen … zieht dich … du merkst, irgendwas kommt, kannst aber nichts dagegen tun … ich habs hin und wieder gesehen, seit es Zenas geholt hat … was ist mit Nabby, Ammi …? Mein Kopf ist nicht in Ordnung … weiß nicht mehr, wie lange es her ist, dass ich sie gefüttert habe … es wird sie kriegen, wenn wir nicht aufpassen … nur eine Farbe … ihr Gesicht nimmt manchmal nachts die Farbe an … und es brennt und saugt … es kommt von einem Ort, wo die Dinge nicht so sind wie hier … einer der Professoren hat das gesagt … er hatte Recht … nimm dich in Acht, Ammi, es will mehr … saugt das Leben aus …«

Das war alles. Was gesprochen hatte, konnte nicht mehr sprechen, denn es war völlig in sich zusammengefallen. Ammi bedeckte das, was übrig geblieben war, mit einem rotkarierten Tischtuch und torkelte aus der Hintertür in die Felder. Er stieg den Hang hinauf zu den zehn Morgen Weideland und stolperte auf der nördlichen Straße durch die Wälder nach Hause. Er brachte es nicht fertig, noch einmal an dem Brunnen vorbeizugehen, vor dem sein Pferd geflohen war. Er hatte durch das Fenster noch einen Blick darauf geworfen und festgestellt, dass in der Umrandung kein Stein fehlte. Also hatte der schlingernde Wagen nichts losgerissen, das Platschen war von etwas anderem gekommen – etwas, das, nachdem es mit dem armen Nahum fertig war, in den Brunnen gegangen war.

Als Ammi nach Hause kam, waren das Pferd und der Wagen schon da, und seine Frau befand sich in den Klauen der Angst. Nachdem er sie, ohne irgendwelche Erklärungen abzugeben, beruhigt hatte, begab er sich sofort nach Arkham, um die Behörden darüber zu informieren, dass die Familie Gardner nicht mehr existierte. Er nannte keine Einzelheiten, berichtete nur vom Tod von Nabby und Nahum, der von Thaddeus war ja schon bekannt, und erwähnte, dass der Grund der gleiche zu sein schien, der auch für den Tod des Viehs verantwortlich war. Auch gab er an, dass Merwin und Zenas verschwunden seien. Auf der Polizeistation wurde Ammi eindringlich befragt und schließlich dazu verpflichtet, drei Polizisten, zusammen mit dem Leichenbeschauer, einem Arzt und dem Veterinär, der die kranken Tiere behandelt hatte, zum Gehöft der Gardners zu bringen. Widerwillig stimmte er zu, denn der Nachmittag war schon fortgeschritten, und er fürchtete, dass die Nacht über den verfluchten Ort hereinbrechen würde, doch die vielen Leute, die bei ihm waren, beruhigten ihn etwas.

Die sechs Männer fuhren in einem offenen, mehrsitzigen Wagen, der Ammis Buggy folgte, und kamen gegen vier Uhr bei dem heimgesuchten Gehöft an. Obwohl die Beamten an grausame Dinge gewohnt waren, blieb niemand von dem, was man unter der rotkarierten Tischdecke und auf dem Dachboden fand, unberührt. Der gesamte Eindruck des Gehöfts mit dem schrecklichen, grauen Verfall war schon schlimm genug, doch diese beiden, verschrumpelten Objekte waren jenseits aller Grenzen. Niemand ertrug ihren Anblick lange, und selbst der Leichenbeschauer musste zugeben, dass es da nicht viel zu untersuchen gab. Natürlich musste man Proben analysieren, also ging er daran, sie zu nehmen, und an diesem Punkt kam es im Nachhinein zu den überraschenden Entwicklungen im Labor des Colleges, wohin die beiden Phiolen mit Staub schließlich gelangten. Im Spektrometer zeigten sie ein unbekanntes Spektrum, in dem die rätselhaften Streifen genau die gleichen waren, die der seltsame Meteor ein Jahr zuvor aufgewiesen hatte. Die Fähigkeit, dieses Spektrum abzugeben, verschwand innerhalb eines Monats, danach bestand der Staub hauptsächlich aus alkalischen Phosphaten und Karbonaten.

Wenn Ammi geahnt hätte, dass die Männer sofort an Ort und Stelle etwas unternehmen würden, dann hätte er nichts über den Brunnen gesagt. Der Sonnenuntergang stand kurz bevor, und er war bemüht, rechtzeitig wegzukommen, aber er konnte nicht vermeiden, nervös auf die Steineinfassung auf der großen, freien Fläche zu blicken, und als ein Polizist ihn nach dem Grund fragte, gestand Ammi ein, dass Nahum vor irgendetwas dort unten Angst gehabt hatte – und zwar so große, dass er nie auch nur daran gedacht hatte, Merwin und Zenas dort zu suchen. Danach gab es nichts mehr, was die Leute davon abhielt, den Brunnen sofort trocken zu legen und zu untersuchen. Ammi musste zitternd warten, während Eimer nach Eimer faulen Wassers nach oben gebracht und auf dem durchnässten Boden um den Brunnen herum ausgegossen wurde. Die Männer rümpften angewidert die Nasen über die Flüssigkeit, und als es dem Ende zuging, hielten sie sich wegen des Gestanks, den sie nach oben brachten, die Nasen zu. Es dauerte nicht so lange, wie sie befürchtet hatten, da der Wasserstand überaus niedrig war. Es besteht kein Grund, ausführlich zu erwähnen, was sie fanden. Merwin und Zenas waren beide dort, zumindest Teile von ihnen, denn die Überreste bestanden hauptsächlich aus Knochen. Außerdem gab es noch ein kleines Reh und einen großen Hund im gleichen Zustand sowie eine Anzahl Knochen von kleineren Tieren. Der Schlamm und Schleim am Boden schien ungewöhnlich brüchig und warf Blasen. Ein Mann, der an den Griffen in der Brunnenwand mit einem langen Stab nach unten stieg, stellte fest, dass er den hölzernen Stab so weit er konnte in den Schlamm auf dem Boden stecken konnte, ohne auf festen Widerstand zu treffen.

Die Dämmerung war hereingebrochen, und man holte aus dem Haus Laternen. Als man dann feststellte, dass bei dem Brunnen nichts mehr zu holen war, gingen alle hinein, um sich in dem alten Wohnzimmer zu besprechen, während das wechselnde Licht eines geisterhaften Mondes draußen matt über die graue Verwüstung flimmerte. Die Männer standen bei der ganzen Angelegenheit offensichtlich vor einem Rätsel und konnten kein überzeugendes, glaubhaftes Element finden, das einen Zusammenhang herstellte zwischen dem seltsamen Pflanzenwuchs, der unbekannten Krankheit bei Vieh und Menschen und dem unerklärlichen Tod von Merwin und Zenas in dem verseuchten Brunnen. Sie hatten natürlich von den Gerüchten gehört, konnten aber nicht glauben, dass etwas, was den Naturgesetzen so widersprach, sich ereignet hatte. Ohne Zweifel hatte der Meteor den Boden vergiftet, doch die Erkrankung von Vieh und Menschen, die nie etwas gegessen hatten, was auf diesem Boden gewachsen war, war eine ganz andere Sache. War es das Brunnenwasser? Sehr wahrscheinlich. Es wäre wohl eine gute Idee, es zu analysieren. Doch welche Form von Wahnsinn hatte die beiden Jungen dazu gebracht, in den Brunnen zu springen? Ihre Taten waren so ähnlich, und die Überreste beider zeigten, dass sie an dem grauen, spröden Tod gelitten hatten. Warum war alles so grau und spröde?

Zuerst bemerkte der Leichenbeschauer, der neben einem Fenster saß, von dem man den Hof überblicken konnte, das Glühen um den Brunnen herum. Die Nacht war inzwischen vollständig hereingebrochen, und der abscheuliche Boden schien schwach zu leuchten – mehr als es im unbeständigen Mondlicht sein dürfte, doch dieses neue Leuchten war etwas anderes und existierte tatsächlich, und es schien, als käme es aus dem schwarzen Loch wie der gedämpfte Strahl eines Suchscheinwerfers und wurde von den kleinen Pfützen am Boden, wo man das Wasser hingeschüttet hatte, reflektiert. Es hatte eine abseitige Farbe, und als die Männer sich um das Fenster drängten, zuckte Ammi heftig zusammen. Denn die Farbe dieses seltsamen Strahls grässlicher Abscheulichkeit war ihm nicht unbekannt. Er hatte diese Farbe schon einmal gesehen und fürchtete sich, daran zu denken, was sie wohl bedeuten könnte. Er hatte sie an der scheußlichen, spröden Kugel in dem Meteoriten vor zwei Jahren gesehen, an den Pflanzen im Frühling und glaubte, sie auch für einen Moment an diesem Morgen vor dem kleinen, vergitterten Fenster des schrecklichen Dachbodens, wo sich unaussprechliche Dinge ereignet hatten, gesehen zu haben. Sie hatte dort für eine Sekunde aufgeleuchtet, und ein feuchtkalter, Hass erfüllter Luftzug war an ihm vorbeigestrichen – und der bemitleidenswerte Nahum war von etwas dieser Farbe geholt worden. Er hatte das kurz vor seinem Ende gesagt – gesagt, es sei wie die Kugel und die Pflanzen. Danach war das Pferd davongaloppiert, und Ammi hatte das Platschen im Brunnen gehört – und jetzt schickte der Brunnen einen bleichen, heimtückischen Strahl von derselben, dämonischen Farbe in die Nacht.

Es kommt der Aufgewecktheit von Ammis Denken zugute, dass er selbst in diesem Moment der extremen Anspannung über etwas nachdachte, das rein wissenschaftlich war. Er konnte sich aufgrund dessen, was er gelesen hatte, nur wundern, warum ein Dunst, den man bei Tageslicht an einem Morgen durch ein Fenster sah, und Ausdünstungen, die man als phosphoreszierenden Nebel vor einer schwarzen, öden Landschaft sah, den gleichen visuellen Eindruck hinterließen. Das war nicht in Ordnung – das war gegen die Natur –, und er dachte an die letzten schrecklichen Worte seines sterbenden Freundes: »es kommt von einem Ort, wo die Dinge nicht so sind wie hier … einer der Professoren hat das gesagt …«

Die drei Pferde, die an zwei ausgedörrten, kleinen Bäumen neben der Straßen angebunden waren, begannen nun panisch zu wiehern und zu scharren. Der Kutscher des Wagens wollte zur Tür stürmen, um sie zu beruhigen, doch Ammi legte ihm seine zitternde Hand auf die Schulter. »Geh nich da raus«, flüsterte er.

»Da is mehr da draußen, als mer glauben. Nahum hat gesagt, da lebt etwas im Brunnen, das saugt dir das Leben aus. Sagte, es is aus einer runden Kugel gewachsen, so einer, wie wir in dem Meteor gesehen haben, der vor einem Jahr im Juni herunterkam. Es saugt und brennt, sagte er, und hat die gleiche Farbe wie jetzt das Licht dort, man kann es kaum sehen, und weiß nicht, was es ist. Nahum glaubte, es ernährt sich von allem, was lebt, und wird immer stärker. Sagte, er hätt es letzte Woche gesehen. Es muss was sein von weit draußen, von den Sternen, von wo, wie die Männer vom College letztes Jahr gesagt haben, der Meteor herkam. Aus was es ist und wie es funktioniert, ist nicht von Gottes Welt. Es kommt von irgendwo jenseits.«

Die Männer verharrten unentschlossen, während das Licht aus dem Brunnen immer stärker wurde und die angebundenen Pferde immer wilder mit den Hufen scharrten und wieherten. Es war ein wirklich abscheulicher Moment, das Grauen in dem alten und verfluchten Haus selbst, vier ekelhafte Überreste – zwei aus dem Haus und zwei aus dem Brunnen – im Holzschuppen hinter dem Haus und die unheilige Lichtsäule aus den schleimigen Tiefen davor. Ammi hatte den Kutscher ganz impulsiv zurückgehalten, ohne daran zu denken, dass er selbst die Berührung durch den feuchtkalten, farbigen Luftzug auf dem Dachboden unbeschadet überstanden hatte, aber vielleicht war seine Handlungsweise auch in Ordnung. Niemand wird erfahren, was in dieser Nacht da draußen vorging, und bis zu diesem Zeitpunkt hatte die blasphemische Entität aus dem Weltraum keinem menschlichen Wesen, das bei geistiger Gesundheit war, etwas angetan. Man kann nicht sagen, was sie letztendlich mit ihrer deutlich angewachsenen Macht getan hätte, doch Anzeichen dafür waren schon bald im Mondlicht des spärlich mit Wolken bedeckten Himmels zu sehen.

Ganz plötzlich atmete einer der Polizisten am Fenster kurz und heftig ein. Die anderen schauten ihn an, folgten seinem Blick nach oben zu dem Punkt, an dem sein müßiges Umhersehen verharrt hatte. Es brauchte keine Worte. Worüber man in den ländlichen

Gerüchten gestritten hatte, brauchte man jetzt nicht mehr länger zu diskutieren, es war dieses Ding, von dem jeder der Gruppe später dann übereinstimmend flüsterte, wenn es um die seltsamen Tage ging, von denen in Arkham nie gesprochen wurde. Es ist notwendig voranzuschicken, dass es um diese Zeit am Abend windstill war. Später dann kam Wind auf, aber zu diesem Zeitpunkt wehte kein Luftzug. Selbst die trockenen Spitzen der spärlichen Wegrauke, grau und verdorben, und die Fransen an dem Stoffdach des Wagens bewegten sich nicht. Dennoch – mitten in dieser gottlosen Stille – bewegten sich die hohen, kahlen Äste sämtlicher Bäume im Hof. Sie verbogen sich ekelhaft und unkontrolliert, verschränkten sich zuckend in epileptischem Wahnsinn vor den vom Mondlicht beleuchteten Wolken, peitschten wirkungslos in der verderblichen Luft, so als ob eine fremde und körperlose Verbindung mit einem unterirdischen Schrecken an ihren schwarzen Wurzeln zerrte und riss.

Minutenlang wagte keiner der Männer zu atmen. Dann schob sich eine dunkle Wolke vor den Mond, und die Silhouette der verschlungenen Äste verblasste für einen Moment. In diesem Augenblick drang ein rauer, nahezu identischer und von Furcht gedämpfter Schrei aus sämtlichen Kehlen, denn der Schrecken war nicht mit der Silhouette verblasst, und in dem schrecklichen Moment größerer Dunkelheit sahen die Beobachter in den Baumwipfeln Tausende von kleinen Punkten herumwirbeln, die schwach und unheimlich glühten, und sich an den Ästen festsetzten, wie Elmsfeuer oder die Flammen, die an Pfingsten auf die Köpfe der Apostel niedergegangen waren. Es war eine monströse Formation von unnatürlichem Licht – wie ein übersättigter Schwarm von Aas genährten Glühwürmchen, die eine höllische Sarabande über einem verfluchten Moor tanzten – und ihre Farbe war von der gleichen Abseitigkeit, die Ammi gesehen hatte und fürchtete. Und während der ganzen Zeit wurde der Lichtstrahl aus dem Brunnen heller und heller und löste in den Köpfen der zusammengekauerten Männer ein Empfinden von Verderben und Abnormalität aus, das weiter über das hinausging, was sie sich bei klarem Bewusstsein hätten vorstellen können. Es *schien* nicht mehr aus dem Brunnenschacht heraus, sondern es *floss* nun heraus, und als der formlose Strom aus undefinierbarer Farbe den Brunnen verließ, hatte es den Anschein, als würde er direkt in den Himmel aufsteigen.

Der Veterinär zitterte und ging zur Vordertür, um den schweren Querbalken vorzulegen. Ammi zitterte nicht weniger, und da ihm die Stimme versagte, musste er gestikulieren, um die Aufmerksamkeit auf das stärker werdende Leuchten der Bäume zu lenken. Das Scharren und Wiehern der Pferde war absolut beängstigend geworden, doch niemand aus der Gruppe war bereit, sich für irgendetwas auf der Welt darum zu kümmern. Mit jedem Augenblick wurde das Leuchten der Bäume intensiver, während sich ihre Äste unermüdlich immer weiter nach oben streckten. Das Holz der Brunneneinfassung leuchtete jetzt ebenfalls, und dann deutete ein Polizist auf einige Schuppen und Bienenstöcke in der Nähe der westlichen Mauer. Auch sie begannen zu leuchten, doch die abgestellten Pferdewagen der Besucher schienen davon noch nicht betroffen. Dann entstand ein wilder Tumult und Geklapper auf der Straße, und als Ammi die Lampe löschte, um besser nach draußen sehen zu können, erkannte man, dass die beiden Grauschimmel sich losgerissen hatten und mit dem Wagen durchgegangen waren.

Der Schock hatte dazu geführt, dass einige der Männer die Sprache wiedergefunden hatten und aufgeregt miteinander flüsterten. »Es befällt alles Organische, was es hier gibt«, murmelte der Leichenbeschauer. Keiner antwortete, doch der Mann, der in den Brunnen gestiegen war, vermutete, dass sein Stab etwas Unbeschreibliches aufgescheucht haben könnte. »Es war schrecklich«, fügte er hinzu. »Es gab keinen Boden. Nur Schlamm und Blasen und das Gefühl, da unten lauert etwas.« Draußen auf der Straße scharrte und wieherte Ammis Pferd immer noch ohrenbetäubend und übertönte fast das schwache Brabbeln, als sein Besitzer seine unzusammenhängenden Erklärungen murmelte. »Es kam aus diesem Stein ... es wuchs dort unten ... es hat sich alles Lebende geholt ... es ernährt sich von Körper und Geist ... Thad und Mernie, Zenas und Nabby ... Nahum war der Letzte ... sie alle haben das Wasser getrunken ... durch sie wurde es stark ... es kommt von jenseits, wo die Dinge nicht so sind wie hier ... jetzt geht es nach Hause ...«

In diesem Moment, als die Säule von unbekannter Farbe plötzlich heller aufflammte und sich zu fantastischen Andeutungen von Formen verwob, die jeder der Betrachter später anders beschrieb, kam von dem armen, angebundenen Hero ein Laut, wie ihn nie ein Mensch vorher oder nachher von einem Pferd vernommen hat. Alle in dem niedrigen Wohnzimmer hielten sich die Ohren zu, und Ammi wendete sich vor Abscheu und Ekel vom Fenster ab. Worte können es nicht vermitteln – als Ammi wieder hinaussah, lag das unglückliche Tier leblos und zusammengeschrumpft zwischen den zersplitterten Teilen des Buggy im Mondlicht auf dem Boden. Das war das Letzte, was sie von Hero sahen, bis sie ihn am nächsten Tag begruben. Doch im Moment war keine Zeit zu trauern, denn genau in diesem Augenblick lenkte ein Polizist stumm ihre Aufmerksamkeit auf etwas, was sich mit ihnen im selben Raum befand. Ohne Lampenlicht sah man deutlich, dass ein schwaches Phosphoreszieren den Raum erfüllt hatte. Es schimmerte auf den breiten Bodendielen, auf den Fetzen des alten Teppichs und an den kleinen Fensterscheiben. Es lief die hervorstehenden Eckpfeiler hoch und runter, funkelte auf dem Regalbrett und der Kamineinfassung und war auf den Türen und Möbeln. Von Minute zu Minute wurde es stärker und schließlich war offensichtlich, dass ein jedes gesunde Lebewesen dieses Haus verlassen musste.

Ammi zeigte ihnen die Hintertür und den Pfad durch die Felder zu den zehn Morgen Weideland. Sie gingen und stolperten wie in einem Traum und wagten nicht zurückzublicken, bis sie hoch genug auf sicherem Boden waren. Sie waren froh über den Pfad, denn sie hätten nicht den vorderen Weg an dem Brunnen vorbei nehmen können. Es war schon schlimm genug, an der schimmernden Scheune und den Schuppen vorbeizugehen und an den leuchtenden Obstbäumen mit ihrem knorrigen, teuflischen Aussehen, doch glücklicherweise vollführten die Bäume ihre schrecklichsten Windungen hoch oben. Als sie die einfache Brücke über Chapman's Brook überquerten, verschwand der Mond hinter einigen sehr dunklen Wolken, und von da an tasteten sie sich bis zu den offenen Wiesen blind vorwärts.

Als sie zurück ins Tal und zu dem entfernten Gehöft der Gardners dort unten blickten, bot sich ihnen ein Furcht einflößender Anblick. Das ganze Anwesen leuchtete in dieser unbekannten, abscheulichen Farbe; Bäume, Gebäude und auch das Gras und die Kräuter, die sich noch nicht gänzlich zu einer grauen, spröden Masse verwandelt hatten. Die Äste streckten sich alle gen Himmel, und an ihren Spitzen befanden sich ekelhafte Flammenzungen, und lodernde Tropfen desselben monströsen Feuers krochen über die Firste des Hauses, der Scheune und der Ställe. Es war das Bild einer Vision von Füssli, und über allem herrschte das Wüten leuchtender Formlosigkeit, dieser fremde und dimensionslose Regenbogen des rätselhaften Giftes aus dem Brunnen – brodelnd, fühlend, überschwappend, ausgreifend, funkelnd, verzerrend und ekelhaft blubbernd in seiner kosmischen, unbegreifbaren Farbigkeit.

Dann – ohne Vorwarnung – schoss das abscheuliche Ding wie eine Rakete oder ein Meteor zum Himmel auf, ohne eine Spur zu hinterlassen und verschwand durch ein rundes, merkwürdig regelmäßiges Loch in den Wolken, bevor noch jemand Luft holen oder aufschreien konnte. Keiner der Zuschauer kann jemals diesen Anblick vergessen, und Ammi starrte gebannt hinauf zu den Sternen Cygnus und Deneb, die heller als die anderen leuchteten und wo die unbekannte Farbe in der Milchstraße verschwunden war. Doch sein Blick wurde im nächsten Moment durch ein Knacken unten im Tal schnell zur Erde zurückgeholt. Es war nur das. Nur ein hölzernes Reißen und Knacken, keine Explosion, wie andere aus der Gruppe beschworen. Doch das Ergebnis war das gleiche, denn in einem fieberhaften, kaleidoskopischen Augenblick brach aus diesem verfluchten und dem Untergang geweihten Gehöft ein glänzendes, explosives Unheil aus unnatürlichen Funken und Materie hervor, das den Blick der wenigen, die es sahen, verwirrte, und es schickte einen solchen Ausbruch von farbigen und fantastischen Fragmenten in den Himmel, wie es ihn in unserem Universum nicht geben dürfte. Schnell glitt die Erscheinung auf das sich schließende Wolkenloch zu, durch das jenes andere, abseitige Ding schon verschwunden war, um kurz darauf ebenfalls darin zu verschwinden. Hinter und unter ihnen befand sich nur Dunkelheit, in die die Männer nicht wagten zurückzukehren, und um sie herum wehte ein schwarzer, kalter Wind aus den Tiefen des Weltalls. Er brüllte und heulte, peitschte die Felder und zerstörte die Wälder in einer wahnsinnigen, kosmischen Wut, und bald erkannte die Gruppe, dass es keinen Sinn hatte, darauf zu warten, dass der Mond hervorkäme, um zu sehen, was von Nahums Gehöft noch übrig war.

Zu eingeschüchtert, um irgendwelche Theorien aufzustellen, schleppten sich die sieben Männer die nördliche Straße Richtung Arkham entlang. Ammi ging es noch schlechter als seinen Gefährten, weshalb er sie bat, ihn noch bis zu seinem Haus zu begleiten, anstatt direkt in die Stadt zu gehen. Er wollte nicht allein die nächtlichen, sturmgepeitschten Wälder zu seinem Haus an der Hauptstraße durchqueren. Er hatte, anders als die anderen, noch einen zusätzlichen Schock zu verarbeiten und würde ewig unter einer schwärenden Furcht zu leiden haben, über die er jahrelang nicht wagte zu sprechen. Als die Augen der übrigen Beobachter auf dem Wind umtosten Hügel stur auf die Straße gerichtet waren, hatte Ammi einen Augenblick zurückgeschaut auf das überschattete Tal der Verwüstung, das noch bis vor Kurzem seinen unglücklichen Freund beheimatet hatte. Und an diesem heimgesuchten, weit entfernten Ort hatte er etwas sich langsam erheben sehen, nur um gleich wieder an der Stelle zusammenzubrechen, von wo dieser große, gestaltlose Schrecken in den Himmel geschossen war. Es war nur eine Farbe – doch keine Farbe von dieser Welt oder diesem Himmel. Und weil Ammi diese Farbe wahrgenommen hatte und wusste, dass dieser schwache Rest immer noch unten in dem Brunnen lauerte, war er seitdem nicht mehr der alte.

Ammi würde sich nie mehr in die Nähe dieses Ortes begeben. Jetzt ist schon mehr als ein halbes Jahrhundert seit den schrecklichen Ereignissen vergangen, doch er ist nie zurückgekehrt, und er wäre glücklich, wenn das neue Reservoir den Ort endlich auslöschen würde. Ich werde ebenfalls glücklich sein, denn mir gefällt nicht, wie, als ich dort war, das Sonnenlicht um die verlassene Brunnenöffnung herum die Farbe verändert hat. Ich hoffe, dass der Wasserstand des Reservoirs immer sehr hoch ist, doch selbst dann würde ich es nie trinken. Ich glaube nicht, dass ich die Gegend um Arkham noch einmal besuchen werde. Drei von den Männern, die mit Ammi zusammen dort gewesen waren, haben am nächsten Morgen die Ruinen bei Tageslicht noch einmal in Augenschein genommen, doch eigentlich gab es da keine wirklichen Ruinen. Nur die Ziegel des Kamins, die Steine des Fundaments, da und dort irgendwelchen Unrat von Steinen und Metall sowie die Einfassung des schändlichen Brunnens. Außer Ammis totem Pferd, das sie wegbrachten und begruben und dem Buggy, den sie ihm später zurückbrachten, war alles, was einmal gelebt hatte, hinüber. Zurück blieben fünf unheimliche Morgen staubiger, grauer Einöde, auf der seitdem nie etwas gewachsen ist. Bis zum heutigen Tag breitet sie sich dort aus wie eine große Fläche, die von Säure in die Wälder und Felder gefressen worden ist, und die wenigen, die sich trotz der ländlichen Geschichten je getraut haben, einen Blick darauf zu werfen, haben sie die Öde Heide genannt.

Die ländlichen Geschichten sind seltsam. Sie mögen noch seltsamer klingen, wenn Stadtmenschen und College-Chemiker interessiert genug wären, das Wasser aus diesem nicht genutzten Brunnen zu analysieren oder den grauen Staub, den anscheinend kein Wind verwehen kann. Botaniker sollten ebenfalls die verkümmerten Pflanzen am Rand dieser Stelle untersuchen, denn möglicherweise bringen sie Licht in die Behauptung des Landvolks, dass die Fäulnis sich ausbreite – Stück für Stück, vielleicht zwei, drei Zentimeter pro Jahr. Die Leute erzählen, dass die Farbe der in der Nähe wachsenden Kräuter im Frühling nicht ganz in Ordnung sei, und dass die Wildtiere seltsame Abdrücke im winterlichen Schnee hinterließen. Der Schnee schien in der Öden Heide auch nicht so reichlich zu fallen wie sonst wo. Pferde – die wenigen, die es im motorisierten Zeitalter noch gibt – scheuen in dem stillen Tal; und Jäger können sich in der Nähe dieses Flecks von grauem Staub nicht auf ihre Hunde verlassen.

Außerdem behauptet man, gäbe es auch einen schlechten Einfluss auf die Psyche. Eine ganze Reihe von Personen ist in den Jahren nach Nahums Verschwinden seltsam geworden, doch keiner brachte die Kraft auf wegzugehen. Die willensstärkeren Leute verließen alle die Gegend, und nur Ausländer versuchten noch, die alten, heruntergekommenen Gehöfte zu bewohnen. Doch auch sie hielten es nicht lange aus, und man fragte sich, welche Kenntnisse, jenseits der unseren, ihnen ihre wilden, unheimlichen Arten von geflüsterter Magie vermittelt haben. Ihre nächtlichen Träume, so beteuerten sie, wären sehr Angst einflößend in diesem abseitigen Land, und sicherlich reicht allein ein Blick in die dunklen Reiche, um eine morbide Fantasie anzuheizen. Kein Besucher hatte sich jemals des Gefühls der Fremdheit beim Anblick jener tiefen Schluchten entziehen können, und Künstler überkam ein Schauder, wenn sie die dichten Wälder malten, deren Mystik sich nicht nur für das Auge, sondern auch in den Gedanken manifestierte. Ich selbst wundere mich über die Empfindungen, die mich auf meinem einzigen, einsamen Weg überkamen, noch bevor Ammi mir seine Geschichte erzählte. Als die Dämmerung hereinbrach, wünschte ich mir unterschwellig, dass einige Wolken aufziehen würden, denn eine seltsame Angst vor den Tiefen des Himmels über mir war in meine Seele gekrochen.

Fragen Sie mich nicht, was ich davon halte. Ich weiß es nicht – und das war's. Außer Ammi gab es niemanden, den man hätte fragen können; die Leute in Arkham sprechen nicht über die seltsamen Tage, und alle drei Professoren, die den Meteor und die farbige Kugel gesehen haben, sind inzwischen verstorben. Es gab noch weitere Kugeln – da können Sie sicher sein. Eine muss sich ernährt haben und dann geflohen sein, und möglicherweise war da noch eine andere, die zu spät kam. Ohne Zweifel befindet sie sich noch in dem Brunnen – ich weiß, dass da etwas mit dem Sonnenlicht, das ich über dem ekelhaften Brunnen sah, nicht in Ordnung war. Das Landvolk sagt, dass die Fäulnis jedes Jahr drei Zentimeter vorankriecht, also gibt es vielleicht selbst jetzt eine Art von Wachstum oder Ernährung. Doch welche dämonische Brut dort auch schwärt, sie muss an etwas gebunden sein, denn sonst würde sie sich schnell ausbreiten. Hängt sie an den Wurzeln der Bäume, die sich in die Luft krallen? Eine der momentan in Arkham kursierenden Geschichten erzählt von mächtigen Eichen, die leuchten und sich nachts auf eine Weise bewegen, wie sie es nicht tun dürften.

Was es ist, das weiß nur Gott. Wenn man es in Begriffen von Materie fassen müsste, dann würde ich sagen, dass das, was Ammi beschrieb, ein Gas war, allerdings unterlag dieses Gas keinen Gesetzen unseres Weltalls. Das war keine Frucht von den Welten und Sonnen, die man durch unsere Teleskope und auf den Fotografien unserer Observatorien sehen kann. Es war kein Odem aus den Himmeln, deren Bewegungen und Dimensionen unsere Astronomen ausmessen, oder die zu weit entfernt liegen, um vermessen zu werden. Es war einfach eine Farbe aus dem All – ein fürchterlicher Bote aus ungeformten Reichen der Unendlichkeit, jenseits aller natürlichen Erscheinungen, die wir kennen, aus Reichen, deren bloße Existenz unsere Sinne betäubt und uns erstarren lässt, angesichts der jenseits liegenden, kosmischen Abgründe, die sich vor unseren entsetzten Augen öffneten.

Ich zweifle sehr stark daran, dass Ammi mich bewusst belogen hat, und glaube auch nicht, dass sein Bericht der eines wahnsinnigen Sonderlings war, wie die Stadtleute mich vorgewarnt haben. Mit diesem Meteor war etwas Schreckliches in die Hügel und Täler gekommen, und etwas Schreckliches – obwohl ich nicht weiß, wie groß es ist – befindet sich immer noch dort. Ich werde froh sein, wenn das Wasser kommt. In der Zwischenzeit hoffe ich, dass Ammi nichts widerfährt. Er hat so viel von dem Ding gesehen, und dessen Einfluss ist so schleichend. Warum hat er es nicht geschafft wegzugehen? Er erinnert sich immer noch deutlich an die Worte des sterbenden Nahums – »konnte nicht wegkommen … zieht dich … du merkst, irgendwas kommt, kannst aber nichts dagegen tun …« Ammi ist ein so guter, alter Mann. Wenn die Bauarbeiten für das Reservoir beginnen, muss ich dem Chefingenieur einen Brief schreiben, dass er ein Auge auf Ammi haben soll. Ich hasse es, mir ihn als graue, verkrümmte, spröde Monstrosität, wie sie beharrlich meine Träume heimsucht, vorzustellen.

Der Flüsterer im Dunkeln

I

Denken Sie immer daran, dass ich bis zum Schluss nie etwas wirklich Schreckliches gesehen habe. Zu behaupten, ein mentaler Schock hätte meine Schlussfolgerungen ausgelöst – jenes letzte bisschen, das mich aus dem verlassenen Gehöft der Akeleys und mit einem gekaperten Auto nachts durch die wild aufragenden Hügel von Vermont hetzen ließ –, hieße, die nackten Tatsachen meiner letzten Erfahrung zu ignorieren. Ungeachtet meiner weitgehenden Kenntnis der Informationen und Spekulationen von Henry Akeley und der Dinge, die ich sah und hörte, und der unleugbaren Lebhaftigkeit der Erscheinung, mit der diese Dinge auf mich einwirkten, kann ich dennoch nicht beweisen, ob ich mich bei meinen schrecklichen Schlussfolgerungen irre oder nicht. Denn schlussendlich beweist Akeleys Verschwinden gar nichts. Die Leute fanden in seinem Haus nichts Ungewöhnliches, wenn man von den Einschusslöchern außen und innen absieht. Es war, als wäre er einfach für einen Streifzug durch die Hügel weggegangen und nicht zurückgekommen. Es gab noch nicht einmal Anzeichen, dass ein Besucher dort gewesen war oder dass diese schrecklichen Zylinder und Apparaturen sich jemals im Arbeitszimmer befunden hatten. Ebenfalls ohne Bedeutung ist, dass er zwischen den dicht gedrängten, grünen Hügeln und dem beständigen Plätschern der Bäche, in das hinein er geboren wurde und in dem er aufgewachsen war, Todesangst gehabt hatte, denn Tausende sind Opfer solcher morbiden Ängste. Außerdem kann seine exzentrische Art leicht als Erklärung für seine merkwürdigen Handlungen und seine Befürchtungen in Zusammenhang mit diesen herhalten.

Die ganze Angelegenheit, soweit sie mich betraf, begann mit den historischen und beispiellosen Überschwemmungen am

3. November 1927 in Vermont. Damals wie heute war ich ein Lehrender im Fach Literatur an der Miskatonic-Universität in Arkham, Massachusetts, und ein begeisterter Amateurforscher der Volkskunde von Neuengland. Kurz nach den Überschwemmungen, zwischen verschiedenen Berichten von den Nöten, dem Leiden und der Organisation von Hilfen, die die Zeitungen füllten, erschienen bestimmte abseitige Geschichten von Dingen, die man in den angeschwollenen Flüssen treibend gefunden hatte, sodass viele meiner Freunde sich in merkwürdigen Diskussionen ergingen und mich fragten, ob ich nicht etwas Licht in die Angelegenheit bringen könnte. Ich fühlte mich geschmeichelt, dass meine volkskundlichen Studien so ernst genommen wurden, und tat mein Bestes, um die wilden, verschwommenen Geschichten, die eindeutig altem, ländlichem Aberglauben entsprangen, kleinzureden. Es erheiterte mich, dass einige gebildete Leute darauf bestanden, dass etwas Wahres an dem Absonderlichen sein sollte und verdrehte Tatsachen hinter den Gerüchten stehen könnten.

Die Berichte, die mir zur Kenntnis kamen, bestanden zum größten Teil aus Zeitungsausschnitten, doch eine dieser »Schauergeschichten« war ein mündlicher Bericht, der einem meiner Freunde in einem Brief von seiner Mutter aus Hardwick, Vermont, übermittelt wurde. Die Art der beschriebenen Objekte war in allen Fällen im Wesentlichen gleich, doch schienen sie auf drei unterschiedliche Ereignisse zurückzugehen – eins stand in Verbindung mit dem Winooski River in der Nähe von Montpelier, ein weiteres mit dem West River in Windham County jenseits von Newfane und das dritte konzentrierte sich auf das Gebiet Passumpsic im Caledonia County oberhalb von Lyndonville. Natürlich erwähnten die kursierenden Geschichten auch andere Orte, doch bei genauer Analyse schienen alle auf diese drei zurückzugehen. In allen Fällen berichtete das Landvolk von Sichtungen eines oder mehrerer sehr merkwürdiger und verstörender Objekte in den reißenden Fluten, die von den einsamen Hügeln herabströmten, und eine weit verbreitete Tendenz entstand, diese Sichtungen mit primitiven, schon halb vergessenen Legenden in Verbindung zu bringen, die von alten Menschen bei dieser Gelegenheit wieder ins Bewusstsein gebracht wurden.

Die Leute glaubten, organische Formen zu erkennen, die nichts ähnelten, was sie jemals zuvor erblickt hatten. Natürlich gab es viele menschliche Körper, die von den Flüssen in jener tragischen Zeit angeschwemmt wurden, doch jene, die jene seltsamen Gestalten beschrieben, waren sich sehr sicher, dass diese, trotz einiger oberflächlichen Merkmale wie Größe und allgemeiner Erscheinung, nicht menschlich waren. Auch, so sagten die Zeugen, konnten es keine in Vermont bekannten Tiere sein. Es waren rosafarbene Objekte, ungefähr knapp einen Meter lang und mit schalentierartigen Körpern, die mit einem großen Paar Rückenflossen oder Membranflügeln und mehreren Gruppen von zusammenhängenden Gliedmaßen ausgestattet waren, sowie an der Stelle, wo sich normalerweise der Kopf befand, eine Art von verschlungenem Ellipsoiden hatten, auf denen sich eine große Anzahl von sehr kurzen Fühlern befand. Es war wirklich erstaunlich, wie die Berichte aus unterschiedlichen Quellen übereinstimmten, doch wenn man den Umstand in Betracht zog, dass die alten Legenden, die in der gesamten Gegend präsent waren, ein abstruses, lebhaftes Bild in der Fantasie der Zeugen hervorgerufen hatten, wurden die wundersamen Eindrücke doch relativiert. Ich war davon überzeugt – bei sämtlichen Zeugen handelte es sich um naives und einfaches Landvolk –, dass es in allen Fällen zerschmetterte und aufgedunsene menschliche Körper oder Vieh von den Farmen war, das in den reißenden Fluten trieb, und die verschwommene Erinnerung an alte Legenden diese beklagenswerten Objekte mit fantastischen Attributen versah.

Diese alten Erzählungen, verschwommen, schwer zu fassen und von der heutigen Generation fast vergessen, waren äußerst bemerkenswert und gingen eindeutig auf den Einfluss noch älterer indianischer Vorbilder zurück. Obwohl ich nie in Vermont gewesen war, kannte ich diese Erzählungen durch die überaus seltene Monografie von Eli Davenport, die von den ältesten Bewohnern des Staates mündlich tradiertes Material aus der Zeit vor 1839 enthält. Mehr noch, dieses Material stimmte eng mit Erzählungen überein, die ich selbst von älteren Landleuten in den Bergen von New Hampshire gehört hatte. Kurz zusammengefasst deutete es auf eine verborgene Rasse von monströsen Wesen hin, die zwischen den abgelegeneren Bergen lauerte – in den dichten Wäldern der höchsten Gipfel und den dunklen Tälern, wo die Flüsse aus unbekannten Quellen gespeist werden. Die Wesen sind nur selten gesehen worden, doch einzelne Menschen, die weiter als andere die Berghänge erklommen oder in die Tiefen besonders steiler Schluchten, die selbst von den Wölfen gemieden wurden, hinabstiegen, haben von Beweisen ihrer Existenz berichtet.

Diese Beweise waren Fuß- oder Klauenspuren im Schlamm von Bachläufen und auf Lichtungen und seltsame Steinkreise, die nicht so aussahen, als seien sie auf natürliche Weise entstanden, und um die herum das Gras niedergetrampelt war. Auch gab es in den Hügeln eine Anzahl von Höhlen von beachtlicher Tiefe, deren Eingänge auf eine Weise von Felsen verschlossen waren, die man kaum als zufällig bezeichnen konnte, und vor diesen eine ungewöhnlich große Anzahl von merkwürdigen Spuren, die sowohl hin als auch weg von ihnen führten – doch die Richtung der Spuren konnte nur vermutet werden. Und am schlimmsten waren die Dinge, die abenteuerhungrige Leute sehr selten im Dämmerlicht weit abgelegener Täler und in ausgedehnten, dichten Wäldern weit jenseits der üblichen Wanderrouten gesehen hatten.

Ich hätte mich viel wohler gefühlt, wenn die verstreuten Berichte von solchen Dingen nicht so gut zusammengepasst hätten. Aber tatsächlich stimmten all diese Gerüchte in vielen Punkten überein. Sie beteuerten, dass diese Wesen eine Art von großen, hellroten Krabben mit vielen Beinpaaren und zwei großen fledermausartigen Flügeln auf dem Rücken seien. Manchmal liefen sie auf allen ihren Beinen, manchmal nur auf dem hintersten Paar, um mit den anderen große, unbestimmbare Objekte zu transportieren. Einmal hatte man eine beachtliche Anzahl von ihnen beobachtet, wobei ein Teil von ihnen in organisierter Dreierformation durch einen flachen Waldbach watete. Bei einer anderen Gelegenheit hatte man eins dieser Wesen fliegen gesehen – es hatte sich nachts vom Gipfel eines kahlen, einsamen Hügels in die Lüfte erhoben und seine großen, schlagenden Flügel waren für einen kurzen Moment als Silhouette gegen den Vollmond zu sehen gewesen.

Diese Wesen schienen im Prinzip die Menschheit in Ruhe zu lassen, obwohl sie von Zeit zu Zeit für das Verschwinden von zu wagemutigen Personen verantwortlich gemacht wurden – besonders von Personen, die ihre Häuser zu nahe an gewisse Täler oder zu hoch in bestimmte Berge gebaut hatten. Viele Gegenden gerieten in den Ruf, ungeeignet zur Besiedlung zu sein, und dieser Ruf blieb auch bestehen, lange nachdem der Grund dafür schon in Vergessenheit geraten war. Die Menschen schauten mit Schaudern zu einigen der in der Nähe liegenden Bergmassive auf, selbst wenn sie sich nicht daran erinnern konnten, wie viele Siedler dort an den unteren Hängen dieser finsteren, grünen Wächter verschwunden und wie viele Farmhäuser niedergebrannt waren.

Nach den Aussagen der ältesten Legenden schienen diese Wesen nur solche Menschen angegriffen zu haben, die ihr Gebiet betraten; es gab aber spätere Berichte, die von ihrer Neugierde gegenüber den Menschen sprechen und ihren Versuchen, geheime Außenposten in der menschlichen Welt einzurichten. Es gab Erzählungen von seltsamen Krallenspuren, die man am Morgen unter den Fenstern von Bauernhäusern gefunden hatte, und vom gelegentlichen Verschwinden von Personen außerhalb der offensichtlich heimgesuchten Bereiche. Daneben gab es noch Zeugnisse von die menschliche Sprache imitierenden, summenden Stimmen, die einsamen Reisenden auf den Straßen und Feldwegen in den tiefen Wäldern erstaunliche Angebote machten, und von Kindern, die an Stellen lebten, wo der urtümliche Wald bis an die Vorgärten reichte, und die von Dingen, die sie gesehen oder gehört hatten, zu Tode erschreckt worden waren. In den jüngsten Erzählungen – jenem Stadium des zurückgehenden Aberglaubens und der Vermeidung des Kontakts mit den gefürchteten Gegenden – gibt es schockierende Berichte über Einsiedler und abgelegene Bauernhöfe, deren Bewohner allem Anschein nach in einem bestimmten Lebensabschnitt eine abstoßende geistige Veränderung erfahren hatten, und man sie mied und sagte ihnen nach, sie wären Sterbliche, die sich an die seltsamen Wesen verkauft hätten. In einer der nordöstlichen Gegenden schien es um 1800 üblich geworden zu sein, abseitige und unbeliebte Mitmenschen als Anhänger oder Vertreter der verabscheuten Wesen zu bezeichnen.

Was diese Wesen eigentlich waren – darin variierten die Erklärungen natürlich. Der übliche Name, mit dem man sie bezeichnete, war »jene Wesen« oder »die alte Rasse«, es gab auch andere Bezeichnungen von lokaler und vorübergehender Art. Wahrscheinlich sah die Masse der puritanischen Siedler sie einfach als eine Art von Teufeln an und nahm sie zum Anlass für waghalsige theologische Spekulationen. Jene, die aus dem keltischen Sagenraum stammten – hauptsächlich die schottisch-irischen Einwanderer in New Hampshire und ihre Verwandtschaft, die sich auf Gouverneur Wentworths Landgabe hin in Vermont niedergelassen hatten – verbanden sie auf unbestimmte Weise mit den bösen Feen und Kobolden der Moore und Erdwerke und schützten sich mit den Bruchstücken von Beschwörungsformeln, die über viele Generationen weitergegeben wurden. Die Indianer aber hatten die abseitigste Theorie von allen. Obwohl die Legenden verschiedener Stämme sich unterscheiden, so gab es eine deutliche Übereinstimmung in dem entscheidenden Punkt: Sie stimmen unbestritten darin überein, dass diese Wesen nicht von diesem Planeten stammen.

Die Pennacook-Mythen, die die zusammenhängendsten und schillerndsten sind, besagen, dass die *Geflügelte Rasse* aus dem Sternbild des Großen Bären kam und sie in unseren irdischen Hügeln Minen anlegten, um eine Art Stein zu gewinnen, den es auf keinem anderen Planeten gibt. Die Mythen besagen, dass sie nicht hier lebten, sondern nur Außenposten unterhielten und mit großen Steinladungen zurück zu ihren eigenen Sternen am nördlichen Himmel flogen. Sie taten nur den Menschen etwas an, die ihnen zu nahe kamen oder sie beobachteten. Die Tiere wichen ihnen aufgrund einer instinktiven Abneigung aus, nicht weil sie von ihnen gejagt worden wären. Die Wesen konnten die Dingen und Tiere der Erde nicht essen und brachten ihre eigenen Nahrungsmittel mit von den Sternen. Es war nicht gut, sich in ihre Nähe zu begeben, und manchmal kamen junge Jäger, die in ihre Hügel gingen, nie zurück. Auch war es nicht gut, sie zu belauschen, wenn sie nachts in den Wäldern mit Stimmen wie ein Bienengesumm, das menschliche Laute imitierte, miteinander flüsterten. Sie kannten alle menschlichen Sprachen – die der Pennacook, der Huron, die der Leute der fünf Stämme –, aber es schien, dass sie keine eigene Sprache hatten oder brauchten. Sie sprachen mit ihren Köpfen, die verschiedene Farben annahmen, um unterschiedliche Dinge auszudrücken.

All die Legenden, ob von den weißen Einwanderern oder den Indianern, versiegten während des neunzehnten Jahrhunderts mit Ausnahme von einem gelegentlichem atavistischen Aufflackern. In dem Maße, wie die Siedler sich in Vermont ausbreiteten, und nachdem ihre Wege und Dörfer, einem bestimmten Plan folgend, sich etabliert hatten, erinnerten sie sich nicht mehr, welche Ängste und gemiedenen Orte diesen Plan beeinflusst hatten, und noch nicht einmal daran, dass es solche Ängste und Orte überhaupt gegeben hatte. Die meisten wussten nur, dass bestimmte hüglige Regionen als sehr ungesund, ertragsschwach und im Allgemeinen nicht als Ort, an dem man gut leben konnte, galten und dass man üblicherweise umso besser dran war, je weiter man sich von ihnen entfernt hielt. In den Zeiten, als die Folgen der Gewohnheit und der wirtschaftlichen Interessen sich so tief in die bekannten Orte eingegraben hatten, dass es keinen Grund mehr gab, diese zu verlassen, wurden die verfluchten Hügel mehr durch Zufall als durch einen bewussten Akt sich selbst überlassen. Außer gelegentlichen, örtlich begrenzten Schreckensmeldungen flüsterten nur noch wundergläubige Großmütter und in der Vergangenheit verhaftete Neunzigjährige von Wesen, die in diesen Hügeln lebten, und selbst diese Flüsterer räumten ein, dass man heutzutage von diesen Wesen nicht viel zu befürchten hätte, denn sie wären an die Gegenwart von Pferden und Siedlungen gewöhnt und die Menschen ließen ihr ausgewähltes Gebiet nun völlig in Ruhe.

Das alles hatte ich aus meinen Studien und aus bestimmten folkloristischen Erzählungen, auf die ich in New Hampshire gestoßen war, schon lange gewusst, und als die Gerüchte während der Flutkatastrophe sich ausbreiteten, konnte ich mir leicht erklären, welche Vorstellungen sie hervorgerufen hatten. Ich gab mir sehr große Mühe, dies meinen Freunden zu vermitteln und war gleichzeitig darüber amüsiert, als einige streitsüchtige Seelen weiterhin darauf bestanden, dass möglicherweise ein wahrer Kern in den Berichten steckte. Diese Personen versuchten hervorzuheben, dass die frühen Legenden eine entscheidende Beharrlichkeit und Übereinstimmung aufwiesen und dass die nahezu unerforschte Natur der Hügellandschaft von Vermont es überaus engstirnig erscheinen ließ zu sagen, was dort oder was dort nicht hauste. Sie konnten auch nicht durch meine Versicherung umgestimmt werden, dass diese Mythen einem in der Menschheit weit verbreitetem Schema entsprachen und von den frühen Phasen der Erfahrungen und Vorstellungen geprägt waren, die zu den immer gleichen fantastischen Bildern führten.

Es hatte keinen Zweck, diesen Andersdenkenden vor Augen zu führen, dass sich die Mythen in Vermont im Prinzip nur wenig von den wesentlichen Aspekten jener universellen Legenden unterschieden, in denen Naturerscheinungen personifiziert wurden, und die antike Welt mit Faunen, Dryaden und Satyren erfüllten – man denke nur an die *Kalikanzari* im modernen Griechenland und auch an die unzugänglichen Teile von Wales und

Irland und die dortigen Hinweise auf seltsame, kleine und extrem versteckt lebende Arten von Erdgeistern und Höhlenbewohnern. Ebenfalls war es sinnlos, auf den noch erstaunlicheren Glauben der Bergstämme des Nepal an den gefürchteten *Mi-Go* – auch »Abscheulicher Schneemensch« genannt – hinzuweisen, der Furcht einflößend zwischen den Eis- und Felsspitzen der Himalaja-Gipfel lauert. Als ich diesen Beweis ins Feld führte, wendeten meine Gegner ihn gegen mich, indem sie behaupteten, dass gerade dies ein Anhaltspunkt für den wahrhaften Kern der alten Legenden wäre und ein Argument für die reale Existenz einer merkwürdigen, älteren irdischen Rasse sei, die mit dem Aufkommen der Menschheit und ihrer Vorherrschaft gezwungen wurde, sich zu verstecken und die möglicherweise in einer geringen Anzahl bis in die verhältnismäßig nahe Vergangenheit, ja vielleicht sogar bis heute, überlebt hatte.

Je mehr ich über diese Theorien lachte, desto mehr beharrten diese sturköpfigen Freunde darauf, fügten noch hinzu, dass selbst ohne dieses Erbe an Legenden die aktuellen Berichte zu deutlich, folgerichtig, genau, und in ihren Schilderungen auch völlig nüchtern, seien, um gänzlich ignoriert zu werden. Zwei oder drei fanatische Anhänger gingen so weit, den alten Geschichten der Indianer, die den versteckten Wesen eine außerirdische Herkunft zuschrieben, eine Bedeutung einzuräumen. Dazu zitierten sie die überspannten Bücher von Charles Fort, in denen behauptet wird, dass Reisende von anderen Welten und aus den Weiten des Weltraums häufig die Erde besucht hätten. Die meisten meiner Widersacher jedoch waren lediglich Romantiker, die versuchten, die fantastischen Geschichten von lauernden »kleinen Leuten«, die durch den großartigen Horror-Autor Arthur Machen bekannt geworden sind, ins wahre Leben zu übertragen.

II

Unter den gegebenen Umständen war es zu erwarten, dass diese prickelnde Auseinandersetzung in Form von Briefen an den *Arkham Advertiser* öffentlich bekannt wurde. Einige davon wurden von den Zeitungen in den Regionen Vermonts, aus denen die Flut-Berichte stammten, nachgedruckt. Der *Rutland Herald* brachte eine halbe Seite mit Auszügen der Briefe beider Seiten, während der *Brattleboro Reformer* eine meiner langen historischen und mythologischen Ausführungen in Gänze abdruckte, zusammen mit einigen Kommentaren in der gewissenhaften Kolumne »The Pendrifter's«, die meine skeptischen Rückschlüsse unterstützten und lobten. Im Frühling 1928 war ich schon zu einem bekannten Mann in Vermont geworden, ungeachtet dessen, dass ich noch nie einen Fuß in den Staat gesetzt hatte. Dann erreichten mich die herausfordernden Briefe von Henry Akeley, die mich nachhaltig beeindruckten und mich dazu brachten, zum ersten und zum letzten Mal dieses faszinierende Reich der wild bewachsenen, grünen Abgründe und murmelnden Waldflüsse zu betreten.

Das Meiste, was ich von Henry Wentworth Akeley weiß, stammt aus den Briefwechseln, die ich nach meinen Erlebnissen in seinem einsamen Gehöft mit seinen Nachbarn und mit seinem Sohn in Kalifornien führte. Er war, wie ich herausfand, der letzte Bewohner seines Besitzes in einer langen, vornehmen Linie von Juristen, Verwaltern und Gutsherren gewesen. In seiner Person, wie auch immer, hatte sich die Familie von den praktischen Dingen abgewandt hin zu einem reinen Gelehrtendasein, da er ein bemerkenswerter Student der Mathematik, Astronomie, Biologie, Anthropologie und der Volkskunde an der Universität von Vermont gewesen war. Ich hatte vorher nie etwas von ihm gehört, und auch in unserem Austausch gab er nicht viel aus seinem Leben preis, doch schon bei unserer ersten Begegnung stellte ich fest, dass er Charakter hatte und über Bildung und Intelligenz verfügte, obgleich er ein Einsiedler war und nur wenig Erfahrung in weltlichen Dingen hatte.

Trotz der unglaublichen Dinge, die er von sich gab, konnte ich mich nicht dagegen wehren, Akeley sofort ernster zu nehmen als alle anderen, die meinen Ansichten widersprachen. Zum einen war er den aktuellen Ereignissen wirklich nahe – sichtbar und greifbar –, über die er so abseitige Vermutungen anstellte, zum anderen war er bereit, seine Schlüsse wie ein wahrer Wissenschaftler in einem vorläufigen Status zu belassen. Er hatte kein persönliches Interesse daran, Recht zu haben, und ließ sich nur von dem leiten, was er als sicheren Beweis ansah. Natürlich begann ich, ihn für fehlgeleitet zu halten, doch hielt ich ihm zugute, dass es eine intelligente Fehlleistung war, und zu keiner Zeit konnte ich seinen Freunden beistimmen, die seine Ideen und seine Furcht vor den einsamen grünen Hügeln als krankhaft ansahen. Ich erkannte, dass er ein fähiger Mann war, und wusste, dass das, was er berichtet hatte, auf außergewöhnliche Umstände hindeutete, die eine Untersuchung wert waren, wie wenig sie auch mit den abseitigen Dingen, mit denen er sie verband, zu tun haben mochten. Später dann erhielt ich von ihm bestimmte materielle Beweise, die die Angelegenheit auf eine etwas andere und verstörend bizarre Grundlage stellten.

Es gibt nichts Sinnvolleres, als den langen Brief, soweit es möglich ist, in Gänze wiederzugeben, in dem Akeley sich vorstellt und der einen besonders wichtigen Meilenstein in meiner eigenen Geschichte als Wissenschaftler darstellt. Er befindet sich nicht mehr in meinem Besitz, aber in meinem Gedächtnis ist noch fast jedes Wort seiner unheilvollen Nachricht präsent, und nochmals versichere ich an dieser Stelle meine Überzeugung, dass der Mann, der ihn geschrieben hat, völlig gesund war. Hier ist der Text – ein Text, der in der engen, altertümlich wirkenden Schrift eines Menschen verfasst ist, der offensichtlich in seinem zurückgezogenen Gelehrtendasein nicht viel mit der Welt zu tun hatte.

Kostenlose ländliche Postzustellung
Townshend, Windham Co.,
Vermont
5. Mai 1928

Albert N. Wilmarth, Esq.,
118 Saltonstall St.,
Arkham, Mass.,

Sehr geehrter Herr,
mit großen Interesse habe ich den nachmaligen Abdruck Ihres Briefes im *Brattleboro Reformer* (23. April 28) über die kürzlich erschienenen Berichte von merkwürdigen Körpern gelesen, die man in unseren über die Ufer getretenen Flüssen im letzten Herbst gesehen hat, und über die eigenartigen Legenden, die so außerordentlich gut dazu passten. Es ist leicht verständlich, dass ein Außenstehender eine Haltung wie die Ihre dazu einnimmt und auch warum »Pendrifter« Ihnen zustimmt. Diese Haltung wird allgemein von gebildeten Menschen in und außerhalb von Vermont geteilt und war auch meine Einstellung als junger Mann (ich bin jetzt 57), bevor mich meine Studien – im Allgemeinen und von Davenports Buch – dazu brachten, einige Nachforschungen in den nicht allzu oft besuchten Hügeln hier in der Gegend anzustellen.

Grund für diese Forschungen waren merkwürdige, alte Geschichten, die ich von Bauern der ungebildeten Sorte zu hören bekam; doch jetzt wünschte ich, ich hätte die ganze Sache auf sich beruhen lassen. Ich würde sagen – mit aller Bescheidenheit –, dass das Gebiet der Anthropologie und Volkskunde mir keinesfalls fremd ist. Ich habe mich zu einem großen Teil damit auf dem College beschäftigt und bin vertraut mit den meisten Kapazitäten wie Tylor, Lubbock, Frazer, Quatrefages, Murray,

Osborn, Keith, Boule, G. Elliot Smith und so weiter. Es ist nicht neu für mich, dass Erzählungen von verborgenen Rassen so alt wie die Menschheit sind. Ich kenne die im *Rutland Herald* erschienenen Nachdrucke Ihrer Briefe und derer, die Ihnen widersprechen, und ich glaube zu wissen, an welchem Punkt sich ihre Auseinandersetzung im Moment befindet.

Was ich zu diesem Zeitpunkt sagen möchte, ist, dass ich leider bestätigen muss, dass Ihre Gegner näher an der Wahrheit sind als Sie, obwohl jede Vernunft auf Ihrer Seite zu sein scheint. Ihre Kontrahenten aber sind näher an der Wahrheit, als sie selbst zu wissen scheinen – da sie natürlich nur theoretisch argumentieren und nicht wissen können, was ich weiß. Wenn ich von dem Gegenstand so wenig wissen würde wie sie, würde ich mir nicht das Recht nehmen, so wie sie daran zu glauben. Ich wäre absolut auf Ihrer Seite.

Sie merken schon, dass es mir schwer fällt, auf den Punkt zu kommen, vielleicht weil ich wirklich Angst davor habe, aber letztendlich geht es darum, dass *ich sichere Beweise habe, dass monströse Dinge tatsächlich in den Wäldern auf den hohen Hügeln, die von niemanden besucht werden, leben*. Ich habe keins der Objekte in den Flüssen treiben sehen, von denen berichtet wurde, *aber ich habe solche Objekte* unter Umständen gesehen, die ich fürchte auszusprechen. Ich habe Fußspuren gesehen und zuletzt habe ich sie näher bei meinem Haus vorgefunden (Ich lebe in dem alten Akeley-Gehöft südlich der Gemeinde Townshend, nahe dem Dark Mountain), als ich Ihnen zu sagen wage. Auch habe ich an bestimmten Orten in den Wäldern Stimmen belauscht, deren Beschreibung ich nicht zu Papier bringen will.

An einer Stelle waren sie so laut, dass ich einen Phonographen – zusammen mit einem Mikrophon und einem Wachszylinder – dorthin brachte, und ich werde versuchen, Ihnen die Aufnahme zu Gehör zu bringen. Ich habe sie einigen alten Leuten hier oben vorgespielt, und eine der Stimmen hat sie fast ohnmächtig werden lassen ob der Ähnlichkeit zu bestimmten Lauten (jene summenden Töne, die Davenport erwähnt), von denen ihre Großmütter ihnen erzählt und für sie imitiert hatten. Ich weiß, was die meisten Leute von jemandem halten, der behauptet, »Stimmen zu hören« – aber bevor Sie Ihre Schlüsse ziehen, hören Sie sich einfach die Aufnahme an und fragen Sie einige der älteren Menschen aus den tiefen Wäldern, was sie davon halten. Wenn Sie es rational begründen können, sehr gut, doch da muss etwas dahinter stecken. Sie wissen ja: *ex nihilo nihil fit.*

Ich schreibe Ihnen nicht, weil ich eine Auseinandersetzung mit Ihnen beginnen möchte, sondern um Ihnen Informationen zukommen zu lassen, von denen ich glaube, dass ein Mann Ihrer Bildung sie überaus interessant finden wird. *Das bleibt aber unter uns. Für die Öffentlichkeit stehe ich auf Ihrer Seite,* denn bestimmte Dinge zeigen mir, dass es besser ist, wenn die Leute nicht zu viel von dieser Angelegenheit erfahren. Von dieser Stelle ab sind meine Forschungen völlig privat, und ich denke gar nicht daran, etwas zu sagen, was die Aufmerksamkeit der Leute erregen und sie dazu verleiten könnte, jene Orte zu besuchen, die ich erforscht habe. Es ist wahr – schrecklich wahr –, dass *es nichtmenschliche Kreaturen gibt, die uns die ganze Zeit beobachten,* die Spione unter uns haben, die Informationen sammeln. Einen großen Teil meiner Hinweise in dieser Angelegenheit habe ich von einem heruntergekommenen Mann, der, wenn er denn geistig gesund war (was ich glaube), *einer ihrer Spione war.* Später hat er dann Selbstmord begangen, aber ich habe gute Gründe zu glauben, dass es inzwischen andere seiner Art gibt.

Diese Kreaturen kommen von einem anderen Planeten, können im Weltraum leben und durchfliegen ihn mit ihren unförmigen, kräftigen Schwingen, die dazu geeignet sind, dem Äther standzuhalten, aber zum Steuern relativ ungeeignet, wodurch sie hier auf der Erde keine große Hilfe sind. Davon werde ich Ihnen später noch erzählen, falls Sie mich nicht jetzt sofort als Irren abtun. Sie kamen hierher, um aus tief unter den Hügeln befindlichen Minen Metalle abzubauen, und *ich glaube zu wissen, woher sie kommen*. Sie werden uns nichts tun, solange wir sie in Ruhe lassen, doch niemand kann sagen, was passieren wird, wenn wir zu neugierig werden. Natürlich könnte eine große Armee ihre Bergbaukolonie ausradieren. Davor haben sie Angst. Doch wenn das passieren würde, dann kämen mehr von ihnen aus dem Weltraum – in großer Zahl. Sie könnten leicht die Erde erobern, haben es aber bis jetzt nicht versucht, weil es nicht nötig war. Sie belassen die Dinge, so wie sie sind, weil sie keinen Ärger wollen.

Ich glaube, sie wollen mich aufgrund dessen, was ich herausgefunden habe, loswerden. In den Wäldern des Round Hill, östlich von hier, habe ich einen großen schwarzen Stein mit halb verwitterten, unbekannten Hieroglyphen gefunden, und nachdem ich ihn nach Hause gebracht hatte, veränderte sich alles. Wenn sie zu dem Schluss kommen, dass ich zu viel erahne, werden sie mich entweder töten *oder mich dorthin bringen, wo sie herkommen*. Von Zeit zu Zeit entführen sie gebildete Menschen, um zu erfahren, wie die Dinge in der menschlichen Welt stehen.

Das bringt mich zu dem anderen Grund, weshalb ich mich an Sie wende – nämlich um Sie aufzufordern, die momentane Diskussion zu unterdrücken, anstatt ihr eine noch breitere Öffentlichkeit zu verschaffen. *Man muss die Leuten von diesen Hügeln fernhalten*, und damit dies gelingt, darf man ihre Neugierde nicht weiter befeuern. Gott weiß, dass es schon genug Aufruhr gibt, Landerschließer und Immobilienmakler überschwemmen Vermont, zusammen mit Sommertouristen, die sich auf die abgelegenen Orte stürzen und die Hügel mit billigen Bungalows zubauen.

Ich würde begrüßen, wenn wir in Kontakt bleiben könnten, und ich werde versuchen, Ihnen die phonographische

Aufnahme und den schwarzen Stein (er ist so verwittert, dass man auf Fotografien nicht viel erkennen kann) per Express zu schicken, wenn Sie denn wollen. Ich sage »versuchen«, denn ich glaube, diese Kreaturen sind in der Lage, hier in der Gegend Dinge zu manipulieren. Es gibt hier auf einem Bauernhof nahe des Dorfes einen mürrischen, hinterlistigen Kerl namens Brown, von dem ich vermute, dass er ihr Spion ist. Stück für Stück versuchen sie, mich von unserer Welt abzuschneiden, weil ich zu viel von der ihren weiß.

Sie haben eine erstaunliche Methode herauszufinden, was ich tue. Sie werden vielleicht diesen Brief nie erhalten. Wenn die Situation noch schlechter wird, sollte ich diesen Landesteil verlassen und zu meinem Sohn nach San Diego in Kalifornien ziehen, aber es fällt nicht leicht, sein Geburtshaus zu verlassen, wo die Familie seit sechs Generationen gelebt hat. Auch kann ich es kaum wagen, dieses Haus jemandem zu verkaufen, jetzt, nachdem die *Kreaturen* es im Auge haben. Es scheint, als ob sie den schwarzen Stein wiederhaben und die Tonaufnahme zerstören wollen, doch das werde ich, wenn ich kann, verhindern. Meine großen Wachhunde schrecken sie ab, und bis jetzt sind auch nur wenige hier aufgetaucht und die bewegten sich sehr unbeholfen. Wie ich gesagt habe, sind ihre Schwingen nicht für kurze Flüge auf der Erde geeignet. Ich habe die Entzifferung des Steines fast abgeschlossen – allerdings auf eine sehr schreckliche Weise –, und mit Ihren volkskundlichen Kenntnissen könnten Sie vielleicht genügend Lücken füllen, um mir zu helfen. Ich vermute, Sie kennen all die schrecklichen Mythen aus der Zeit, bevor der Mensch die Erde betreten hat – der Yog-Sothoth- und der Cthulhu-Sagenkreis –, der im *Necronomicon* angedeutet wird. Ich hatte einmal Zugang zu einer Ausgabe dieses Werkes und habe gehört, dass sich eine in Ihrer College-Bibliothek hinter Schloss und Riegel befindet.

Auf den Punkt gebracht, Herr Wilmarth, ich denke, dass wir mit unseren gemeinsamen Kenntnissen von großem gegenseitigen Nutzen sein können. Ich möchte Sie nicht in Schwierigkeiten bringen und denke, ich sollte Sie davor warnen, dass der Besitz des Steins und der Tonaufnahme Gefahren mit sich bringt, doch ich glaube, dass Sie das Risiko für die Erlangung weiterer Erkenntnisse auf sich nehmen. Ich werde runter nach Newfane oder Brattleboro fahren, um Ihnen zu schicken, was immer sie haben möchten, denn die Poststellen dort sind wesentlich vertrauenswürdiger. Ich sollte noch erwähnen, dass ich inzwischen alleine lebe, da Angestellte nicht mehr im Haus zu halten sind. Niemand möchte wegen der Dinge, die sich nachts nähern und die Hunde unentwegt bellen lassen, an diesem Ort bleiben. Ich bin froh, dass ich mich, als meine Frau noch lebte, nicht so tief in diese Angelegenheit verstrickt habe, denn es hätte sie in den Wahnsinn getrieben.

Ich hoffe, ich habe Sie nicht übermäßig belästigt und dass Sie sich entscheiden, mit mir in Kontakt zu treten, anstatt diesen Brief als Ausgeburt eines Irren in den Papierkorb zu werfen.

Ihr
ergebener
HENRY W. AKELEY

P. S. Ich lasse noch ein paar Abzüge von bestimmten Aufnahmen, die ich selbst gemacht habe, anfertigen, von denen ich glaube, dass sie als Beweise für einige Punkte, die ich angesprochen habe, dienen können. Die alten Leute glauben, dass sie erschreckend real seien. Bei Interesse werde ich sie Ihnen in Kürze zusenden. H. W. A.

Es ist schwer, meine Gefühle bei der ersten Lektüre dieses seltsamen Dokuments zu beschreiben. Unter normalen Umständen hätte ich über diese Absonderlichkeiten noch mehr lachen müssen, als über die wesentlich zurückhaltenderen Theorien, die mich schon zuvor erheitert hatten, doch etwas in dem Tonfall des Briefes brachte mich dazu, ihn unverständlicherweise ernst zu nehmen. Nicht, dass ich nur eine Sekunde lang an die verborgene Rasse von den Sternen, von der der Verfasser schrieb, glaubte, doch nach ein paar gravierenden ersten Zweifeln, machte sich in mir eine merkwürdige Gewissheit und Überzeugung breit, dass hier eine Begegnung mit einem authentischen, doch einmaligen, unnatürlichen Phänomen vorlag, das er nicht anders als auf diese fantastische Art erklären konnte. Ich kam zu dem Schluss, dass es sich nicht um das handeln konnte, was er meinte, doch auf der anderen Seite war es auf jeden Fall einer Untersuchung wert. Der Mann schien außerordentlich aufgeregt und erschrocken über etwas zu sein, doch es fiel schwer anzunehmen, dass es dafür keine Ursachen gab. Auf eine bestimmte Weise klang er völlig klar und logisch, und zudem passte seine Geschichte so überraschend gut zu einigen der alten Mythen, ja selbst zu den absonderlichsten indianischen Legenden.

Dass er wirklich verstörende Stimmen in den Hügeln belauscht und wirklich den schwarzen Stein gefunden hatte, von dem er schrieb, war, trotz der verrückten Schlussfolgerungen, die er daraus zog, durchaus möglich. Schlussfolgerungen, die vielleicht von dem Mann nahegelegt wurden, der behauptete, ein Spion der Außerirdischen zu sein, und sich später umgebracht hatte. Es lag auf der Hand, dass dieser Mann völlig verwirrt gewesen sein musste, doch konnte er wohl über eine Form schräger, abseitiger Logik verfügt haben, die den einfältigen Akeley – aufgrund seiner volkskundlichen Studien nur zu empfänglich für solche Dinge – seine Geschichte glauben ließ. Bei den letzten Entwicklungen – ausgehend von seiner Unfähigkeit, Angestellte an das Haus zu binden – waren Akeleys kleingeistige ländliche Nachbarn genau wie er davon überzeugt, dass das Haus nachts von unheimlichen Wesen belagert wurde. Und die Hunde bellten ja tatsächlich.

In Bezug auf die Tonaufnahme kann ich ihm nur glauben, dass er sie auf die von ihm beschriebene Weise erhalten hatte. Sie hatte eine Bedeutung, entweder waren es Tierlaute, die menschlichen Stimmen täuschend ähnlich waren, oder die Laute eines in der Nacht jagenden, versteckt lebenden, zurückgebliebenen menschlichen Wesens, dessen Zustand nicht weit über dem eines Tieres lag. Von diesen Überlegungen bewegten sich meine Gedanken wieder zurück zu dem schwarzen, mit Hieroglyphen bedeckten Stein und der Frage nach seiner Bedeutung. Dann auch zu den Fotografien, die Akeley mir zu schicken angekündigt hatte und die die alten Leute so schrecklich überzeugend fanden.

Als ich die eng beschriebenen Seiten nochmals las, überkam mich zum ersten Mal das Gefühl, dass meine leichtgläubigen Gegner vielleicht doch mehr auf ihrer Seite hatten, als ich eingestehen wollte. Schließlich bestand die Möglichkeit, dass sich in den gemiedenen Hügeln einige merkwürdige und vielleicht durch Erbschäden missgestaltete Ausgestoßene herumtrieben, aber natürlich keine Rasse von Monstern von den Sternen, wie die Folklore behauptete. Und wenn dies zuträfe, dann wären die seltsamen Körper in den über die Ufer getretenen Flüssen nicht gänzlich unglaubwürdig. War es zu vermessen anzunehmen, dass sowohl die alten Legenden als auch die jetzigen Berichte so viel Wahres in sich hatten? Aber selbst als ich mich meinen Zweifeln hingab, schämte ich mich, dass ein solch fantastisches und abseitiges Pamphlet, wie es Akeleys Brief darstellte, diese Zweifel ausgelöst hatte.

Schließlich entschied ich mich, Akeleys Brief in freundlich interessiertem Ton zu beantworten und um weitere Einzelheiten zu bitten. Seine Antwort kam sozusagen mit der nächsten Post und enthielt, wie versprochen, eine Reihe Abzüge von Szenen und Objekten, die zeigen sollten, was er berichtet hatte. Als ich die Bilder aus dem Umschlag genommen hatte und sie mir ansah, verspürte ich ein merkwürdiges Gefühl der Angst und der Nähe zu verbotenen Dingen. Obwohl die meisten davon unscharf waren, steckte in ihnen eine grässliche, suggestive Kraft, die durch den Umstand, dass es sich hier um Originalfotografien handelte, noch verstärkt wurde. Sie waren auf optische Weise mit dem verbunden, was sie abbildeten, das Ergebnis eines Übertragungsprozesses ohne Fehler, Vorurteile oder Täuschungen.

Je länger ich sie betrachtete, desto klarer wurde mir, dass meine ernsthafte Beschäftigung mit Akeley und seiner Geschichte kein Fehler gewesen war. Diese Bilder waren ein überzeugender Beweis für etwas in den Hügeln von Vermont, was zumindest weit außerhalb des allgemeinen Wissens und ebensolcher Erfahrungen lag. Die erschreckendste Aufnahme zeigte einen Fußabdruck – aufgenommen in einer Schlammpfütze im hellen Sonnenlicht, irgendwo im verlassenen Hochland. Ich sah auf den ersten Blick, dass es keine billige Fälschung war, denn die scharf umrissenen Kieselsteine und Grashalme auf dem Bild ermöglichten einen klaren Größenvergleich und ließen keine Möglichkeit offen für eine geschickte Doppelbelichtung. Ich habe das Ding als »Fußabdruck« bezeichnet, doch »Klauenabdruck« würde es genauer treffen. Selbst jetzt kann ich ihn kaum besser beschreiben, als zu sagen, er war auf abscheuliche Weise krabbenähnlich, und es schien unklar zu sein, in welche Richtung er führte. Es war kein sehr tiefer oder frischer Abdruck, doch schien er die Größe eines menschlichen Fußes zu haben. Von dem Fußballen aus zeigten Paare von gezackten Zangen in gegenüberliegende Richtungen – sehr verwirrend, wenn die einzige Funktion des Körperteils die Fortbewegung war.

Eine andere Fotografie – offensichtlich mit langer Belichtungszeit im tiefen Schatten aufgenommen – zeigte den Eingang einer Höhle in den Wäldern, der von einem regelmäßig gerundeten Felsblock verschlossen war. Auf dem nackten Boden davor konnte man ein ausgedehntes Muster von seltsamen Spuren erkennen, und als ich diese mit einer Lupe untersuchte, wurde mir in beunruhigender Weise klar, dass sie die gleichen waren wie auf dem anderen Bild. Das dritte Bild zeigte einen Kreis von aufrecht stehenden Druidensteinen auf dem Gipfel eines unwirtlichen Hügels. Um den geheimnisvollen Kreis herum war das Gras stark heruntergetreten, und es gab kahle Stellen, doch auch mit der Lupe konnte ich keine Spuren finden. Die extreme Abgelegenheit des

Ortes war ersichtlich an den ausgedehnten, unbewohnten Bergzügen, die sich im Hintergrund bis zum nebelverhangenen Horizont erstreckten.

Wenn die verstörendste Aufnahme die von dem Fußabdruck war, dann war die von dem großen schwarzen Stein aus den Wäldern des Round Hill die am beeindruckendsten Merkwürdige. Akeley hat ihn offensichtlich auf seinem Schreibtisch abgelichtet, denn ich konnte auf der Aufnahme Reihen von Büchern und im Hintergrund eine Büste von Milton erkennen. Die Kamera befand sich, wie man vermuten konnte, senkrecht über dem Stein und zeigte eine gebogene Oberfläche von 30 auf 60 Zentimetern, doch eine genaue Aussage über die Oberfläche oder die exakten Maße des gesamten Dings zu treffen, würde die Möglichkeiten der Sprache überfordern. Welche außergewöhnlichen geometrischen Prinzipien für die Bearbeitung angewendet worden waren – denn bearbeitet war er auf jeden Fall – konnte ich noch nicht einmal erahnen. Noch niemals zuvor hatte ich etwas gesehen, das auf mich einen so fremden und eindeutig außerirdischen Ausdruck gemacht hat. Von den Hieroglyphen auf der Oberfläche sagten mit nur sehr wenige etwas, doch einige, die ich erkannte, schockierten mich nicht wenig. Natürlich konnte es sich um Fälschungen handeln, denn auch andere außer mir hatten das monströse und verabscheute *Necronomicon* des wahnsinnigen Arabers Abdul Alhazred gelesen, und trotzdem bekam ich eine Gänsehaut, als ich bestimmte Symbole erkannte, von denen ich aus meinen Studien wusste, dass sie in Verbindung mit dem blasphemischsten Flüstern von Dingen standen, die das Blut gefrieren ließen und die in den Zeiten, lange bevor die Erde und die inneren Planeten des Sonnensystems entstanden, eine Art von wahnsinnigem Halbleben führten.

Von den verbliebenen fünf Bildern zeigten drei Moore und Hügel, wo sich Überreste von verborgenen und schmutzigen Wohnstätten befanden. Ein weiteres zeigte einen merkwürdigen Abdruck ganz in der Nähe von Akeleys Haus, von dem er schrieb, dass er ihn an einem Morgen nach einer Nacht, in der die Hunde noch wilder als sonst gebellt hatten, fotografiert habe. Die Aufnahme war sehr unscharf, und man konnte wirklich keine Schlüsse daraus ziehen, aber es ähnelte auf teuflische Weise dem Abdruck, der in dem öden Hochland aufgenommen worden war. Die letzte Aufnahme war von Akeleys Gehöft, ein bescheidenes, weißes, zweistöckiges Haus mit einem Dachboden, ungefähr hundertfünfundzwanzig Jahre alt, mit einem gut gepflegten Rasen und einem mit Steinen eingefassten Weg, der zu einer geschmackvoll geschnitzten georgianischen Eingangstür führte. Auf dem Rasen befanden sich mehrere Wachhunde, die neben einem Mann mit ansprechendem Gesicht und kurz geschnittenem, grauem Bart saßen, den ich für Akeley hielt – er hatte mit Selbstauslöser fotografiert, wie man an dem mit einem Schlauch verbundenen Gummikolben in seiner rechten Hand erkennen konnte.

Nachdem ich mir die Bilder angesehen hatte, widmete ich mich dem dicken Packen eng beschriebener Seiten des dazugehörigen Briefes, und für die nächsten drei Stunden versank ich in ein Meer von unsagbarem Schrecken. Was Akeley vorher nur grob umrissen hatte, dafür lieferte er jetzt genaue Einzelheiten, präsentierte lange Umschriften von Worten, die er nachts in den Wäldern belauscht hatte, umfangreiche Abhandlungen über die rosafarbenen Gestalten, die er in der Dämmerung im Unterholz der Hügel beobachtet hatte, und einen schrecklichen, kosmischen Bericht, den er mit seinen weitläufigen und fundierten Kenntnissen aus den endlosen Ausführungen des verrückten, selbst ernannten Spions, der Selbstmord beging, extrahiert hatte. Ich wurde mit Namen und Begriffen konfrontiert, die ich von anderen Stellen in den grässlichsten Verbindungen kannte – Yuggoth, der Große Cthulhu, Tsathoggua, Yog-Sothoth, R'lyeh, Nyarlathotep, Azathoth, Hastur, Yian, Leng, der See von Hali, Bethmoora, das Gelbe Zeichen, L'mur-Kathulos, Bran und das Magnum Innominandum –, und wurde durch namenlose Äonen und unvorstellbare Dimensionen gerissen zu Welten älterer und jenseitiger Daseinsebenen, über die der verrückte

Autor des *Necronomicon* nur wilde Vermutungen angestellt hatte. Ich erfuhr von den Brutstätten vorzeitlichen Lebens und den Strömen, die daraus hervorgingen, und schließlich von dem kleinen Rinnsal, entsprungen aus einem dieser Ströme, das sich mit dem Schicksal unserer Erde verbunden hatte.

Mir schwirrte der Kopf, und wenn ich vorher versuchte, die Dinge wegzuerklären, begann ich nun, an die absonderlichsten und unglaublichsten Wunder zu glauben. Die Anzahl der greifbaren Beweise war verdammt groß und überzeugend, und Akeleys ruhige und wissenschaftliche Art – eine Art, die weit vom Wahnsinn, dem Fanatismus, der Hysterie oder selbst von außergewöhnlichen Spekulationen entfernt war – hatte enorme Auswirkungen auf mein Denken und meine Einschätzungen. Als ich den Furcht einflößenden Brief beiseitelegte, konnte ich seine Ängste verstehen und war bereit, alles in meiner Macht Stehende zu tun, die Leute von diesen unwirtlichen, verfluchten Hügeln fernzuhalten.

Selbst jetzt, da die Zeit die Wirkung des Gelesenen abgeschwächt hat und ich meine eigenen Erfahrungen und schrecklichen Zweifel teilweise in Frage stelle, gibt es Dinge in Akeleys Brief, die ich nicht wiedergeben oder in irgendeiner Form zu Papier bringen werde. Ich bin fast erleichtert, dass der Brief, die Tonaufzeichnung und die Fotografien jetzt verloren sind – und ich hoffe aus Gründen, die ich schon bald offenlegen werde, dass der neue Planet jenseits von Neptun nie entdeckt werden wird.

Nach der Lektüre des Briefes beendete ich meine Aussagen zu dem Schrecken von Vermont endgültig. Stellungnahmen meiner Gegner blieben unbeantwortet oder wurden mit Versprechungen abgetan, und nach und nach geriet die Auseinandersetzung in Vergessenheit. Zwischen Ende Mai und Anfang Juni befand ich mich in beständigem Briefwechsel mit Akeley, doch ab und zu ging ein Brief auch verloren, sodass wir unsere Aussagen wiederholen und einige Arbeit in die Anfertigung von Kopien stecken mussten. Hauptsächlich versuchten wir, unsere Notizen bezüglich abseitiger, mythologischer Forschungen zu vergleichen, um eine deutlichere Verbindung zwischen den schrecklichen Ereignissen in Vermont und dem allgemeinen Kodex der Welt der primitiven Legenden herzustellen.

Einer Sache waren wir uns fast sicher, dass diese Monstrositäten und das teuflische *Mi-Go* im Himalaja Ausdruck von ein und demselben Albtraum waren. Auch gab es erstaunliche zoologische Verbindungen, die ich unbedingt mit Professor Dexter von meinem College diskutiert hätte, wenn nicht Akeley kategorisch dagegen gewesen wäre, diese Sache mit irgendjemand anderem zu besprechen. Wenn es jetzt den Anschein erweckt, ich würde seinen Wunsch missachten, dann nur, weil ich denke, dass zu diesem Zeitpunkt eine Warnung vor diesen entlegenen Hügeln Vermonts – und vor den Berggipfeln des Himalajas, die kühne Bergsteiger mehr und mehr erklimmen wollen – wichtiger für die öffentliche Sicherheit ist als mein Schweigen. Eine Sache, der wir uns noch widmeten, war die Entschlüsselung der Hieroglyphen auf dem berüchtigten schwarzen Stein – eine Entschlüsselung, die uns vielleicht Kenntnisse verschaffen würde, die tiefer reichten und verwirrender wären als alles, was die Menschheit zuvor erfahren hatte.

III

Gegen Ende Juni erhielt ich die Tonaufnahme – aufgegeben in Brattleboro, da Akeley den Postämtern nördlich davon nicht mehr vertraute. Bei ihm verstärkte sich das Gefühl, ausspioniert zu werden, das noch durch den Verlust einiger unserer Briefe verstärkt wurde, und er schrieb viel über heimtückische Taten von Männern, die er als Werkzeug und Spione der versteckten Wesen ansah. Am verdächtigsten war ihm der mürrische Bauer Walter Brown, der am Rand der tiefen Wälder in einer heruntergekommenen Hütte am Berghang lebte und häufig in Brattleboro, Bellow

Falls, Newfane und South Londonderry auf höchst unerklärliche und offensichtlich sinnlose Art herumlungerte. Er war überzeugt, dass er Browns Stimme einmal bei einer sehr schrecklichen Unterhaltung belauscht hatte, und war in der Nähe von Browns Hütte auf einen Fuß- oder Klauenabdruck gestoßen, was wohl der deutlichste Beweis war. Er war verdächtig nah bei Browns eigenen Fußabdrücken – Fußabdrücke, die in die Richtung des Klauenabdrucks zeigten.

Deshalb kam die Tonaufzeichnung aus Brattleboro, wohin Akeley über die einsamen Nebenstraßen Vermonts in seinem Ford gefahren war. Er gestand mir in einer beigelegten Nachricht, dass er begann, diese Nebenstraßen zu fürchten, und er inzwischen nur noch bei hellem Tageslicht nach Townshend fuhr, um Vorräte einzukaufen. Beständig wiederholte er, dass es sich nicht auszahle, zu viel zu wissen, solange man nicht sehr weit von diesen stillen und problematischen Hügeln entfernt war. Er würde schon bald nach Kalifornien zu seinem Sohn ziehen, doch es war nicht leicht, den Ort zu verlassen, an dem man mit all seinen Erinnerungen und seiner Familiengeschichte verwurzelt war.

Bevor ich mir die Tonaufnahme auf dem Abspielgerät, das ich mir von der Verwaltung des College geliehen hatte, anhörte, las ich mir alle Erklärungen dazu in den verschiedenen Briefen Akeleys noch einmal durch. Diese Aufnahme, so schrieb er, war ungefähr um ein Uhr nachts, am 1. Mai 1915 entstanden, nahe der Höhle mit dem verschlossenen Eingang, wo der bewaldete Westhang des Dark Mountain sich von Lees Sumpf aus erhob. An diesem Ort hörte man häufig seltsame Stimmen, aus diesem Grund hatte er den Phonographen, das Mikrofon und die Wachszylinder dorthin gebracht, in der Hoffnung, zu einer Aufnahme zu kommen. Aus früheren Erfahrungen wusste er, dass die Nacht zum ersten Mai – die abscheuliche Walpurgisnacht der europäischen Legenden – wahrscheinlich besser geeignet war als jede andere, und er wurde nicht enttäuscht. Doch es muss auch erwähnt werden, dass er niemals wieder Stimmen an diesem Ort gehört hat.

Anders als die meisten der im Wald belauschten Stimmen klangen die auf dieser Aufnahme, als intonierten sie einen Ritus, und es war eine eindeutig menschliche Stimme darunter, die Akeley aber keiner Person zuordnen konnte. Es war nicht die von Brown, sondern schien einem Mann höherer Bildung zu gehören. Die zweite Stimme aber war das Entscheidende – denn sie war das verfluchte *Gesumme*, das keine menschlichen Anklänge hatte, außer den menschlichen Worten, die in guter englischer Grammatik und mit einem gelehrten Unterton hervorgebracht wurden.

Die Aufnahmeapparatur hatte nicht gleichmäßig gut funktioniert und war nicht besonders für den abgelegenen und durch den Bewuchs gedämpften Ort des belauschten Rituals geeignet, sodass die tatsächlich aufgenommene Sprache nur bruchstückhaft war. Akeley hatte mir ein Transkript von dem, was er glaubte, verstanden zu haben, geschickt, und ich schaute es mir noch einmal an, während ich das Wiedergabegerät bereit machte. Der Text war eher auf eine mysteriöse Weise dunkel denn eindeutig erschreckend, doch die Kenntnis seiner Herkunft und die Art, wie er zustande gekommen war, ließ doch einen ahnungsvollen Schrecken aufkommen, unabhängig davon, welche Worte da gesprochen wurden. Ich gebe sie hier so wieder, wie ich mich erinnere, und ich bin mir sehr sicher, dass ich sie noch genau im Gedächtnis habe, nicht nur aus der Lektüre des Transkripts, sondern weil ich mir die Aufnahme immer und immer wieder angehört habe. Es ist nichts, was man leicht vergisst!

(UNDEFINIERBARE GERÄUSCHE)

(EINE KULTIVIERTE MÄNNLICHE MENSCHLICHE STIMME)
... ist der Herr der Wälder, selbst zu ... und die Gaben der Männer von Leng ... von den Quellen der Nacht zu den Abgründen des Weltalls, und von den Abgründen des Weltalls zu den Quellen der Nacht, immer gepriesen der Großen Cthulhu, der Tsathoggua und Der, Der nicht Genannt wer-

den darf. Immer gepriesen, und Überfluss für die Schwarze Ziege der Wälder. Iä! Shub-Niggurath! Die Ziege mit der tausendfachen Brut!

(EINE SUMMENDE NACHAHMUNG MENSCHLICHER SPRACHE)
Iä! Shub-Niggurath! Die Schwarze Ziege der Wälder mit der tausendfachen Brut!

(MENSCHLICHE STIMME)
Und es kam einst, dass der Herr der Wälder gewesen ... sieben und neun, die Onyxstufen hinunter ... (Ver)ehrung sei ihm im Abgrund, Azathoth. Er, von dem Ihr uns habt Wunder(sames) gelehrt ... auf den Schwingen der Nacht hinaus jenseits des Raums, hinaus jenseits der ... zu dem, dessen jüngstes Kind Yuggoth ist, sich einsam windend im schwarzen Äther am Rand ...

(SUMMENDE STIMME)
... geht zu den Menschen und findet den Weg dorthin, sodass jener im Abgrund davon erfahre. Nyarlathotep, dem Mächtigen Boten, müssen alle Dinge berichtet werden. Und er wird die Gestalt von Menschen annehmen, die Wachsmaske und das Gewand, das ihn verbirgt, und er wird kommen von der Welt der sieben Sonnen, um zu verhöhnen ...

(MENSCHLICHE STIMME)
... (Nyarl)athotep, großer Bote, Bringer fremder Freude durch den Abgrund zu Yuggoth, Vater von Millionen Auserwählter, Jäger zwischen ...

(STIMME BRICHT AB WEGEN ENDE DER AUFZEICHNUNG)

Dies waren die Worte, die ich vernehmen sollte, sobald ich das Abspielgerät in Betrieb setzte. Ich verspürte einen Anflug von echter

Furcht und Widerstreben, als ich den Abtastarm aufsetzte und das anfängliche Kratzen der Nadel vernahm, und war froh, die ersten bruchstückhaften Worte einer menschlichen Stimme zu vernehmen – eine weiche, gebildete Stimme, die einen Anflug von Bostoner Akzent hatte und die definitiv von keinem Bewohner der Hügel Vermonts stammte. Als ich dem verführerischen, sanften Vortrag lauschte, stellte ich fest, dass die Worte genau Akeleys sorgfältigem Transkript entsprachen. Und weiter ging der Singsang der weichen Bostoner Stimme … »Iä! Shub-Niggurath! Die Ziege mit der tausendfachen Brut …«

Und dann hörte ich *die andere Stimme*. Auch im Nachhinein erzittere ich noch, wenn ich daran denke, wie erschrocken ich war, obwohl ich durch Akeleys Beschreibung darauf vorbereitet war. Jenen, denen ich seitdem die Aufnahme beschrieben habe, beharren darauf, nichts außer billigem Imponiergehabe oder Wahnsinn darin zu erkennen, *doch wenn sie das verfluchte Ding selbst gehört* oder den Stapel von Akeleys Briefen gelesen hätten (besonders den schrecklichen und umfassenden zweiten Brief), bin ich mir sicher, dass sie anderer Meinung wären. Im Nachhinein ist es ein entsetzlicher Jammer, dass ich mich nicht über Akeley hinweggesetzt und anderen die Aufnahme vorgespielt habe – ebenfalls ein entsetzlicher Jammer ist, dass alle seine Briefe verloren sind. Für mich, der ich diese Töne aus erster Hand kenne, und mit meinem Wissen von ihrem Hintergrund und den anderen, sie betreffenden Umständen, stammte die Stimme von einem monströsen Wesen. Sie folgte unmittelbar in ritualisierter Antwort der menschlichen Stimme, doch in meiner Vorstellung war es ein morbides Echo, das sich seinen Weg aus unvorstellbaren, außerweltlichen Höllen über unbeschreibbare Abgründe hinweg suchte. Es ist mehr als zwei Jahre her, dass ich den blasphemischen Wachszylinder abgespielt habe, doch in diesem Moment, wie in allen anderen Momenten, höre ich immer noch dieses matte, teuflische Summen, so als ob es das erste Mal wäre.

Iä! Shub-Niggurath! Die Schwarze Ziege der Wälder mit der tausendfachen Brut!

Doch obgleich mir diese Stimme immer im Ohr klingt, bin ich noch nicht einmal heute in der Lage, sie gut genug zu analysieren, um eine genaue Beschreibung zu liefern. Es war wie das Brummen eines widerlichen, riesigen Insekts, das schwerfällig in die Sprachformen einer fremden Rasse gepresst wurde, und ich bin davon überzeugt, dass die Organe, die diese Töne produzierten, keinerlei Ähnlichkeit mit den menschlichen Sprachorganen haben, auch nicht mit denen irgendeines anderen Säugetiers. Es gab Einzelheiten bei der Betonung, der Bandbreite und den Obertönen, die dieses Phänomen gänzlich außerhalb der menschlichen Sphäre und des irdischen Lebens stellte. Bei dem plötzlichen Erklingen der Stimme war ich beim ersten Mal fast wie betäubt, und ich hörte den Rest der Aufnahme in einer Form von abwesender Benommenheit. Als die längere Passage mit dem Gesumme kam, verstärkte sich bei mir das Gefühl einer blasphemischen Unendlichkeit, das mich bei den vorherigen, kürzeren Passagen überkommen hatte. Schließlich brach die Aufnahme während einer unerwartet klaren Rede der menschlichen, Bostoner Stimme plötzlich ab, doch ich saß da und starrte noch lange, nachdem das Gerät automatisch abgeschaltet hatte, geistesverloren vor mich hin.

Ich muss nicht extra betonen, dass ich diese schockierende Aufnahme noch viele Male abspielte und nervenaufreibende Versuche unternahm, sie im Austausch mit Akeley zu analysieren und zu kommentieren. Es wäre sowohl sinnlos und verwirrend an dieser Stelle alles zu wiederholen, was wir vermuteten, aber ich sollte anmerken, dass wir beide übereinstimmten, einen Hinweis auf die Quelle von einigen der abscheulichsten, urzeitlichen Gebräuche in den rätselhaften, alten menschlichen Religionen gefunden zu haben. Auch schien es uns offensichtlich, dass es alte und enge Beziehungen zwischen den versteckten Kreaturen von außen und bestimmten Angehörigen der menschlichen Rasse gab. Wie weitreichend diese Beziehungen waren und wie sie sich heute, verglichen mit früheren Zeiten, darstellten, konnten wir noch nicht einmal vermuten, doch zumindest gab es Raum für nahezu grenzenlose, schreckliche Spekulationen. Es schien zu bestimmten Zeiten eine furchtbare, undenkbare Verbindung zwischen den Menschen und der namenlosen Unendlichkeit gegeben zu haben. Es gab Hinweise, dass diese blasphemischen Kreaturen von dem dunklen Planeten Yuggoth am Rande unseres Sonnensystems kamen, doch das war wahrscheinlich nur der dicht besiedelte Außenposten einer furchtbaren interstellaren Rasse, deren eigentliche Heimat sogar weit jenseits des Einstein'schen Raum-Zeit-Kontinuums oder des größten bekannten Kosmos liegen musste.

Währenddessen diskutierten wir weiter über den schwarzen Stein und wie wir ihn am besten nach Arkham bringen konnten – Akeley erachtete es für nicht ratsam, ihn an dem Ort seiner albtraumhaften Forschungen zu besuchen. Aus irgendwelchen Gründen hatte Akeley Angst, das Ding einem der üblichen oder von seinen Gegnern zu vermutenden Transportweg anzuvertrauen. Sein endgültiger Plan war, den Stein quer durch das County nach Bellows Falls zu bringen und ihn mit der Boston und Maine Post über Keene, Winchendon und Fitchburg befördern zu lassen, selbst wenn dies bedeutete, dass er auf weit einsameren und häufiger die bewaldeten Hügel durchquerenden Straßen fahren musste, als wenn er die Hauptstraße nach Brattleboro nähme. Er schrieb, dass er am Postamt in Brattleboro, als er die Tonaufnahme aufgegeben hatte, einen Mann bemerkte hatte, dessen Aussehen und Benehmen sehr beunruhigend gewesen sei. Dieser Mann schien ängstlich zu vermeiden, mit den Angestellten zu sprechen, und er bestieg den Zug, mit dem das Päckchen transportiert wurde. Akeley gestand, dass er sich beim Versenden der Tonaufnahme unwohl gefühlt hatte, bis er von mir erfuhr, dass sie sicher angekommen war.

Um diese Zeit – es war die zweite Juliwoche – ging ein weiterer Brief von mir verloren, wie ich aus den besorgten Briefen von Akeley erfuhr. Infolgedessen teilte er mir mit, meine Briefe nicht mehr an ihn in Townshend zu schicken, sondern zu einem Postfach im Hauptpostamt von Brattleboro, wohin er häufig mit seinem Auto fuhr oder mit dem Bus, der die unrentable Bahnlinie ersetzt hatte. Ich spürte, wie er immer besorgter wurde, denn er erging sich mehr und mehr in der Schilderung des heftiger werdenden Bellens der Hunde in mondlosen Nächten und frischer Klauenabdrücke, die er manchmal morgens auf der Straße und im Schlamm direkt an seinem Hinterhof fand. Einmal berichtete er mir von einer großen Anzahl Abdrücke in einer Reihe, die sich einer ebenso großen Zahl von Hundespuren direkt gegenüber befand. Er schickte mir eine abscheulich verwirrende Fotografie davon als Beweis. Die hatte er nach einer Nacht aufgenommen, in der die Hunde wie wahnsinnig gebellt und geheult hatten.

Am Mittwochmorgen, dem 18. Juli, erhielt ich ein Telegramm aus Bellow Falls, in dem Akeley mir mitteilte, dass er mir den Stein mit B & M per Zug, Nr. 5508, der Bellow Falls um 12:15 Uhr östlicher Zeit verließ und am Nordbahnhof in Boston um 4:12 Uhr morgens ankommen sollte, zuschicke. Dann sollte er, so überlegte ich, spätestens am nächsten Mittag in Arkham ankommen, und so blieb ich den gesamten Donnerstagvormittag zu Hause, um ihn in Empfang zu nehmen. Doch die Mittagszeit ging vorüber, ohne dass der Stein eintraf, und als ich beim Postamt anrief, erhielt ich die Auskunft, dass keine Sendung für mich eingetroffen sei. Das Nächste, was ich – inzwischen im Zustand steigender Besorgnis – unternahm, war ein Ferngespräch zum Postbüro im Bostoner Nordbahnhof, und ich war kaum überrascht zu erfahren, dass meine Sendung dort nicht aufgetaucht sei. Der Zug Nr. 5508 war mit nur 35 Minuten Verspätung gestern dort eingetroffen, doch hatte er kein an mich adressiertes Paket dabeigehabt. Der Postbeamte versprach, auf jeden Fall Nachforschungen anzustellen, und so beschloss ich meinen Tag damit, dass ich Akeley einen Eilbrief schickte, in dem ich die Situation beschrieb.

Mit lobenswerter Schnelligkeit kam am folgenden Nachmittag eine Stellungnahme vom Bostoner Büro. Ein Angestellter rief mich sofort an, nachdem er von dem Fall Kenntnis erhalten hatte. Es schien, als würde sich der Postangestellte im Zug 5508 an einen Vorfall erinnern, der für meinen Verlust verantwortlich sein könnte – eine Auseinandersetzung während des Aufenthalts in Keene, New Hampshire, kurz nach ein Uhr nachts östlicher Standardzeit, mit einem Mann, schlank, blond und bäuerlich, der eine sehr seltsame Stimme hatte.

Der Mann, so sagte der Postangestellte, war entsetzlich aufgeregt wegen eine schweren Kiste, die er erwartete, die jedoch weder auf dem Zug, noch in den Büchern der Post verzeichnet war. Er hatte seinen Namen mit Stanley Adams angegeben, und seine ungewöhnlich breite, brummende Sprechweise hatte den Angestellten beim Zuhören benommen und schläfrig gemacht. Der Angestellte konnte sich nicht mehr erinnern, wie das Gespräch endete, doch kam er erst wieder voll zu Bewusstsein, als der Zug sich in Bewegung setzte. Der Beamte in Boston ergänzte, dass der Angestellte ein junger Mann sei, dessen Aufrichtigkeit und Zuverlässigkeit außer Frage standen, mit bekanntem Vorleben und schon lange im Unternehmen.

An diesem Abend begab ich mich nach Boston, um den Angestellten persönlich zu befragen, seinen Namen und seine Adresse hatte ich mir vom Büro geben lassen. Er war ein offener, einnehmender Mensch, doch ich stellte fest, dass er seiner ursprünglichen Aussage nichts hinzufügen konnte. Sonderbar war seine Gewissheit, dass er den merkwürdigen Fragesteller keinesfalls wiedererkennen würde. Nachdem klar war, dass er nicht mehr zu sagen hatte, kehrte ich nach Arkham zurück und brachte die Nacht damit zu, Briefe an Akeley, an die Postbehörde, an die Polizeiwache und das Postbüro in Keene zu schreiben. Ich war mir sicher, dass dem Mann mit der seltsamen Stimme, der einen so ungewöhnlichen Einfluss auf den Angestellten ausgeübt hatte, eine entscheidende Bedeutung in dem Fall zukam, und hoffte, dass die

Angestellten vom Bahnhof in Keene sowie Unterlagen des Telegrafenamtes vielleicht Hinweise darüber gaben, wie, wann und wo er seine Nachfrage gemacht hatte.

Ich muss eingestehen, dass alle meine Nachforschungen ohne Ergebnis blieben. Der Mann mit der seltsamen Stimme war tatsächlich am frühen Nachmittag des 18. Juli am Bahnhof in Keene bemerkt worden, und einer der dort Herumlungernden glaubte, ihn vage mit einer schweren Kiste in Verbindung bringen zu können, doch der Mann war allen unbekannt und nie zuvor oder danach dort gesehen worden. Er hatte nicht das Telegrafenbüro aufgesucht und, soweit man feststellen konnte, auch keine Nachricht erhalten; ebenfalls wurde keine Nachricht, die in irgendeiner Form auf die Anwesenheit des schwarzen Steins in Zug Nr. 5508 hindeutete, von dem Telegrafenbüro an irgendjemanden übermittelt. Selbstverständlich unterstützte mich Akeley bei diesen Nachforschungen und begab sich sogar persönlich nach Keene, um die Leute am Bahnhof zu befragen, doch seine Einstellung zu der Sache war mehr schicksalsergeben als meine. Der Verlust des Pakets erschien ihm eine unheilvolle und bedrohliche Erfüllung unvermeidlicher Entwicklungen, und er hatte keine wirkliche Hoffnung, daran etwas ändern zu können. Er sprach von den nicht zu bezweifelnden telepathischen und hypnotischen Kräften der Kreaturen in den Hügeln und ihrer Agenten, und in einem seiner Briefe deutete er an, dass der Stein schon längst nicht mehr auf der Erde sei. Soweit es mich betraf, war ich selbstverständlich wütend, denn ich war überzeugt davon, dass zumindest eine Möglichkeit bestanden hätte, aus den verwitterten Hieroglyphen einige wichtige und erstaunliche Dinge zu erfahren. Diese Angelegenheit hätte mich wirklich nachhaltig erschüttert, wenn nicht Akeleys schnell aufeinanderfolgende Briefe einen neuen Aspekt des ganzen schrecklichen Hügelproblems aufgeworfen hätten, der sofort meine ganze Aufmerksamkeit erforderte.

IV

Die unbekannten Wesen, wie Akeley mit einer zittriger werdenden Handschrift mitteilte, kamen ihm mit ganz neuer Entschlossenheit immer näher. Das nächtliche Bellen der Hunde in dunklen oder mondlosen Nächten war nun grässlich, und es gab Versuche, ihn auf den einsamen Straßen, die er benutzen musste, zu belästigen. Am zweiten August, als er mit seinem Auto auf dem Weg ins Dorf war, lag ein Baumstamm quer über der Straße, genau da, wo sie durch ein dichtes Waldstück verläuft, und das wilde Bellen der beiden großen Hunde, die er bei sich hatte, zeigte ihm nur zu gut, welche Dinge da in der Nähe lauerten. Was wohl passiert wäre, wenn er nicht die Hunde dabei gehabt hätte, wagte er sich nicht vorzustellen – doch seitdem verließ er das Haus nicht, ohne zumindest zwei von seinen treuen und mächtigen Gefährten dabeizuhaben. Weitere Zwischenfälle auf der Straße ereigneten sich am fünften und sechsten August, dabei streifte bei dem ersten Zwischenfall ein Schuss seinen Wagen, und beim zweiten Mal deutete das Bellen der Hunde auf die Anwesenheit von den unheiligen Waldkreaturen hin.

Am 15. August erhielt ich einen verzweifelten Brief, der mich überaus beunruhigte, und ich wünschte, Akeley würde seine einsame Verschlossenheit aufgeben und die Hilfe des Gesetzes in Anspruch nehmen. In der Nacht vom zwölften zum dreizehnten war es zu Furcht einflößenden Ereignissen gekommen, Kugeln schwirrten um das Gehöft, und am Morgen fand man drei der zwölf großen Hunde erschossen. Auf der Straßen befanden sich unzählige Klauenabdrücke mit den menschlichen Fußabdrücken von Walter Brown dazwischen. Akeley hatte in Brattleboro angerufen, um mehr Hunde zu bekommen, aber bevor er viel sagen konnte, war die Telefonleitung schon tot. Später fuhr er dann mit seinem Auto nach Brattleboro und hörte, dass die Monteure der Telefongesellschaft die Hauptleitung an der Stelle, wo sie durch die einsamen Hügel nördlich von Newfane verlief, sauber durchschnitten vorgefunden hatten. Er selbst machte sich auf den Heimweg mit vier guten, neuen Hunden und mehreren Schachteln Munition für sein Großwild-Repetiergewehr. Den Brief hatte er auf dem Postamt in Brattleboro geschrieben, und er erreichte mich ohne Verzögerung.

Meine Stimmung in der Angelegenheit schwankte beständig zwischen Wissenschaftlichkeit und einer besorgten, persönlichen Anteilnahme. Ich fürchtete um Akeley in seinem abgelegenen, einsamen Gehöft und auch zum Teil um mich selbst wegen meiner klaren Verstrickung in dieses merkwürdige Hügelproblem. Die Kreaturen *breiteten sich also aus*. Würden sie über mich kommen und mich verschlingen? In meinem Antwortbrief beschwor ich ihn, Hilfe zu suchen, und deutete an, dass, wenn er es nicht täte, ich etwas unternehmen würde. Ich schrieb, dass ich ihn persönlich trotz seiner gegenteiligen Wünsche in Vermont besuchen und ihm helfen würde, die Situation den zuständigen Behörden zu erklären. Als Antwort erhielt ich lediglich ein Telegramm aus Bellow Falls, das wie folgt lautete:

ICH SCHÄTZE IHRE HALTUNG, ABER KÖNNEN NICHTS TUN. UNTERNEHMEN SIE NICHTS, DENN ES WÜRDE NUR UNS BEIDEN SCHADEN. WARTEN SIE AUF ERKLÄRUNGEN.

HENRY AKELY

Doch die Angelegenheit wurde beständig schlimmer. Auf meine Antwort auf dieses Telegramm erhielt ich eine mit zittriger Hand geschriebene Mitteilung von Akeley mit dem überraschenden Hinweis, dass er weder das Telegramm geschickt, noch den Brief, dessen offensichtliche Antwort das Telegramm darstellte, erhalten hätte. Eilige Nachfragen von ihm in Bellow Falls hatten ergeben, dass die Nachricht von einem seltsamen, blonden Mann mit einer merkwürdig breiten, brummenden Sprechweise aufgegeben worden war. Mehr konnte Akeley allerdings nicht herausfinden. Der Angestellte zeigte ihm den vom Absender mit Bleistift gekritzelten Originaltext, doch die Handschrift war ihm völlig unbekannt. Es fiel auf, dass der Absender falsch geschrieben war: -A-K-E-L-Y, ohne das zweite »E«. Bestimmte Zusammenhänge drängten sich auf, doch mitten in dieser offensichtlichen Krise, wollte er nicht weiter darüber spekulieren.

Er berichtete von dem Tod weiterer Hunde sowie der Anschaffung neuer und von Feuergefechten, die in mondlosen Nächten zur Gewohnheit geworden waren. Zwischen den Klauenabdrücken auf der Straße und hinter dem Hof fand man jetzt regelmäßig die Spuren von Brown und ein oder zwei anderen Schuhe tragenden, menschlichen Gestalten. Es war, wie Akeley zugab, eine ziemlich üble Situation, und schon bald würde er nach Kalifornien zu seinem Sohn gehen müssen, unabhängig davon, ob er seinen Besitz verkaufen oder nicht verkaufen könnte. Aber es war nicht einfach, den Ort zu verlassen, den man als sein Heim ansah. Er musste versuchen, noch ein bisschen auszuharren, vielleicht konnte er die Eindringlinge ja vertreiben – besonders wenn er offen zeigte, dass er nicht weiter ihre Geheimnisse ergründen wollte.

Sofort schrieb ich Akeley, ich wiederholte mein Hilfsangebot und schlug erneut vor, ihn zu besuchen und ihm zu helfen, die Behörden von der akuten Gefahr, in der er sich befand, zu überzeugen. In seiner Antwort schien er jetzt weniger diesem Plan abgeneigt, als seine vorherigen Schreiben hatten vermuten lassen, doch er meinte, er würde noch eine Weile aushalten – lange genug, um seine Angelegenheiten zu ordnen und sich mit dem Gedanken anzufreunden, sein ihm fast krankhaft ans Herz gewachsenes Geburtshaus zu verlassen. Die Leute sähen ihn wegen seiner Forschungen und Spekulationen schräg an, und es wäre besser, sich still und leise abzusetzen, als die ganze Gegend zu einem Hexenkessel zu machen und weitreichende Zweifel an seiner geistigen Gesundheit zu säen. Er habe die Nase voll, wie er eingestand, aber er wolle, wenn möglich, einen ehrenvollen Abschied haben.

Dieser Brief erreichte mich am achtundzwanzigsten August, und ich entwarf und schickte ihm eine so ermutigende Antwort wie nur möglich. Offensichtlich zeigte diese Ermutigung Wirkung, denn danach hatte Akeley weniger Schreckliches zu berichten. Dennoch war er nicht besonders optimistisch und meinte, dass es nur die Phase des Vollmondes war, die die Kreaturen abhielt. Er hoffte, dass es nicht zu viele bewölkte Nächte gäbe, und deutete an, dass er sich bei abnehmenden Mond vielleicht eine Unterkunft in Brattleboro nehmen würde. Ich schrieb ihm einen weiteren, ermutigenden Brief, doch am 5. September bekam ich erneut Nachricht von ihm, die meinen Brief wohl auf dem Weg zu ihm gekreuzt haben musste und die konnte ich nicht in hoffnungsvollem Ton beantworten. Aufgrund der Bedeutung dieses Schreibens gebe ich es besser ganz wieder, so gut ich den in krakeliger Schrift abgefassten Text noch in Erinnerung habe. Im Wesentlichen lautete er wie folgt:

Montag,
Lieber Wilmarth –
Ein ziemlich entmutigendes P. S. zu dem letzten Brief. Letzte Nacht war es dicht bewölkt – trotzdem kein Regen –, und nicht ein bisschen Mondlicht drang durch. Die Dinge stehen ziemlich schlecht und ich glaube, entgegen allem, was wir gehofft haben, dass das Ende nah ist. Nach Mitternacht landete etwas auf dem Hausdach, und alle Hunde sprangen auf, um zu sehen, was es war. Ich konnte hören, wie sie knurrten und in Raserei verfielen, und dann gelang es einem von ihnen, von einem niedrigeren Anbau aus auf das Dach zu springen. Es kam zu einem schrecklichen Kampf, und ich hörte ein fürchterliches Summen, das ich nie vergessen werde. Auf einmal war da ein schockierender Gestank. Zur gleichen Zeit flogen Kugeln durch das Fenster, die mich fast getroffen hätten. Ich denke, die Hauptgruppe der Kreaturen aus den Hügeln hatte es zum Haus geschafft, weil die Hunde durch die Sache auf dem Dach abgelenkt waren. Was dort oben ist, weiß ich noch

nicht, aber ich befürchte, die Kreaturen haben gelernt, besser mit ihren Weltraumflügeln zu steuern. Ich löschte das Licht, nutzte die Fenster als Schießscharten und deckte rundum alles mit Gewehrfeuer ein, wobei ich gerade so hoch zielte, um die Hunde nicht zu treffen. Damit schien die Sache beendet, allerdings fand ich am Morgen große Blutlachen im Hof und außerdem Pfützen von einem grünen, klebrigen Zeug, das den übelsten Gestank absonderte, den ich je gerochen habe. Ich stieg das Dach hinauf und fand dort mehr von dem klebrigen Zeug. Fünf Hunde waren getötet worden – es tut mir leid, sagen zu müssen, dass einer davon, da er in den Rücken getroffen wurde, auf mein Konto geht, weil ich zu tief gezielt hatte. Jetzt ersetze ich die Scheiben, die bei der Schießerei zu Bruch gegangen sind, und fahre dann nach Brattleboro, um neue Hunde zu kaufen. Ich denke, die Leute des Hundezwingers halten mich wahrscheinlich für verrückt. Werde später eine weitere Nachricht senden. Ich vermute, dass ich in ein oder zwei Wochen bereit bin wegzuziehen, obwohl mich der Gedanke daran fast umbringt.

In Eile
AKELEY

Doch das war nicht der einzige Brief von Akeley, der sich mit meinem kreuzte. Am nächsten Morgen – 6. September – kam ein weiterer, diesmal ein hektisches Gekritzel, das mich gänzlich aus der Fassung brachte und mich völlig darüber verzweifeln ließ, was ich nun sagen oder machen sollte. Wieder kann ich nichts Besseres tun, als den Inhalt so getreu wiederzugeben, wie ich ihn in Erinnerung habe.

Dienstag
Die Wolkendecke reißt nicht auf, also wieder kein Mond, und sowieso nimmt er bereits ab. Ich habe das Haus mit elektri-

schem Draht umgeben und einen Suchscheinwerfer angebracht, als ob ich nicht wüsste, dass sie die Kabel schneller durchschneiden, als ich sie reparieren kann. Ich glaube, ich werden verrückt. Vielleicht ist alles, was ich Ihnen geschrieben haben, nur ein wahnsinniger Traum. Vorher war es schon schlimm genug, doch jetzt ist es unerträglich. *Letzte Nacht haben sie zu mir gesprochen* – gesprochen mit diesen verfluchten, summenden Stimmen – und haben mir Dinge gesagt, *die ich nicht wage, Ihnen gegenüber zu wiederholen*. Ich hörte sie deutlich durch das Hundegebell hindurch, und als sie einmal verstummten, *half ihnen eine menschliche Stimme aus*. Halte Sie sich aus der Sache raus, Wilmarth – es ist schlimmer, als Sie oder ich je vermutet haben. *Sie haben nicht vor, mich nach Kalifornien zu lassen – sie wollen mich lebend wegbringen, oder was theoretisch und mental als lebend gelten kann* – nicht nur zu Yuggoth, sondern noch weiter – weg aus der Galaxis und *möglicherweise über die letzte gebogene Grenze des Weltraums hinaus*. Ich sagte ihnen, dass ich nicht dorthin, wo sie wollten, gehen würde *oder den schrecklichen Weg, den sie vorgeschlagen hatten, beschreiten würde*, doch ich fürchte, das war vergeblich. Ich lebe so abgeschieden, dass sie schon bald, ob bei Tag oder bei Nacht, kommen werden. Sechs weitere Hunde sind tot, und als ich heute nach Brattleboro fuhr, spürte ich die Anwesenheit der Kreaturen jedes Mal, wenn die Straße durch die Wälder führt.

Es war ein Fehler, dass ich Ihnen die Tonaufnahme und den schwarzen Stein geschickt habe. Vernichten Sie besser die Aufnahme, bevor es zu spät ist. Ich werde Ihnen morgen weitere Zeilen schicken, wenn ich dann noch hier bin. Ich wünschte, ich könnte dafür sorgen, dass meine Bücher und Habseligkeiten nach Brattleboro gebracht und dort aufbewahrt werden. Wenn ich könnte, würde ich alles stehen und liegen lassen und weglaufen, aber irgendetwas in mir hält mich zurück. Ich kann nach Brattleboro, wo ich wahrscheinlich in Sicherheit wäre, doch dort würde ich mich genauso gefangen fühlen wie hier im Haus. Und ich glaube zu wissen, dass es mich nicht viel weiter bringen würde, selbst wenn ich alles zurückließe und es versuchte. Lassen Sie sich nicht in diese Sache hineinziehen.

Ihr

Akeley

Nachdem ich diese Zeilen erhalten hatte, konnte ich die ganze Nacht nicht schlafen und war völlig verunsichert über Akeleys Gesundheitszustand. Der Inhalt der Nachricht war gänzlich krank, doch seine Ausdrucksweise – in Anbetracht all dessen, was davor geschehen war –, hatte eine grauenhafte Überzeugungskraft. Ich unternahm keinen Versuch, darauf zu antworten, dachte, es sei besser abzuwarten, bis Akeley meinem letzten Brief geantwortet hätte. Diese Antwort kam tatsächlich am nächsten Tag, doch ließen seine neuen Informationen alles, was in einer Antwort auf meinen Brief zu schreiben gewesen wäre, hinfällig werden. Hier wieder, so gut ich mich erinnere, der Wortlaut der Nachricht, die gekritzelt und voller Flecken und deutlich in großer Eile verfasst worden war.

Mittwoch

W…

Ihr Brief kam, aber es hat keinen Zweck, weiter zu diskutieren. Ich habe vollständig aufgegeben. Ich wundere mich, dass ich überhaupt noch genug Willenskraft habe, sie zurückzuhalten. Ich kann nicht entkommen, selbst wenn ich bereit wäre, alles aufzugeben und zu fliehen. Sie werden mich kriegen.

Erhielt gestern einen Brief von ihnen – der Postbote brachte ihn, während ich in Brattleboro war. Mit Schreibmaschine geschrieben und aufgegeben in Bellows Falls. Schreiben mir, was sie mit mir tun wollen – ich kanns nicht wiederholen. Nehmen auch Sie sich in Acht. Vernichten Sie die Tonaufnahme. Wolkenverhangene Nächte, und der Mond nimmt beständig ab. Wünschte, ich könnte um Hilfe bitten – es würde meiner Willenskraft guttun – aber jeder, der es überhaupt wagte zu kommen, würde mich für verrückt halten, es sei denn, es gäbe einen Beweis. Kann die Leute nicht bitten, grundlos zu kommen – ich habe keinen Kontakt zu irgendjemanden und das schon seit Jahren nicht mehr.

Aber das Schlimmste habe ich Ihnen noch gar nicht erzählt, Wilmarth. Holen Sie tief Luft, denn Sie werden schockiert sein. Doch ich sage die Wahrheit. Es ist so – *ich habe eins dieser Dinger gesehen und es berührt, oder zumindest einen Teil davon*. Mein Gott, ist das furchtbar. Es war natürlich tot. Einer der Hunde hatte es erwischt, und ich habe es heute Morgen neben dem Zwinger gefunden. Ich habe versucht, es im Holzschuppen aufzubewahren, aber es hatte sich in ein paar Stunden aufgelöst. Nichts war übrig geblieben. Sie erinnern sich, all die Dinger in den Flüssen wurden nur am ersten Morgen nach der Flut gesichtet. Und nun kommt das Schlimmste, ich hatte versucht, es für Sie zu fotografieren, doch als ich den Film entwickelt hatte, *war nichts außer dem Holzschuppen darauf zu sehen*. Aus was hat das Ding wohl bestanden? Ich habe es gesehen und berührt und sie alle haben Spuren hinterlassen. Es bestand mit Sicherheit aus fester Materie – aber welche Art von Materie? Die Gestalt lässt sich nicht beschreiben. Es war eine große Krabbe mit einer Menge von aufgewölbten, fleischigen Ringen oder Knoten, öliges Zeug, überzogen mit Fühlern, dort wo bei einem Menschen der Kopf sein würde. Dieses grüne, klebrige Zeug ist wohl ihr Blut oder sonstige Körperflüssigkeit. Und noch mehr von ihnen sollen jede Minute auf der Erde ankommen.

Walter Brown wird vermisst, wurde nicht mehr an den üblichen Orten in den Dörfern gesehen, an denen er sich sonst herumtrieb. Ich muss ihn mit einer Kugel erwischt haben, aber die Kreaturen scheinen ihre Verwundeten und Toten wegzubringen.

Heute Nachmittag gelangte ich ohne Schwierigkeiten in die Stadt, aber ich befürchte, sie halten sich im Moment zurück, weil sie sicher sind, mich zu kriegen. Das schreibe ich hier im Postamt von Brattleboro. Könnte mein Abschiedsbrief sein – wenn dem so ist, dann schreiben Sie meinem Sohn George Goodenough Akeley, 176 Pleasant Street, San Diego, Kalifornien –, *aber kommen Sie keinesfalls hierher*. Schreiben Sie dem Jungen, wenn Sie innerhalb einer Woche nichts von mir hören, und kontrollieren Sie die Zeitungen nach Neuigkeiten.

Ich werde jetzt meine letzten zwei Trümpfe ausspielen, wenn ich genügend Willenskraft aufbringe. Zuerst werde ich es bei den Dingern mit Giftgas probieren (ich habe die notwendigen Chemikalien dafür zur Hand und habe für mich und die Hunde Atemmasken gemacht), und wenn das nichts helfen sollte, wende ich mich an den Sheriff. Wenn sie wollen, können sie mich in eine Irrenanstalt sperren – es wäre auf jeden Fall besser als das, was die *anderen Kreaturen* vorhaben. Vielleicht kann ich ihre Aufmerksamkeit auf die Abdrücke rund um das Haus lenken. Sie sind zwar verwischt, aber ich finde sie jeden Morgen. Nehme aber an, dass die Polizei behaupten wird, ich hätte sie irgendwie gefälscht, da ich ihnen allen suspekt bin.

Muss versuchen, einen Staatspolizisten zu überzeugen, hier eine Nacht zu verbringen, um selbst zu sehen, was los ist – aber die Kreaturen würden sicher davon erfahren und sich in dieser Nacht zurückhalten. Sie durchtrennen die Telefonleitung jedes Mal, wenn ich nachts telefonieren will; die Männer der Telefongesellschaft halten es für sehr merkwürdig und wollen es untersuchen, falls sie nicht eher glauben, ich würde es selbst tun. Ich habe seit über einer Woche nicht mehr versucht, die Leitung reparieren zu lassen.

Ich könnte einige der ungebildeten Leute dazu bringen, die tatsächliche Existenz der Schrecknisse zu bestätigen, doch jeder lacht darüber, was sie sagen, und außerdem haben sie den Ort, an dem ich lebe, schon so lange gemieden, dass sie von den neuen Entwicklungen keine Ahnung haben. Keinen von diesen heruntergekommenen Bauern könnte man für Geld und gute Worte dazu bringen, sich meinem Haus auch nur auf weniger als eine Meile zu nähern. Der Postbote hat gehört, was sie erzählen, und darüber Witze gemacht – Gott im Himmel! Wenn ich nur wagte, ihm zu sagen, wie real alles ist. Ich überlege, ob ich ihm die Abdrücke zeigen soll, aber er kommt am Nachmittag, und dann sind sie üblicherweise schon verblasst. Wenn ich einen konservieren würde, indem ich eine Kiste oder einen Topf darüber stellte, dann würde er ganz bestimmt denken, es sei ein Spaß oder eine Fälschung.

Ich wünschte, ich wäre nicht zu einem solchen Einsiedler geworden, sodass die Leute ab und zu vorbeischauten, wie sie es früher getan haben. Ich habe nie gewagt, den schwarzen Stein oder die Fotografien oder die Tonaufnahme jemand anderem zu zeigen als diesen ungebildeten Leuten. Die anderen hätten gesagt, es seien Fälschungen und hätten nur darüber gelacht. Aber jetzt würde ich versuchen, ihnen die Bilder zu zeigen. Darauf sieht man deutlich die Klauenabdrücke, selbst wenn man die Dinger, die sie machen, nicht fotografieren kann. Was ein Ärger, dass niemand sonst das *Ding* heute Morgen gesehen hat, bevor es verschwunden ist!

Aber warum mache ich mir noch Sorgen. Nachdem, was ich durchgemacht habe, scheint eine Irrenanstalt so gut wie alles andere zu sein. Die Ärzte können mir dabei helfen, wieder klar zu werden und dieses Haus zu vergessen, und all das wird mich retten.

Schreiben Sie meinem Sohn George, wenn Sie nichts mehr von mir hören. Leben Sie wohl, zerstören Sie die Tonaufnahme und halten Sie sich aus allem heraus.
Ihr … AKELEY

Offengestanden löste dieser Brief bei mir blankes Entsetzen aus. Ich wusste nicht, was ich antworten sollte, doch kritzelte ich einige unzusammenhängende Sätze mit Ratschlägen und Ermutigungen und schickte sie per Einschreiben. Ich erinnerte mich, Akeley dazu gedrängt zu haben, sich sofort nach Brattleboro und in den Schutz der Behörden zu begeben, und ergänzte, dass ich sofort mit der Tonaufnahme in die Stadt käme und helfen würde, das Gericht von seiner geistigen Gesundheit zu überzeugen. Auch glaubte ich, mich zu erinnern, geschrieben zu haben, dass es jetzt an der Zeit wäre, die Leute vor diesen Kreaturen in ihrer Mitte zu warnen. Man wird feststellen, dass in diesem Moment der Anspannung meine Überzeugung davon, was Akeley glaubte und mir erzählte, ohne Zweifel war, allerdings glaubte ich, dass der Versuch, das tote Monster zu fotografieren, nicht aufgrund seiner abseitigen Natur misslungen war, sondern weil Akeley in seiner Aufregung einen Fehler gemacht hatte.

V

Am Samstagnachmittag, den 8. September, erreichte mich der erstaunlich andere und beruhigende Brief, der sich offensichtlich mit meiner wirren Nachricht gekreuzt hatte und der sauber auf einer neuen Schreibmaschine getippt war, dieser seltsame Brief mit Beschwichtigungen und einer Einladung, der von einer außerordentliche Veränderung in dem ganzen albtraumhaften Drama in den einsamen Hügeln zeugte. Wieder zitiere ich aus der Erinnerung – aus speziellen Gründen versuche ich, so viel von der

Art und dem Stil einfließen zu lassen, wie ich kann. Er war in Bellows Falls abgestempelt, und sowohl der Text als auch die Unterschrift war getippt, so wie es häufig bei Anfängern im Maschinenschreiben vorkommt. Doch der Text selbst war für einen Anfänger erstaunlich perfekt, und ich vermute, dass Akeley früher schon mit einer Schreibmaschine gearbeitet hatte – vielleicht im College. Dass der Brief mich erleichtert hat ist klar, doch jenseits meiner Erleichterung machte sich ein beunruhigendes Gefühl breit. Wenn Akeley in seinem Schrecken gesund gewesen war, war er jetzt, da er davon befreit war, auch gesund? Und was musste man sich unter der erwähnten »verbesserten Beziehung« vorstellen? Das ganze Schreiben stellte eine grundsätzliche Änderung zu Akeleys vorheriger Haltung dar! Doch hier ist der wesentliche Inhalt des Textes, aus meinem Gedächtnis, auf das ich sehr stolz bin, niedergeschrieben.

Townshend, Vermont,
Donnerstag, den 6. September 1928

Mein lieber Wilmarth,
es ist mir eine große Freude, Sie in Bezug auf die albernen Dinge, die ich Ihnen geschrieben habe, beruhigen zu können. Ich sage »albern«, doch meine ich damit nur meine beunruhigende Einstellung, nicht die Beschreibung bestimmter Phänomene. Diese Phänomene sind real und wichtig genug, mein Fehler ist gewesen, sie in einen unnatürlichen Zusammenhang zu stellen.

Ich glaube, erwähnt zu haben, dass meine seltsamen Besucher versuchten, mit mir in Verbindung zu treten und mit mir zu sprechen. Letzte Nacht hat dieser Austausch stattgefunden. In Antwort auf bestimmte Zeichen ließ ich einen Boten derer dort draußen – einen Menschen, lassen Sie mich hinzufügen – mein Haus betreten. Er erzählte mir vieles, dass weder Sie noch ich überhaupt vermutet hatten, und zeigte mir deutlich auf, wie völlig falsch wir die Absichten der Äußeren für die Unterhaltung ihrer geheimen Kolonie auf diesem Planeten verstanden hatten.

Es hat den Anschein, dass die üblen Legenden über das, was sie den Menschen angeboten haben, und über alles, was sie in Bezug auf die Erde planten, ein Ergebnis von unfähiger Falschinterpretation ihrer allegorischen Sprache ist – einer Sprache, die natürlich aus einem kulturellen Hintergrund und einer Denkweise entstanden sind, die sich völlig von allem unterscheiden, was wir uns erträumen können. Ich gebe offen zu, dass auch meine Vermutungen genauso weit daneben lagen wie die Vorstellungen der analphabetischen Bauern und eingeborenen Indianern. Was ich als krankhaft, schändlich und grauenvoll angesehen habe, ist in Wirklichkeit Ehrfurcht gebietend, den Verstand erweiternd und *herrlich* – meine vorherige Einschätzung ist nichts weiter als die ewige menschliche Veranlagung, das *gänzlich andere* zu hassen, zu fürchten und davor zurückzuschrecken.

Jetzt bedauere ich, was ich diesen fremden und unglaublichen Wesen während unserer nächtlichen Gefechte angetan habe. Wenn ich mich nur dazu entschieden hätte, zuerst mit ihnen friedlich und vernünftig zu reden! Aber sie hegen keinen Groll gegen mich, ihre Gefühle sind ganz anders organisiert als bei uns. Es war ihr Unglück, dass ihre Agenten in Vermont einige unwürdige Vertreter unserer Rasse waren – der verstorbene Walter Brown zum Beispiel. Er beeinflusste mich wesentlich gegen sie. Tatsächlich haben sie niemals vorsätzlich Menschen verletzt, aber häufig grausames Unrecht erfahren und wurden von unserer Rasse ausgespäht. Es gibt einen großen, geheimen Kult von üblen Menschen (ein Mann Ihrer Gelehrtheit wird wissen, was ich meine, wenn ich sie mit Hastur und dem Gelben Zeichen in Verbindung bringe) mit dem Ziel, sie im Namen von monströsen Mächten aus anderen Dimensionen aufzuspüren und zu vernichten. Die umfassenden Vorsichtsmaßnahmen der Äußeren dienen der Abwehr dieser Angreifer – und sind nicht gegen die normalen Menschen gerichtet. Übrigens habe ich erfahren, dass viele unserer verloren gegangenen Briefe nicht von den Äußeren, sondern von den Vertretern dieses verleumderischen Kultes entwendet worden sind.

Alles, was die Äußeren von den Menschen wollen, ist Friede, Nichteinmischung und einen stärkeren intellektuellen Austausch. Das Letztere ist absolut notwendig, jetzt da unsere Erfindungen und Hilfsmittel unser Wissen und unseren Lebensbereich ausdehnen und es immer unmöglicher für die Äußeren wurde, ihren notwendigen Außenposten auf diesem Planeten *geheim* zu halten. Die außerirdischen Wesen haben den Wunsch, die Menschheit genauer kennenzulernen, und dass einige der führenden menschlichen Philosophen und Wissenschaftler mehr über sie erfahren. Mit diesem Austausch von Wissen würden alle Bedrohungen verschwinden und ein befriedigender *modus vivendi* wäre hergestellt. Die Vorstellung, es gäbe irgendeinen Plan, die Menschheit zu *versklaven* oder zu *erniedrigen,* ist lächerlich.

Als Anfang dieser verbesserten Beziehungen haben die Äußeren logischerweise mich, da meine Kenntnisse von ihnen so beachtlich sind, als ersten Vermittler auf der Erde ausgewählt. Letzte Nacht haben sie mir viel erzählt – Tatsachen von überwältigender und neue Sichtweisen öffnender Art –, und noch mehr wird mir nach und nach in Wort und Schrift vermittelt werden. Zunächst wird man nicht von mir verlangen, eine Reise nach *draußen* zu unternehmen, doch später werde ich es wahrscheinlich selbst *wünschen* – unter Einsatz bestimmter Fähigkeiten –, und dabei über alles hinausgehen, was wir heutzutage als menschliche Erfahrung ansehen. Mein Haus wird nicht länger belagert. Alles ist wieder im Normalzustand, und die Hunde sind überflüssig geworden. Anstelle des Schreckens habe ich eine große Bereicherung an Wissen und intellektuellem Abenteuer erfahren, wie sie nur wenigen Sterblichen zuteil geworden ist.

Die äußeren Wesen sind vielleicht die wundersamsten organischen Existenzen in oder sogar jenseits von Zeit und Raum – Angehörige einer im ganzen Kosmos beheimateten Rasse –, und alle anderen Lebensformen sind lediglich degenerierte Varianten ihnen. Sie sind eher pflanzlich denn tierisch, wenn man von der Materie, aus der sie bestehen, ausgeht, und haben eine irgendwie pilzartige Struktur, doch das Vorhandensein einer chlorophyllartigen Substanz und eines einzigartigen Verdauungssystems unterscheidet sie gänzlich von den echten Kormophyten. Tatsächlich bestehen diese Wesen aus Materie, die in unserem Teil des Universums gänzlich unbekannt ist – mit Elektronen, die eine ganz andere Schwingungsrate haben. Deshalb kann man diese Wesen auch nicht mit *gewöhnlichen* Kameras, die aus unserem Universum stammen, ob mit Film oder Fotoplatten, aufnehmen, obwohl wir sie mit unseren Augen sehen können. Mit den entsprechenden Kenntnissen allerdings könnte jeder gute Chemiker eine Fotoemulsion herstellen, die in der Lage wäre, ihr Abbild festzuhalten.

Diese Gattung ist fähig, die kalten und luftlosen interstellaren Abgründe völlig unbeschadet in körperlicher Form zu durchqueren, aber einige Varianten dieser Wesen können dies nur mit mechanischer Hilfe oder nach merkwürdigen, chirurgischen Eingriffen. Nur wenige Arten besitzen die ätherfesten Schwingen, die charakteristisch für die Art hier in Vermont sind. Die Wesen, die bestimmte abgelegene Berggipfel der Alten Welt bewohnen, sind auf andere Weise dorthin gelangt. Ihre Ähnlichkeit mit der Tierwelt und der Art von Struktur, die wir als stofflich ansehen, ist das Ergebnis einer parallelen Entwicklung und nicht Zeichen einer nahen Verwandtschaft.

Ihre Gehirnkapazität übertrifft die einer jeden anderen existierenden Lebensform, dennoch ist die geflügelte Variante in unserer Hügellandschaft nicht die am weitesten entwickelte. Normalerweise kommunizieren sie mittels Telepathie, doch verfügen sie über rudimentäre Sprechorgane, die nach einer kleinen Operation (Chirurgie, die von ihnen meisterhaft beherrscht wird, ist eine alltägliche Angelegenheit) annähernd in der Lage sind, die Sprache von solchen Lebewesen zu imitieren, die noch Sprache benutzen.

Ihr momentaner Hauptaufenthaltsort ist ein noch unentdeckter, dunkler Planet ganz am Rande unseres Sonnensystems – jenseits des Neptun, der neunte von der Sonne aus gerechnet. Er ist, wie wir vermutet haben, das Objekt, das geheimnisvoll in bestimmten alten und verbotenen Schriften als »Yuggoth« erwähnt wird, und schon bald wird er Ausgangspunkt einer seltsamen Konzentration von Geisteskräften in Richtung unserer Welt sein, als Bemühung, den geistigen Austausch zu erleichtern. Ich wäre nicht überrascht, wenn die Astronomen durch diese Gedankenströme eines Tages dazu gebracht würden, Yuggoth zu entdecken, wenn die Äußeren dies wollen. Doch Yuggoth ist natürlich nur eine Zwischenstation. Hauptsächlich bewohnen diese Wesen seltsam gestaltete Abgründe, die völlig außerhalb der menschlichen Vorstellungskraft liegen. Das Raum-Zeit-Bläschen, das wir als den gesamten Kosmos ansehen, ist nur ein Atom in ihrer wirklichen Unendlichkeit. *Und so viel dieser Unendlichkeit, wie der menschliche Geist begreifen kann, wird mir schließlich zuteilwerden, so wie nicht mehr als fünfzig anderen Männern seit Bestehen der Menschheit.*

Sie werden das für wilde Fantasien halten, Wilmarth, doch mit der Zeit werden Sie diese riesige Möglichkeit anerkennen, über die ich gestolpert bin. Ich möchte so viel wie möglich von dem mit Ihnen teilen, doch dazu muss ich Ihnen Tausende von Dingen sagen, die ich nicht zu Papier bringen kann.

In der Vergangenheit habe ich Sie gewarnt, mich zu besuchen. Jetzt, da hier alles sicher ist, nehme ich diese Warnung zurück und lade Sie ein, hierher zu kommen.

Können Sie zu Besuch kommen, bevor Ihr Collegesemester wieder beginnt? Es wäre wirklich wunderbar, wenn Sie es einrichten könnten. Bringen Sie die Tonaufnahme und alle meine Briefe als Datenmaterial mit, wir werden sie brauchen, um die Einzelheiten zu einer kompletten, ungeheuren Geschichte zusammenzufügen. Sie sollten auch die Fotografien mitbringen, da es scheint, dass ich die Negative und meine Abzüge in der zurückliegenden Aufregung verlegt habe. Doch was für eine Anzahl von Fakten habe ich diesem unzureichenden und vorläufigen Material hinzuzufügen – *und welch erstaunliche Mittel habe ich, um meine Ergänzungen einzugliedern!*

Zögern Sie nicht – ich werde jetzt nicht mehr überwacht, und Sie werden mit nichts Unnatürlichem oder Bedrohlichem konfrontiert werden. Kommen Sie einfach, und ich hole Sie mit meinem Wagen vom Bahnhof in Brattleboro ab. Richten Sie sich darauf ein, so lange, wie Sie wollen, zu bleiben, und erwarten Sie abendliche Gespräche über Dinge jenseits aller menschlicher Vorstellung. Es versteht sich von selbst, dass Sie niemandem davon erzählen, denn diese Angelegenheit darf nicht an die allgemeine Öffentlichkeit dringen.

Die Zugverbindung nach Brattleboro ist nicht schlecht – Sie können sich einen Fahrplan in Boston besorgen. Nehmen Sie die Boston-&-Maine-Bahn nach Greenfield und steigen dort für die kurze verbleibende Strecke um. Ich schlage vor, Sie nehmen den passenden 16:10 Uhr Standard-Zug von Boston. Der erreicht Greenfield um 19:35 Uhr, und von dort geht es um 19:19 Uhr weiter nach Brattleboro, wo Sie um 22:01 Uhr ankommen. Lassen Sie mich wissen, wann Sie kommen, und dann werde ich mit meinem Wagen am Bahnhof sein.

Entschuldigen Sie bitte, dass ich mit Schreibmaschine schreibe, doch meine Handschrift ist in letzter Zeit etwas zittrig geworden, wie Sie ja festgestellt haben, und ich fühle mich auch nicht in der Lage, längere Texte mit Hand zu schreiben. Ich habe mir gestern in Brattleboro eine neue Corona gekauft – es scheint ganz gut zu funktionieren.

Ich erwarte Ihre Antwort und hoffe, Sie bald zu treffen mit der Tonaufnahme und allen meinen Briefen – und den Fotografien.

Ich verbleibe der Ihre
In Erwartung
HENRY W. AKELEY

An Albert N. Wilmarth, Esq.,
Miskatonic-Universität
Arkham, Mass.

Die Bandbreite meiner Gefühle, als ich diesen so untypischen Brief gelesen, wieder gelesen und darüber gegrübelt habe, kann man nicht wirklich beschreiben. Ich habe schon gesagt, dass ich zuerst erleichtert war, aber mich auch unwohl fühlte, doch das gibt nur unzureichend den Anklang der unterschiedlichen und weitgehend unbewussten Gefühle wieder, die sowohl Erleichterung als auch Besorgnis einschlossen. Zum Ersten war der Text ein so absoluter Gegensatz zu den vorhergegangenen schrecklichen Ereignissen – der Stimmungswechsel von extremer Furcht zu kühler Selbstgefälligkeit, ja sogar Begeisterung, war so unerwartet wie ein Blitzschlag aus heiterem Himmel und allumfassend! Ich konnte nicht glauben, dass in nur einem Tag sich die psychologischen Voraussetzungen von jemandem so komplett geändert hatten, der mir diese letzte wahnsinnige Nachricht vom Mittwoch geschickt hatte, egal welche erlösenden Erfahrungen dieser Tag auch gebracht hatte. In einigen Momenten brachte mich ein Gefühl von miteinander in Widerspruch stehenden Realitäten dazu zu glauben, dass dieses ganze Drama um fantastische Mächte ein halbvisionärer Traum sei, der meinem eigenen Gehirn entsprungen war. Dann dachte ich an die Tonaufnahme, und das führte zu noch größerer Verunsicherung.

Der Brief erschien mir gänzlich dem zu widersprechen, was zu erwarten gewesen wäre! Ich analysierte meine Eindrücke und stellte fest, dass er zwei unterschiedliche Erklärungen zuließ. Erstens einzuräumen, dass Akeley vorher geistig gesund gewesen war und es auch jetzt noch ist, doch dann war die darin geschilderte Veränderung der Situation gravierend und undenkbar, und zweitens, der Wechsel in Akeleys Verhalten, seiner Einstellung und seiner Sprache war weit außerhalb der Normalität oder Vorhersehbarkeit. Die gesamte Persönlichkeit des Mannes musste eine heimtückische Verwandlung erfahren haben – eine so tiefgreifende Verwandlung, dass man kaum die beiden Persönlichkeiten miteinander vereinbaren konnte, wenn man davon ausging, dass beide gleichermaßen geistige Gesundheit repräsentierten. Die Wortwahl, die Schreibweise – alles war gänzlich anders. Und mit meiner akademischen Sensibilität für Schreibstile stellte ich deutliche Unterschiede in seinen allgemeinen Formulierungen und Redewendungen fest. Auf jeden Fall mussten die emotionale Erschütterung oder die Enthüllungen, die eine solch tiefgreifende Veränderung bewirkten haben, sehr drastisch gewesen sein! Doch andererseits war dieser Brief sehr charakteristisch für Akeley. Die alte Leidenschaft für das Unendliche – die alte wissenschaftliche Wissbegierde. Ich konnte nicht einen Augenblick – oder mehr als einen Augenblick – daran glauben, dass es sich um Betrug oder eine üble Fälschung handelte. Bewies nicht die Einladung – die Bereitschaft, dass ich den Wahrheitsgehalt des Briefes persönlich überprüfte – seine Echtheit?

Ich ging Samstagnacht nicht zu Bett, sondern saß da und dachte über die Schatten und wundersamen Ereignisse nach, die hinter dem Brief standen. Mein Kopf dröhnte von der plötzlich aufgetauchten Kette von abseitigen Vorstellungen, mit denen ich in den letzten vier Monaten konfrontiert worden war, und versuchte in einem Kreislauf von Zweifel und Anerkennung, der im Prinzip nur den Wegen folgte, die ich bei den vorherigen Absonderlichkeiten eingeschlagen hatte, das erstaunliche, neue Material einzuordnen. Lange vor Tagesanbruch war ein brennendes Interesse und Neugierde an die Stelle der ersten Welle von Sprachlosigkeit und Beunruhigung getreten. Wahnsinn oder Normalität, Metamorphose oder nur Erleichterung, es bestand die Möglichkeit, dass Akeleys gefährliche Forschungen tatsächlich einen erstaunlichen Perspektivwechsel ausgelöst hatten, einen Wechsel, der sofort die Gefahr verschwinden ließ – ob real oder nur eingebildet – und ihm neue, verrückte Vorstellungen von kosmischem und übermenschlichem Wissen vermittelt hatte. Mein eigenes Interesse an dem Unbekannten drängte mich, ihn zu treffen, und ich fühlte mich von diesem morbiden Überschreiten von Grenzen angezogen. Die in den Wahnsinn treibenden und auszehrenden Beschränkungen durch Zeit, Raum und Naturgesetze abzuschütteln – mit den weiten Bereichen der *Außenwelt* in Verbindung zu treten – sich den dunklen und abgrundtiefen Geheimnissen der Unendlichkeit und des Ultimativen zu nähern –, ganz sicher eine Sache, die es wert war, dass man dafür sein Leben, seine Seele und seine geistige Gesundheit opferte! Akeley hatte ja gesagt, dass keine Gefahr mehr bestand – er hatte mich zu sich eingeladen, anstatt mich wie zuvor zu warnen. Ein Prickeln machte sich in mir breit, wenn ich daran dachte, was er mir wohl mitzuteilen hätte. Es war ein faszinierender, ja fast paralysierender Gedanke, in dem einsamen und ehemals belagerten Gehöft zusammen mit einem Mann zu sitzen, der tatsächlich mit Abgesandten aus dem Weltraum gesprochen hatte, dort zu sitzen mit der schrecklichen Tonaufnahme und dem Stapel Briefe, in denen Akeley von seinen früheren Schlussfolgerungen berichtete.

Spät am Sonntagmorgen telegrafierte ich Akeley, dass ich am folgenden Mittwoch, den 12. September, nach Brattleboro käme, wenn ihm das passen würde. Nur in der Wahl des Zuges wich ich von seinen Vorschlägen ab. Offen gesagt hatte ich keine Lust, mitten in der Nacht in diesem heimgesuchten Teil Vermonts anzukommen; statt die von ihm vorgeschlagene Zugverbindung zu akzeptieren, telefonierte ich mit dem Bahnhof und entschied mich für eine andere. Wenn ich früh aufstand und den üblichen Zug um 8:07 Uhr nach Boston nähme, konnte ich den Zug um 9:25 Uhr nach Greenfield erreichen, der um 12:22 mittags dort ankäme. Dort hatte ich Anschluss an dem Zug, der in Brattleboro um 13:08 Uhr ankäme – eine viel bessere Zeit als 22:01 Uhr, um Akeley zu treffen und mit ihm durch die engen und geheimnisvollen Hügel zu fahren.

Ich teilte ihm meine Pläne in einem Telegramm mit und war froh, als ich aus der Antwort, die gegen Abend eintraf, erfuhr, dass mein angehender Gastgeber damit einverstanden war. Sein Telegramm lautete:

IN ORDNUNG. WERDE ZUM 13:08 UHR ZUG AM MITTWOCH DA SEIN. VERGESSEN SIE NICHT AUFNAHME UND BRIEFE UND FOTOGRAFIEN. HALTEN SIE REISE GEHEIM. ERWARTEN SIE GROSSE ENTHÜLLUNGEN.

AKELEY

Der Erhalt dieser Nachricht als Antwort auf das Telegramm, das ich Akeley geschickt hatte – und das entweder ihm direkt vom Amt in Townshend per offiziellem Boten oder über die wiederhergestellte Telefonleitung übermittelt sein musste, erlöste mich von jeden noch unterschwellig vorhandenen Zweifeln an der Urheberschaft des erstaunlichen Briefes. Meine Erleichterung war spürbar – tatsächlich war sie größer, als ich mir zu diesem Zeitpunkt selbst eingestand, denn all meine Zweifel waren ziemlich tief begraben. In dieser Nacht schlief ich lang und fest, und an den folgenden zwei Tagen war ich mit den Vorbereitungen ausgiebig beschäftigt.

VI

Am Mittwoch brach ich wie geplant auf und hatte eine Reisetasche mit dem Nötigsten und dem wissenschaftlichen Material dabei, einschließlich der grauenhaften Tonaufnahme, den Fotografien und Akeleys sämtlichen Briefen. Wie versprochen hatte ich niemandem gesagt, wohin ich fuhr, denn mir war klar, dass die Angelegenheit absoluter Geheimhaltung bedurfte, selbst wenn sie sich höchst vorteilhaft entwickeln sollte. Der Gedanke an einen tatsächlichen mentalen Kontakt mit fremden außerirdischen Wesen war schon für meinen gebildeten und irgendwie vorbereiteten Geist herausfordernd genug, und wenn dies so war, wie musste man sich die Auswirkung auf die große, ahnungslose Masse vorstellen? Ich kann nicht sagen, ob Furcht oder abenteuerliche Erwartung in mir überwogen, als ich in Boston umstieg und die lange Fahrt nach Westen antrat, die mir bekannten Regionen verlassend und hinein in solche, die mir weniger vertraut waren. Waltham – Concord – Ayer – Fitchburg – Gardner – Athol.

Der Zug erreichte Greenfield mit sieben Minuten Verspätung, doch man hatte den Anschlusszug nach Norden warten lassen. Hastiges Umsteigen, und als die Waggons im Sonnenschein des frühen Nachmittags in Richtung jener Gegenden losrumpelten, von denen ich so viel gelesen, die ich aber noch nie besucht hatte, verspürte ich eine seltsame Atemnot. Ich wusste, dass ich jetzt einen insgesamt altertümlicheren und einfacheren Teil Neuenglands betrat als die kommerziellen, verstädterten Küsten und südlichen Landesteile, in denen ich mein ganzes Leben verbracht hatte, ein ursprüngliches, altes Neuengland, ohne Fremde und Fabrikrauch, Werbeplakate und Betonstraßen, außer jenen, in die das moderne Leben schon Einzug gehalten hatte. Es würde seltsame Überbleibsel des überkommenen einfachen Lebens geben, dessen tiefe Wurzeln es zu einem authentischen Teil der Landschaft machten – dieses fortgesetzt einfache Leben, das seltsame alte Erinnerungen bewahrt und den fruchtbaren Boden für dunkle, wundersame und selten erwähnte Überzeugungen bereitet hat.

Ab und zu sah ich den blauen Connecticut River in der Sonne glänzen, und nachdem wir Northfield verlassen hatten, überquerten wir ihn. Vor uns ragten grüne, geheimnisvolle Hügel auf, und als der Schaffner vorbeikam, erfuhr ich, dass wir schon in Vermont waren. Er sagte mir, dass ich meine Uhr eine Stunde zurückstellen sollte, denn die nördliche Hügelregion hätte nichts mit der neu eingeführten Sommerzeit am Hut. Als ich das tat, hatte ich das Gefühl, den Kalender um ein Jahrhundert zurückzudrehen.

Der Zug blieb nahe beim Fluss und jenseits davon, in New Hampshire, und ich sah die steilen Hänge des Wantastiquet, um den sich einige alte Legenden rankten, näher kommen. Dann erschienen zu meiner Linken Straßen und zur Rechten lag eine grüne Insel im Fluss. Die Leute standen auf und reihten sich an der Tür auf, und ich folgte ihnen. Der Waggon kam zum Stehen, ich stieg aus und trat auf den langen, überdachten Bahnsteig von Brattleboro.

Als ich über die lange Reihe von wartenden Fahrzeugen blickte, blieb ich einen Moment stehen, um herauszufinden, welches wohl Akeleys Ford wäre, doch man erkannte mich schon, bevor ich die Initiative ergreifen konnte. Sofort war klar, dass es nicht Akeley selbst war, der mir mit ausgestreckter Hand und der vorsichtig geäußerten Frage, ob ich denn Mister Albert N. Wilmarth aus Arkham sei, entgegentrat. Dieser Mann hatte keine Ähnlichkeit mit dem bärtigen, ergrauten Akeley auf der Fotografie, sondern war eine jüngere, städtisch wirkende Person, modisch gekleidet, und er hatte nur einen schmalen, schwarzen Schnurrbart. Seine kultivierte Stimme hatte einen seltsamen, fast beunruhigend vertrauten Anklang, den ich allerdings nicht zuordnen konnte.

Als ich nachfragte, erklärte er, ein Freund von meinem angehenden Gastgeber und an seiner statt von Townshend hergekommen zu sein. Akeley, so sagte er, habe plötzlich einen asthmatischen Anfall erlitten und fühle sich nicht in der Lage, die Fahrt an der frischen Luft zu machen. Doch es sei nichts Ernsthaftes, und an den Plänen, die meinen Besuche beträfen, gäbe es keine Änderungen. Ich konnte nicht herausfinden, wie viel dieser Mr Noyes – wie er sich vorgestellt hatte – von Akeleys Nachforschungen und Entdeckungen wusste, doch es schien mir, dass seine lockere Art ihn als einen der üblichen Landesfremden abstempelte. Mir ins Gedächtnis rufend, was für ein Einsiedler Akeley gewesen war, war ich ziemlich überrascht über die schnelle Verfügbarkeit eines solchen Freundes, doch dies hinderte mich nicht daran, in den Wagen zu steigen, zu dem er mich geführt hatte. Es war nicht das kleine, alte Auto, das ich nach Akeleys Beschreibungen erwartet hatte, sondern ein tadelloses Exemplar eines neueren Modells – augenscheinlich Noyes eigenes –, und es hatte Nummernschilder aus Massachusetts mit dem amüsanten »Heiligen Kabeljau«, dem Emblem dieses Jahres. Mein Begleiter, so vermutete ich, musste ein Sommergast in der Gegend von Townshend sein.

Noyes stieg neben mir in den Wagen und startete ihn sofort. Ich war froh, dass er nicht redselig war, denn eine eigenartige, bedrückende Stimmung machte mich unwillig, ein Gespräch zu führen. Die Stadt wirkte in der Nachmittagssonne sehr hübsch, als wir ein Gefälle hinunterfuhren und dann nach rechts auf die Hauptstraße abbogen. Sie döste vor sich hin wie die älteren Städte Neuenglands, die wir aus unserer Kindheit kennen, und etwas in dem Zusammenwirken von Dächern, Giebeln und Backsteinmauern formte Konturen, die tiefe Saiten althergebrachter Gefühle zum Klingen brachten. Ich kann sagen, dass ich mich am Tor zu einer Region befand, halb verzaubert durch die Gegenwärtigkeit von ungebrochenen Zeitläufen, eine Region, in der alte, seltsame Dinge die Möglichkeit hatten zu wachsen und erhalten blieben, weil sie nie gestört wurden.

Als wir aus Brattleboro hinausfuhren, verstärkte sich mein Gefühl der Beklemmung und böser Vorahnung, die eine von der hügeligen Landschaft und den aufragenden, bedrohlichen und näher rückenden grünen und felsigen Hängen ausgehende Missstimmung auslöste, die auf merkwürdige Geheimnisse und unsterbliche Überlebende, die vielleicht – oder vielleicht auch nicht – eine Bedrohung der Menschheit darstellten, hindeutete. Eine Zeit lang folgte unsere Route einem breiten, flachen Fluss, der von irgendwo aus den unbekannten Hügeln im Norden herabkam, und mir schauderte, als mein Begleiter mir sagte, es sei der West River. Es war in diesem Fluss, wie ich mich aus den Zeitungsberichten erinnerte, wo man die krabbenähnlichen Wesen nach der Flut hatte treiben sehen.

Nach und nach wurde die Gegend um uns herum ursprünglicher und einsamer. Altertümliche, überdachte Brücken ragten Angst einflößend aus der Vergangenheit unter Felsüberhängen hervor, und die halb stillgelegten Bahngleise, die neben dem Fluss entlangführten, schienen einen sichtbaren Hauch des Verfalls auszuatmen. Es gab Ehrfurcht gebietende, fruchtbare grüne Täler, an deren Rand sich große Felswände erhoben, Neuenglands jungfräulicher Granit, grau und kahl, obgleich sich die Vegetation auf den Kuppen ausgebreitet hatte. Es gab Schluchten, in denen ungezähmte Flüsse die unvorstellbaren Geheimnisse von Tausenden wegelosen Gipfeln hinunter zu den großen Strömen brachten. Von Zeit zu Zeit zweigten schmale, halb verborgene Straßen ab, die ihren Weg durch den dichten, wuchernden Baumbestand des Waldes bahnten, zwischen dessen urzeitlichen Bäumen gut und gerne ganze Armeen von Elementargeistern lauern konnten. Als ich das sah, dachte ich daran, wie Akeley auf seinen Fahrten auf diesem Weg von unsichtbaren Akteuren belästigt worden war, und bezweifelte nicht mehr, dass es solche Dinge geben konnte.

Das malerische, ansehnliche Dorf Newfane, das wir in weniger als einer Stunde erreichten, war die letzte Verbindung zu einer Welt, die, gänzlich erschlossen und bewohnt, der Mensch noch sein Eigen nennen konnte. Danach brachen alle Verbindungen zu unmittelbar greifbaren und gegenwärtigen Dingen ab, und wir gerieten in eine fantastische Welt der schweigenden Irrealität, durch die sich die schmale Straße gleich einem Band auf und ab schlängelte und fast wie ein lebendiges, launisches Wesen ihren Weg zwischen den einsamen grünen Hügeln und halb verlassenen Tälern nahm. Außer dem Motorengeräusch und den manchmal von entfernten Gehöften zu uns dringenden Lauten vernahmen meine Ohren nur das gurgelnde, unheimliche Plätschern von verborgenen Wasserläufen und zahllosen, in den schattigen Wäldern versteckten Quellen.

Die Nähe und Unmittelbarkeit der erdrückenden Hügelkuppen wurde jetzt immer atemberaubender. Ihre steil aufragenden Hänge und ihre Schroffheit waren beeindruckender, als ich mir von dem, was mir zu Ohren gekommen war, vorgestellt hatte, und schienen nichts mit der prosaischen, uns bekannten Welt gemeinsam zu haben. Die ausgedehnten, unbetretenen Wälder an jenen unzugänglichen Hängen schienen fremde und unglaubliche Dinge zu beheimaten, und ich spürte, dass selbst die Form der Hügel eine seltsame, seit Äonen vergessene Bedeutung hatte, so als wären sie riesige Hieroglyphen, hinterlassen von einer sagenumwobenen Rasse von Titanen, deren Herrlichkeit nur in seltenen, tiefen Träumen weiterlebte. All die Legenden aus der Vergangenheit, all die verblüffenden Rückschlüsse in Henry Akeleys Briefen und die Beweisstücke bewirkten, dass sich bei mir das Gefühl der Erwartung, aber auch das von zunehmender Bedrohung steigerte. Der Zweck meines Besuches und die Furcht einflößenden Abnormalitäten, die ihm zugrunde lagen, überkamen mich ganz plötzlich wie ein eisiger Wasserguss, der fast meine Leidenschaft für seltsame Dinge hinwegspülte.

Mein Fahrer musste meine Verwirrung bemerkt haben, denn als die Straße schlechter und unüberschaubarer wurde, unsere Fahrt langsamer und holpriger, wechselten seine vereinzelten Kommentare zu einem steten Fluss von Erklärungen. Er sprach von der Schönheit und Merkwürdigkeit der Landschaft und gestand eine gewisse Vertrautheit mit den volkskundlichen Studien meines Gastgebers ein. Seine höflichen Fragen zeigten deutlich, dass er wusste, dass ich aus wissenschaftlichen Gründen kam und dass ich Material von einiger Wichtigkeit bei mir führte, doch er ließ offen, ob er die Tiefe und Bedrohlichkeit des Wissens, das Akeley schließlich erworben hatte, guthieß.

Sein Benehmen war so herzlich, normal und städtisch, dass seine Bemerkungen mich hätten beruhigen und mir Sicherheit geben müssen, aber dennoch verstärkte sich mein Unwohlsein eher, während wir weiter in die unbekannte Wildnis der Hügel und Wälder holperten und schlingerten. Manchmal schien er mich darüber aushorchen zu wollen, was ich über die monströsen Geheimnisse dieser Gegend wusste, und mit jedem neuen Versuch wurde diese schwache, spöttische, verwirrende *Vertrautheit* in seiner Stimme deutlicher. Es war keine gewöhnliche, angenehme Vertrautheit trotz des vollkommen wohlklingenden und kultivierten Klangs der Stimme. Irgendwie brachte ich sie mit vergessenen Albträumen in Verbindung und hatte die Befürchtung, dass ich, wenn ich sie erkannte, wahnsinnig werden würde. Wenn es irgendeinen plausiblen Grund gegeben hätte, hätte ich meinen Besuch sofort abgebrochen. Doch so, wie es war, konnte ich das nicht gut tun – und mir schien, dass nach meiner Ankunft eine gesetzte, wissenschaftliche Unterhaltung mit Akeley persönlich eine große Hilfe wäre, bei mir alles wieder ins Lot zu bringen.

Außerdem wies die hypnotisierende Landschaft, die wir in fantastischer Weise durchfuhren und in die wir eintauchten, einige seltsame, faszinierende Elemente kosmischer Schönheit auf. Die Zeit selbst hatte sich in dem Labyrinth, das hinter uns lag, aufgelöst, und um uns herum breiteten sich nun die blühenden Wellen eines Feenlandes und die wiedergewonnene Lieblichkeit verlorener Jahrhunderte aus – die altehrwürdigen Haine, die unberührten Weiden, gesäumt von zarten herbstlichen Blüten, und in großen Abständen die kleinen braunen Bauernhöfe, die sich zwischen hohen Bäumen flankiert von Sträuchern wilder Rosen und zwischen Wiesengras duckten. Selbst das Sonnenlicht schien einen überirdischen Glanz zu haben, so als ob eine besondere Atmosphäre oder ein spezieller Hauch die ganze Gegend umgab. Ich hatte vorher noch nie so etwas erblickt, außer in den magischen Ansichten, die den Hintergrund der Bilder der frühen italienischen Malerei darstellten. Sodoma und Leonardo schufen solche Orte, doch nur weit entfernt sichtbar, durch die Säulen der Arkadengewölbe der Renaissance hindurch. Wir quälten uns nun tapfer durch die Mitte des Bildes, und ich glaubte, in der Geisterhaftigkeit etwas zu entdecken, das ich im Innersten immer schon gewusst oder das ich ererbt hatte, und nach dem ich die ganze Zeit vergeblich gesucht hatte.

Plötzlich, als wir um eine langgezogene Kurve am Ende eines steilen Anstiegs bogen, hielt der Wagen an. Zu meiner Linken, jenseits eines gut gepflegten Rasens, der sich bis zur Straße hin erstreckte und von einer Einfassung aus weißen Steinen umgeben war, erhob sich ein weißes, eineinhalbstöckiges Haus von einer für diese Gegend ungewöhnlichen Größe und Vornehmheit, und dahinter und zur Rechten standen eine Ansammlung direkt aneinander liegender oder durch Arkaden verbundener Scheunen, Hütten und eine Windmühle. Ich erkannte es von der Fotografie, die ich erhalten hatte, sofort wieder und war nicht erstaunt, den Namen Henry Akeley auf dem an der Straße befindlichen Briefkasten aus galvanisiertem Eisen zu lesen. In einiger Entfernung hinter dem Haus erstreckte sich ein flaches Stück sumpfigen und kaum bewachsenen Landes, und dahinter erhob sich ein steiler, dicht bewaldeter Hang, der in einem gezackten grünen Kamm endete. Ich wusste, dass dies der Gipfel des Dark Mountain war und dass wir uns inzwischen schon auf halber Höhe befanden.

Noyes bat mich zu warten, nachdem er aus dem Wagen gesprungen war und mein Reisegepäck genommen hatte, während er ins Haus ginge und Akeley meine Ankunft melden würde. Er selbst hätte noch woanders etwas Wichtiges zu erledigen und könne nur einen Moment bleiben. Als er hastig den Weg entlangeilte, stieg auch ich aus, um mir ein bisschen die Beine zu vertreten, bevor ich wieder zu einer Unterhaltung Platz nehmen würde. Meine Nervosität und Anspannung hatte den Höhepunkt erreicht, nun, da ich mich tatsächlich an dem Ort befand, an dem die schreckliche Belagerung stattgefunden hatte, die in Akeleys Briefen so eindringlich beschrieben war, fürchtete ich wirklich die bevorstehende Unterhaltung, die mich über jene außerirdischen und verbotenen Welten in Kenntnis setzen sollte.

Der enge Kontakt mit dem gänzlich Abseitigen ist häufig eher erschreckend denn inspirierend, und es gefiel mir gar nicht, dass dieses Stück staubiger Straße der Ort war, wo die monströsen Spuren und die stinkende, grüne Jauche nach mondlosen Nächten voller Schrecken und Tod gefunden worden waren. Nebenbei bemerkte ich, dass keiner von Akeleys Hunden hier irgendwo zu sein schien. Hatte er sie sofort alle verkauft, als die *Äußeren* mit ihm Frieden geschlossen hatten? So viel Mühe ich mir auch gab, konnte ich nicht das gleiche Vertrauen in den Umfang und die Ehrlichkeit dieses Friedens setzen, so wie er in Akeleys letztem und völlig anderem Brief geschildert wurde. Letztendlich war er ein sehr einfach gestrickter Mensch, der nur wenig Erfahrungen mit der Welt hatte. Gab es nicht vielleicht einige tiefen und finsteren Untertöne in dieser neuen Verbindung?

Ausgelöst durch meine Gedanken richtete ich meinen Blick nach unten auf die staubige Straße, auf der sich die grässlichen Beweise befunden hatten. Die letzten Tage waren trocken gewesen, und die gefurchte, unregelmäßige Oberfläche der Straße war, trotz der Abgeschiedenheit der Gegend, von allen Arten von Spuren übersät. Neugierig untersuchte ich die Formen unterschiedlicher Abdrücke, währenddessen ich versuchte, meine makabren Vorstellungen, die der Ort und meine Erinnerungen heraufbeschworen, im Zaum zu halten. In der herrschenden Grabesstille lag etwas Bedrohliches und Beunruhigendes, ebenso in dem gedämpften unterschwelligen Plätschern entfernter Bäche und in den drohenden grünen Gipfeln und den dunkel bewaldeten Abhängen, die den Horizont verstellten.

Dann kam mir ein Bild vor Augen, das diese unterschwellige Bedrohung und Anflüge von Wunderbarkeit mild und unbedeutend erscheinen ließ. Ich habe gesagt, dass ich die unterschiedlichen Abdrücke auf der Straße mit interessierter Neugierde in Augenschein nahm – doch auf einmal wurde diese Neugierde durch eine plötzliche und paralysierende Woge heftigen Schreckens hinweggerissen. Obwohl die Spuren im Staub gründlich durch- und übereinander lagen und kaum eine genaue Untersuchung zuließen, hatte mein ruheloser Blick bestimmte Einzelheiten an der Stelle, wo der Weg zum Haus auf die Straße traf, bemerkt, und mir war, jenseits aller Zweifel und Hoffnung, die schreckliche Bedeutung dieser Einzelheiten klar. Ich hatte nicht umsonst stundenlang über den Fotografien der Klauenspuren der *Äußeren* gebrütet, die mir Akeley geschickt hatte. Zu genau kannte ich die Spuren dieser ekelerregenden Zangen und die Andeutung von gegensätzlichen Richtungen, die bezeichnend für den Schrecken waren, wie ihn sonst keine Kreatur auf diesem Planeten hervorrufen konnte. Es bestand für mich keine Möglichkeit eines barmherzigen Irrtums. Hier waren tatsächlich – ganz offen vor meinen eigenen Augen und sicherlich nicht älter als ein paar Stunden – mindestens drei Abdrücke, die sich blasphemisch von der Fülle verwischter Fußabdrücke abhoben, die zu und von Akeleys Gehöft weg führten. *Es waren die höllischen Spuren der lebenden Pilze von Yuggoth.*

Ich riss mich gerade noch rechtzeitig genug zusammen, um einen Aufschrei zu unterdrücken. Aber überhaupt, was war das denn mehr, als ich hätte erwarten können, wenn man davon ausgeht, dass ich Akeleys Briefen wirklich Glauben schenkte? Hatte er nicht geschrieben, er hätte mit den Dingern Frieden geschlossen? Warum also sollte es merkwürdig sein, dass einige von ihnen Akeley besucht hatten? Doch der Schrecken war stärker als die Beruhigung. Konnte man erwarten, dass irgendein Mensch gleichgültig bleibt, wenn er zum ersten Mal die Klauenabdrücke von lebenden Wesen aus den Tiefen des Weltraums erblickt? Just in diesem Augenblick sah ich, wie Noyes aus der Tür trat und mit schnellen Schritten auf mich zukam. Ich musste, so beschloss ich, mich unter Kontrolle haben, denn es bestand die Möglichkeit, dass dieser aufgeweckte Freund nichts von Akeleys umfangreichen und erstaunlichen Untersuchungen des Verbotenen wusste.

Akeley, so teilte mir Noyes hastig mit, freue sich und sei bereit, mich zu empfangen, doch sein plötzlicher Asthmaanfall würde ihn hindern, in den nächsten ein oder zwei Tagen ein guter Gastgeber zu sein. Diese Anfälle trafen ihn jedes Mal schwer, und mit ihnen ging ein entkräftendes Fieber und allgemeine Schwäche einher. Während sie anhielten, war er zu nicht viel zu gebrauchen – konnte nur flüstern und sich nur unbeholfen und kraftlos bewegen. Gleichzeitig schwollen seine Füße und Knöchel an, sodass er sie wie ein gichtiger alter Fleischesser bandagieren musste. Heute gehe es ihm besonders schlecht, sodass ich mich größtenteils selbst um mich kümmern müsste, doch er wäre trotzdem nicht weniger begierig auf ein Gespräch. Ich würde ihn in seinem Arbeitszimmer rechts von der Eingangshalle finden, der Raum, dessen Fensterläden geschlossen sind. Er müsse das Sonnenlicht meiden, wenn er krank sei, denn seine Augen seien dann sehr empfindlich.

Als sich Noyes von mir verabschiedet hatte und Richtung Norden wegfuhr, ging ich langsam auf das Haus zu. Die Tür war für mich offen gelassen worden, doch bevor ich mich ihr näherte und eintrat, warf ich einen forschenden Blick auf das gesamte Anwesen, um herauszufinden, was mir auf so unbegreifliche Weise seltsam daran vorkam. Die Scheunen und Ställe erschienen gewöhnlich genug, und ich bemerkte Akeleys mitgenommenen Ford in seinem geräumigen Unterstand. Dann erfasste ich das Geheimnis der Merkwürdigkeit: Es war die umfassende Stille. Normalerweise hört man auf einem Bauernhof zumindest die unterschwelligen Geräusche von Tieren, doch hier fehlten sämtliche Anzeichen von Leben. Was war mit den Hühnern und Schweinen los? Den Kühen, von denen Akeley behauptet hatte, mehrere zu besitzen? Denkbar war, dass sie sich auf der Weide befanden, und die Hunde waren wahrscheinlich verkauft, doch das Fehlen von jeder Art von Grunzen und Gackern war wirklich ungewöhnlich.

Ich verweilte nicht lange auf dem Weg, sondern trat entschlossen durch die offene Tür und schloss sie hinter mir. Dieses Vorgehen hatte mich einiges an mentaler Kraft gekostet und nun, da ich mich drinnen befand, hatte ich einen kurzen Anflug, sofort wieder umzukehren. Nicht, dass der Ort in irgendeiner Form finster wirkte, im Gegenteil, ich empfand die würdevolle, spätkolonialistische Eingangshalle als sehr geschmackvoll und beruhigend und bewunderte den offensichtlichen Geschmack des Mannes, der sie eingerichtet hatte. Was in mir den Wunsch zu fliehen auslöste, war etwas Unterschwelliges und Undefinierbares. Vielleicht war es der merkwürdige Geruch, den ich glaubte wahrzunehmen – obwohl ich wusste, dass muffiger Geruch sogar in den bestgepflegten der alten Bauernhäuser präsent ist.

VII

Gegen diese düsteren Gedanken ankämpfend, befolgte ich Noyes Anweisungen und öffnete die messingbeschlagene, weiße Panelentür zu meiner Linken. Wie man mir gesagt hatte, war der dahinterliegende Raum abgedunkelt, und als ich ihn betrat, bemerkte ich, dass der seltsame Geruch darin stärker war. Ebenfalls schien die Luft von schwachen, fast rhythmischen Schwingungen erfüllt zu sein. Im ersten Moment konnte ich aufgrund der geschlossenen Fensterläden kaum etwas erkennen, doch dann wurde meine Aufmerksamkeit durch ein entschuldigendes, knarrendes oder flüsterndes Geräusch aus dem großen Lehnsessel in der gegenüberliegenden, dunkleren Ecke des Zimmers gelenkt. In den schattigen Tiefen sah ich die verschwommenen weißen Flecken von dem Gesicht und den Händen eines Mannes, und gleich darauf hatte ich den Raum durchquert, um die Gestalt, die versucht hatte zu sprechen, zu begrüßen. So schwach das Licht auch war, hatte ich doch erkannt, dass dies mein Gastgeber sein musste.

Ich hatte mir die Fotografien mehrfach angesehen, und es gab angesichts des ausgeprägten, wettergegerbten Gesichts und des gestutzten, grauen Bartes keinen Zweifel.

Doch auf den zweiten Blick prägten Trauer und Besorgnis meinen Eindruck, es war das Gesicht eines sehr kranken Mannes. Ich spürte, dass hinter dem gequälten, starren und unbeweglichen Ausdruck und dem glasigen, nicht blinzelnden Blick mehr als ein Asthmaanfall stecken musste, und erkannte, wie fürchterlich ihn die schrecklichen Ereignisse mitgenommen haben mussten. Reichten sie nicht aus, ein jedes menschliche Wesen zu brechen – selbst einen jüngeren Mann als diesen unerschrockenen Erkunder des Verbotenen? Die seltsame und plötzliche Erleichterung, so befürchtete ich, war zu spät gekommen, um ihn vor so etwas wie einem allgemeinen Zusammenbruch zu bewahren. Die Art, wie seine schmalen Hände schlaff in seinem Schoß lagen, wirkte mitleiderregend. Er war in einen weiten Morgenmantel gehüllt, und um Kopf und Nacken trug er einen leuchtend gelben Schal oder Kappe.

Dann bemerkte ich, dass er versuchte, in dem abgehackten Flüstern, mit dem er mich begrüßt hatte, etwas zu sagen. Es war anfänglich schwer, das Flüstern zu verstehen, da der graue Schnurrbart die Bewegung seiner Lippen verbarg und etwas an seinem Klang mich stark verwirrte, doch als ich mich konzentrierte, konnte ich schon bald den Inhalt dessen, was er sagte, überraschend gut erfassen. Seine Sprache war keinesfalls ländlich geprägt und die Ausdrucksweise war geschliffener, als seine Briefe mich hatten erwarten lassen.

»Mr Wilmarth, wie ich annehme? Verzeihen Sie, wenn ich nicht aufstehe. Ich bin ziemlich krank, wie Ihnen Mr Noyes sicher gesagt hat, doch das konnte mich nicht davon abhalten, Sie dennoch zu empfangen. Sie wissen, was ich in meinem letzten Brief geschrieben habe, es gibt so viel, was ich Ihnen sagen muss, morgen, wenn ich mich besser fühlen werde. Ich kann Ihnen gar nicht sagen, wie glücklich ich bin, Sie nach all unseren Briefen persönlich kennenzulernen. Sie haben sie natürlich bei sich? Auch die Fotografien und die Tonaufnahme? Noyes hat Ihre Reisetasche in die Eingangshalle gestellt – ich nehme an, Sie haben sie gesehen. Ich fürchte, heute Abend werden Sie gänzlich auf sich selbst gestellt sein. Ihr Zimmer ist im ersten Stock – das über diesem hier –, und das Badezimmer erkennen Sie an der offenen Tür, direkt wenn Sie die Treppe hinaufkommen. Eine Mahlzeit steht für Sie im Esszimmer bereit, gehen Sie einfach durch die Tür zu Ihrer Rechten, bedienen Sie sich, wann immer sie wollen. Morgen werde ich ein besserer Gastgeber sein – doch im Moment macht mich meine Schwäche hilflos.

Fühlen Sie sich wie zu Hause – würden Sie die Briefe, Bilder und die Aufnahme bitte holen und auf den Tisch hier legen, bevor Sie Ihre Tasche nach oben bringen? Wir werden hier über sie sprechen, mein Phonograph steht dort auf dem Ecktisch.

Nein danke – es gibt nichts, was Sie für mich tun können. Ich kenne diese Anfälle schon seit Langem. Kommen Sie zu einem kurzen Besuch später noch einmal herein und gehen dann zu Bett, wenn Sie möchten. Ich bleibe hier – wahrscheinlich schlafe ich auch hier, wie ich es häufig tue. Am Morgen werde ich weit besser in der Lage sein, mich mit den Dingen zu beschäftigen, um die wir uns kümmern müssen. Natürlich ist Ihnen die gänzlich erstaunliche Natur der Angelegenheit hier bewusst. Uns werden – wie nur wenigen Menschen auf der Erde – Bereiche von Raum und Zeit eröffnet und Kenntnisse vermittelt, weit jenseits der menschlichen Wissenschaft und Philosophie.

Wissen Sie, dass Einstein irrte und dass bestimmte Objekte und Kräfte sich schneller als das Licht bewegen *können*? Mit der richtigen Hilfe erwarte ich, in der Zeit vor- und rückwärts zu reisen und tatsächlich die Erde in vergangenen und zukünftigen Epochen *sehen* und *fühlen* zu können. Sie können sich gar nicht vorstellen, bis zu welchem Grad diese Wesen die Wissenschaft entwickelt haben. Es gibt nichts, was sie mit dem Geist oder dem Körper eines lebenden Organismus nicht anstellen können. Ich erwarte, andere Planeten, ja sogar andere Sterne und Galaxien zu besuchen. Die erste Reise wird zu Yuggoth führen, der nächsten Welt, die gänzlich von den Wesen besiedelt ist. Es ist eine fremde, dunkle Welt am äußersten Rand unseres Sonnensystems – bisher unseren Astronomen unbekannt. Wenn die Zeit gekommen ist, dann werden die Wesen direkte Gedankenströme zu uns senden und dafür sorgen, dass sie entdeckt wird, oder vielleicht gibt auch einer von den menschlichen Verbündeten den Wissenschaftlern einen Hinweis.

Auf Yuggoth gibt es mächtige Städte – große Ebenen von Terrassentürmen, erbaut aus schwarzem Stein wie jenem, den ich versucht habe, Ihnen zu schicken. Der stammte von Yuggoth. Dort scheint die Sonne nicht heller als ein ferner Stern, doch die Wesen brauchen kein Licht. Sie haben andere, empfindlichere Sinne und ihre Häuser und Tempel haben keine Fenster. Licht schadet, behindert und verwirrt sie sogar, da es in dem schwarzen Kosmos außerhalb von Raum und Zeit, aus dem sie eigentlich stammen, nicht existiert. Ein Besuch von Yuggoth würde jeden labilen Menschen in den Wahnsinn treiben – doch ich gehe dorthin. Die dunklen Flüsse von Teer, die unter diesen seltsamen, zyklopischen Brücken hindurchströmen – Bauwerke einer älteren Rasse, die ausgestorben und vergessen war, bevor die Wesen aus den endlosen Tiefen nach Yuggoth kamen –, sollten ausreichen, aus jedem Menschen einen Dante oder Poe zu machen, wenn er seine geistige Gesundheit lange genug bewahrt, um zu berichten, was er gesehen hat.

Aber denken Sie daran, diese dunkle Welt von Pilzgärten und fensterlosen Städten ist nicht wirklich beängstigend. Nur uns erscheint dies so. Möglicherweise war unsere Welt für die Wesen genauso beängstigend, als sie diese in der Vorzeit erkundet haben. Wissen Sie, diese Wesen waren schon hier, bevor die sagenhafte Epoche von Cthulhu geendet hatte, und sie erinnern sich an das versunkene R'lyeh, als es sich noch über dem Wasser befand. Sie sind auch in die Erde eingedrungen – es gibt Öffnungen, von denen die Menschen nichts wissen – einige davon befinden sich sogar hier in den Hügeln von Vermont –, und dort unten gibt es ganze Welten von unbekanntem Leben, das blau erleuchtete K'n-yan, das rot erleuchtete Yoth und das schwarze, lichtlose N'kai. Es ist N'kai, woher der furchtbare Tsathoggua kam – Sie wissen, die amorphe, krötenartige Gottkreatur, die in den Pnakotischen Manuskripten und dem *Necronomicon* erwähnt wird sowie im Commoriom-Mythenkreis, überliefert von dem Hohepriester Klarkash-Ton aus Atlantis.

Doch darüber werden wir später noch sprechen. Es muss jetzt schon vier oder fünf Uhr sein. Besser, Sie holen jetzt die Sachen aus Ihrer Reisetasche, essen einen Happen und kommen dann für ein gemütliches Gespräch zurück.«

Ich drehte mich langsam um und folgte den Anweisungen meines Gastgebers, ich nahm meine Reisetasche, holte die gewünschten Dinge heraus und legte sie auf den Tisch, anschließend stieg ich zu dem Raum hinauf, der mir zugewiesen worden war. Mit der Erinnerung an die Abdrücke auf der Straße noch frisch in meinem Kopf, hatten mich Akeleys Ausführungen eigenartig betroffen gemacht, und die vertrauten Anklänge dieser unbekannten Welt pilzartigen Lebens – das verbotene Yuggoth – erschütterten mich mehr, als ich für möglich gehalten hätte. Ich war außerordentlich besorgt wegen Akeleys Erkrankung, muss aber einräumen, dass sein raues Flüstern sowohl einen hasserfüllten als auch mitleidgebietenden Beiklang hatte. Wenn er nur nicht so von Yuggoth und seinen schwarzen Geheimnissen *begeistert* wäre!

Mein Zimmer erwies sich als sehr hübsch und schön eingerichtet, und außerdem fehlte der muffige Geruch und das verstörende Gefühl von Schwingungen. Nachdem ich meine Reisetasche abgestellt hatte, begab ich mich wieder nach unten, um Akeley zu sehen und mich dem Essen zu widmen, das für mich bereitstand. Das Esszimmer befand sich direkt hinter dem Arbeitszimmer, und ich sah, dass sich ein Küchenanbau daran anschloss. Auf dem Esstisch erwartete mich eine reichliche Auswahl an Sandwiches, Kuchen und Käse, und eine Thermosflasche nebst einer Tasse mit Untertasse zeigte, dass auch an heißen Kaffee gedacht worden war. Nach einem wohlschmeckenden Mahl goss ich mir eine großzügig bemessene Tasse Kaffee ein, stellte allerdings fest, dass der kulinarische Standard in diesem Detail versagt hatte. Beim ersten Schluck zeigte sich ein leicht bitterer, unangenehmer Beigeschmack, sodass ich auf mehr verzichtete. Während des Essens hatte ich an Akeley gedacht, der im abgedunkelten Nebenzimmer still in seinem Lehnsessel saß. Als ich einmal zu ihm hineinging und ihn bat, die Mahlzeit mit mir zu teilen, flüsterte er, dass er im Moment nichts essen könne. Später, bevor er sich schlafen legte, würde er etwas Malzmilch trinken – mehr bräuchte er heute nicht.

Nach dem Essen bestand ich darauf, in der Küchenspüle das Geschirr zu spülen, und dabei schüttete ich auch gleich den Kaffee weg, der mir nicht zugesagt hatte. Dann, bei meiner Rückkehr in das abgedunkelte Arbeitszimmer, zog ich einen Sessel näher in die Ecke, wo mein Gastgeber saß, und war bereit für jedwedes Gespräch, das Akeley zu führen in der Lage war. Die Briefe, Fotografien und die Tonaufnahme befanden sich noch auf dem großen Tisch in der Mitte des Zimmers, doch wir mussten nicht einmal darauf zurückgreifen. Es dauerte nicht lange, dann hatte ich auch den merkwürdigen Geruch und das seltsame Gefühl von Schwingungen vergessen.

Ich habe schon erwähnt, dass es in Akeleys Briefen Dinge gab – besonders in dem zweiten, umfangreichsten –, die ich mich nicht wagen würde, zu zitieren oder zu Papier zu bringen. Diese Zurückhaltung gilt noch in größerem Maße für die Dinge, die mir an diesem Abend in dem abgedunkelten Raum in den einsamen, verwunschenen Hügeln zugeflüstert worden sind. Ich kann noch nicht einmal das Ausmaß des kosmischen Schreckens andeuten, der von der heiseren Stimme vor mir ausgebreitet wurde. Akeley hatte schon vorher von grässlichen Dingen gewusst, doch was er, seit er den Pakt mit den außerirdischen Dingern geschlossen hatte, von ihnen erfuhr, war fast mehr, als ein gesunder Mensch ertragen konnte. Selbst jetzt weigere ich mich noch entschieden zu glauben, was er über die Beschaffenheit der letzten Unendlichkeit, das Nebeneinander der Dimensionen und die verheerende Lage unseres Raum-Zeit-Kosmos in der Kette von miteinander verknüpften Kosmen, die unmittelbar den Superkosmos von Krümmungen, Winkeln und materiellen und halbmateriellen elektrischen Formen bilden, mitteilte.

Niemals zuvor war ein gesunder Mensch so gefährlich nahe dem innersten Wesen des Seins gekommen, niemals zuvor war ein organisches Gehirn der gänzlichen Auslöschung in dem Chaos, das Form, Kraft und Symmetrie durchdringt, näher gewesen. Ich erfuhr, woher Cthulhu *ursprünglich* gekommen ist und den Grund für die Hälfte der großen, in der Geschichte verzeichneten Novaausbrüche. Ich ahnte – durch Hinweise, die selbst mein Informant nur zögerlich preisgab – die Geheimnisse, die hinter den beiden Magellanschen Wolken und anderen Sternennebeln steckten, und die dunkle Wahrheit, die sich in den uralten Allegorien von Tao verbarg. Die Natur der *Doelen* war eindeutig entschlüsselt, und ich erfuhr das Wesen (allerdings nicht den Ursprung) der *Hunde von Tindalos*. Die Legende von *Yig, Vater der Schlangen*, konnte nicht mehr länger als symbolisch angesehen werden, und mir wurde übel, als ich von dem mächtigen, nuklearen Chaos jenseits des festgefügten Sternenraums erfuhr, das im *Necronomicon* gnädigerweise hinter der Bezeichnung Azathoth verborgen wird. Es war entsetzlich zu erleben, wie die übelsten Albträume geheimer Mythen sich in konkrete Begriffe verwandelten, deren starke, morbide Gehässigkeit bei Weitem die kühnsten Andeutungen in den uralten und mittelalterlichen Mythen übertrafen. Unausweichlich führte dies zu der Schlussfolgerung, dass die ersten Erzähler dieser verfluchten Legenden mit Akeleys *Äußeren* Kontakt gehabt haben mussten und möglicherweise außerirdische Reiche besucht hatte, so wie es Akeley jetzt vorhatte.

Mir wurde von dem schwarzen Stein erzählt und was er bedeutete, und ich war froh, dass er mich nicht erreicht hatte. Meine

Vermutungen bezüglich der Hieroglyphen waren nur zu richtig gewesen! Akeley schien sich jetzt mit dem ganzen teuflischen System, auf das er gestoßen war, versöhnt zu sein, versöhnt und begierig, sich weiter in die monströsen Abgründe zu begeben. Ich fragte mich, welcher Art diese Wesen waren, mit denen er seit seinem letzten Brief an mich gesprochen hatte, und ob die meisten davon Menschen waren, so wie der erste Bote, den er erwähnt hatte. Die Anspannung in mir wurde unerträglich, und ich entwickelte alle möglichen Theorien über den seltsamen, aufdringlichen Geruch und das heimtückische Gefühl von Schwingungen in dem abgedunkelten Raum.

Die Nacht brach inzwischen herein, und wenn ich mir ins Gedächtnis rief, was Akeley mir über vorherige Nächte berichtet hatte, ließ mich der Gedanke, dass kein Mond am Himmel stehen würde, erschaudern. Auch die Art, wie sich das Gehöft im Schatten des bewaldeten Hangs duckte, der zum unerforschten Kamm des Dark Mountain hinaufführte, gefiel mir gar nicht. Mit Akeleys Erlaubnis entzündete ich eine kleine Öllampe, drehte den Docht herunter und stellte sie in ein Bücherregal neben die gespenstische Büste von Milton. Kurz danach bereute ich es allerdings, denn im Lichtschein wirkten das angespannte, bewegungslose Gesicht und die apathischen Hände grässlich unnatürlich – wie bei einer Leiche. Er schien völlig bewegungsunfähig zu sein, obwohl er ab und zu steif nickte.

Nach dem, was er mir schon gesagt hatte, konnte ich mir nicht vorstellen, welche noch weitgehenderen Geheimnisse er sich für den nächsten Tag aufgehoben hatte, doch schließlich stellte sich heraus, dass seine Reise nach Yuggoth und darüber hinaus – *und meine mögliche Teilnahme daran* – das Thema des morgigen Tages sein würde. Es muss ihn amüsiert haben, als er mein blankes Entsetzen bemerkte, als mir eine kosmische Reise in Aussicht gestellt wurde, denn sein Kopf wackelte heftig, als ich meine Furcht zeigte. Im Prinzip sprach er ganz ruhig darüber, wie menschliche Wesen dies bewerkstelligen könnten und schon einige Male bewerkstelligt hätten – diesen unmöglich erscheinenden Flug durch die Weiten des Alls. Es schien, *dass nicht der gesamte menschliche Körper tatsächlich die Reise unternahm*, sondern dass die erstaunlichen, chirurgischen, biologischen, chemischen und mechanischen Fähigkeiten der Äußeren einen Weg gefunden hatten, menschliche Gehirne ohne die dazugehörige, körperliche Hülle transportieren zu können.

Es gab eine harmlose Methode, das Gehirn aus dem Körper zu lösen und diesen während der Abwesenheit am Leben zu erhalten. Die reine Gehirnmasse wurde dann in einem ätherdichten Zylinder aus Metall, das man auf Yuggoth gewann, in einer von Zeit zu Zeit erneuerten Flüssigkeit gelagert. Bestimmte Elektroden führten dort hinein und verbanden es mit Apparaturen, die in der Lage waren, die drei vitalen Funktionen Sehen, Hören und Sprechen zu erfüllen. Den Gehirnzylinder unbeschädigt durch den Weltraum zu befördern, war für die geflügelten Pilzwesen keine große Sache. Auf jedem der von ihnen bewohnten Planeten waren Apparaturen vorhanden, die so justiert werden konnten, dass man sie mit den ausgelösten Gehirnen verbinden konnte. Durch diese Anpassung verfügten die herumreisenden Intelligenzen auf jedem Abschnitt durch und jenseits des Raum-Zeit-Kontinuums über ein volles sensorisches Leben, obwohl es ein körperloses und mechanisches Leben war. Es sei genauso einfach, wie wenn man eine Tonaufnahme mit sich herumträgt und sie immer abspielt, wenn ein Phonograph oder ein entsprechendes Gerät zu Verfügung steht. Der Erfolg stehe außer Frage. Akeley hatte keine Befürchtungen. Hatte es nicht wunderbar immer und immer wieder funktioniert?

Zum ersten Mal erhoben sich die leblosen, schlaffen Hände und deuteten steif auf ein Regal an der gegenüberliegenden Wand. Dort waren mehr als ein Dutzend Zylinder aus einem Metall, wie ich noch keines gesehen hatte, aufgereiht – die Zylinder waren ungefähr 30 Zentimeter hoch und hatten fast den gleichen Durchmesser. An der konvexen Vorderseite eines jeden befanden sich, in einem gleichschenkligen Dreieck angeordnet, drei merkwürdige Anschlussbuchsen. Einer der Zylinder war mit zwei von den Buchsen mit einem Paar einzigartig aussehenden Maschinen, die im Hintergrund standen, verbunden. Was ihr Zweck war, musste man mir nicht sagen, und ich zitterte, als hätte ich Schüttelfrost. Dann sah ich, wie die Hand in eine nähergelegene Ecke deutete, wo einige komplizierte Instrumente in einem Gewirr von Steckern und Kabeln standen, einige davon ähnlich den Geräten auf dem Regal hinter den Zylindern.

»Hier befinden sich vier unterschiedliche Instrumente, Wilmarth«, flüsterte die Stimme. »Vier Anlagen für je drei Zylinder, macht insgesamt zwölf Einheiten. Sie sehen also, dass vier unterschiedliche Lebensformen in den Zylindern dort vertreten sind. Drei Menschen, sechs pilzartige Wesen, die nicht in der Lage sind, körperlich durchs All zu reisen, zwei Wesen vom Neptun (Mein Gott, wenn Sie nur sehen könnten, welche Art von Körper sie auf ihrem Heimatplaneten besitzen), und die restlichen sind Entitäten aus den zentralen Höhlen einer besonders interessanten dunklen Welt jenseits der Galaxie. In dem Hauptaußenposten im Round Hill gibt es ab und zu noch mehr Zylinder und Apparaturen – Zylinder mit außerkosmischen Gehirnen und Sinnen jenseits allem, was wir kennen – Verbündete und Forscher jenseits der weit entferntesten Bereichen – und spezielle Apparaturen, die ihnen Eindrücke vermitteln und es ihnen ermöglichen, sich in einer Art auszudrücken, die ihnen und allen denkbaren Zuhörern entspricht. Round Hill ist, wie die meisten der Hauptaußenposten dieser Wesen und auch in den unterschiedlichen Universen, ein überaus kosmopolitischer Ort. Natürlich wurden mir nur die eher gewöhnlichen Arten für meine Experimente zur Verfügung gestellt.

Nehmen Sie die drei Apparate dort, auf die ich deute, und stellen Sie sie auf den Tisch. Den großen mit den beiden Glaslinsen nach vorne – dann den Kasten mit den Elektroröhren und dem Resonanzboden – und nun den mit der metallenen Scheibe auf der Oberseite. Jetzt fügen Sie den Zylinder mit der Beschriftung »B-67« darauf ein. Stellen Sie sich einfach auf den Windsor-Stuhl, um das Regalbrett zu erreichen. Schwer? Egal! Vergewissern Sie sich, dass es die Nummer B-67 ist. Kümmern Sie sich nicht um den neuen, glänzenden Zylinder, der mit den beiden Testinstrumenten verbunden ist – der mit meinem Namen darauf. Stellen Sie B-67 auf den Tisch neben die Apparate und achten Sie darauf, dass an allen drei Apparaten der Schalter ganz links steht.

Jetzt verbinden Sie das Kabel des Apparats mit den Linsen mit der oberen Buchse des Zylinders – gut so! Verbinden Sie den Röhrenapparat mit der linken unteren und das Gerät mit der Scheibe mit der anderen Buchse. Nun bringen Sie alle Schalter in die äußerste rechte Position – zuerst den Linsenapparat, dann den mit der Scheibe und dann den Röhrenapparat. Perfekt. Ich sollte Sie vielleicht in Kenntnis setzten, dass es sich dabei um ein menschliches Wesen handelt – genau wie wir. Morgen werde ich Ihnen einen Eindruck von den anderen geben.«

Bis heute ist mir nicht klar, warum ich diesem Geflüster so sklavisch Folge geleistet habe, oder warum ich mich nicht fragte, ob Akeley nun gesund oder wahnsinnig war. Nach den davorliegenden Ereignissen hätte ich eigentlich auf alles vorbereitet sein müssen, doch dieser technische Humbug schien so zu den typischen Hirngespinsten verrückter Erfinder und Wissenschaftler zu passen, dass er in mir eine Saite des Zweifels zum Klingen brachte, wozu selbst das vorherige Gespräch nicht in der Lage gewesen war. Was der Flüsterer da andeutete, war jenseits allen menschlichen Vorstellungsvermögens, wenn nicht die anderen Dinge noch unglaublicher und absurder waren, und das nur, weil sie so unglaublich weit von einer Überprüfbarkeit entfernt waren.

Während mein Verstand noch in diesem Chaos herumirrte, wurde mir ein Knarren und Surren der drei Maschinen, die ich mit dem Zylinder verbunden hatte, bewusst – ein Knarren und Surren, das bald einer völligen Stille wich. Was würde jetzt passieren? Würde eine Stimme erklingen? Und wenn dem so wäre, welchen Beweis hätte ich, dass es sich nicht um eine geschickt installierte Funkverbindung handelte, über die ein in der Nähe sich verbergender, aber uns beobachtender Sprecher zu uns sprach? Auch jetzt könnte ich nicht beschwören, was ich zu hören bekam oder welche Art von Geschehnissen sich in diesem Moment abspielten. Doch irgendetwas fand da wirklich statt.

Um es kurz und bündig zu machen, der Apparat mit den Elektroröhren und der Resonanzmembran begann plötzlich zu sprechen, und zwar mit einer Präzision und Intelligenz, die keinen Zweifel daran ließen, dass er tatsächlich anwesend war und uns beobachtete. Die Stimme erklang laut, metallisch, ohne Leben und gänzlich mechanisch. Sie war absolut gleichförmig in Tonfall und Modulation, aber knarrte und schepperte mit tödlicher Präzision unbeirrt vor sich hin.

»Mr Wilmarth«, sagte sie, »Ich hoffe, dass ich sie nicht erschrecke. Ich bin ein menschliches Wesen genau wie Sie, obwohl sich mein Körper sicher an einem Lebenserhaltungssystem im Round Hill befindet, ungefähr zweieinhalb Kilometer östlich von hier. Ich selbst bin allerdings hier bei Ihnen, mein Gehirn befindet sich in dem Zylinder, und ich sehe, höre und spreche zu Ihnen mittels dieses elektronischen Modulators. In etwa einer Woche begebe ich mich hinter den Abgrund, wie ich es schon oftmals zuvor getan habe, und ich erwarte, dabei die angenehme Gesellschaft von Mr Akeley zu haben. Ich hoffe, dass auch Sie dabei sein werden, denn ich kenne Sie vom Sehen und natürlich Ihre Reputation und habe Ihren Briefwechsel mit unserem Freund genau verfolgt. Ich bin selbstverständlich einer jener Männer, die sich mit den Wesen von außerhalb, die unseren Planeten besuchen, verbündet haben. Ich bin ihnen zuerst im Himalaja begegnet und habe ihnen auf verschiedene Art und Weise geholfen. Als Gegenleistung vermittelten sie mir Erfahrungen, die nur wenigen Menschen zuteilwurden.

Begreifen Sie, was es bedeutet, wenn ich Ihnen sage, dass ich auf siebenunddreißig Himmelskörpern war – Planeten, Dunkelsternen und kaum zu beschreibenden Objekten –, einschließlich acht außerhalb unserer Galaxis und zweien jenseits der gekrümmten kosmischen Grenzen von Raum und Zeit? All das hat mir in keiner Weise geschadet. Mein Gehirn wurde durch Abspaltung so geschickt dem Körper entnommen, dass es primitiv wäre, diese Operation als Chirurgie zu bezeichnen. Diese Besucher verfügen über Methoden, die diese Trennung einfach, ja fast normal machen, und der Körper altert nicht, während das Gehirn entfernt ist. Ich sollte hinzufügen, dass das Gehirn durch diese mechanischen Apparate und eine minimale Nahrungszufuhr mittels des gelegentlichen Wechsels der Konservierungsflüssigkeit nahezu unsterblich ist.

Alles in allem hoffe ich inständig, dass Sie sich dafür entscheiden, Mr Akeley und mich zu begleiten. Die Besucher sind erpicht darauf, gebildete Menschen wie Sie kennenzulernen und ihnen jene großen Abgründe zu zeigen, von denen die meisten von uns in fantasievoller Unschuld geträumt haben. Am Anfang mag es merkwürdig erscheinen, ihnen zu begegnen, aber ich weiß, dass Ihnen das nichts ausmachen wird. Ich denke, Mr Noyes wird ebenfalls bei uns sein – der Mann, der Sie vermutlich in seinem Wagen hierher gebracht hat. Er gehört schon seit Jahren zu uns – ich nehme an, dass Sie seine Stimme als eine von denen auf der Aufnahme, die Mr Akeley Ihnen geschickt hat, wiedererkannt haben.«

Auf mein heftiges Zusammenzucken hin verstummte der Sprecher für einen Moment, bevor er fortfuhr.

»Also, Mr Wilmarth, ich überlasse es Ihnen, möchte nur ergänzen, dass ein Mann mit Ihrer Hingabe zum Absonderlichen und der Volkskunde sich niemals eine solche Gelegenheit entgehen lassen sollte. Es gibt nichts zu fürchten. Sämtliche Eingriffe sind schmerzlos, und der mechanisierte Zustand der Wahrnehmung hält viel Erfreuliches bereit. Wenn die Elektroden getrennt werden, fällt man lediglich in einen Schlaf mit besonders lebhaften und fantastischen Träumen.

Und nun, wenn es Ihnen nichts ausmacht, sollten wir unsere weitere Unterhaltung auf morgen vertagen. Gute Nacht – bringen Sie einfach alle Schalter in die linke Position, egal in welcher Reihenfolge, aber vielleicht betätigen Sie den Linsenapparat zuletzt. Gute Nacht, Mr Akeley, behandeln Sie Ihren Gast gut! Sind Sie bereit mit den Schaltern?«

Und das war es. Ich gehorchte automatisch und legte alle drei Schalter um, obwohl ich von meinem Zweifel an allem, was passiert war, benommen war. In meinem Kopf drehte sich noch alles, als ich Akeleys flüsternde Stimme vernahm, die mir sagte, dass ich die Apparate einfach so, wie sie waren, auf dem Tisch stehen lassen sollte. Er gab zu den Geschehnissen keinen Kommentar ab, und tatsächlich hätte kein Kommentar meine verwirrten Gedanken beruhigen können. Ich hörte ihn sagen, ich könne die Lampe mit hinauf in mein Zimmer nehmen, und schloss daraus, dass er hier alleine im Dunklen ruhen wollte. Es war offensichtlich Zeit für eine Ruhepause, denn seine Ausführungen während des Nachmittags und Abends waren von einer Art gewesen, die auch einen kräftigeren Mann erschöpft hätte. Immer noch verwirrt, wünschte ich meinem Gastgeber eine »Gute Nacht« und begab mich mit der Lampe nach oben, obwohl ich eine gute Taschenlampe bei mir hatte.

Ich war froh, das Arbeitszimmer mit dem seltsamen Geruch und dem unterschwelligen Gefühl von Schwingungen verlassen zu haben, dennoch konnte ich natürlich, wenn ich bedachte, an welchem Ort ich war und welche Mächte ich hier traf, nicht das scheußliche Gefühl der Bedrohung, der Heimtücke und der kosmischen Abnormalitäten abschütteln. Diese wilde, einsame Gegend, der dunkle, geheimnisvolle Wald auf dem Hang, der sich direkt hinter dem Haus erhob, die Fußspuren auf der Straße, der kranke, bewegungslose Flüsterer im Dunkeln, die teuflischen Zylinder und Apparate und, um allem die Krone aufzusetzen, die Angebote von abseitigen chirurgischen Eingriffen und noch abseitigeren Reisen – all diese Dinge, so neu und schnell aufeinanderfolgend, kamen mit einer solchen Macht über mich, dass sie meine Willenskraft schwächten und meine körperlicher Kraft unterminierten.

Zu erfahren, dass mein Begleiter Noyes der menschliche Teilnehmer bei diesem zurückliegenden, monströsen Teufelsritual auf der Tonaufnahme war, versetzte mir einen gelinden Schock, obwohl ich ja vorher schon eine vage Vertrautheit mit seiner Stimme bemerkt hatte. Ein weiterer Schock war meine eigene Einstellung zu meinem Gastgeber, wann immer ich mir die Zeit nahm, darüber nachzudenken. Während ich Akeley, wie er sich in unserem Briefwechsel darstellte, instinktiv gemocht hatte, war es nun so, dass mich deutliche Abneigung erfüllte. Seine Krankheit sollte Mitgefühl in mir auslösen, doch stattdessen ließ sie mich erschaudern. Er war so starr, träge und leichenhaft, und das unablässige Flüstern war hasserfüllt und unmenschlich!

Dieses Flüstern erschien mir anders als jedes Flüstern, das ich je gehört hatte, und abgesehen davon, dass die von dem Schnurrbart verdeckten Lippen des Sprechers unbewegt blieben, schwang in ihm eine unterschwellige Kraft und Ausdauer mit, die für das Keuchen eines Asthmatikers beachtlich waren. Ich konnte den Sprecher verstehen, selbst wenn ich mich auf der anderen Seite des Raums befand und ein- oder zweimal hatte es den Anschein, dass der schwache, aber durchdringende Klang seine Ursache nicht in Schwäche, sondern in bewusster Zurücknahme hatte – warum dies so war, konnte ich nur vermuten. Von Anfang an verspürte ich eine verstörende Eigenheit im Klang. Jetzt, da ich versuche, die Sache einzuschätzen, glaube ich, diesen Eindruck einer unterbewussten Vertrautheit zuordnen zu können, vergleichbar der, die mir Noyes Stimme so verschwommen bedrohlich erscheinen ließ. Doch wann oder wo ich dem Ding, dem ich sie zuordnete, begegnet war, konnte ich nicht sagen.

Doch eins war klar – ich würde keine weitere Nacht hier verbringen. Mein wissenschaftlicher Eifer hatte sich angesichts der Furcht und des Abscheus aufgelöst, und jetzt verspürte ich nichts als den Wunsch, diesem Gespinst von Düsterkeit und unnatürlichen Offenbarungen zu entfliehen. Ich hatte genug erfahren. Es musste tatsächlich seltsame, kosmische Verbindungen geben, aber diese Dinge waren bestimmt nicht dafür geeignet, dass normale Menschen sich damit beschäftigten.

Blasphemische Einflüsse schienen mich zu umgeben und auf meinen Sinnen zu lasten. Schlafen, so entschied ich, kam nicht in Frage, also löschte ich nur die Lampe und legte mich vollständig bekleidet aufs Bett. Zweifellos war das verrückt, doch ich war vorbereitet auf einen möglichen Zwischenfall. Meine rechte Hand umklammerte den Revolver, den ich mitgebracht hatte, und in meiner Linken hielt ich die Taschenlampe. Von unten drang kein Laut herauf, und ich konnte mir vorstellen, wie dort mein Gastgeber in leichenhafter Starre im Dunkeln saß.

Irgendwo tickte eine Uhr, und ich war dankbar für das vertraute Geräusch. Es erinnerte mich aber auch an ein anderes Merkmal dieser Gegend, das mich irritiert hatte – das totale Fehlen tierischen Lebens. Ganz bestimmt gab es hier keine Nutztiere, und jetzt stellte ich fest, dass auch die üblichen nächtlichen Geräusche von wilden Tieren fehlten. Mit Ausnahme des unheimlichen Plätscherns von entfernten, versteckten Wasserläufen herrschte eine unnatürliche Stille – interplanetarisch –, und ich fragte mich, welches von den Sternen gekommene, undurchdringliche Unheil sich über die Region gelegt hatte. Ich erinnerte mich, dass in den alten Legenden Hunde und andere Tiere immer die *Äußeren* gehasst hatten, und überlegte, was diese Spuren auf der Straße wohl zu bedeuten hätten.

VIII

Fragen Sie mich nicht, wie lange mein Abgleiten in den Schlaf gedauert hat und wie viel von all dem lediglich ein Traum war. Wenn ich Ihnen erzähle, dass ich zu einer bestimmten Zeit aufwachte und bestimmte Dinge gesehen und gehört habe, werden Sie sicher entgegnen, dass ich überhaupt nicht aufgewacht und dass alles nur ein Traum gewesen sei, bis zu dem Zeitpunkt, als ich aus dem Haus stürmte, zu dem Unterstand stolperte, in dem ich den alten Ford gesehen hatte, und mir das alte Gefährt für eine wahnsinnige, ziellose Höllenfahrt durch die verwunschenen Hügel nahm, die schließlich – nach stundenlangem Geholpere und über verschlungene Irrwege durch die Wälder – in einem Dorf endete, das sich als Townshend herausstellte.

Natürlich werden Sie auch alles andere in meinem Bericht herunterspielen und behaupten, dass sämtliche Fotografien, die Tonaufnahmen, die Zylinder und die Geräusche der Apparate und ähnliche Beweise Teile eines von dem vermissten Henry Akeley für mich initiierten Betrugs sind. Sie werden sogar vermuten, dass er mit anderen exzentrischen Zeitgenossen zusammengearbeitet hat, um diesen blödsinnigen und gut durchdachten Scherz in Szene zu setzen, dass er das Päckchen in Keene abgefangen und Noyes dazu gebracht hat, diese schreckliche Tonaufnahme zu machen. Es ist aber merkwürdig, dass man Noyes bis jetzt nicht finden konnte. In keinem der Dörfer, die in der Nähe von Akeleys Wohnstatt liegen, kannte man ihn, obwohl er doch häufig in der Gegend gewesen sein musste. Ich wünschte, ich hätte mir die Zeit genommen, mir sein Nummernschild zu merken, aber vielleicht ist es nach allem auch besser, dass ich es nicht tat. Ich weiß – entgegen allem, was Sie sagen können, und entgegen allem, was ich mir manchmal selbst versuche einzureden –, dass abscheuliche, außerirdische Mächte dort in den fast unerforschten Hügeln lauern – und dass diese Mächte Spione und Abgesandte in der menschlichen Welt haben. Mich so weit wie möglich von diesen Mächten und ihren Abgesandten fernzuhalten, ist alles, was ich mir von meinem zukünftigen Leben erhoffe.

Als auf meinen verzweifelten Bericht hin eine Gruppe von Männern aus dem Sheriffbüro sich zu dem Gehöft begab, war Akeley spurlos verschwunden. Sein weiter Morgenmantel, der gelbe Schal und die Fußbandagen lagen in der Nähe seines Lehnstuhls auf dem Boden des Arbeitszimmers, und man konnte nicht sagen, ob irgendwelche anderen seiner Kleidungsstücke ebenfalls verschwunden waren. Die Hunde und das Vieh waren tatsächlich nicht auffindbar, und es gab ein paar merkwürdige Einschusslöcher, sowohl in den Außenmauern als auch im Inneren; abgesehen davon konnte man nichts Ungewöhnliches finden. Keine Zylinder oder Apparate, keines der Beweisstücke, die ich in meiner Reisetasche mitgebracht hatte, kein seltsamer Geruch oder das Gefühl von Schwingungen, keine Abdrücke auf der Straße und keines der problematischen Dinge, die ich ganz zuletzt gesehen hatte.

Nach meiner Flucht blieb ich eine Woche in Brattleboro und stellte Nachforschungen bei allen möglichen Leuten an, die Akeley gekannt hatten, und das Ergebnis überzeugte mich, dass diese Vorkommnisse weder meiner Einbildung entsprungen noch ein Täuschung waren. Akeleys Erwerb von Hunden, Munition und Chemikalien sowie das Durchschneiden seiner Telefonleitung waren aktenkundig, während alle, die ihn kannten – einschließlich seinem Sohn in Kalifornien – seinen gelegentlichen Bemerkungen über seine seltsamen Forschungen eine gewisse Beständigkeit attestierten. Gestandene Bürger hielten ihn für wahnsinnig und betonten sofort, alle Beweise wären lediglich Humbug, von einem Verrückten ausgedacht und mithilfe von exzentrischen Mitstreitern ausgeführt, doch das einfachere Landvolk bestätigte Akeleys Aussagen bis in alle Einzelheiten. Einigen von diesen Landleuten hatte er die Fotografien und den schwarzen Stein gezeigt und ihnen die grässliche Tonaufnahme vorgespielt, und alle hatten erklärt, dass die Abdrücke und die summende Stimme genau solche wären, wie sie in den Legenden beschrieben wurden.

Sie bestätigten ebenfalls, dass, nachdem er den schwarzen Stein gefunden hatte, verdächtige Sichtungen und Geräusche in zunehmender Zahl in der Nähe von Akeleys Haus bemerkt worden waren und dass der Ort nun von allen gemieden werde, außer dem Postboten und einigen anderen charakterstarken Menschen. Dark Mountain und Round Hill waren beide als heimgesuchte Orte bekannt, und ich konnte niemanden finden, der sie genauer erforscht hätte. In der Geschichte der Region war das gelegentliche Verschwinden von Einheimischen gut dokumentiert, und inzwischen war auch das des vagabundierenden Walter Browns erfasst, den Akeley in seinen Briefen erwähnt hatte. Ich stieß sogar auf einen Bauern, der persönlich einen der seltsamen Körper zu Zeiten der Flut im angeschwollenen West River hatte treiben sehen, doch was er erzählte war so konfus, dass es nicht wirklich aussagekräftig war.

Als ich Brattleboro verließ, beschloss ich, niemals nach Vermont zurückzukehren, und ich war mir ziemlich sicher, mich auch daran zu halten. Diese unwirtlichen Hügel sind ganz sicher ein Außenposten einer Furcht einflößenden kosmischen Rasse – was ich immer weniger in Zweifel ziehe, seit ich von der Entdeckung eines neuen, neunten Planeten jenseits des Neptun gelesen habe, genau wie dieses Wesen es vorausgesagt hatte. Die Astronomen, ohne sich bewusst zu sein, wie schrecklich zutreffend der Name ist, haben ihn »Pluto« genannt. Ich bin jenseits jeden Zweifels überzeugt, dass es sich dabei um nichts anderes als den finsteren Yuggoth handelt – und mir läuft es kalt über den Rücken, wenn ich versuche, mir auszumalen, was der wirkliche Grund dafür ist, *warum* seine monströsen Bewohner wollten, dass er auf diese Weise und zu diesem Zeitpunkt entdeckt wurde. Vergeblich versuche ich mir einzureden, dass diese dämonischen Kreaturen nicht dabei sind, neue Wege einzuschlagen, die schädlich für die Erde und ihre eigentlichen Bewohner sind.

Aber ich muss noch berichten, wie diese schreckliche Nacht in dem Bauernhaus endete. Wie ich schon sagte, fiel ich schließlich in einen unruhigen Schlummer, einen Schlummer, erfüllt von Traumfetzen, in denen sich Bilder von monströsen Landschaften zeigten. Was mich aufweckte, kann ich nicht sagen, doch bin ich mir sehr sicher, dass ich in diesem Moment aufwachte. Meine erste, verwirrte Wahrnehmung war ein verhaltenes Knarren der Fußbodendielen auf dem Flur vor meiner Zimmertür und ein unbeholfenes, gedämpftes Herumwerkeln am Türschloss. Das jedoch verschwand nahezu sofort, sodass mein erster klarer Eindruck jener von den Stimmen war, die ich aus dem Arbeitszimmer unter mir hörte. Es schienen mehrere Sprecher zu sein, die sich stritten.

Nachdem ich ein paar Sekunden zugehört hatte, war ich hellwach, denn die Art der Stimmen war so, dass jeder Gedanke an Schlaf unmöglich war. Der Tonfall war merkwürdig verschieden, und niemand, der die verfluchte Tonaufnahme gehört hatte, konnte Zweifel haben, von wem zwei dieser Stimmen stammten. So grässlich der Gedanke auch war, wusste ich, dass ich mich unter einem Dach mit namenlosen Wesen des äußersten Weltraums befand, denn diese beiden Stimmen waren unverwechselbar das blasphemische Summen, das die *Äußeren* bei ihrer Kommunikation mit den Menschen benutzten. Die beiden klangen unterschiedlich – in Tonlage, Klang und Geschwindigkeit des Sprechens –, doch sie waren beide von der gleichen verfluchten Art.

Die dritte Stimme kam zweifellos aus einer mechanischen Sprechmaschine, die mit einem der Gehirne in den Zylindern verbunden war. Es gab da genauso wenig Zweifel wie bei dem Summen, denn die laute, metallische, leblose Stimme am gestrigen Abend mit ihrem gleichförmigen, ausdruckslosen Kratzen und Klappern und der unpersönlichen Präzision und Bedachtsamkeit hatte sich mir unvergesslich eingeprägt. Ich nahm mir nicht die Zeit, darüber nachzudenken, ob die Intelligenz hinter dem Kratzen dieselbe war, die zuvor mit mir gesprochen hatte, doch kurz darauf wurde mir klar, dass *jedes* Gehirn stimmliche Töne der gleichen Art von gleicher Qualität von sich geben würde, wenn es mit dem gleichen mechanischen Sprechapparat verbunden wäre. Der einzig mögliche Unterschied könnte in der Wortwahl, dem Rhythmus, der Geschwindigkeit des Sprechens und der Betonung liegen. Die unheimliche Gesprächsrunde wurde von zwei eindeutig menschlichen Stimmen vervollständigt, eine davon war die raue Stimme eines unbekannten und offensichtlich bäuerlichen Menschen und die andere der geschliffene Bostoner Akzent meines vormaligen Fahrers Noyes.

Während ich versuchte, die Worte zu verstehen, die der robust gezimmerte Boden so verblüffend gut dämpfte, wurde mir gleichfalls das vielfältige Schaben, Kratzen und Umherschlurfen in dem Raum unter mir bewusst, sodass ich den Eindruck hatte, dass er voller lebender Wesen sein müsse – viel mehr als die wenigen, deren Stimmen ich identifiziert hatte. Die genaue Art dieses Schabens ist sehr schwer zu beschreiben, da es kaum Vergleichsmöglichkeiten gibt. Es schien, als würden sich von Zeit zu Zeit Objekte wie lebende Wesen quer durch den Raum bewegen, ihre Schritte klangen irgendwie nach einem harten, schlaffen Klappern – so als würden Dinge aus Horn oder Hartgummi unkoordiniert gegeneinanderschlagen. Es klang, um einen konkreteren, aber weniger zutreffenden Vergleich zu ziehen, als würden Leute mit losen, splittrigen Holzschuhen klappernd über einen polierten Holzfußboden schlurfen. Über die Natur und das Aussehen jener, die für das Geräusch verantwortlich waren, wollte ich mir keine Gedanken machen.

Es dauerte nicht lange, bis ich feststellte, dass es unmöglich war, einen sinnvollen Zusammenhang herzustellen. Einzelne Worte – einschließlich Akeleys und meinem Namen – verstand ich ab und zu, besonders, wenn sie aus dem mechanischen Sprechapparat kamen, doch ihre wahre Bedeutung blieb ohne den Kontext nicht erschließbar. Heute weigere ich mich, irgendetwas Bestimmtes hineinzuinterpretieren, und auch ihre erschreckende Wirkung auf mich kam mehr aus der *Vorstellung* denn aus *Erkenntnis*. Ich war mir sicher, dass es sich um eine schreckliche und abnormale Versammlung handelte, die hier unter mir stattfand, doch zu welchem abseitigen Zweck konnte ich nicht ergründen. Es war seltsam, wie dieses deutliche Gefühl des Üblen und Blasphemischen mich trotz Akeleys Versicherung der Freundlichkeit der *Äußeren* durchdrang.

Ich hörte geduldig zu und konnte die Stimmen schließlich unterscheiden, doch selbst dann bekam ich nicht viel von dem mit, was die Stimmen sagten. Es schien aber, dass ich bestimmte, typische Gefühle bei einigen der Sprecher identifizieren konnte. Eine der summenden Stimmen strahlte eindeutig Autorität aus, während die mechanische Stimme trotz der künstlichen Lautstärke und Gleichmäßigkeit unterwürfig und bittend erschien. Noyes Tonfall verströmte so etwas wie eine versöhnliche Haltung. Bei den anderen konnte ich keine bestimmten Eigenschaften feststellen. Das mir vertraute Flüstern von Akeley war nicht zu hören, was aber nicht verwunderlich war, da es den soliden Fußboden meines Raumes wohl nicht durchdringen konnte.

Ich versuche nun, einige der zusammenhanglosen Worte und andere Geräusche, die ich aufschnappte, niederzuschreiben und diese, so gut ich kann, einem der Sprecher zuzuordnen. Die ersten verständlichen Satzteile, die ich hörte, stammten von dem Sprechapparat.

(DER SPRECHAPPARAT)
»... über sich selbst gebracht ... schickte die Briefe und die Aufnahme zurück ... Schluss damit ... hineingenommen ... hören und sehen ... verdammt ... letztendlich unmenschliche Macht ... ein neuer, glänzender Zylinder ... mein Gott ...«

(ERSTE SUMMENDE STIMME)
»... Zeit, dass wir aufhören ... klein und menschlich ... Akeley ... Gehirn ... sagt ...«

(ZWEITE SUMMENDE STIMME)
»... Nyarlathotep ... Wilmarth ... Aufnahme und Briefe ... billiger Betrug ...«

(NOYES)
»... (ein unaussprechliches Wort oder Name, möglicherweise *N'gah-Kthun*) ... harmlos ... Friede ... einige Wochen ... theatralisch ... habe ich euch doch schon vorher gesagt ...«

(ERSTE SUMMENDE STIMME)
»... kein Grund ... ursprünglichen Plan ... Effekte ... Noyes kann zusehen ... Round Hill ... neuer Zylinder ... Noyes' Auto ...«

(NOYES)
»… gut … ganz wie ihr wollt … hier unten … Pause … Ort …«

(VERSCHIEDENE STIMMEN GLEICHZEITIG, WORTE UNVERSTÄNDLICH)

(VIELE SCHRITTE, EINSCHLIESSLICH DEM EIGENARTIGEN SCHLURFEN UND SCHABEN)

(EINE SELTSAME ART VON FLAPPENDEM GERÄUSCH)

(DAS GERÄUSCH EINES STARTENDEN UND WEGFAHRENDEN AUTOS)

(STILLE)

Das ist das Wesentliche, was meine Ohren vernahmen, während ich bewegungslos auf dem fremden Bett im ersten Stock des Bauernhauses inmitten dieser dämonischen Hügeln lag – ich war vollständig bekleidet, mit einem Revolver in meiner rechten Hand und einer Taschenlampe in meiner linken. Ich war, wie ich schon sagte, hellwach, doch eine seltsame Lähmung ließ mich dennoch, lange nachdem die Geräusche verstummt waren, untätig verharren. Ich hörte von irgendwo weit entfernt das hölzerne, eigentümliche Ticken einer antiken Wanduhr und schließlich das unregelmäßige Schnarchen eines Schlafenden. Akeley musste nach der seltsamen Versammlung eingenickt sein, und ich war sicher, dass er den Schlaf auch brauchte.

Was ich von der Sache halten oder was ich jetzt tun sollte, das zu entscheiden schaffte ich nicht. Was *hatte* ich denn schließlich gehört, das über das hinausging, was ich nach den mir schon bekannten Dingen hätte erwarten können? Hatte ich nicht gewusst, dass die namenlosen *Äußeren* jetzt im Bauernhaus willkommen waren? Zweifellos war Akeley von ihrem unerwarteten Besuch überrascht worden. Trotzdem hatte mich etwas in diesen Gesprächsfetzen unermesslich entsetzt und die schrecklichsten und abseitigsten Zweifel hervorgerufen und in mir den inbrünstigen Wunsch ausgelöst, ich möge aufwachen, und alles wäre nur ein Traum. Ich glaube, mein Unterbewusstsein muss etwas bemerkt haben, was meinem Bewusstsein entgangen ist. Aber wie stand es um Akeley? War er nicht mein Freund, und hätte er nicht protestiert, wenn mir irgendein Unheil angetan werden sollte? Das friedliche Schnarchen da unten schien meine plötzlich angestiegenen Ängste zu verspotten.

War es möglich, dass man Akeley hintergangen und als Lockvogel benutzt hatte, um mich mit seinen Briefen, der Tonaufnahme und den Fotografien in diese Hügel zu locken? Hatten diese Wesen im Sinn, uns beide durch einen gemeinsamen Unglücksfall aus dem Weg zu räumen, weil wir zu viel herausgefunden hatten? Wieder dachte ich an die plötzliche und unnatürliche Veränderung der Situation, die zwischen Akeleys früheren Briefen und dem letzten Brief stattgefunden haben musste. Mein Instinkt sagte mir, hier war etwas schrecklich falsch. Alles war nicht, was es schien. Dieser bittere Kaffee, den ich nicht getrunken hatte – war das nicht ein Versuch einer versteckten, unbekannten Entität, mich unter Drogen zu setzen? Ich musste sofort mit Akeley sprechen und seinen gesunden Menschenverstand wieder herstellen. Sie hatten ihn mit ihren Versprechungen der Enthüllung kosmischer Geheimnisse hypnotisiert, doch jetzt musste er der Vernunft gehorchen. Wir mussten aus der Sache herauskommen, bevor es zu spät war. Wenn er nicht die Willenskraft für die Flucht in die Freiheit hatte, würde ich sie ihm liefern. Oder, wenn ich ihn nicht überzeugen konnte zu fliehen, würde zumindest ich mich davonmachen. Sicher würde er mir erlauben, seinen Ford zu nehmen und ihn in einer Werkstatt in Brattleboro zurückzulassen. Ich hatte den Wagen in dem Unterstand stehen sehen – das Tor war jetzt, seit die Gefahr als vorüber erachtet wurde, unverschlossen und offen –, und ich war mir sicher, dass der Wagen höchst wahrscheinlich fahrbereit war. Das kurzzeitige Missfallen gegenüber Akeley, das mich während und nach der abendlichen Unterhaltung überkommen hatte, war jetzt gänzlich verschwunden. Er war in einer Lage, die sich von meiner nur wenig unterschied, also mussten wir zusammenhalten. Da mir seine schlechte Verfassung bewusst war, hasste ich es, ihn in diesem kritischen Moment aufzuwecken, doch es musste sein. So wie die Dinge lagen, konnte ich nicht bis zum Morgen an diesem Ort bleiben.

Schließlich war ich wieder in der Lage zu handeln und streckte mich intensiv, um meine Muskeln bewegungsfähig zu bekommen. Ich stand vorsichtig auf, eher instinktiv als überlegt. Ich fand meinen Hut und setzte ihn auf, nahm meine Reisetasche und begab mich im Licht der Taschenlampe nach unten. Nervös wie ich war, umklammerte ich mit der rechten Hand den Revolver und hielt in der linken sowohl die Reisetasche als auch die Taschenlampe. Warum ich diese Vorsichtsmaßnahmen ergriff, wusste ich selbst nicht, denn ich war ja auf dem Weg, den außer mir einzigen Bewohner des Hauses aufzuwecken.

Als ich auf Zehenspitzen die knarrenden Treppenstufen hinab in die Eingangshalle stieg, konnte ich den Schlafenden deutlicher hören und bemerkte, dass er sich in dem Raum zu meiner Linken befinden musste – dem Wohnzimmer, das ich noch nicht betreten hatte. Zu meiner Rechten lag die gähnende Dunkelheit des Arbeitszimmers, aus dem ich die Stimmen gehört hatte. Die unverschlossene Tür des Wohnzimmers aufstoßend suchte ich im Licht der Taschenlampe einen Weg zu dem Ausgangspunkt des Schnarchens und richtete schließlich den Lichtstrahl auf das Gesicht des Schläfers. Doch im nächsten Augenblick drehte ich ihn weg und schlich mich – vorsichtig wie eine Katze – in die Halle zurück, diesmal entsprang meine Vorsicht sowohl dem Instinkt als auch der Überlegung. Denn der Schläfer auf der Couch war ganz sicher nicht Akeley, sondern mein ehemaliger Fahrer Noyes.

Ich konnte noch nicht einmal vermuten, was eigentlich los war, doch der gesunde Menschenverstand sagte mir, es wäre am besten, so viel wie möglich herauszufinden, bevor ich jemanden aufweckte. Als ich die Eingangshalle erreicht hatte, schloss und verriegelte ich die Wohnzimmertür hinter mir und verkleinerte damit auch die Gefahr, Noyes aufzuwecken. Dann betrat ich das dunkle Arbeitszimmer, wo ich Akeley – entweder wach oder schlafend – in dem Lehnsessel in der Ecke, der offensichtlich sein Lieblingsplatz war, zu finden hoffte. Während ich mich darauf zu bewegte, fiel der Lichtstrahl meiner Taschenlampe auf den großen Tisch in der Mitte und beleuchtete einen der teuflischen Zylinder, verbunden mit der Seh- und Hörapparatur daneben, und eine Sprechapparatur dicht dabei, bereit, sofort angeschlossen zu werden. Das, so überlegte ich, musste das konservierte Gehirn sein, das ich während der furchtbaren Konferenz gehört hatte, und einen Moment lang verspürte ich ein abseitiges Verlangen, es an den Sprechapparat anzuschließen, um zu hören, was es zu sagen hätte.

Es musste sich aber schon jetzt meiner Anwesenheit bewusst sein, denn die Seh- und Hörapparatur würde bestimmt das Licht meiner Taschenlampe und das leise Knarren des Dielenbodens unter meinen Füßen übermitteln. Doch letztlich wagte ich nicht, mir an dem Ding zu schaffen zu machen. Nebenbei bemerkte ich, dass es der neue, glänzende Zylinder mit Akeleys Namen drauf war, den ich zuvor am Abend in dem Regal bemerkt und von dem mein Gastgeber gemeint hatte, ich solle mich nicht weiter darum kümmern. Wenn ich mir den Moment wieder vor Augen führe, dann kann ich nur meine Verzagtheit bedauern und wünschte, ich wäre so mutig gewesen, den Apparat zum Sprechen zu bringen. Gott weiß, welche Geheimnisse, schreckliche Zweifel und Fragen der Identität auf diese Weise beantwortet worden wären. Doch andererseits ist es wohl ein Akt der Gnade, dass ich die Finger davon ließ.

Von dem Tisch richtete ich meine Taschenlampe in die Ecke, in der ich Akeley vermutete, doch zu meiner Überraschung befand sich kein menschliches Wesen, weder wach noch schlafend, in dem Lehnsessel. Von der Sitzfläche bis auf den Fußboden breitete sich der bekannte, alte Morgenmantel aus und daneben lag auf dem Boden der gelbe Schal und die großen Fußbandagen, die mir so seltsam vorgekommen waren. Als ich zögernd versuchte herauszufinden, wo Akeley wohl sein könnte und warum er so plötzlich seine Krankenkleidung abgelegt hatte, bemerkte ich, dass der seltsame Geruch und das Gefühl von Schwingungen nicht mehr in dem Raum vorhanden war. Was war der Grund dafür? Seltsamerweise fiel mir jetzt auf, dass ich sie nur in Akeleys Nähe bemerkt hatte. Wo er gesessen hatte, waren sie am stärksten gewesen, und außer in dem Raum, in dem er sich befand, beziehungsweise vor den Türen dieses Raumes waren sie völlig abwesend. Ich hielt inne, ließ den Lichtstrahl der Taschenlampe durch das dunkle Arbeitszimmer gleiten und zermarterte mein Gehirn nach einer Erklärung für die neuerliche Wendung in dieser Sache.

Hätte ich nur, um Himmels Willen, den Ort verlassen, ohne den Lichtstrahl noch einmal auf den leeren Sessel zu richten. Wie es sich jetzt ergab, war meine Flucht nicht leise, sondern begann mit einem unterdrückten Schrei, der den schlafenden Wächter jenseits des Flurs zwar nicht direkt weckte, aber unruhig hatte werden lassen. Dieser Schrei und Noyes immer noch unverändertes Schnarchen waren die letzten Laute, die ich in diesem von Düsterkeit erstickten Bauernhaus inmitten der mit dunklen Wäldern überzogenen Hügelkämme gehört habe – dieser Sammelpunkt von transkosmischem Schrecken mitten in den einsamen grünen Hügeln und fluchbeladenen Bächen einer gespenstischen, ländlichen Region.

Es ist ein Wunder, dass ich in meiner totalen Verwirrung weder meine Taschenlampe noch meine Reisetasche oder den Revolver verloren habe, aber irgendwie passierte das nicht, tatsächlich gelang es mir, den Raum und das Haus zu verlassen, ohne weiteren Krach zu machen, mich selbst und meine Besitztümer zu dem alten Ford im Schuppen zu bringen, das altertümliche Fahrzeug zu starten und mich auf einen unbekannten, sicheren Ort in dieser schwarzen, mondlosen Nacht hinzubewegen. Die Fahrt, die nun folgte, war wie ein Stück Wahnsinn aus den Werken von Poe oder

Rimbaud oder aus den Bildern von Doré, doch am Ende erreichte ich Townshend. Und das war es. Wenn ich mich noch immer geistiger Gesundheit erfreue, dann habe ich Glück gehabt. Manchmal habe ich Angst davor, was die Jahre bringen werden, besonders seit der neue Planet Pluto auf so seltsame Weise entdeckt wurde.

Wie schon gesagt, richtete ich meine Taschenlampe, nachdem ich ihren Lichtstrahl hatte im Raum kreisen lassen, wieder auf den leeren Sessel und bemerkte jetzt erst einige Dinge, die halb verborgen unter den Falten des leeren Morgenmantels lagen. Das waren die Objekte, drei an der Zahl, die die Leute des Sheriffs bei ihrer späteren Untersuchung nicht gefunden hatten. Wie ich schon zu Beginn gesagt habe, war nichts offensichtlich Schreckliches an ihnen. Das Besorgniserregende war, was man daraus schließen konnte. Selbst jetzt noch habe ich Momente, in denen ich zweifle – Momente, in denen ich teilweise den Unglauben derjenigen akzeptiere, die meine Erlebnisse auf Träume, zerrüttete Nerven und Wahnvorstellungen zurückführen.

Die drei Objekte waren in ihrer Art verdammt gute Ausführungen und ausgestattet mit raffinierten Klammern, um sie an organischen Extremitäten zu befestigen, über die ich keine Vermutungen anstellen möchte. Ich hoffe – hoffe inständig –, es waren die Wachsformen eines meisterhaften Künstlers, entgegen dem, was mir meine tiefsten Befürchtungen eingeben. Mein Gott! Dieser Flüsterer im Dunkeln mit seinem kranken Geruch und den Schwingungen! Hexenmeister, Bote, Wechselbalg, Außerirdischer … das grässliche, unterdrückte Summen … und die ganze Zeit in dem neuen, glänzenden Zylinder in dem Regal … armer Teufel … »erstaunliche chirurgische, biologische, chemische und mechanische Fähigkeiten« …

Die Objekte auf dem Stuhl, perfekt bis ins letzte, winzige Detail der Übereinstimmung – oder Identität –, waren Gesicht und Hände von Henry Wentworth Akeley.

Der Schatten aus der Zeit

I

Nach zweiundzwanzig Jahren voller Schrecken und Albträume, einzig mich durch das verzweifelte Beharren auf die mythologischen Quellen bestimmter Eindrücke in Sicherheit wiegend, bin ich nicht bereit, die Wahrheit dessen, was ich glaube am 17. und 18. Juli 1935 in Westaustralien gefunden zu haben, zu beschwören. Es gibt Gründe dafür, dass das, was ich dort erlebt habe, gänzlich oder zum Teil eine Halluzination war, wofür auch tatsächlich reichlich Anhaltspunkte existieren. Und dennoch war es so realistisch, dass ich manchmal glaube, jede Hoffnung sei vergeblich. Wenn die Dinge wirklich geschehen sind, dann muss die Menschheit darauf vorbereitet sein, Vorstellungen vom Kosmos und von ihrem Platz im brodelnden Strudel der Zeit zu akzeptieren, deren bloße Erwähnung jeden erstarren lässt. Auch muss sie auf der Hut sein vor einer besonderen, lauernden Bedrohung, die, wenn auch nicht über die ganze Menschheit, so doch über einige ihrer gebildetsten Vertreter mit mächtigem und unvorstellbarem Schrecken hereinbrechen wird. Aus letzterem Grund verlange ich mit meiner ganzen Willenskraft, die Versuche, jene Fragmente der unbekannten, urzeitlichen Gebäude zu ergründen, die meine Expedition erforschen wollte, endgültig aufzugeben.

Unter der Voraussetzung, dass ich gesund und bei Sinnen war, wurde mir in jener Nacht etwas zuteil, was nie ein Mensch zuvor erfahren hatte. Es war eigentlich die furchtbare Bestätigung von allem, was ich als Mythos und Träume abgetan hatte. Gnädigerweise gibt es keinen Beweis, denn in meiner Angst verlor ich das grässliche Objekt, das – wenn ich es aus diesem üblen Abgrund herausgebracht hätte – ein unwiderlegbarer Beweis wäre. Als ich den Schrecken überwunden hatte, war ich alleine und habe niemandem davon erzählt. Ich konnte die anderen nicht davon abhalten, weitere Ausgrabungen in dieser Richtung vorzunehmen, doch glückliche Zufälle und der Treibsand haben bis jetzt verhindert, dass sie etwas gefunden haben. Nun muss ich eine klare Stellungnahme abgeben – nicht nur für meine eigene geistige Gesundheit, sondern auch, um die anderen zu warnen. Sie sollten es aufmerksam lesen.

Diese Seiten – vieles darin wird den aufmerksamen Lesern der üblichen Zeitungen und der wissenschaftlichen Magazine bekannt sein – wurden auf meiner Heimreise in der Kabine des Schiffes verfasst. Ich werde sie meinem Sohn, Prof. Wingate Peaslee von der Miskatonic-Universität, übergeben – das einzige Familienmitglied, das nach meinem damaligen eigenartigen Gedächtnisverlust zu mir gestanden hat, und dasjenige, das am besten mit den intimen Fakten meines Falls vertraut ist. Von allen lebenden Menschen ist er derjenige, der wohl am wenigsten dazu bereit ist, über meinen Bericht, was sich in dieser schicksalshaften Nacht ereignet hat, zu spotten. Bevor ich abreiste habe ich nicht mit ihm gesprochen, denn ich denke, es ist besser, wenn er die Enthüllungen schriftlich erhält. Wenn er dies gelesen und in Ruhe noch einmal gelesen hat, dann hätte er ein überzeugenderes Bild erhalten als durch ein konfuses Gespräch mit mir. Er kann mit diesem Bericht machen, was er für richtig erachtet – ihn mit passenden Erklärungen jedem Fachbereich zeigen, bei dem er glaubt, etwas Gutes erreichen zu können. Für jene Leser, die nicht mit der Vorgeschichte meines Falls vertraut sind, stelle ich eine ziemlich ausführliche Zusammenfassung des Hintergrunds voran.

Mein Name lautet Nathaniel Wingate Peaslee, und jene, die sich noch an Zeitungsberichte, die eine Generation zurückliegen, erinnern – oder an die Briefe und Artikel in psychologischen Fachzeitschriften vor sechs oder sieben Jahren –, werden wissen, wer und was ich bin. Die Zeitungen waren voll von Einzelheiten meiner seltsamen Amnesie in den Jahren von 1908 bis 1913, und es wurde der alte Schrecken, der Wahnsinn und die Hexerei aufgebauscht, die hinter den Fassaden der alten Stadt in Massachusetts lauern würden, die damals wie auch heute mein Wohnort ist. Aber ich möchte, dass bekannt ist, dass es rein gar nichts an Wahnsinn oder dunklen Umständen in meinem Stammbaum oder meinem früheren Leben gegeben hatte. Das ist besonders wichtig angesichts des Schattens, der so plötzlich von *äußeren* Quellen über mich gekommen ist. Möglicherweise hat dieses jahrhundertlange, dunkle Brüten in dem verfallenden und verwunschenen Arkham eine Empfänglichkeit für solche Schatten hervorgebracht, doch selbst das darf im Licht jener anderen Ereignisse, die ich später untersucht habe, in Zweifel gezogen werden. Der wesentliche Punkt ist allerdings, dass meine eigene Herkunft und Lebensgeschichte gänzlich normal sind. Was mir widerfuhr kam von *irgendwo anders* – von wo, wage ich noch nicht einmal jetzt klar auszusprechen.

Ich bin der Sohn von Jonathan und Hanna (Wingate) Peaslee, beide entstammen alten Haverhill-Familien. Ich wurde geboren und aufgezogen in Haverhill, auf dem alten Gehöft in der Boardman Street, in der Nähe von Golden Hill und kam zum ersten Mal nach Arkham, als ich im Alter von achtzehn Jahren in die Miskatonic-Universität eintrat. Das war im Jahr 1889. Nach meinem Abschluss studierte ich in Harvard und ging 1895 als Lehrer für Politische Ökonomie zurück an die Miskatonic. Die nächsten dreizehn Jahre verlief mein Leben ruhig und glücklich. Im Jahr 1896 heiratete ich Alice Keezar aus Haverhill, und meine drei Kinder, Robert K., Wingate und Hanna, wurden 1898, 1900 und 1903 geboren. 1898 wurde ich Assistenzprofessor und 1902 Professor. Zu keiner Zeit hatte ich irgendein Interesse an Okkultem oder der Psychologie des Abnormalen.

Es war am Donnerstag, dem 14. Mai 1908, als mich die seltsame Amnesie überkam. Es geschah recht plötzlich, doch später dann wurde mir klar, dass einige Stunden vorher bestimmte kurze, schimmernde Visionen – chaotische Visionen, die mich stark verwirrten, da sie völlig beispiellos waren – die Vorzeichen dafür gewesen sein mussten. Ich bekam Kopfschmerzen und hatte das eigenartige Gefühl – gänzlich neu für mich –, dass irgendjemand Besitz von meinen Gedanken ergreifen wollte.

Der Zusammenbruch ereignete sich gegen 10:20 Uhr, während ich den Kurs Politische Ökonomie VI gab – geschichtliche und gegenwärtige Entwicklungen der Ökonomie – für Studienanfänger und ein paar Studenten im zweiten Studienjahr. Ich sah auf einmal merkwürdige Formen vor meinen Augen und glaubte, mich in einem anderen, unheimlichen Raum, nicht dem Seminarraum, zu befinden. Meine Gedanken und was ich sagte, hatten nichts mehr mit dem Unterricht zu tun, und die Studenten bemerkten, dass etwas wirklich Schlimmes passiert sein musste. Dann sank ich in meinem Stuhl zusammen und fiel in eine Ohnmacht, aus der mich niemand aufwecken konnte. Und danach nahmen meine eigenen Sinne das Tageslicht und unsere normale Welt fünf Jahre, vier Monate und dreizehn Tage nicht mehr wahr.

Was dann folgte, weiß ich natürlich nur von anderen. Sechzehneinhalb Stunden blieb ich ohnmächtig, obwohl ich in mein Heim in der Crane Street 27 gebracht und auf beste Weise medizinisch versorgt wurde. Am 15. Mai um 3 Uhr morgens öffnete ich die Augen und begann zu sprechen, doch es dauerte nicht lange, bis die Ärzte und meine Familie von meiner Ausdrucksweise und meiner Sprache erheblich verängstigt waren. Es war klar, dass ich keine Erinnerung an meine Vergangenheit, oder daran, wer ich war, hatte, doch aus irgendeinem Grund versuchte, diese Wissenslücke zu füllen. Meine Augen musterten verwirrt die Menschen um mich herum, und meine Mimik war gänzlich ungewohnt.

Selbst mein Sprechen klang verwirrt und fremd. Ich benutzte meine Sprechorgane unbeholfen und vorsichtig, und meine Ausdrucksweise war seltsam gestelzt, so als ob ich die englische Sprache mühsam aus einem Buch gelernt hätte. Meine Aussprache war barbarisch fremd, während meine Wortwahl sowohl Bruchstücke von merkwürdiger Altertümlichkeit als auch Ausdrücke völlig unverständlicher Art beinhaltete. Von den letzteren war einer besonders prägnant – ja erschreckend –, wie sich der jüngste der Ärzte zwanzig Jahre später erinnerte. Zu diesem späteren Zeitpunkt kam eine Redewendung in Mode – zuerst in England und dann auch in den Vereinigten Staaten –, und obwohl sie einigermaßen komplex und auf jeden Fall gänzlich neu war, gab sie genau die Worte seines seltsamen Patienten im Jahr 1908 in Arkham wieder.

Körperlich war ich sofort wieder in Ordnung, obwohl ich seltsamerweise eine Menge wieder lernen musste, was den Gebrauch meiner Hände, Beine und meines restlichen Körpers im Allgemeinen betraf. Aus diesem Grund und wegen anderer Einschränkungen, die sich aus meiner Amnesie ergaben, blieb ich einige Zeit lang unter strikter medizinischer Aufsicht. Als ich merkte, dass meine Versuche, den Gedächtnisverlust zu verbergen, gescheitert waren, gab ich es offen zu und gierte nach Informationen aller Art. Es hatte für die Ärzte sogar den Anschein, als hätte ich das Interesse an meiner eigentlichen Persönlichkeit in dem Moment verloren, als ich die Amnesie als natürlichen Zustand akzeptierte. Sie bemerkten, dass meine Hauptinteressen bestimmten Dingen in der Geschichte, der Wissenschaft, der Kunst, der Sprache und der Volkskunde galten – einige von ihnen absolut abseitig, andere kindisch einfach –, die – in manchen Fällen sehr ungewöhnlich – meinem Bewusstsein entfallen waren.

Zur gleichen Zeit stellten sie fest, dass ich über unerklärliche Kenntnisse von fast unbekannten Wissensgebieten verfügte, Kenntnisse, die ich anscheinend eher verbergen denn preisgeben wollte. Ich sprach plötzlich mit beiläufiger Gewissheit über Ereignisse in dunkler Vergangenheit – weit jenseits der geschriebenen Geschichte – und ging mit der Bemerkung, es sei ein Scherz gewesen, darüber hinweg, wenn ich das Erstaunen in den Gesichtern meiner Zuhörer bemerkte. Und ich sprach über die Zukunft, was bei ein oder zwei Gelegenheiten wirkliche Angst auslöste. Diese unheimlichen Zwischenfälle schienen mit der Zeit weniger zu werden, wobei einige der Beobachter dies mehr auf eine größer gewordene Vorsicht meinerseits denn auf das Verschwinden der dahinterstehenden Kenntnisse schoben. Tatsächlich schien ich unnatürlich begierig darauf, die Sprache, die Sitten und Grundlagen meines Zeitalters zu erfassen, so als wäre ich ein Forscher aus einem weit entfernten, fremden Land.

Sobald ich die Erlaubnis hatte, suchte ich die College-Bibliothek zu jeder Stunde heim, und schon nach kurzer Zeit bereitete ich mich auf sonderbare Reisen und die speziellen Kurse an amerikanischen und europäischen Universitäten vor, die in den nächsten Jahren so viel Aufsehen erregten. Zu keiner Zeit litt ich unter dem Fehlen alter Beziehungen, da mein Fall sich einer gewissen Berühmtheit unter den Psychologen jener Periode erfreute. Über mich wurden Vorträge als typisches Beispiel für eine zweite Persönlichkeit gehalten – dennoch schien es manchmal, als verwirrte ich die Vortragenden durch einige sonderbare Symptome oder seltsame Andeutungen eines sorgfältig kaschierten Betrugs.

Wirkliche Anteilnahme wurde mir nur wenig entgegengebracht. Etwas in meiner Erscheinung und meiner Sprache schien unbestimmte Ängste und Abneigung in denen hervorzurufen, die ich traf, als ob ich ein Wesen wäre, das unendlich weit entfernt von der Normalität und der geistigen Gesundheit ist. Diese Vorstellung eines dunklen, verborgenen Schreckens zusammen mit unwägbaren Abgründen und einer Art von *Distanz* war seltsam weitverbreitet und hielt sich hartnäckig. Meine eigene Familie war dabei keine Ausnahme. Meine Ehefrau betrachtete mich nach meinem seltsamen Erwachen mit außergewöhnlichem Schrecken und Ekel und schwor, ich sei etwas gänzlich Fremdes, das den Körper ihres Ehemanns in Besitz genommen hätte. Im Jahr 1910 ließ sie sich von mir scheiden, und selbst nach meiner Rückkehr zur Normalität im Jahr 1913 verweigerte sie jeden Kontakt. Diese Haltung wurde von meinem älteren Sohn und meiner Tochter geteilt, die ich beide bis heute nicht mehr getroffen habe.

Lediglich mein zweiter Sohn, Wingate, schien in der Lage zu sein, den Schrecken und die Abscheu, die mit meiner Veränderung einherging, unter Kontrolle zu halten. Auch er spürte, dass ich ein Fremder war, doch obwohl erst acht Jahre alt, vertraute er darauf, dass mein eigentliches Selbst zurückkehren würde. Als ich dann wirklich zurückkehrte, kümmerte er sich um mich, und ein Gericht übertrug ihm die Vormundschaft. In den folgenden Jahren half er mir bei den Forschungen, zu denen ich mich getrieben sah, und heute – mit fünfunddreißig – ist er Psychologieprofessor an der Miskatonic. Doch ich wundere mich nicht über den Schrecken, den ich ausgelöst habe, denn ganz sicher waren der Geist, die Stimme und der Gesichtsausdruck jenes Wesens, das am 15. Mai 1908 erwachte, nicht die von Nathaniel Wingate Peaslee.

Ich werden keinen Versuch machen, viel von meinem Leben zwischen 1908 und 1913 zu erzählen, denn die Leser können die wichtigsten bekannten Ereignisse – so wie auch ich es getan habe – in den alten Zeitungen und wissenschaftlichen Journalen nachlesen. Ich erhielt die Verfügungsgewalt über mein Vermögen, und ich nutzte es vorsichtig und mit Bedacht für Reisen und das Studium an unterschiedlichen Lehranstalten. Meine Reisen allerdings waren einzigartig in ihrer Ungewöhnlichkeit, unter anderem zu abgelegenen und verwüsteten Orten. Im Jahr 1909 brachte ich einen Monat im Himalaja zu, und 1911 erweckte ich viel Aufsehen mit einer Kamelexpedition in die unbekannten Wüsten Arabiens. Was auf diesen Reisen geschehen ist, war ich nicht in der Lage herauszufinden. Während des Sommers von 1912 mietete ich ein Schiff und fuhr in die Arktis nach Spitzbergen, wonach man Anzeichen von Enttäuschung an mir feststellte. Später in diesem Jahr verbrachte ich mehrere Wochen alleine in den riesigen Kalksteinhöhlen in West Virginia und drang tiefer in sie hinein als je ein Mensch vor oder nach mir. Ein weitläufiges, dunkles Labyrinth, sodass man ein Nachverfolgen meiner Wege noch nicht einmal in Betracht ziehen konnte.

Meine Aufenthalte an den Universitäten waren gekennzeichnet durch eine unnatürlich schnelle Auffassungsgabe, so als ob die zweite Persönlichkeit über eine Intelligenz verfügte, die meiner grenzenlos überlegen war. Ich habe ebenfalls herausgefunden, dass meine Geschwindigkeit beim Lesen und in der Wissensaufnahme unglaublich war. Ich erfasste jede Kleinigkeit in einem Buch, indem ich mir die Seiten ansah, so schnell ich diese umblättern konnte, und meine Fähigkeit, komplexe Zahlenreihen in kürzester Zeit zu analysieren, war Ehrfurcht gebietend. Von Zeit zu Zeit erschienen hässliche Berichte über meine Macht, die Gedanken und Handlungen anderer zu beeinflussen. Doch es schien, als ob man die Berichte über solche Ereignisse so weit wie möglich unterdrückte.

Andere unschöne Berichte betrafen meine Verbindungen mit Vertretern von okkulten Gesellschaften und Gelehrten, die verdächtigt wurden, Kontakte zu namenlosen Gruppen von abscheulichen, antiken Hierophanten zu haben. Diese Gerüchte, obwohl damals nie bewiesen, wurden gestützt von der bekannten Liste der Bücher, die ich las, denn die Lektüre von seltenen Bücher kann in Bibliotheken nicht unbemerkt vonstattengehen. Es gibt konkrete Beweise – in Form von minimalen Anmerkungen –, dass ich sorgfältig solche Werke wie Comte d'Erlettes *Cultes des Goules*, Ludvig Prinns *De Vermis Mysteriis*, die *Unaussprechlichen Kulte* von von Junzt, die erhaltenen Fragmente des verwirrenden *Buch von Eibon* und das schreckliche *Necronomicon* des wahnsinnigen Arabers Abdul Alhazred durchgearbeitet habe. Ebenfalls ist unbestreitbar, dass eine neue und üble Welle der Aktivität von verborgenen Kulten zu eben jener Zeit meiner Verwandlung eingesetzt hatte.

Im Sommer 1913 zeigte ich Anzeichen von Langeweile und nachlassendem Interesse, und ich deutete gegenüber verschiedenen Bekannten an, dass bei mir möglicherweise eine Veränderung anstehe. Ich sprach von wiederkehrenden Erinnerungen, doch die meisten Zuhörer hielten das für unaufrichtig, denn all meine Rückerinnerungen waren so gewöhnlich, dass ich sie auch aus meinen alten, privaten Unterlagen hätte entnehmen können. Etwa Mitte August kehrte ich nach Arkham zurück und bezog wieder mein lange unbewohnt gebliebenes Haus in der Crane Street. Dort installierte ich einen außerordentlich merkwürdigen

Apparat, dessen Einzelteile ich von verschiedenen Herstellern wissenschaftlicher Geräte in Europa und Amerika hatte bauen lassen, und versteckte ihn sorgfältig vor den Blicken derer, die intelligent genug waren, seine Funktion zu erkennen. Jene, die ihn sahen – ein Arbeiter, ein Hausmädchen und die neue Haushälterin –, sagten, es sei eine verrückte Mischung von Stangen, Rädern und Spiegeln gewesen und nur von 30 mal 30 Zentimetern Grundfläche und 60 Zentimeter hoch. Der Spiegel in der Mitte war kreisförmig und konvex. All das konnte von den bekannten Herstellern der Einzelteile bestätigt werden.

Am Freitagabend, dem 26. September, gab ich der Haushälterin und dem Hausmädchen bis zum nächsten Mittag frei. Die Lichter im Haus brannten bis spät in die Nacht, und ein schlanker, dunkler, seltsam fremdländisch aussehender Mann besuchte mich mit seinem Automobil. Gegen ein Uhr morgens wurden die Lichter zuletzt gesehen. Um 2:15 Uhr beobachtete ein Polizist das dunkle Haus, vor dem immer noch der Wagen des Fremden am Bordstein stand. Um vier Uhr war der Wagen auf jeden Fall verschwunden. Es war um sechs Uhr morgens, als eine zögerliche, fremde Stimme Dr. Wilson telefonisch bat, zu meinem Haus zu kommen und mich aus einer merkwürdigen Ohnmacht aufzuwecken. Dieser Anruf – ein Ferngespräch – wurde später dann zurückverfolgt zu einer Telefonzelle im Nordbahnhof von Boston, doch von dem schlanken Ausländer fand man nicht die geringste Spur.

Als der Doktor mein Haus erreichte, fand er mich bewusstlos im Wohnzimmer in einem Ruhesessel, vor den ein Tisch geschoben war. In der polierten Tischfläche befanden sich Kratzer, die zeigten, wo ein schwerer Gegenstand sich befunden hatte. Der seltsame Apparat war verschwunden, und man hat niemals wieder etwas von ihm gesehen. Zweifellos hatte der dunkle, schlanke Ausländer ihn mitgenommen. Im Kamin der Bibliothek befand sich jede Menge Asche, dort war offensichtlich jedes noch vorhandene Stück Papier, das ich seit dem Beginn meiner Amnesie beschrieben hatte, verbrannt worden. Dr. Wilson erschien meine

Atmung sehr unregelmäßig, doch nach einer subkutanen Spritze normalisierte sie sich wieder.

Um 11:15 Uhr am 17. September begann ich, heftig um mich zu schlagen, und mein bis dahin ausdrucksloses Gesicht zeigte Anzeichen einer Mimik. Dr. Wilson stellte fest, dass meine Gesichtszüge nicht mehr die meiner zweiten Persönlichkeit waren, sondern mehr denen meiner eigentlichen Persönlichkeit zu entsprechen schienen. Ungefähr um 11:30 Uhr murmelte ich einige seltsame Wortfetzen – Wortfetzen, die keiner menschlichen Sprache zugehörig schienen. Es hatte auch den Anschein, als würde ich gegen etwas ankämpfen. Dann, kurz nach Mittag, die Haushälterin und das Hausmädchen waren inzwischen zurückgekehrt, begann ich auf Englisch zu murmeln.

»… von den traditionellen Ökonomen dieser Epoche stellt Jevons den vorherrschenden Trend zur wissenschaftlichen Korrelation heraus. Sein Versuch, den Wirtschaftskreislauf von Wachstum und Depression mit dem physikalischen Kreislauf der Bildung von Sonnenflecken in Korrelation zu setzen, stellt vielleicht den Höhepunkt von …«

Nathaniel Wingate Peaslee war zurück – ein Geist, in dessen Zeitablauf es immer noch jener Donnerstagmorgen im Jahr 1908 war und die Ökonomiestudenten auf das zerkratzte Pult auf dem Podest blickten.

II

Meine Wiedereingliederung in das normale Leben war ein schmerzhafter und schwieriger Prozess. Der Verlust von mehr als fünf Lebensjahren führt zu mehr Komplikationen, als man sich vorstellen kann, und in meinem Fall gab es zahllose Angelegenheiten, die in Ordnung gebracht werden mussten. Was ich über meine Handlungen seit 1908 erfuhr, erstaunte und verwirrte mich, doch ich bemühte mich, die Sache so philosophisch zu nehmen, wie ich nur konnte. Als ich schließlich der Obhut meines zweiten Sohnes, Wingate, überlassen wurde, ließen wir uns in dem Haus in der Crane Street nieder, und ich bemühte mich, den Unterricht wieder aufzunehmen – meine ehemalige Professur, die mir von meinen Kollegen dankenswerterweise wieder angeboten worden war.

Ich begann zum Frühjahrssemester 1914, blieb aber nur ein Jahr dabei. Dann wurde mir klar, wie mitgenommen ich wirklich war. Obwohl ich wieder völlig gesund war – so nahm ich an – und ohne Lücken in meiner eigentlichen Persönlichkeit, besaß ich doch nicht meine frühere Nervenstärke. Verworrene Träume und seltsame Gedanken suchten mich regelmäßig heim. Beim Ausbruch des Weltkrieges richteten sich meine Gedanken auf die Geschichte, und ich begann, auf abseitige Weise über Zeitläufe und Ereignisse nachzudenken. Mein Verständnis der *Zeit* – meine Fähigkeit zwischen Synchronie und Diachronie zu unterscheiden – war nachhaltig gestört, sodass ich verworrene Vorstellungen über das Leben in meinem Zeitalter entwickelte, während mein Geist sich durch die Unendlichkeit auf der Suche nach dem Wissen aus vergangenen und zukünftigen Epochen bewegte.

Der Krieg führte bei mir zu merkwürdigen Eindrücken des *Erinnerns* an einige seiner zukünftigen *Folgen*, so als ob ich aus ferner Zukunft auf diese Zeit zurückblicken würde. All diese Pseudo-Erinnerungen gingen mit großen Schmerzen einher und dem Gefühl, dass eine künstlich geschaffene Sperre sie verhindern sollte. Wenn ich anderen gegenüber vorsichtig diese Eindrücke andeutete, dann stieß ich auf unterschiedliche Reaktionen. Einige Personen schauten mich beunruhigt an, doch Mitglieder der mathematischen Fakultät sprachen von neuen Entwicklungen in der Relativitätstheorie, die damals nur im Kreis von Wissenschaftlern diskutiert, später dann aber berühmt wurden. Dr. Albert Einstein, so sagten sie, hatte die *Zeit* schnell auf den Status einer bloßen Dimension zurückgeführt.

Aber die Träume und die verwirrenden Gefühle überkamen mich weiterhin, sodass ich meine regelmäßige Arbeit 1915 aufgeben musste. Einige dieser Eindrücke nahmen lästige Formen an und vermittelten mir die Vorstellung, dass meine Amnesie zu einer unheiligen Form von *Austausch* geführt hatte und meine zweite Persönlichkeit wirklich ein Eindringling aus unbekannten Bereichen gewesen ist und mein eigentliches Selbst unter der Verdrängung gelitten hatte. So wurde ich zu unbestimmten und beängstigenden Spekulationen bezüglich der Frage getrieben, wo mein wahres Selbst sich während der Jahre, als das andere meinen Körper kontrollierte, aufgehalten hatte. Die seltsamen Kenntnisse und das befremdliche Verhalten des ehemaligen Bewohners meines Körpers bereiteten mir, je mehr Einzelheiten ich von den Leuten und aus Zeitungen und Magazinen darüber erfuhr, immer größere Sorge. Die Abseitigkeit, die andere vor den Kopf stieß, schien auf schreckliche Weise mit dem Bodensatz dunklen Wissens zu harmonieren, der in den Tiefen meines Unterbewusstseins an mir nagte. Ich begann, fieberhaft nach jedem Fetzen Information über die Forschungen und Reisen *jenes anderen* während der dunklen Jahre zu suchen.

Nicht alle meine Schwierigkeiten waren so abstrakt wie diese. Da gab es die Träume, und sie schienen immer lebhafter und konkreter zu werden. Da ich wusste, wie die meisten diese einschätzen würden, erwähnte ich sie nur selten gegenüber anderen, außer meinem Sohn und bestimmten Psychologen, denen ich vertraute, doch schließlich begann ich mit dem wissenschaftlichen Studium anderer Fälle, um herauszufinden, wie typisch oder untypisch solche Visionen bei von Amnesie Betroffenen waren. Meine Ergebnisse, die mit der Hilfe von Psychologen, Historikern, Anthropologen und erfahrenen Gehirnspezialisten und unter Hinzuziehung aller Berichte von gespaltener Persönlichkeit – von den Legenden der Dämonenbesessenheit bis in die medizinisch akkurate Gegenwart – erzielt wurden, waren anfänglich eher ärgerlich denn beruhigend.

Schnell fand ich heraus, dass es für meine Träume tatsächlich nichts Entsprechendes in der Masse anderer Fälle von Amnesie gab. Wie auch immer, es blieb allerdings eine kleine Anzahl von Berichten, die, ob ihrer Übereinstimmung mit meinen eigenen Erfahrungen, mich über die Jahre erstaunte und schockierte. Einige waren Bruchstücke alter Volksmärchen, andere Fallstudien in den Annalen der Medizin, ein oder zwei waren Anekdoten, die auf obskure Weise in Geschichtsbüchern verborgen waren. Da mein spezielles Interesse so außerordentlich selten war, wurde mir erst langsam klar, dass sich Zwischenfälle dieser Art in großen Abständen seit dem Beginn der Geschichtsschreibung ereignet hatten. In manchen Jahrhunderten gab es ein, zwei oder drei Fälle, in anderen überhaupt keinen – oder zumindest keinen, der berichtet worden war.

Das Wesentliche war immer gleich – eine Person mit scharfem Verstand bekam eine zweite Existenz und führte für einen längeren oder kürzeren Zeitraum ein gänzlich fremdes Leben, das zuerst von sprachlicher und körperlicher Unbeholfenheit geprägt war, später dann von der vollständigen Aneignung von wissenschaftlichen, historischen, künstlerischen und anthropologischen Kenntnissen – eine Aneignung, die mit fieberhaften Bemühungen und einer unnatürlichen Auffassungsgabe vonstattenging. Dann die plötzliche Rückkehr des eigentlichen Bewusstseins, verbunden mit quälenden, verworrenen Träumen, in denen Bruchstücke einer grässlichen, sorgfältig blockierten Erinnerung auftauchten. Diese deutliche Übereinstimmung mit meinen eigenen Albträumen – selbst in winzigen Einzelheiten – ließ keinen Zweifel an ihrer eindeutig einem Muster folgenden Natur aufkommen. Ein oder zwei dieser Fälle lösten bei mir eine Schwingung von blasser, blasphemischer Vertrautheit aus, so als ob ich schon vorher durch kosmische Quellen davon erfahren hätte, die zu abseitig und Furcht einflößend waren, um darüber nachzudenken. Bei drei Begebenheiten wurde eindeutig eine solch unbekannte Apparatur erwähnt, wie sie sich in meinem Haus vor der zweiten Verwandlung befunden hatte.

Eine andere Sache, die mich während meiner Nachforschungen auf unbestimmte Weise beunruhigte, war die deutlich größere Häufigkeit von Fällen, in denen Menschen, die nachweislich nicht an Amnesie litten, einen kurzen Blick auf die typischen Albträume erhascht hatten. Diese Menschen waren alle nicht besonders intelligent gewesen – einige so zurückgeblieben, dass sie beim besten Willen nicht als Transportmittel für außergewöhnliche Gelehrsamkeit und geistige Aneignung dienen konnten. Einen Moment lang waren sie der fremden Kraft ausgesetzt, dann kam der sofortige Rückzug, und es blieb die schwache, schnell verblassende Erinnerung an einen unmenschlichen Schrecken.

Während des letzten halben Jahrhunderts hatten sich mindestens drei solcher Fälle ereignet – einer nur fünfzehn Jahre zuvor. Hatte sich etwas aus einem unbekannten Abgrund der Natur *blind durch die Zeit* getastet? Waren diese Ohnmachtsanfälle monströse, finstere *Experimente* von einer Art und Ursache jenseits des gesunden Verstandes? Solcher Art waren einige meiner unklaren Überlegungen, wenn es mir schlecht ging – Fantasien, die den Mythen entsprangen, auf die ich während meiner Forschungen gestoßen war. Ich zweifelte nicht daran, dass bestimmte, seit der ältesten Vorzeit immer weiter bestehende Legenden – offensichtlich den Opfern und Ärzten der letzten Fälle von Amnesie unbekannt – einen treffenden und Furcht einflößenden Zusammenhang für die umfassenden und unglaublichen Amnesien wie die meine bildeten.

Ich fürchte mich immer noch, von der Natur dieser Träume und Visionen, die insgeheim beständig zunahmen, zu sprechen. Sie schienen dem Wahnsinn zu huldigen, und manchmal glaubte ich wirklich, wahnsinnig zu werden. Gab es eine bestimmte Form der Wahnvorstellungen, die jene heimsuchten, die unter Gedächtnisverlust litten? Unter Umständen verursachten die Bemühungen des Unterbewusstseins, jene leeren Stellen mit Pseudo-Erinnerungen zu füllen, das Entstehen von seltsamen, falschen Bildern. Das war tatsächlich die Meinung von vielen der Psychologen (obwohl eine alternative, volkskundliche Theorie mir als wahrscheinlicher erscheint), die mir bei meiner Suche nach vergleichbaren Fällen halfen und die meine Verblüffung teilten, als wir manchmal auf identische Fälle stießen. Sie bezeichneten diese Fälle nicht als wirklich krank, sondern ordneten sie als geistige Verwirrung ein. Meinen Versuch, diese Umstände zurückzuverfolgen und zu analysieren, statt sie beiseitezuschieben und zu vergessen, befürworteten sie als nicht tadelnswert und mit den gängigen psychologischen Prinzipien übereinstimmend. Ich schätzte besonders den Rat jener Ärzte, die mich während meiner Besessenheit von der anderen Persönlichkeit studiert hatten.

Meine erste Verunsicherung war nicht auffällig, sondern betraf die abstrakteren Aspekte, die ich erwähnt habe. Da war ein Gefühl von deutlichen und unerklärlichen Ängsten in Bezug auf mich selbst. Ich entwickelte eine merkwürdige Angst gegenüber meiner eigenen Gestalt, so als ob meine Augen etwas gänzlich Fremdes und unbegreiflich Abscheuliches sehen würden. Wenn ich dann an mir herabsah und die menschliche Gestalt in guter grauer oder blauer Kleidung wahrnahm, verspürte ich eine seltsame Erleichterung, doch um mir diese Erleichterung zu verschaffen, musste ich erst eine unendliche Furcht überwinden. Ich vermied, so gut es ging, in den Spiegel zu schauen und ging immer zum Friseur, um mich rasieren zu lassen.

Es hat lange Zeit gedauert, bis ich diese deprimierenden Gefühle mit den sich entwickelnden, überwältigenden Visionen in Zusammenhang brachte. Die erste dieser Verbindungen war die seltsame Erfahrung, dass meine Erinnerung von außen künstlich blockiert wurde. Ich spürte, dass die kurzen Visionen, die ich hatte, von grundsätzlicher und schrecklicher Bedeutung waren und einen Bezug zu mir selbst hatten, mich aber ein zielgerichteter Einfluss davon abhielt, die Bedeutung und die Verbindung zu erkennen. Dann kam das Abseitige bezüglich der *Zeit* hinzu und damit einhergehend die verzweifelten Versuche, die Bruchstücke von Traumbildern chronologisch und räumlich zu einem Muster zu ordnen.

Diese Traumbilder selbst waren anfänglich eher fremdartig denn erschreckend. Es schien mir, als würde ich mich in einem riesigen Gewölberaum befinden, dessen hochaufragende Pfeiler gänzlich in der Dunkelheit über mir verschwanden. In welcher Zeit ich mich auch befand, das Prinzip des Bogens war vollständig bekannt und wurde genauso umfassend genutzt wie bei den Römern. Es gab riesige, runde Fenster und hohe, von Bogen gekrönte Tore sowie Sockel oder Tische so hoch wie ein normaler Raum. Weitläufige Regale aus dunklem Holz säumten die Wände, darauf befanden sich Bücher von ungeheurem Ausmaß mit merkwürdigen Hieroglyphen auf den Rücken. Das sichtbare Mauerwerk trug seltsame Ornamente, alle in mathematisch-geometrischen Mustern, und es gab eingravierte Inschriften derselben Art wie an den großen Büchern. Das dunkle Granitmauerwerk war von monströser, megalithischer Bauart, dabei passten die konkaven Blöcke der oberen Reihe perfekt in die konvexen Blöcke der unteren Reihe, auf denen sie ruhten. Es gab keine Stühle, aber die Oberflächen der riesigen Sockel waren übersät von Büchern, Papieren und etwas, das aussah wie Schreibutensilien – seltsam geformte Krüge aus einem violetten Material und Stäbe, deren Spitzen schmutzig waren. Obwohl die Sockel riesig waren, hatte ich manchmal den Eindruck, als würde ich von oben auf sie herabsehen. Auf einigen befanden sich große Kugeln aus leuchtendem Kristall, die als Lampen dienten, und unerklärliche Maschinen, die aus Glasrohren und Metallstäben bestanden. Die Fenster waren verglast und mit stabil wirkenden Gitterstäben versehen. Obwohl ich mich nicht getraute hinauszublicken, konnte ich von meinem Standpunkt die Spitzen einiger farnähnlicher Pflanzen sich hin und her bewegen sehen. Der Boden bestand aus achteckigen Steinplatten, während es weder Teppiche noch Wandschmuck gab.

Später dann hatte ich die Vision, durch zyklopische Steinkorridore zu gleiten und gigantische Rampen der gleichen monströsen Bauweise hoch und hinunter. Nirgendwo gab es Treppen, und jeder der Korridore war mindesten zehn Meter breit. Einige der

Bauwerke, durch die ich glitt, mussten hunderte von Metern hoch sein. Es gab unzählige Gewölbeebenen unter mir und nie geöffnete Falltüren, die mit Metallschienen verschlossen waren und von denen eine dumpfe Ahnung einer besonderen Gefahr ausging. Es kam mir vor, als sei ich ein Gefangener und dass in allem, was ich sah, etwas Schreckliches brütete. Ich spürte, dass von den geometrischen Hieroglyphen an den Wänden eine Verhöhnung ausging, deren Botschaft meine Seele zerstören würde, wenn sie mir nicht gnädigerweise unverständlich wären.

Noch später zeigten mir meine Träume Ausblicke aus den großen, runden Fenstern und von dem riesigen, flachen Dach mit seinen seltsamen Gärten auf weit ausgedehnte, kahle Flächen und eine hohe, bogenförmige Steinbrüstung, zu der die oberste der schrägen Rampen führte. Es gab eine schier unendliche Anzahl von riesigen Gebäuden – jedes mit einem Garten –, die sich an gepflasterten Straßen von nahezu 70 Metern Breite entlangzogen. Sie waren sehr unterschiedlich in ihrer Bauart, doch nur ein paar maßen weniger als 50 Meter im Quadrat und waren weniger als 350 Meter hoch. Viele schienen so ausgedehnt, dass sie eine Fassade von mehreren hundert Metern haben mussten, während andere sich Bergen gleich hoch in den grauen, dunstigen Himmel erhoben. Die Dächer waren flach, mit Gärten darauf und meist mit bogenförmigen Brüstungen versehen. Manchmal gab es Terrassen und erhöhte Ebenen und weite, freie Flächen zwischen ihnen. Auf den großen Straßen gab es Anzeichen von Bewegung, doch in den frühen Visionen konnte ich keine Einzelheiten erkennen.

An bestimmten Stellen erhoben sich mächtige, dunkle, runde Türme weit über alle anderen Gebäude. Diese schienen von völlig einzigartiger Beschaffenheit zu sein und wiesen Anzeichen eines erstaunlichen Alters und von Verfall auf. Sie bestanden aus einem ungewöhnlichen Mauerwerk aus viereckigen Basaltsteinen und verjüngten sich zu ihren abgerundeten Spitzen hin. In keinem von ihnen gab es, abgesehen von den riesigen Türen, Fenster oder Ähnliches. Auch fielen mir einige niedrigere Gebäude auf – alle trugen Spuren des jahrhundertelangen Verfalls –, die in ihrer Bauweise an die runden Türme erinnerten. Über all diesen unnatürlichen Haufen von quaderförmigem Mauerwerk schwebte eine unerklärliche Aura der Bedrohung und des geballten Schreckens, genau wie bei den versiegelten Falltüren.

Die überall vorhandenen Gärten waren in ihrer Fremdartigkeit fast erschreckend mit diesen bizarren, ungewöhnlichen Pflanzen, deren Spitzen sich über den breiten Wegen wiegten, gesäumt von merkwürdig verzierten Monolithen. Unnatürliche, farnartige Gewächse bestimmten das Bild, einige grün und einige von einer grässlichen, pilzartigen Fahlheit. Dazwischen erhoben sich große, geisterhafte Dinge, die an Schachtelhalme erinnerten und deren bambusähnliche Stämme sich in unglaubliche Höhen erstreckten. Dann gab es noch buschige Formen wie bei den bekannten Palmfarnen und groteske, dunkelgrüne Büsche und Bäume, die wie Nadelhölzer aussahen. Die Blumen waren klein, farblos und kaum erkennbar und blühten in großer Anzahl in geometrisch angelegten Beeten zwischen den anderen Pflanzen. Auf einigen der Terrassen und den Dachgärten gab es größere und lebhafter blühende Pflanzen, die fast bedrohliche Formen hatten und den Eindruck erweckten, künstlich gezüchtet zu sein. Pilze von unglaublicher Größe, Aussehen und Farbe waren zu Mustern angeordnet und zeugten von einer unbekannten, aber hoch entwickelten gärtnerischen Tradition. In den größeren Gärten auf dem Boden schien es ein Bestreben zu geben, die Natur in einem unberührten Zustand zu belassen, doch auf den Dächern bestimmte die Auswahl und die bewusste Formgebung das Erscheinungsbild.

Die Luft war immer feucht, und der Himmel mit Wolken bedeckt, und manchmal wurde ich Zeuge von ausgedehnten Regenfällen. Doch ab und zu konnte man auch die Sonne sehen, die unnatürlich groß wirkte, und den Mond, dessen Erscheinungsbild etwas vom normalen abwich, ohne dass ich es wirklich benennen könnte. Wenn die Nacht – was sehr selten vorkam – bis zu einem gewissen Grad klar war, sah ich Sternenkonstellationen, von denen ich kaum eine wiedererkannte. Bekannte Formen konnte man manchmal erahnen, aber waren selten zu verifizieren, und aus den wenigen, die ich erkannte, schloss ich, dass ich mich auf der südlichen Erdhalbkugel, auf Höhe des Wendekreis des Steinbocks befinden musste. Der Horizont war immer dunstig und verschwommen, doch ich konnte einen dichten Dschungel jenseits der Stadt erkennen, der aus unbekannten Baumfarnen, Schuppen- und Siegelbäumen bestand und dessen fantastisch anmutende Front sich in den wechselnden Luftströmen höhnisch bewegte. Von Zeit zu Zeit hatte ich den Eindruck von Bewegungen in der Luft, doch dies haben meine frühen Visionen nie zur Gewissheit werden lassen.

Als der August 1914 kam, hatte ich unregelmäßige Träume, in denen ich über die Stadt und die umliegenden Regionen schwebte. Ich sah endlose Straßen, die durch Wälder von Furcht einflößendem Wachstum der gesprenkelten, flötenartigen, geriffelten Stämme und an anderen Städten vorbeiführten, die genauso seltsam waren wie jene, die mich beständig heimsuchte. Ich sah monströse Gebäude aus schwarzem oder glänzendem Stein auf Lichtungen und Kahlschlägen, wo ewiges Dämmerlicht herrschte, und überquerte eine lange Brücke über Sümpfe, die so dunkel waren, dass man wenig über ihre feuchte, hoch aufragende Vegetation sagen kann. Einmal sah ich ein riesiges Gebiet übersät mit den von den Zeitenläufen zerstörten Ruinen, und von einer Bauweise, die den wenigen, fensterlosen Türmen mit den abgerundeten Spitzen in jener verwunschen Stadt ähnelte. Und dann sah ich das Meer – eine grenzenlose, dampfende Fläche, die sich hinter den kolossalen Steinpiers einer mächtigen Stadt von Kuppeln und Rundbögen erstreckte. Große, formlose Anmutungen von Schatten bewegten sich über ihr, und an verschiedenen Stellen war der Boden mit einem unnatürlichem Auswurf verunreinigt.

III

Wie ich schon gesagt habe, diese verworrenen Visionen hatten nicht sofort ihre Furcht einflößende Qualität. Bestimmt haben viele Leute wesentlich beängstigendere Träume – Träume, in denen unzusammenhängende Fetzen des täglichen Lebens, Bilder und Gelesenes durch die unkontrollierten Kräfte des Schlafs zu etwas fantastisch Neuem zusammengesetzt werden. Einige Zeit lang nahm ich diese Visionen als etwas Gegebenes hin, obwohl ich nie zuvor häufig geträumt hatte. Viele der verschwommenen Merkwürdigkeiten, so redete ich mir ein, mussten ihren Ursprung in gewöhnlichen Dingen haben, die zu zahlreich waren, als dass man sie ermitteln könnte, während andere allgemeines Lehrbuchwissen über die Pflanzen und Bedingungen der vorzeitlichen Welt von vor hundertfünfzig Millionen Jahren wiedergaben – der Welt des Perm und des Trias. Allerdings nahm der Aspekt des Schreckens im Verlauf einiger Monate beständig zu. Das war, als die Träume unmissverständlich die Form von *Erinnerungen* annahmen und als meine Überlegungen begannen, sie mit dem wachsenden Gefühl einer nicht fassbaren Beunruhigung zu verknüpfen – dem Gefühl, dass meine Erinnerung blockiert wurde, die merkwürdigen Veränderungen in der Wahrnehmung der *Zeit*, das Gespür einer abscheulichen Verbindung mit meiner zweiten Persönlichkeit aus den Jahren 1908–1913 und – nach einer Weile – der unerklärliche Abscheu vor meiner eigenen Person.

Als bestimmte, klare Einzelheiten sich meiner Träume bemächtigten, steigerte sich der Schrecken um ein Vielfaches, bis mir im Oktober 1915 klar wurde, dass ich etwas unternehmen musste. Dies war der Zeitpunkt, als ich beschloss, andere Fälle von Amnesie und Visionen genau zu untersuchen, um damit meine Schwierigkeiten rational zu erklären und mich aus ihrem emotionalen Griff zu befreien. Wie auch immer und wie ich schon gesagt habe, erreichte ich damit zuerst nur das exakte Gegenteil. Es war überaus beunruhigend für mich, als ich herausfand, dass meine Träume so vollständig mit denen von anderen übereinstimmten, besonders da einige Berichte so weit zurücklagen, dass es zu jener Zeit keinerlei geologische Kenntnisse gegeben hatte und die entsprechenden Patienten so auch keine Vorstellungen von urzeitlichen Landschaften haben konnten. Mehr noch, viele dieser Berichte beinhalteten schreckliche Einzelheiten und Beschreibungen in Zusammenhang mit Visionen von großen Gebäuden und Dschungelgärten und anderer Dinge mehr. Die tatsächlichen Bilder und verschwommenen Eindrücke waren schon schlimm genug, doch einige der Träumer machten Andeutungen oder Behauptungen, die von Wahnsinn und Blasphemie erfüllt waren. Am schlimmsten aber war, dass meine eigenen Pseudo-Erinnerungen zu immer abseitigeren Träume und Hinweisen auf künftige Enthüllungen angeregt wurden. Und doch bestärkten mich die meisten Ärzte auf meinem Weg und hielten ihn im Großen und Ganzen für richtig.

Ich studierte systematisch Psychologie, und angesichts dieses Vorbildes tat mein Sohn Wingate dasselbe – seine Studien brachten ihm schließlich seine jetzige Professur ein. Im Jahr 1917 und 1918 belegte ich spezielle Kurse an der Miskatonic-Universität. In der Zwischenzeit setzte ich mein Studium von medizinischen, historischen und anthropologischen Berichten unermüdlich fort, unternahm Reisen zu weit entfernten Bibliotheken, und schließlich widmete ich mich sogar den abscheulichen Texten von verbotenen alten Überlieferungen, für die sich meine zweite Persönlichkeit so verstörend interessiert hatte. Im Besonderen waren dies die Exemplare, die ich in meiner alternativen Existenz zu Rate gezogen hatte, und ich war überaus entsetzt, darin Anmerkungen und angebliche Korrekturen des abscheulichen Textes in einer Schrift und einer Ausdrucksweise zu finden, die irgendwie nicht menschlich war.

Diese Anmerkungen waren meist in der Sprache verfasst, in dem das jeweilige Buch geschrieben war, und der Schreiber schien sie alle beherrscht zu haben, doch anscheinend nur auf akademischer Grundlage. Doch eine Notiz, die von Junzts *Unaussprech-*

lichen Kulten hinzugefügt war, war auf andere Weise Besorgnis erregend. Sie bestand aus einigen geschwungenen Hieroglyphen, geschrieben mit derselben Tinte, mit der auch die deutschen Anmerkungen verfasst waren, doch folgten sie keinem menschlichen Muster. Und diese Hieroglyphen ähnelten zweifellos jenen Schriftzeichen, auf die ich beständig in meinen Träumen gestoßen war – Schriftzeichen, deren Bedeutung mir manchmal für einen Moment klar zu sein schien oder an deren Sinn ich mich gleich erinnern zu können glaubte. Um meine totale Verwirrung auf die Spitze zu treiben, versicherten mir viele Bibliothekare, aufgrund vorheriger Nachforschungen und den Verleihunterlagen jener in Frage stehenden Werke, dass all diese Anmerkungen von mir selbst in der Zeit meiner zweiten Persönlichkeit gemacht worden waren. Und das, obwohl ich drei der in Frage kommenden Sprachen weder damals noch heute beherrscht habe.

Beim Zusammenführen der verstreuten, alten und modernen anthropologischen und medizinischen Berichte stieß ich auf eine ziemlich homogene Mischung von Mythen und Halluzinationen, deren Tragweite und Abseitigkeit mich völlig verwirrte. Es gab nur eine Sache, die mir Trost verschaffte, nämlich der Umstand, dass die Mythen schon so lange existierten. Welches verlorene Wissen für die Vorstellungen von Landschaften aus dem Paläozoikum oder Mesozoikum in diesen primitiven Legenden verantwortlich war, konnte ich nicht einmal erahnen, und doch waren diese Bilder vorhanden. Sie bildeten die Grundlage für eine Form von festgelegter Wahnvorstellung. Ohne Zweifel begründeten die Fälle von Amnesie ein allgemeines Muster in den Mythen. Später dann haben die fantastischen Elemente der Mythen wiederum auf die an Amnesie Leidenden eingewirkt und deren Pseudo-Erinnerungen ausgeschmückt. Meine Nachforschungen haben klar ergeben, dass ich selbst während meines Gedächtnisverlustes all die frühen Geschichten gelesen oder gehört habe. War es dann nicht selbstverständlich, dass meine darauf folgenden Träume und Visionen ausgeschmückt und vermischt wurden mit dem, was sich in meinem Gedächtnis noch aus der Zeit meiner zweiten Existenz erhalten hatte? Einige der Mythen weisen deutliche Verbindungen zu anderen, verschwommenen Legenden aus vormenschlicher Zeit auf, besonders zu jenen Hindu-Geschichten, die unendliche Abgründe der Zeit beinhalten und einen Teil der Lehren der modernen Theosophen darstellen.

Urzeitliche Mythen und moderne Wahnvorstellungen treffen sich in ihrer Überzeugung, dass die Menschheit nur eine – vielleicht die letzte – der hoch entwickelten und dominanten Spezies in der langen und in weiten Bereichen unbekannten Geschichte dieses Planeten ist. Sie legen nahe, dass Dinge von unbegreiflicher Gestalt riesige Türme bis in den Himmel errichtet und alle Geheimnisse der Natur erforscht hätten, lange bevor der erste amphibische Vorfahre der Menschheit vor dreihundert Millionen Jahren aus den heißen Ozeanen gekrochen ist. Einige waren von den Sternen gekommen, nur wenige waren so alt wie der Kosmos selbst, andere hatten sich aus irdischen Mikroben entwickelt, die so lange vor den Mikroben, aus denen unser Leben entstand, existierten, wie wir von den Ursprüngen unseres Lebens entfernt sind. Man spricht hier offen über Zeiträume von Tausenden von Millionen Jahren und über Verbindungen mit anderen Galaxien und Universen. Und natürlich gibt es so etwas wie die Zeit im menschlichen Sinn nicht.

Doch die meisten der Erzählungen und Vorstellungen betreffen eine relativ späte Rasse von seltsamer und komplizierter Gestalt, die keine Ähnlichkeit mit einer der Wissenschaft bekannten Lebensform hat und die bis fünfzig Millionen Jahre vor dem Erscheinen des Menschen gelebt hat. Diese Rasse, so wird behauptet, sei die mächtigste von allen gewesen, denn nur sie hätte das Geheimnis der Zeit entschlüsselt. Sie kannten alles, was auf der Erde zu erforschen war oder *jemals erforscht werden könnte*, mithilfe der Kraft ihres hoch entwickelten Geistes, der sie befähigte, in die Zukunft und die Vergangenheit zu reisen, selbst über die Abgründe von Millionen von Jahren hinweg, um die Überlieferungen eines jeden Zeitalters zu studieren. Von den Fähigkeiten dieser Rasse stammen alle Legenden der *Propheten*, einschließlich derer in den menschlichen Mythen.

In ihren riesigen Bibliotheken befinden sich Bücher und Bilder, in denen sämtliche Annalen der Erde festgehalten sind – die Geschichte und die Beschreibung jeder Spezies, die es gab oder jemals geben würde, mit dem gesamten Wissen von ihrer Kunst, ihren Entdeckungen, ihren Sprachen und ihrem Wesen. Mit diesem Äonen umfassenden Wissen wählt die Große Rasse aus jedem Zeitalter und von jeder Lebensform die Gedanken, Kunst und Lebensumstände aus, die ihrer eigenen Natur und Lebenslage hilfreich sein könnten. Wissen aus der Vergangenheit, erworben durch eine Art Gedankenübertragung außerhalb der üblichen Sinne, ist schwerer zu erlangen als Wissen aus der Zukunft.

Im letzteren Fall war das Verfahren einfacher und eher materiell. Mit der passenden Apparatur projizierte sich das Bewusstsein selbst in der Zeit vorwärts und suchte sich mit besonderen Sinnesorganen seinen verschwommenen Weg, bis es die gewählte Epoche erreicht hatte. Dann, nach einigen vorbereitenden Untersuchungen, wählte es den besten erreichbaren Vertreter der höchstentwickelten Lebensform dieser Periode, drang in das Gehirn dieses Organismus ein und übernahm dieses, während das verdrängte Bewusstsein in die Epoche des Eindringlings geschickt wurde und dort in dessen Körper verblieb, bis der umgekehrte Prozess eingeleitet wurde. Das in den Körper in der Zukunft projizierte Bewusstsein würde dann als ein Mitglied dieser Rasse agieren, deren äußere Form es angenommen hat, um so schnell wie möglich sämtliche Informationen und technisches Wissen aufzunehmen und alles über das ausgewählte Zeitalter zu erfahren.

In der Zwischenzeit würde man sich um das verdrängte Bewusstsein, das sich in dem Körper und dem Zeitalter des Eindringlings befand, sorgsam kümmern. Man verhinderte, dass es dem Gastkörper Schaden zufügte, und erfahrene Befrager würden sein gesamtes Wissen extrahieren. Meist konnte man es in seiner eigenen Sprache befragen, wenn vorherige Reisen in die Zukunft Aufnahmen dieser Sprache mit zurückgebracht hatten. Wenn das Bewusstsein allerdings aus einem Körper stammte, dessen Sprache die Große Rasse körperlich nicht in der Lage war zu reproduzieren, dann konstruierte man raffinierte Maschinen, auf denen man die fremde Sprache wie auf einem Musikinstrument spielen konnte. Die Vertreter der Großen Rasse sahen aus wie mächtige Kegel mit rauer Oberfläche und waren über drei Meter hoch. Ihr Kopf befand sich an der Spitze, und von dort gingen ausdehnbare Glieder von dreißig Zentimeter Durchmesser aus, an denen sich andere Organe befanden. Ihre Sprache klang wie das Klicken oder Kratzen von großen Tatzen oder Klauen, die sich am Ende von zwei ihrer vier Glieder befanden, und bewegten sich durch Zusammenziehen und Ausdehnen einer weichen Schicht an der breiten, drei Meter durchmessenden Unterseite des Kegels fort.

Wenn sich das Erstaunen und die Ablehnung des Gefangenen gelegt und er den Schrecken vor seiner zeitweise ungewöhnlichen Gestalt verloren hat (nehmen wir an, er stammt aus einem Körper, der sich völlig von dem der Großen Rasse unterscheidet), war ihm erlaubt, seine neue Umgebung zu erforschen und Wunder und Wissen zu erfahren, die denen, die sein Verdränger erlebte, vergleichbar waren. Mit entsprechenden Vorkehrungen und entsprechenden Gegenleistungen war ihm erlaubt, sich in den riesigen Luftschiffen oder großen, schiffartigen, atomgetriebenen Fahrzeugen, die über die breiten Straßen fuhren, in der gesamten bewohnten Welt zu bewegen. Er konnte sich auch ganz ungehindert in den Bibliotheken mit der Geschichte des Planeten in Vergangenheit und Zukunft beschäftigen. Dies versöhnte viele der gefangenen Bewusstseine mit ihren Entführern, denn sie waren alle intelligente Wesen, und für solche stellte die Enthüllung der verborgenen Geheimnisse der Erde – unzugängliche Kapitel in der unvorstellbaren Vergangenheit und verwirrende Wirbel zukünftiger Zeiten, was auch Zeiträume weit vor ihrer eigenen Epoche umfasste – trotz des entsetzlichen Schreckens, der häufig dabei zutage kam, die größte Erfahrung ihres Lebens dar.

Ab und zu durften bestimmte Gefangene sich mit anderen gefangenen Identitäten treffen, die aus der Zukunft geholt worden waren, um ihre Gedanken mit Bewusstseinen auszutauschen, die in Epochen hunderte oder tausende, ja Millionen Jahre vor oder nach ihnen gelebt haben. Und alle waren gehalten, umfangreiche Ausführungen in ihrer Sprache über sich selbst und ihre Epoche anzufertigen. Diese Dokumente wurden in dem großen Zentralarchiv aufbewahrt.

Man sollte noch hinzufügen, dass es einen besonderen, traurigen Typ von Gefangenen gab, dessen Privilegien wesentlich größer waren als die der Mehrheit. Dies waren die toten *dauerhaft* Verbannten, deren Körper in der Zukunft von hochintelligenten Angehörigen der Großen Rasse beschlagnahmt wurden, die im Angesicht des Todes versuchten, der geistigen Auslöschung zu entgehen. Diese traurigen Exilanten waren nicht so zahlreich, wie man vielleicht erwartete, da die Langlebigkeit der Großen Rasse die Freude am Leben verminderte – besonders bei jenen überragenden Denkern, die zur Projektion fähig waren. Diese Fälle von permanenter Übernahme durch ältere Angehörige der Großen Rasse waren für die dauerhaften Veränderungen der Persönlichkeit verantwortlich, die man in der jüngeren Geschichte – auch der menschlichen – festgestellt hatte.

Im normalen Fall einer Forschungsreise, wenn das ausgetauschte Bewusstsein in der Zukunft das erfahren hatte, was es wollte, dann baute es einen Apparat, der dem entsprach, mit dem es auf die Reise gegangen war und kehrte den Bewusstseinstransfer um. Damit wäre es wieder in seinem eigenen Körper und seinem eigenen Zeitalter, während das gefangene Bewusstsein in die Zukunft und in den Körper zurückkehrte, in den es eigentlich gehörte. Einzig wenn einer der beiden Körper während des Austauschs starb, dann wurde die Rückkehr unmöglich. In solchen Fällen musste das forschende Bewusstsein – wie bei den vor dem

Tod Flüchtenden – sein Leben in dem fremden Körper in der Zukunft zu Ende führen, oder im anderen Fall der Gefangene – wie die sterbenden dauerhaften Exilanten – seine Tage in Gestalt und der Zeit der Großen Rasse beenden.

Dieses Schicksal war weniger schrecklich, wenn das gefangene Bewusstsein ebenfalls zur Großen Rasse gehörte, was nicht ungewöhnlich war, denn in allen Zeitaltern war diese Rasse sehr besorgt bezüglich ihrer eigenen Zukunft. Die Zahl der sterbenden, permanenten Exilanten der Großen Rasse war äußerst klein – im Wesentlichen aufgrund der drakonischen Strafen für den Austausch eines zukünftigen Bewusstseins der Großen Rasse durch einen Todgeweihten. Durch die Projektion war es möglich, diese Strafen auf die Übeltäter in ihren neuen Körpern in der Zukunft anzuwenden, und manchmal wurde auch ein erzwungener Rücktransfer durchgeführt. Komplexe Fälle, in denen ein forschendes Bewusstsein oder ein schon gefangenes Bewusstsein durch ein anderes verdrängt wurde, sind aus der Vergangenheit bekannt und wurden sorgfältig korrigiert. In jedem Zeitalter seit der Entdeckung des Bewusstseinstransfers gab es eine kleine, aber hochgeachtete Gruppe in der Gesellschaft, die aus Bewusstseinen der Großen Rasse aus vergangenen Epochen bestand, die sich hier für längere oder kürzere Zeit aufhielten.

Wenn ein gefangenes Bewusstsein in seinen eigenen Körper in der Zukunft zurückkehrt, dann wird alles, was es über das Zeitalter der Großen Rasse erfahren hat, durch eine komplizierte Form mechanischer Hypnose gelöscht. Dies geschieht wegen der vorhersehbaren, weitreichenden Konsequenzen, die ein solch umfangreiches Wissen nach sich ziehen würde. Die wenigen bekannten Fälle eines ungereinigten Transfers hatten zu großen Katastrophen geführt bzw. würden dazu führen, wie man aus der Zukunft wusste. Was die Menschen über die große Rasse wussten, lag in zwei solcher Fälle begründet (so sagen die alten Mythen). Alle Dinge, die *direkt oder materiell* aus dieser Äonen zurückliegenden Welt überlebt haben, sind lediglich große Steinruinen an abgelegenen Orten und auf dem Meeresgrund und Passagen in dem Furcht einflößenden *Pnakotischen* Manuskript.

Deshalb erreicht das zurückkehrende Bewusstsein sein eigenes Zeitalter nur mit sehr verschwommenen und bruchstückhaften Bildern von dem, was ihm seit dem Austausch widerfahren ist. Alle Erinnerungen, die man löschen kann, werden gelöscht, sodass in den meisten Fällen von dem Austausch nur eine von Träumen überschattete Leere bleibt. Einige können sich an mehr erinnern als andere, und der zufällige Austausch von Erinnerungen hat manchmal Hinweise auf eine verbotene Vergangenheit und zukünftige Zeiten erbracht. Wahrscheinlich bewahrten Gruppen und Kulte in allen Zeiten diese Hinweise. Im *Necronomicon* wird die Existenz eines solchen Kultes unter den Menschen angedeutet – ein Kult der manchmal die Bewusstseine unterstützt, die durch die Äonen hindurch aus der Epoche der Großen Rasse gekommen sind.

Und währenddessen wurde die Große Rasse selbst allwissend und nahm die Aufgabe in Angriff, sich mit den Bewusstseinen auf anderen Planeten auszutauschen und deren Vergangenheit und Zukunft zu erforschen. Ebenso versuchten sie die letzten Jahre und ihre Herkunft von jenem schwarzen, schon seit Äonen toten Gestirn zu ergründen, von dem ihr eigenes geistiges Erbe herstammte, denn das Bewusstsein der Großen Rasse war älter als ihre körperliche Form. Die Wesen einer alten, sterbenden Welt – in Kenntnis der letzten Geheimnisse – hatten Ausschau nach einer neuen Welt und einer Spezies gehalten, die ihnen ein langes Leben böte. Sie hatten ihre Bewusstseine massenhaft in diese zukünftige Rasse transformiert, die ihnen als der beste Hort erschien – jene kegelförmigen Dinger, die unsere Erde vor Milliarden von Jahren bewohnten. So war die Große Rasse entstanden, während unzählige Bewusstseine ausgetauscht wurden und angesichts des Schreckens eines fremden Körpers starben. Später dann sah sich die Rasse erneut dem Tod gegenüber, doch überlebte sie durch einen weiteren Transfer ihrer intelligentesten Vertreter in die Körper von anderen, die noch eine längere Lebenserwartung hatten.

Solcherart war das Ergebnis der Verknüpfung von Legenden und Halluzinationen. Als ich um 1920 herum meine Forschungen in eine geordnete Form gebracht hatte, spürte ich ein leichtes Nachlassen der Anspannung, die in einem früheren Stadium eher noch zugenommen hatte. Nach all dem und trotz der Fantasien, die durch unerklärliche Emotionen ausgelöst wurden, waren nicht die meisten meiner Symptome tatsächlich erklärbar? Irgendein Zufall hatte mich dazu gebracht, mich während meiner Amnesie mit dunklen Dingen zu beschäftigen, worauf ich die verbotenen Legenden studierte und mich mit Mitgliedern von alten und schlecht beleumundeten Kulten traf. Schlicht und einfach stellte das wohl den Nährboden für die Träume und die beunruhigenden Gefühle dar, die, nachdem ich mein Gedächtnis wiedererlangt hatte, auftraten. Soweit es die wenigen Anmerkungen in Traumhieroglyphen und in Sprachen, die mir unbekannt sind, betraf, die mir von den Bibliothekaren unterstellt worden sind – ich hätte in meinem zweiten Stadium ganz nebenbei Bruchstücke dieser Sprachen aufschnappen können, während die Hieroglyphen ohne Zweifel in meiner Fantasie, beeinflusst von Beschreibungen in alten Legenden, entstanden sind und *danach* in meine Träume verwoben wurden. Ich habe versucht, bestimmte Punkte durch Gespräche mit bekannten Kultführern zu überprüfen, doch gelang es mir nie, die richtigen Verbindungen herzustellen.

Mit der Zeit beunruhigten mich die Übereinstimmungen bei so vielen Fällen und in so unterschiedlichen Zeitaltern wieder genauso wie am Anfang, doch andererseits wurde mir bewusst, dass die fantastischen, folkloristischen Erzählungen in der Vergangenheit weiter verbreitet gewesen waren als in der Gegenwart. Möglicherweise waren, in Fällen wie dem meinem, alle anderen Betroffenen wesentlich vertrauter mit den Geschichten gewesen, die ich erst in meinem zweiten Stadium kennengelernt hatte. Als diese Opfer ihr Gedächtnis verloren, haben sie eine Verbindung zu den

Kreaturen in den Alltagsmythen hergestellt – die geheimnisvollen Eindringlinge wurden dafür verantwortlich gemacht, die Gehirne der Männer zu entfernen – und begaben sich so auf die Suche, die sie in eine fantastische, nicht menschliche Vergangenheit brachte. Dann, wenn sie ihre Erinnerung wiedererlangten, drehten sie den assoziativen Prozess um, und sie hielten sich nicht mehr für den Eindringling, sondern für den Verdrängten. Die Träume und Pseudo-Erinnerungen folgten dann dem üblichen mythischen Muster.

Abgesehen davon, dass diese Erklärungen weit hergeholt erscheinen, beherrschten sie schließlich mein gesamtes Denken – besonders da die konkurrierenden Theorien weit größere Lücken aufwiesen und eine bedeutende Anzahl von berühmten Psychologen und Anthropologen mir teilweise Recht gaben. Je mehr ich darüber nachdachte, desto mehr erschienen mir meine Überlegungen einen Sinn zu ergeben, bis ich schließlich ein wirksames Bollwerk gegen die Visionen und Bilder, die immer noch über mich kamen, errichtet hatte. Nehmen wir an, dass ich nachts seltsame Dinge sah. Das waren nur Dinge, von denen ich gelesen oder gehört hatte. Nehmen wir an, ich verspürte einen merkwürdigen Ekel, sah abseitige Bilder und hatte Pseudo-Erinnerungen. Auch diese waren nur der Widerhall von Mythen, die ich während meiner zweiten Phase aufgenommen hatte. Nichts, was ich vielleicht träumte, nichts, was ich möglicherweise fühlte, konnte eine wirkliche Bedeutung haben.

Gerüstet durch diese Haltung, festigte sich mein seelisches Gleichgewicht, selbst wenn die Visionen (mehr als die abstrakten Eindrücke) beständig zunahmen und beunruhigend konkreter wurden. Im Februar 1922 fühlte ich mich in der Lage, meine reguläre Arbeit wieder aufzunehmen und nutzte meine neu erworbenen Kenntnisse, um einen Einführungskurs in Psychologie an der Universität anzubieten. Mein ehemaliger Lehrstuhl für Politische Ökonomie war schon vor Langem adäquat neu besetzt worden, und außerdem hatten sich die Lehrmethoden in Ökonomie seit meinem Wirken als Professor stark verändert. Zu dieser Zeit begann mein Sohn mit seinem Aufbaustudium, das ihn hin zu seiner jetzigen Professur führte, und wir arbeiteten viel zusammen.

IV

Dennoch führte ich weiterhin sorgfältig Buch über meine überspannten Träume, die mich so eindrücklich und lebhaft heimsuchten. Diese Buchführung, so argumentierte ich, war als psychologisches Dokument von grundlegender Bedeutung. Die Einblicke wirkten abscheulicherweise immer noch wie *Erinnerungen*, doch ich bekämpfte diesen Eindruck mit ziemlichem Erfolg. Ich behandelte diese Phantasmagorien in meinen Aufzeichnungen so, als ob ich sie tatsächlich gesehen hätte, doch ansonsten schob ich sie als Gespinst nächtlicher Trugbilder beiseite. Niemals habe ich diese Angelegenheit in einer allgemeinen Unterhaltung erwähnt, doch Berichte darüber drangen, wie es nun einmal ist, nach außen, und es entstand eine Reihe von Gerüchten über meine geistige Gesundheit. Es ist amüsant, wenn man bedenkt, dass alle diese Gerüchte nur Laien zur Kenntnis gebracht wurden, doch nie einer Kapazität im Bereich Medizin oder Psychologie.

Von meinen Visionen nach 1914 will ich hier nur einige erwähnen, da die vollständigen Aufstellungen und Berichte dem wirklich Interessierten zugänglich sind. Klar ist, dass die seltsame Barriere bis zu einem gewissen Grad verschwand, da der Umfang meiner Visionen stark zunahm. Niemals jedoch waren es mehr als Bruchstücke ohne klaren Zusammenhang. Innerhalb der Träume allerdings schien ich langsam eine immer größere Bewegungsfreiheit zu erlangen. Ich schwebte durch viele merkwürdige Steingebäude, indem ich von einem zum anderen durch riesige, unterirdische Passagen gelangte, die wohl die üblichen Verbindungswege darstellten. Manchmal kam ich zu den gigantischen, verschlossenen Falltüren auf der untersten Ebene, über denen eine Aura von Furcht und Verbotenem hing. Ich sah beeindruckende, mit Mosaiken ausgelegte Teiche, und Räume, in denen sich seltsame und unbeschreibliche Gegenstände unzähliger Art befanden. Dann gab es große Kavernen mit komplizierten Maschinen, deren Form und Funktion mir gänzlich fremd waren und deren *Geräusche* ich erst nach vielen Jahren des Träumens hören konnte. Ich sollte hier anmerken, dass Sehen und Hören die einzigen Sinne waren, die mir in der visionären Welt gegeben waren.

Der wirkliche Schrecken begann im Mai 1915, als ich zum ersten Mal die *lebende Wesen* erblickte. Das war, bevor meine Studien mich gelehrt hatten, was ich aufgrund der Mythen und der geschriebenen Geschichte erwarten konnte. In dem Maße, wie die mentalen Barrieren bröckelten, gewahrte ich in großem Umfang einen dünnen Dunst in verschiedenen Teilen der Gebäude und in den darunterliegenden Straßen. Dieser wurde beständig dichter und deutlicher, bis ich zuletzt ihre monströse Form beängstigend klar wahrnehmen konnte. Es schienen enorme, schillernde Kegel zu sein, ungefähr drei Meter hoch und an der Basis mit einem Durchmesser von ebenfalls drei Metern, die aus einer beweglichen, schuppigen, halbelastischen Materie zu bestehen schienen. Von ihren Spitzen gingen vier röhrenförmige Gliedmaßen aus, jede dreißig Zentimeter dick und von der gleichen beweglichen, schuppigen Substanz wie die Kegel selbst. Diese Gliedmaßen waren manchmal bis fast zur Unsichtbarkeit zusammengezogen und manchmal bis zu drei Metern Länge ausgestreckt. An der Spitze von zwei von ihnen befanden sich große Klauen oder Zangen und an der Spitze einer dritten waren vier rote, trompetenartige Fortsätze. Die vierte endete in einer unregelmäßigen, gelblichen Kugel mit ungefähr sechzig Zentimeter Durchmesser und drei großen, dunkeln Augen in ihrer Mitte. Dieser Kopf wurde von vier dünnen, grauen Stielen gekrönt, an denen sich blütenartige Fortsätze befanden, während von unten am Kopf acht grünliche Antennen oder Tentakeln herabbaumelten. Die Unterseite des Kegels bestand aus einer gummiartigen grauen Substanz, die das gesamte Wesen durch Zusammenziehen und Ausstrecken fortbewegte.

Ihre Handlungen, obwohl harmlos, erschreckten mich noch mehr als ihr Erscheinungsbild, denn es ist nicht zuträglich, wenn man monströse Objekte etwas tun sieht, was man sonst nur von Menschen kennt. Diese Objekte bewegten sich zielgerichtet in den großen Räumen, holten Bücher von den Regalen und brachten sie zu den großen Tischen, oder umgekehrt, und manchmal schrieben sie eifrig mit einem besonderen Stab, den sie mit den grünlichen Kopftentakeln führten. Die großen Zangen wurden benutzt, um die Bücher zu tragen und um Gespräche zu führen – die Sprache war eine Art von Klicken und Kratzen. Die Objekte trugen keine Kleidung, allerdings Taschen oder Rucksäcke, die von der Spitze des kegelförmigen Rumpfes herabhingen. Gewöhnlich befanden sich ihr Kopf und die anderen Gliedmaßen auf Höhe der Spitze des Kegels, obwohl sie häufig auch höher oder niedriger gehalten wurden. Die drei anderen, großen Gliedmaßen hingen meist an der Seite des Kegels herunter und waren, wenn sie nicht gebraucht wurden, jeweils auf eine Länge von eineinhalb Meter zusammengezogen. Aus ihrer Geschwindigkeit beim Lesen, Schreiben und Bedienen ihrer Maschinen (die auf dem Tisch schienen irgendwie durch Geisteskraft mit ihnen verbunden) schloss ich, dass sie bei Weitem intelligenter als Menschen sein mussten.

Danach sah ich sie überall, sie liefen in all den großen Räumen und Korridoren herum, bedienten monströse Maschinen in tiefen Kellern und rasten in gigantischen, bootähnlichen Wagen über die breiten Straßen. Ich verlor die Angst vor ihnen, denn sie wirkten wie ein absolut natürlicher Teil ihrer Umgebung. Ich begann auch, individuelle Unterschiede bei ihnen wahrzunehmen, und einige von ihnen schienen irgendwie zurückhaltend zu sein. Diese, obwohl es keine körperlichen Abweichungen gab, unterschieden sich nicht nur durch ihre Gesten und ihr Verhalten von der Mehrheit, sondern auch deutlich untereinander. So wie es sich in meiner verschwommenen Vision darstellte, schrieben sie sehr viel in unterschiedlichen Schriften – nie aber in den geschwungenen Hieroglyphen, die die Mehrheit benutzte. Einige von ihnen benutzten zu meinem Erstaunen unser eigenes Alphabet. Die meisten von ihnen arbeiteten deutlich langsamer als die Allgemeinheit der Wesen.

Die ganze Zeit schien *meine eigene Rolle* in den Träumen die eines körperlosen Bewusstseins zu sein, das über ein erweitertes Vorstellungsvermögen verfügt und frei herumschwebt, allerdings eingeschränkt durch die üblichen Straßen und die Geschwindigkeit des Reisens. Erst ab August 1915 begann mich ein Gefühl körperlicher Existenz zu plagen. Ich sage *plagen*, denn in der ersten Phase war es eine rein abstrakte, doch unendlich schreckliche Verknüpfung meines schon zuvor beschriebenen Ekels vor meinem Körper und Szenen aus meinen Visionen. Eine Zeit lang war mein Hauptaugenmerk darauf gerichtet, während der Träume nicht meinen Körper anzusehen, und ich erinnere mich daran, wie dankbar ich für das Nichtvorhandensein von großen Spiegeln in den seltsamen Räumen war. Mir bereitete die Tatsache Sorgen, dass ich mit den Platten der großen Tische, deren Höhe nicht weniger als drei Meter betrug, immer auf Augenhöhe war.

Dann wurde das morbide Verlangen, an mir selbst hinabzuschauen, immer mächtiger, bis ich eines Nachts nicht widerstehen konnte. Zuerst nahm ich bei meinem Blick nach unten überhaupt nichts wahr. Einen Moment später stellte ich fest, dass der Grund dafür war, dass mein Kopf sich am Ende eines sehr langen, biegsamen Halses befand. Diesen Hals einziehend und genau nach unten blickend, sah ich die schuppige, raue, schimmernde Masse eines mächtigen Kegels, drei Meter hoch und drei Meter Durchmesser am unteren Ende. Es war damals, dass meine Schreie, nachdem ich wie wahnsinnig aus den Tiefen des Schlafs aufschreckte, halb Arkham geweckt haben.

Erst nach Wochen, in denen sich diese abscheuliche Erfahrung immer wiederholte, gewöhnte ich mich so halb an die Vorstellung von mir selbst in monströser Form. Ab da bewegte ich mich in körperlicher Gestalt zwischen den anderen unbekannten Wesen, las schreckliche Bücher aus den endlosen Regalen und schrieb stundenlang an den großen Tischen mit einem Griffel, den ich in den grünen Tentakeln hielt, die von meinem Kopf herabhingen. Bruchstücke dessen, was ich gelesen und geschrieben habe, waren bestimmt noch in meinem Gedächtnis verborgen. Es waren schreckliche Annalen von anderen Welten und Universen und dem Gewirr formlosen Lebens außerhalb des Kosmos. Es gab da seltsame Anweisungen von Wesen, die in vergessener Vergangenheit die Welt bewohnt hatten, und Furcht einflößende Chroniken von Intelligenzen mit abseitigen Körpern, die diese Welt in Millionen von Jahren nach dem Tod des letzten menschlichen Wesens bewohnen würden. Ich erfuhr von Kapiteln der menschlichen Geschichte, die kein heutiger Gelehrter auch nur ahnen würde. Das meiste davon war in der Sprache der Hieroglyphen verfasst, die ich auf seltsame Weise mit der Hilfe von brummenden Maschinen lernte und die eine agglutinierende Sprache war, deren Grammatik keiner menschlichen Sprache ähnelte. Andere Bücher waren in wiederum anderen Sprachen abgefasst, die ich auf die gleiche Weise lernte. Ganz wenige waren in Sprachen geschrieben, die ich kannte. Sehr aussagekräftige Bilder, die sowohl eingefügt als auch in besonderen Bänden gesammelt waren, stellten für mich eine große Hilfe dar. Und die ganze Zeit schien es mir, als würde ich eine Geschichte meiner Zeit auf Englisch verfassen. Wachte ich auf, konnte ich mich nur an winzige und bedeutungslose Fetzen der Sprachen erinnern, die mein Traum-Ich beherrschte, allerdings an ganze Teile der von mir verfassten Geschichte.

Ich erfuhr – noch bevor mein waches Ich die ähnlichen Fälle von Amnesie oder die alten Mythen studiert hatte, aus denen meine Träume zweifellos entsprangen –, dass die Wesen um mich herum die mächtigste Rasse der Erde waren, die die Zeit überwunden und forschende Bewusstseine in alle Zeitalter geschickt hatte. Ich wusste auch, dass ich aus meiner Zeit entführt worden war, während ein *anderer* meinen Körper in dieser Zeit benutzte und dass einige der anderen seltsamen Formen ebenfalls ein Hort für transferierte Bewusstseine waren. Es hatte den Anschein, als würde ich mich in einer seltsamen, klickenden Sprache mit verbannten Intelligenzen aus allen Ecken des Sonnensystems unterhalten.

Da gab es ein Bewusstsein von dem Planeten, den wir Venus nennen, das in einem Zeitalter leben würde, das unergründbar weit in der Zukunft lag, und eines von einem der äußeren Monde des Jupiter, sechs Millionen Jahre in der Vergangenheit. Von den irdischen Bewusstseinen gab es einige aus der geflügelten, sternenköpfigen, halb pflanzlichen Rasse aus der paläontologischen Antarktis, eines von den Reptilienleuten des sagenhaften Valusia, drei von den bepelzten, vormenschlichen, hyperboreischen Verehrern von Tsathoggua, eins von den gänzlich abnormen Tcho-Tchos, zwei von den spinnenartigen Bewohnern im letzten irdischen Zeitalter, fünf der widerstandsfähigen, käferartigen Spezies, die direkt auf die Menschheit folgte und auf die die Große Rasse eines Tages in großer Zahl ihre fähigsten Denker angesichts einer schrecklichen Bedrohung übertragen würde, und eine Reihe aus verschiedenen Zweigen der menschlichen Rasse.

Ich sprach mit dem Bewusstsein des Yiang-Li, einem Philosophen des grausamen Königreichs von Tsan-Chan, das 5000 Jahre n. Chr. kommen würde, mit dem eines Generals der großköpfigen, schwarzen Leute, die 50 000 Jahre v. Chr. Südafrika beherrschten, mit dem eines Florentinischen Mönchs namens Bartolomeo Corsi aus dem zwölften Jahrhundert, mit dem eines Königs von Lomar, der in dem schrecklichen, arktischen Land herrschte, 100 000 Jahren bevor die gedrungenen, gelben Inutos aus dem Westen kamen, um es zu erobern, mit dem des Nug-Soth, einem Magier der dunklen Eroberer 16 000 n. Chr., mit dem eines Römers namens Titus Sempronius Blaesus, der zu Sullas Zeiten Quästor war, mit dem des Khephnes, eines Ägypters der 14. Dynastie, der mir das grässliche Geheimnis des Nyarlathotep enthüllte, mit dem eines Priesters aus dem mittleren Königreich von Atlantis, mit dem eines Adligen, James Woodville, aus den Tagen Cromwells, mit dem eines Hofastronomen im Peru der Vorinkazeit, mit dem des Australischen Physikers Nevil Kingston-Brown, der im Jahr 2518 n. Chr. sterben würde, mit dem eines Oberzauberers des im Pazifik untergegangenen Yhe, mit dem von Theodotides, einem persisch-griechischen Beamten 200 v. Chr., mit dem eines alten Franzosen aus der Zeit von Ludwig XIII. mit Namen Pierre-Louis Montmagny und so vielen anderen, dass mein Gehirn nicht in der Lage ist, sich an all die Geheimnisse und verwirrenden Wunder zu erinnern, von denen sie mir berichteten.

Jeden Morgen erwachte ich wie in einem Fieber und versuchte, manchmal hektisch, die Informationen zu bestätigen oder zu widerlegen, soweit sie in den Bereich des gegenwärtigen Wissens fielen. Bekannte Fakten erschienen in einem neuen, zweifelhaften Licht, und ich wunderte mich über die Träume, die solch überraschende Aspekte der Geschichte und den Wissenschaften hinzufügen konnten. Mir schauderte angesichts der Mysterien, die in der Vergangenheit verborgen sein mochten, und zitterte vor den Bedrohungen, die die Zukunft wohl bringen mochte. Was die Aussagen der Nachfolger der Menschen bezüglich des Schicksals der Menschheit andeuteten, nahm mich so mit, dass ich es hier nicht darlegen kann. Nach den Menschen würde die mächtige Zivilisation der Käfer kommen, deren Körper die Besten der Großen Rasse übernehmen würden, wenn das gigantische Unheil über die alte Welt käme. Später, wenn die Zeit der Erde sich dem Ende näherte, würden ihre Bewusstseine erneut durch Zeit und Raum reisen – zu einem weiteren Zufluchtsort in den Körpern der ausladenden, pflanzlichen Entitäten des Merkur. Doch auch nach ihnen würde es Rassen geben, die sich verzweifelt an den kalten Planeten klammern und sich zu seinem schrecklichen Kern graben würden, bevor das endgültige Ende käme.

Ich unterdessen schrieb in meinen Träumen ohne Unterbrechung an der Geschichte meines Zeitalters – halb freiwillig und halb wegen der Versprechen weitgehenderer Nutzung der Bibliothek und größerer Reisemöglichkeiten –, die ich für das Zentralarchiv der Großen Rasse verfasste. Das Zentralarchiv befand sich in einer riesigen, unterirdischen Anlage in der Nähe der Stadtmitte, die ich gut aus häufigen Arbeitsaufenthalten und Beratungen kannte. Dafür geschaffen, so lange zu bestehen wie die Große Rasse selbst und sogar den schlimmsten Erdbeben standzuhalten, übertraf dieser Hort des Wissens in seiner soliden, bergähnlichen Festigkeit alle anderen Gebäude.

Die Berichte, als Manuskript oder gedruckt auf große Blätter aus einem seltsamen, zähen Papiermaterial wurden zu Büchern gebunden, die man von oben aufblätterte und in eigenen Behältern aus einem extrem leichten und rostfreien Metall von gräulicher Farbe aufbewahrte, die mit mathematischen Mustern verziert waren und den Titel in den geschwungenen Hieroglyphen der Großen Rasse trugen. Diese Behälter wurden in Türmen von rechteckigen Fächern – ähnlich geschlossenen, verriegelten Regalen – verwahrt, die aus dem gleichen, rostfreien Metall bestanden und durch komplizierte Drehschlösser gesichert waren. Die von mir verfasste Geschichte befand sich an einem speziellen Platz in den Gewölben in der untertesten bzw. der Wirbeltierebene, jene Abteilung, der die Kultur der Menschen zugeordnet war sowie den Fell-tragenden- und Reptilien-Rassen, die unmittelbar vorher die Erde dominiert hatten.

Jedoch keiner meiner Träume vermittelte mir jemals ein vollständiges Bild des täglichen Lebens. Es waren alles nur kleine, verschwommene und unzusammenhängende Bruchstücke, und es ist sicher, dass diese Bruchstücke nicht in der richtigen Reihenfolge auftauchten. Ich habe zum Beispiel nur eine sehr unvollständige Vorstellung von meinen Lebensumständen in der Traumwelt, doch glaube ich, einen großen Raum zu meiner persönlichen Verfügung gehabt zu haben. Meine Beschränkungen als Gefangener wurden nach und nach aufgehoben, sodass einige der Visionen lebhafte Erinnerungen an Reisen auf mächtigen Dschungelstraßen, Aufenthalte in seltsamen Städten und Erkundungen der weitläufigen, dunklen, fensterlosen Ruinen, vor denen die Große Rasse in unerklärlicher Furcht zurückschreckte, beinhalten. Auch gab es lange Seereisen in riesigen, mit vielen Decks versehenen Schiffen, die unglaublich schnell waren, und Ausflüge über unzugängliche Regionen in geschlossenen, projektilgleichen Luftschiffen, die durch elektrische Kräfte aufstiegen und flogen. Jenseits des weiten, warmen Ozeans befanden sich weitere Städte der Großen Rasse, und auf einem weit entfernten Kontinent sah ich die primitiven Dörfer der schwarzschnauzigen, geflügelten Kreaturen, die sich zur dominanten Rasse entwickeln würden, wenn die Große Rasse ihre größten Gelehrten in die Zukunft gesandt hätte, um dem herannahenden Schrecken zu entkommen. Das wesentliche Merkmal der Landschaft war, dass es sich stets um flache Ebenen mit überbordender Vegetation handelte. Es gab nur wenige, niedrige Hügel, und diese zeigten üblicherweise Anzeichen von Vulkanismus.

Über die Tiere, die ich sah, könnte ich Bücher füllen. Alle befanden sich in freier Wildbahn, denn die automatisierte Zivilisation der Großen Rasse hatte schon lange die Haltung von Nutztieren hinter sich gelassen, und die Nahrungsmittel waren gänzlich pflanzlich oder synthetisch. Unförmige Reptilien schwammen in großer Zahl in dampfenden Sümpfen, flogen durch die dichte Luft oder durchpflügten die Meere und Seen, und zwischen ihnen glaubte ich kleinere, archaische Vorformen anderer Spezies – Dinosaurier, Pterodaktylen, Ichthyosaurier, Labyrinthodonten, Plesiosaurier und ähnliches, was durch die Paläontologie bekannt war – vage zu erkennen. Vögel und Säugetiere konnte ich nicht feststellen.

Am Boden und in den Sümpfen wimmelte es von Schlangen, Eidechsen und Krokodilen, während Insekten beständig in der üppigen Vegetation herumsummten. Weit draußen auf dem Meer bliesen ungesehene und unbekannte Monster mächtige Dampfsäulen in den dunstigen Himmel. Einmal brachte man mich in einem gigantischen Unterseeboot mit großen Suchscheinwerfern unter den Meeresspiegel, wo ich einen Blick auf einige der lebenden Schrecken riesigen Ausmaßes werfen konnte. Ich sah außerdem die Ruinen von unbeschreiblichen, versunkenen Städten und eine Fülle von Seelilien, Muscheln, Korallen und Fischen, die überall vorhanden war.

Von der Physiologie, der Psychologie, den Bräuchen und der genauen Geschichte der Großen Rasse enthielten meine Visionen nur sehr wenige Informationen, und viele der verstreuten Fakten, die ich hier niederlege, stammen aus meinen Studien der alten Legenden und anderer Fälle, denn aus meinen eigenen Träumen. Denn zu einem gewissen Zeitpunkt hatte mein Studium und meine Forschungen natürlich den Punkt erreicht und überschritten, wo sie mehr Kenntnisse umfassten als meine Träume, sodass bestimmte Traumfragmente schon im Voraus erklärt waren und sie nur noch eine Bestätigung dessen waren, was ich schon wusste. Dies festigte in beruhigender Weise meinen Glauben, dass sowohl mein Studium und meine Forschungen, vervollständigt von meinem zweiten Ich, die Ursache für jenes ganze Gespinst von Pseudo-Erinnerungen war.

Die Zeit, von der meine Träume handelten, lag in etwa 150 Millionen Jahre zurück, als das Paläozän vom Mesozoikum abgelöst wurde. Die Körper, die von der Großen Rasse in Besitz genommen worden waren, stellten keine überlebende – oder auch nur wissenschaftlich bekannte – Linie in der irdischen Entwicklung dar, waren allerdings eine besondere, sehr homogene und höchst spezialisierte, organische Lebensform, die sich zwischen pflanzlichem und tierischem Zustand befand. Die Zellfunktionen verhinderten Müdigkeit und hatten die Notwendigkeit des Schlafes völlig eliminiert. Die Nahrung wurde durch die roten, trompetenartigen Auswüchse an einem der großen, beweglichen Glieder aufgenommen, war stets fast flüssig und in vielen Aspekten gänzlich anders als die Nahrung sonstiger Lebewesen. Diese Wesen besaßen nur zwei der Sinne, die wir haben – Sehen und Hören, für Letzteres benutzten sie die blütenartigen Fortsätze an den grauen Schläuchen auf ihrem Kopf – allerdings besaßen sie viele andere, nicht vergleichbare Sinne (natürlich nicht benutzbar durch die gefangenen Bewusstseine, die sich in ihren Körpern befanden). Ihre drei Augen waren so verteilt, dass sie ein wesentlich weiteres Gesichtsfeld ermöglichten. Ihr Blut war eine Art dunkelgrüne, sehr dicke Suppe. Sie hatten keinen Sex, aber pflanzten sich durch eine Art Samen oder Sporen fort, die sich an ihrer Unterseite befanden und nur unter Wasser entwickeln konnten. Für die Aufzucht ihrer Jungen – von denen es in Anbetracht der Langlebigkeit der Individuen, vier- bis fünftausend Jahre waren die gewöhnliche Lebenserwartung, nur sehr wenige gab –, benutzten sie große, flache Wassertanks.

Deutlich geschädigte Individuen wurden, sobald man den Defekt festgestellt hatte, stillschweigend entsorgt. Krankheiten und die Nähe des Todes wurden, da die Große Rasse keinen Gefühlssinn oder Schmerzempfinden hatte, nur an sichtbaren Symptomen wahrgenommen. Die Toten wurden in würdevollen Zeremonien eingeäschert. Manchmal, wie schon gesagt, umging ein überragender Geist dem Tod, indem er in die Zukunft projiziert wurde, doch diese Fälle waren sehr selten. Wenn es dazu kam, dann wurde das ausgetauschte Bewusstsein aus der Zukunft, bis sein ungewohnter Gastkörper verstarb, mit größter Freundlichkeit behandelt.

Die Große Rasse schien eine einzige, lose zusammenhängende Nation oder einen Staatenbund zu bilden mit gemeinsamen Institutionen, doch gab es vier genau getrennte Abteilungen. Das politische und ökonomische System einer jeden Abteilung war eine Art autoritärer Sozialismus, in dem die wichtigsten Ressourcen nach rationalen Kriterien verteilt wurden, und die Macht wurde durch eine Wahl von all jenen, die bestimmte Tests bezüglich ihrer Bildung und psychologischen Eignung bestanden hatten, an ein kleines Regierungskomitee delegiert. Die Familie spielte keine große Rolle, obwohl Verbindungen unter Personen gleicher Herkunft respektiert wurden und die Nachkommen im Allgemeinen von ihren Eltern aufgezogen wurden.

Übereinstimmungen mit menschlichem Verhalten und Institutionen waren natürlich in solchen Bereichen gegeben, die einerseits sehr abstrakte Dinge betrafen und bei denen andererseits die grundsätzlichen, unspezifischen Notwendigkeiten des üblichen organischen Lebens im Vordergrund standen. Einige wenige zusätzliche Ähnlichkeiten entstanden dadurch, dass die Große Rasse bei der Erforschung der Zukunft bewusst manches übernommen hatte, das ihr gefiel. Die Industrie, hoch automatisiert, forderte nur wenig Zeitaufwand von ihren Bürgern, und die zur Verfügung stehende Freizeit wurde für intellektuelle und künstlerische Aktivitäten unterschiedlicher Art genutzt. Die Wissenschaften befanden sich auf einem unglaublich hohen Entwicklungsstand, und die Kunst war ein wichtiger Teil des Lebens, obwohl sie in der Periode meiner Träume ihren Höhepunkt schon überschritten hatte. Ihre Technologie wurde durch ihren Kampf ums Überleben und durch die Notwendigkeit, ihre großen Städte in Zeiten ungeheurer, geologischer Umwälzungen in jenen urzeitlichen Tagen zu erhalten, außerordentlich vorangetrieben

Die Kriminalität war überraschend gering, und man begegnete ihr mit einer hoch effektiven Polizeiarbeit. Die Bestrafungen reichten von der Aberkennung von Privilegien über lebenslange Haft bis zur Persönlichkeitsveränderung und wurden nie ohne eine sorgfältige Untersuchung des Motivs des Kriminellen angewendet. Kriege, in den letzten paar Jahrtausenden meist Bürgerkriege, aber manchmal auch gegen reptilien- und krakenartige Eindringlinge oder gegen die geflügelte, sternköpfige Alte Rasse, die in der Antarktis lebte, kamen selten vor, hatten aber schwere Verwüstungen zur Folge. Eine riesige Armee, ausgerüstet mit Fotokameras ähnlichen Waffen, die gewaltige elektrische Effekte erzeugten, standen für Umstände zum Einsatz bereit, die nur selten erwähnt wurden, aber offensichtlich in Zusammenhang mit der beständigen Furcht vor den dunklen, fensterlosen Ruinen und den großen, fest verschlossenen Falltüren der untersten Ebene standen.

Die Furcht vor den Basalt-Ruinen und den Falltüren war größtenteils Gegenstand von unausgesprochenen Vermutungen oder von geheimnisumranktem Geflüster. Alles, was sich genauer damit beschäftigte, fehlte in den Büchern, die allgemein zugänglich waren. Es war die einzige Sache, die bei der Großen Rasse einem absoluten Tabu unterlag, und es schien gleichermaßen mit dem Schrecken vergangener Kämpfe und der zukünftigen Bedrohung in Verbindung zu stehen, die dazu führen würde, dass sie ihre besten Denker in großer Anzahl durch die Zeit schickten. So unvollständig und fragmentarisch wie die anderen Dinge in den Träumen und Legenden lagen, war diese Angelegenheit in noch erstaunlicherer Weise im Dunkeln. Die ungenauen, alten Mythen vermieden dieses Thema – oder vielleicht war es auch aus irgendwelchen Gründen gelöscht worden. Und in meinen Träumen, ebenso wie in denen von anderen, gab es nur überraschend wenige Hinweise darauf. Mitglieder der Großen Rasse sprachen nie absichtlich davon, und was man herausbekam, stammte von einigen der schärfer überwachten, gefangenen Bewusstseine.

Nach diesen bruchstückhaften Informationen war die Ursache dieser Furcht eine uralte Rasse von halb polypenartigen, gänzlich fremden Entitäten, die durch den Weltraum aus unermesslich weit entfernten Universen gekommen waren und die Erde sowie drei weitere Planeten unseres Sonnensystems vor ungefähr sechshundert Millionen Jahren beherrscht hatten. Sie waren nur zum Teil materiell – so wie wir Materie verstehen –, und ihre Art von Bewusstsein und Wahrnehmung unterschied sich völlig von dem irdischer Organismen. Zum Beispiel konnten sie nicht sehen, ihre geistigen Vorstellungen waren ein seltsames, nicht visuelles Muster von Eindrücken. Dennoch waren sie in der Lage, Dinge aus normaler Materie zu benutzen, wenn sie sich in Bereichen des Kosmos befanden, in denen diese vorhanden war; und sie brauchten Wohnstätten, auch wenn diese von besonderer Art waren. Obwohl ihre *Sinne* alle Art von Materie durchdringen konnten, waren ihre *Körper* nicht dazu in der Lage, und bestimmte Formen von elektrischer Energie konnten sie völlig zerstören. Sie hatten die Fähigkeit zu fliegen, obwohl sie keine Flügel oder andere erkennbare Organe besaßen, sich in die Luft zu erheben. Die Struktur ihrer Gehirne war so, dass die Große Rasse keine Möglichkeit einer Verständigung fand.

Als diese Dinger über die Erde hereinbrachen, bauten sie mächtige Basaltstädte aus fensterlosen Türmen und jagten auf schreckliche Weise die Lebewesen, die sie vorfanden. Das war, als die Bewusstseine der Große Rasse von jener seltsamen, transgalaktischen Welt aus, bekannt aus den verstörenden und fragwürdigen *Scherben von Eltdown* als Yith, durch den Abgrund rasten. Für die Neuankömmlinge war es mit den Geräten, die sie entwickelten, einfach, die raubtierhaften Entitäten zu unterwerfen und sie in die Kavernen tief im Inneren der Erde zu treiben, die sie schon vorher als Lebensraum genutzt hatten. Dann versiegelten sie die Eingänge und überließen sie ihrem Schicksal. Danach übernahmen sie die meisten der großen Städte und bewahrten bestimmte imposante Gebäude aus Gründen, die eher etwas mit Aberglaube als mit Gleichgültigkeit, Kühnheit oder wissenschaftlichem und historischem Interesse zu tun hatten.

Aber im Verlauf der Äonen häuften sich die verschwommenen, bösen Anzeichen, dass diese Älteren Kreaturen in ihrer unterirdischen Welt stärker und zahlreicher wurden. Es kam zu einigen, teilweise scheußlichen Vorfällen in kleinen, abgelegenen Städten der Großen Rasse und in einigen der verfallenen, älteren Städte, die die Große Rasse nicht besiedelt hatte – Orte, wo die Eingänge in die unterirdischen Abgründe nicht ordentlich versiegelt oder bewacht worden waren. Danach wurden größere Sicherheitsmaßnahmen ergriffen und viele der Eingänge für immer verschlossen – allerdings behielt man einige versiegelte Falltüren aus strategischen Gründen zur Bekämpfung der Älteren Kreaturen bei, falls diese jemals an einer unerwarteten Stelle ausbrechen sollten. Gleiches galt für neu entstandene Risse durch jene geologischen Verwerfungen, die einige der Eingänge blockiert und mit der Zeit eine Anzahl der Gebäude an der Oberfläche und Ruinen, die von den besiegten Entitäten übrig geblieben waren, zerstört hatten.

Die Überfälle der Älteren Kreaturen müssen über alle Maßen erschreckend gewesen sein, denn sie haben bleibende Spuren im Wesen der Großen Rasse hinterlassen. Das war das eingebrannte Gefühl des Schreckens, das sie noch nicht einmal das *Aussehen* dieser Kreaturen erwähnen ließ – zu keinem Zeitpunkt konnte ich mir ein klares Bild darüber verschaffen, wie sie aussahen. Es gab verschwommene Andeutungen von monströser *Plastizität* und zeitweiser *Unsichtbarkeit*, während anderes, bruchstückhaftes Geflüster von ihrer Kontrolle und dem militärischen Einsatz von *großen Winden* raunte. Vereinzelte *Pfeifgeräusche* und riesige Fußabdrücke mit fünf einzelnen Zehenspuren wurden ebenfalls mit ihnen in Verbindung gebracht.

Es war offensichtlich, dass das von der Großen Rasse gefürchtete, kommende Unheil – das Unheil, das sie zwingen würde, Millionen von klugen Gehirnen über den Abgrund der Zeit in fremde Körper in einer sicheren Zukunft zu schicken – etwas mit einem letzten erfolgreichen Überfall der Älteren Kreaturen zu tun hatte. Geistige Projektionen über die Zeitalter hinweg hatten eindeutig diesen Schrecken angekündigt, und die Große Rasse hatte beschlossen, dass niemand, der entkommen konnte, dem ins Auge sehen sollte. Dass der Überfall ein Rachefeldzug und kein Versuch, die Erdoberfläche zurückzuerobern, sein würde, wussten sie aus der zukünftigen Geschichte des Planeten, denn ihre Projektionen hatte gezeigt, dass nachfolgende Rassen in ihrem Kommen und Vergehen von den monströsen Kreaturen unbehelligt geblieben waren. Vielleicht hatten die Kreaturen die Abgründe im Erdinneren, da sie auf Licht keinen Wert legten, der so veränderlichen, Sturm gepeitschten Oberfläche vorgezogen. Vielleicht verloren sie im Verlauf von Äonen auch ihre Kraft. Tatsächlich wusste man, dass sie zur Zeit der nachmenschlichen Käferrasse, die die geflohenen Bewusstseine beherbergte, so gut wie ausgestorben waren. In der Zwischenzeit bewahrte die Große Rasse, mit mächtigen Waffen ständig in Bereitschaft und trotz der ängstlichen Verbannung des Themas aus den alltäglichen Gesprächen und Berichten, ihre vorsichtige Wachsamkeit. Und beständig schwebte ein Schatten namenloser Furcht über den versiegelten Falltüren und den dunklen, fensterlosen, uralten Türmen.

V

Dies war die Welt, in die mich meine Träume jede Nacht – blasse Bruchstücke der Erinnerung hinterlassend – entführten. Ich kann nicht hoffen, eine Vorstellung von dem Schrecken und dem Grauen, das sie beinhalteten, vermitteln zu können, denn es hatte eine gänzlich nicht greifbare Qualität – das klare Empfinden einer Pseudo-Erinnerung –, auf die dieses Gefühl sich hauptsächlich gründete. Wie ich schon sagte, stellten meine Studien in Form rationaler, psychologischer Erklärungen bis zu einem gewissen Grad einen Abwehrmechanismus gegen diese Gefühle dar, und dieser wohltuende Einfluss wurde noch durch eine unterschwellige Gewöhnung verstärkt, die sich im Lauf der Zeit einstellte. Trotz all dem kam der verschwommene, schleichende Schrecken ab und zu wieder hoch. Doch wie dem auch sei, nach 1921 überkam es mich nicht mehr wie in den Zeiten davor, und ich führte ein sehr normales, von Arbeit und Erholung geprägtes Leben.

Im Lauf der Jahre gelangte ich zu dem Entschluss, dass meine Erfahrungen – gemeinsam mit ähnlichen Fällen und den damit verbundenen Volkssagen – ordentlich zusammengefasst und zum Wohl ernsthafter Forschung publiziert werden sollten, deshalb bereitete ich eine Reihe von Artikeln vor, die die ganze Angelegenheit in kurzer Form abhandelten und mit groben Skizzen von einigen der Gestalten, Szenen, Ornamenten und Hieroglyphen, an die ich mich aus meinen Träumen erinnerte, illustriert waren. Diese erschienen zwischen 1928 und 1929 im *Journal of the American Psychological Society*, allerdings ohne viel Beachtung zu erhalten. In der Zwischenzeit fuhr ich damit fort, meine Träume aufs Genaueste zu protokollieren, obwohl das beständige Anwachsen dieser Protokolle inzwischen einen beängstigen Umfang erreicht hatte.

Am 10. Juli 1934 wurde von der Psychological Society ein Brief an mich weitergeleitet, mit dem der entscheidende und schrecklichste Abschnitt dieses wahnsinnigen Martyriums seinen Anfang nahm. Er war in Pilbarra in Westaustralien abgestempelt und trug die Unterschrift von jemandem, von dem ich durch Nachforschungen herausfand, dass er ein Bergbauingenieur von einiger Bekanntheit war. Dabei lagen einige sehr seltsame Fotos. Ich werde den Text in voller Länge wiedergeben, und jeder Leser wird verstehen, welch enorme Wirkung dieser und die Fotos auf mich hatten.

Eine Zeit lang war ich fassungslos und ungläubig, und obwohl ich häufig dachte, dass es einige tatsächlich existierende Fakten als Grundlage für die Aussagen der Legenden geben müsste, die meine Träume ausschmückten, war ich dennoch nicht auf ein konkretes Objekt aus einer vergangenen Welt, die jenseits von allem Vorstellungsvermögen lag, vorbereitet. Die Fotos waren am erschütterndsten, denn darauf – in der kalten, nackten Wirklichkeit – standen vor einem Hintergrund von Sandflächen bestimmte verwitterte, von Wasser und Wind zerfurchte Steinblöcke, deren schwach konvexe Spitzen und schwach konkave Unterseite bereits alles sagten. Als ich sie mit der Lupe untersuchte, konnte ich sehr leicht zwischen den Spuren der Verwitterung Überreste jener geschwungenen Muster und einiger Hieroglyphen erkennen, deren Bedeutung so grässlich für mich war. Doch hier ist der Brief, der für sich selbst spricht:

49, Dampier St.,
Pilbarra, W. Australia
18. Mai 1934

Prof. N. W. Peaslee
c/o Am. Psychological Society,
30 E. 41st St.
N. Y. City, USA

Sehr geehrter Herr ...
Aufgrund einer kürzlichen Unterhaltung mit Dr. E. M. Boyle aus Perth und einiger Zeitungen mit Ihren Artikeln, die er mir geschickt hat, scheint es mir angeraten, Sie über bestimmte Dinge zu informieren, die ich in der Great Sandy Dessert, östlich von unseren Goldvorkommen, gesehen habe. Es hat den Anschein, als ob ich in Bezug auf bestimmte Legenden über alte Städte mit riesigen Steingebäuden, die Sie beschrieben haben, auf etwas gestoßen bin, was von Interesse sein könnte.

Die Aborigines haben immer viel von »großen Steinen mit Zeichnungen darauf« geplappert und scheinen eine höllische Angst davor zu haben. Sie verbanden sie irgendwie mit den Legenden ihrer Rasse über Buddai, den gigantischen alten Mann, der seit Äonen tief unten mit dem Kopf auf seinem Arm schläft und eines Tages aufwacht, um die Welt zu verschlingen. Es gibt einige Legenden von riesigen, unterirdischen Hütten aus großen Steinen, zu denen Wege hinunter und immer weiter hinunter führen, und wo schreckliche Dinge geschehen sind. Die Aborigines behaupten, dass einmal einige Krieger dorthinein flohen und niemals wieder zurückkamen, aber Furcht einflößende Winde aus diesen Öffnungen strömten, kaum dass die Männer hinabgestiegen waren. Doch normalerweise ist an dem, was die Eingeborenen erzählen, nie viel dran.

Doch es gibt noch mehr zu berichten. Vor zwei Jahren, als ich ungefähr 800 Kilometer weiter östlich in der Wüste nach Gold suchte, stieß ich auf eine Anzahl merkwürdiger, verzierter Steine von etwa 90 auf 60 mal 60 Zentimetern, die bis fast zur Unkenntlichkeit verwittert und zerbröckelt waren. Zuerst konnte ich keinerlei Zeichen erkennen, von denen die Aborigines gesprochen hatten, doch als ich genauer hinsah, konnte ich einige tief eingekerbte Linien trotz der Verwitterung erkennen. Das waren die eigenartigen Bögen, genau wie sie die Schwarzen beschrieben hatten. Ich glaube, es waren vielleicht 30 oder 40 Blöcke, einige vollständig im Sand verborgen, und alle befanden sich in einem kreisförmigen Bereich von etwa 400 Metern Durchmesser.

Nachdem ich einige davon entdeckt hatte, schaute ich mich nach weiteren um und bestimmte sorgfältig die Position des Ortes mit meinen Instrumenten. Außerdem machte ich Bilder von 10 oder 12 der typischsten Steinblöcke und lege diese Fotografien bei, damit Sie sich selbst einen Eindruck verschaffen können. Ich gab meine Erkenntnisse an die Regierung in Perth weiter, doch die haben sich nicht darum gekümmert. Dann traf ich Dr. Boyle, der Ihre Artikel im *Journal of the American Psychological Society* gelesen hatte, und erwähnte ihm gegenüber die Steine. Er war außerordentlich interessiert und ziemlich begeistert, als ich ihm meine Fotografien zeigte. Er sagte, dass die Steine und die Zeichen genau dem Mauerwerk entsprächen, von dem Sie geträumt hätten und das in den Legenden beschrieben wurde. Er hatte vor, Ihnen zu schreiben, was sich aber verzögerte. In der Zwischenzeit schickte er mir die meisten der Magazine mit Ihren Artikeln, und aus Ihren Beschreibungen und Zeichnungen erkannte ich sofort, dass meine Steine ohne Zweifel die sind, die Sie meinen. Sie werden das anhand der beigelegten Fotos erkennen. Später werden Sie dann noch direkt von Dr. Boyle Nachricht erhalten.

Nun kann ich verstehen, wie wichtig dies alles für Sie ist. Fraglos stehen wir den Überresten einer unbekannten Zivilisation gegenüber, älter als wir es uns erträumen können, die die Grundlage für unsere Legenden ist. Als Bergbauingenieur habe ich einige geologische Kenntnisse und kann Ihnen sagen, dass diese Steinblöcke so alt sind, dass sie mir Furcht einflößen. Sie bestehen hauptsächlich aus Sandstein und Granit, doch einer davon ist unzweifelhaft aus einer Art Zement oder Beton. Sie weisen Anzeichen von Wasseraktivität auf, so als ob dieser Teil der Welt überflutet war und nach langen Zeiträumen wieder aufgetaucht ist – und das lange, nachdem diese Blöcke hergestellt und genutzt wurden. Das ist eine Sache von Hunderten von Tausenden von Jahren, oder weiß der Himmel, von wie viel mehr. Ich möchte eigentlich nicht darüber nachdenken.

In Anbetracht Ihrer schon geleisteten, umfangreichen Arbeit, die Legenden und alles, was damit zusammenhängt, zurückzuverfolgen, habe ich keinen Zweifel, dass Sie eine Expedition in die Wüste durchführen und einige archäologische Ausgrabungen vornehmen wollen. Wir beide, Dr. Boyle und ich, sind bereit, daran teilzunehmen, wenn Sie oder eine Ihnen bekannte Organisation das Geld dafür aufbringen kann. Ich kann ein Dutzend Minenarbeiter für die schweren Ausgrabungsarbeiten zur Verfügung stellen – die Aborigines wären nur von geringem Nutzen, da ich herausgefunden habe, dass sie eine panische Angst vor dieser besonderen Stelle haben. Boyle und ich verlieren kein Wort darüber zu anderen, da Ihnen offensichtlich als Erstem die Ehre an jedwelchen Entdeckungen, die dort enthüllt werden, zukommt.

Man kann die Stelle von Pilbarra aus in ungefähr 4 Tagen mit den motorisierten Fahrzeugen erreichen, die wir für unsere Gerätschaften brauchen. Sie liegt grob gesagt westlich und südlich von Warburton's Track aus dem Jahr 1873 und 160 Kilometer entfernt von Joanna Spring. Wir könnten unsere Ausrüstung auf dem De Grey River befördern, anstatt von Pilbarra aus zu starten – doch all das können wir später noch besprechen. Die Steine befinden sich ungefähr an einem

Punkt 22 Grad, 3 Minuten, 14 Sekunden südlicher Breite und 125 Grad, 39 Sekunden östlicher Länge. Das Klima ist tropisch, und die Bedingungen sind herausfordernd. Eine Expedition sollte man besser im Winter unternehmen – Juni, Juli oder August. Ich würde einen weiteren Austausch über diese Sache begrüßen, und ich bin wirklich daran interessiert, Ihnen bei jedem Plan, den Sie fassen, zur Seite zu stehen. Nachdem ich Ihre Artikel gelesen habe, bin ich von der besonderen Bedeutung der ganzen Angelegenheit überaus beeindruckt. Dr. Boyle wird Ihnen noch schreiben. Wenn schnelle Kommunikation vonnöten ist, dann können Sie nach Perth telegrafieren, es wird von dort über Funk weitergeleitet.

Hoffe innig auf eine schnelle Nachricht.

Glauben Sie mir.

Ihr überaus ergebener

Robert B. F. Mackenzie

Von dem, was nach diesem Brief folgte, kann man das meiste den Zeitungen entnehmen. Ich hatte großes Glück, mir die Rückendeckung der Miskatonic-Universität sichern zu können, und beide, Mackenzie und Dr. Boyle, erwiesen sich als unschätzbare Hilfe, wenn es darum ging, die Sache in Australien zu organisieren. Der Öffentlichkeit teilten wir nicht allzu viel über unser Vorhaben mit, denn sonst hätte die ganze Angelegenheit zu große Aufmerksamkeit und höhnische Berichterstattung in einigen der Boulevardblätter hervorgerufen. Als Folge davon gibt es nur wenige gedruckte Berichte, dennoch reichten sie aus, um unsere Suche nach Ruinen in Australien und den Verlauf unserer Vorbereitungen bekannt werden zu lassen.

Professor William Dyer vom geologischen Fachbereich des College (Leiter der Miskatonic-Antarktis-Expedition von 1930/31), Ferdinand C. Ashley vom Fachbereich Ältere Geschichte und Tyler M. Freeborn von der Anthropologie und mein Sohn Wingate begleiteten mich. Mein Briefpartner Mackenzie kam für die abschließenden Vorbereitungen Anfang 1935 nach Arkham. Er erwies sich als ein außerordentlich kompetenter und effektiver Mann um die fünfzig, bewundernswert belesen und umfangreich mit den Bedingungen des Reisens in Australien vertraut. Er hatte in Pilbarra die Fahrzeuge bereitgestellt, und wir hatten ein Dampfboot mit außergewöhnlich flachem Tiefgang gemietet, um auf dem Fluss bis zu diesem Punkt zu kommen. Wir waren darauf eingerichtet, die Ausgrabung in höchst vorsichtiger und wissenschaftlicher Weise vorzunehmen, indem wir jedes Sandkorn entfernen und nichts an der Lage der Objekte, die sich an oder in der Nähe ihres angestammten Platzes befanden, verändern würden.

Am 28. März 1935 verließen wir an Bord der schnaufenden *Lexington* Boston und hatten eine entspannte Fahrt über den Atlantik, durch das Mittelmeer und den Suez-Kanal, das Rote Meer hinunter und über den Indischen Ozean zu unserem Ziel. Ich muss nicht erwähnen, wie mich der Anblick der flachen, sandigen Küste von Westaustralien deprimierte und wie ich die raue Minenstadt und die trostlosen Goldminen verabscheute, wo die Fahrzeuge mit den letzten Ausrüstungsstücken beladen wurden. Dr. Boyle, auf den wir dort trafen, erwies sich als von fortgeschrittenem Alter, freundlich und intelligent, und seine Kenntnisse der Psychologie führten zu langen Gesprächen mit meinem Sohn und mir.

Beunruhigung und Erwartung vermischten sich auf seltsame Weise bei den meisten von uns, als unsere Gruppe von achtzehn Personen endlich losfuhr und über die weite, trockene Landschaft aus Sand und Felsen ratterte. Am Freitag, den 31. Mai, durchquerten wir einen flachen Seitenarm des De Grey River und betraten ein Reich völliger Trostlosigkeit. Ein gewisser entschiedener Schrecken überkam mich, als wir uns dem Ort der älteren Welt hinter den Legenden näherten – ein Schrecken, der natürlich begünstigt wurde durch den Umstand, dass meine verstörenden Träume und Pseudo-Erinnerungen mich immer noch mit ungehinderter Macht heimsuchten.

Am Montag, den 3. Juni, sahen wir die ersten der halb verschütteten Blöcke. Ich kann die Gefühle nicht beschreiben, mit denen ich tatsächlich – in objektiver Realität – ein Fragment der zyklopischen Bauwerke berührte, das in jeder Einzelheit den Blöcken in meinen Traumgebäuden entsprach. Es gab eine schwache Spur von Gravierungen, und meine Hände zitterten, als ich einen Teil der geschwungenen Verzierungen erkannte, die mir über die Jahre quälender Albträume und verwirrender Nachforschungen hinweg schrecklich geworden waren.

Nachdem wir einen Monat lang gegraben hatten, belief sich die Zahl der freigelegten Blöcke auf 1250, und diese befanden sich in den unterschiedlichsten Stadien der Verwitterung und des Verfalls. Die meisten waren verzierte Megalithen mit gebogenen Ober- und Unterseiten. Eine geringere Anzahl waren kleiner, flacher, glatt und quadratisch oder achteckig – wie jene Steinplatten, die in meinen Träumen die Böden und Straßenbeläge bildeten –, während nur wenige besonders massiv und in einer besonderen Art gebogen oder schräg waren und so den Eindruck erweckten, in Gewölben, Leisten, Bögen oder zur Einfassung der runden Fenster benutzt worden zu sein. Je tiefer – und weiter nach Norden und Osten – wir gruben, desto mehr Blöcke fanden wir, doch entdeckten wir keine Spur einer bestimmten Anordnung. Professor Dyer war über das unermessliche Alter der Bruchstücke entsetzt, und Freeborn fand Spuren von Symbolen, die auf unheimliche Art zu unvorstellbar alten Legenden in Papua und Polynesien passten. Der Zustand und wie die Blöcke verstreut waren, zeugte stumm von verwirrenden Zyklen der Zeit und geologischen Umwälzungen von kosmischer Brutalität.

Wir hatten auch ein Flugzeug dabei, und mein Sohn Wingate stieg häufig auf verschiedene Höhen auf, um die Sand- und Felswüste nach nur schwer zu erkennenden, weitläufigen Umrissen abzusuchen und auch nach Höhenunterschieden oder Linien zwischen verstreuten Blöcken. Seine Ergebnisse waren insgesamt negativ, denn wann immer er an einem Tag dachte, er hätte eine bedeutende Struktur erkannt, dann war sie am anderen Tag durch eine ebenso vorläufige ersetzt worden – ausgelöst durch die sich aufgrund des Windes ständig verändernden Sanddünen. Doch ein oder zwei dieser vorübergehenden Eindrücke lösten bei mir ein unangenehmes Gefühl aus. Auf irgendeine Art schienen sie auf schreckliche Weise mit etwas verzahnt zu sein, von dem ich geträumt oder gelesen hatte, woran ich mich aber nicht erinnern konnte. Es lag darin eine schreckliche *Pseudo-Vertrautheit*, die mich irgendwie dazu brachte, verstohlen und ängstlich über das abscheuliche, lebensfeindliche Gebiet Richtung Norden und Nordosten zu blicken.

Ungefähr um die erste Juliwoche stellte sich bei mir ein unerklärlicher Wirrwarr von Gefühlen bezüglich der gesamten nordöstlichen Region ein. Da war Schrecken und Neugierde, doch noch mehr als das, nämlich die beständige und verblüffende Illusion von Erinnerung. Ich versuchte alle möglichen psychologischen Tricks, um diese Ideen aus meinem Kopf zu bekommen, doch erfolglos. Gleichzeitig wurde ich von Schlaflosigkeit heimgesucht, doch darüber war ich fast froh, denn so waren die Phasen, in denen die Träume kommen konnten, kürzer. Ich begann damit, nachts lange, einsame Spaziergänge zu unternehmen – meist in Richtung Norden oder Nordosten, wohin mich die Gesamtheit der neuen, seltsamen Einflüsse, denen ich unterworfen war, unterschwellig zu ziehen schien.

Bei diesen Wanderungen stolperte ich manchmal über fast vollständig begrabene Bruchstücke des uralten Mauerwerks. Obwohl an dieser Stelle deutlich weniger Blöcke zu sehen waren als dort, wo wir begonnen hatten, war ich mir sicher, dass sich hier unter der Oberfläche eine große Menge davon befinden mussten. Der Boden war nicht so flach wie in unserem Lager, und der beständige Wind türmte den Sand zu fantastischen, vorübergehenden Erhebungen auf und brachte dabei einige Anzeichen von älteren Steinen ans Licht, während er andere Anzeichen von ihnen verdeckte. Ich war eigenartig bestrebt, die Ausgrabungen auf diesen Bereich auszudehnen, doch gleichzeitig fürchtete ich das, was wir vielleicht enthüllen würden. Ganz offensichtlich verschlechterte sich mein Zustand beständig – und was noch schlimmer war, ich konnte nichts dagegen tun.

Als Bestätigung der schlechten Verfassung meines Nervenkostüms kann meine Reaktion auf eine seltsame Entdeckung angesehen werden, die ich auf einem meiner nächtlichen Spaziergänge machte. Es war am Abend des 11. Juli, als ein Dreiviertelmond die geheimnisvollen Dünen in einen rätselhaften Glanz tauchte. Ich schlenderte irgendwo jenseits meiner üblichen Route herum und stieß auf einen großen Stein, der sich deutlich von allen zu unterscheiden schien, die wir bis jetzt gefunden hatten. Er war fast völlig bedeckt, aber ich kniete nieder, befreite ihn mit meinen Händen vom Sand und studierte das Objekt sorgfältig im Mondlicht und unter Zuhilfenahme meiner elektrischen Taschenlampe. Anders als die anderen großen Brocken war dieser absolut rechtwinklig geformt, ohne konvexe oder konkave Oberflächen. Auch schien er aus dunklem Basalt zu bestehen, gänzlich anders als die uns inzwischen bekannten Granit- und Sandstein- oder manchmal Betonfragmente.

Plötzlich richtete ich mich auf und rannte, so schnell ich konnte, zum Lager. Es war eine völlig unbewusste und irrationale Flucht, und erst als ich mein Zelt schon fast erreicht hatte, realisierte ich, warum ich geflohen war. Es kam einfach über mich. Dieser seltsame dunkle Stein war etwas, von dem ich geträumt und gelesen hatte und was mit den größten Schrecken der uralten Legenden in Verbindung stand. Es war einer der Blöcke aus dem uralten Basaltmauerwerk, das die sagenhafte Große Rasse so fürchtete – die hohen, fensterlosen Ruinen von jenen, vor sich hinschwärenden, halbmateriellen, fremden *Dingern*, die in den Abgründen der Erde lebten und gegen deren windartige, unsichtbare Kräfte die Falltüren versiegelt und die niemals schlafenden Wächter aufgestellt worden waren.

Ich fand in dieser Nacht keinen Schlaf, aber im Morgengrauen wurde mir klar, wie dumm es von mir gewesen war, mich von einem Schatten eines Mythos so aus der Fassung bringen zu lassen. Anstatt Angst zu haben, sollte ich die Begeisterung eines Entdeckers verspüren. Am Vormittag erzählte ich den anderen von meinem Fund. Dyer, Freeborn, Boyle, mein Sohn und ich machten uns auf, den ungewöhnlichen Block zu untersuchen. Doch es misslang. Ich hatte keine klare Vorstellung, wo der Stein sich befand, und der Wind hatte später die Verwerfungen aus Treibsand völlig verändert.

VI

Jetzt komme ich zu dem entscheidenden und schwierigsten Teil meines Berichts, der noch schwieriger wird, da ich mir über die Wahrhaftigkeit der Ereignisse nicht gewiss bin. Manchmal bin ich mir beunruhigend sicher, dass ich nicht geträumt oder mich getäuscht habe, und genau dieses Gefühl – in Anbetracht der erstaunlichen Konsequenzen, die aus der objektiven Wahrheit meiner Erfahrungen resultieren würden – treibt mich dazu, diesen Bericht zu verfassen. Mein Sohn – ein ausgebildeter Psychologe und derjenige, der die umfassendste, anteilnehmende Kenntnis meines gesamten Falls besitzt – soll der erste Richter über das sein, was ich mitzuteilen habe.

Lassen Sie mich zuerst die äußeren Umstände umreißen, so wie sie im Lager gegeben waren. In der Nacht vom 17. auf den 18. Juli, nach einem windigen Tag zog ich mich früh zurück, konnte aber nicht schlafen. Als ich kurz nach elf Uhr nachts aufstand, hatte ich wie üblich ein seltsames Gefühl bezüglich des Gebiets im Nordosten. Ich machte mich auf einen meiner üblichen, nächtlichen Spaziergänge, wobei ich beim Verlassen des Lagergeländes nur einer Person, einem australischen Minenarbeiter namens Tupper, begegnet bin. Der Mond, der gerade seine volle Phase überschritten hatte, übergoss die alten Sanddünen mit einem weißen, ekelhaften Glanz, der mir irgendwie unendlich böse erschien. Der Wind hatte sich vollständig gelegt und frischte auch während der nächsten nahezu fünf Stunden nicht auf, wie von Tupper und anderen, die in dieser Nacht nicht geschlafen hatten, bestätigt wurde. Der Australier war der Letzte, der mich über die fahlen, Geheimnisse bewahrenden Dünen Richtung Nordosten laufen sah.

Gegen 3:30 Uhr erhob sich ein heftiger Wind, der alle im Lager aufweckte und drei Zelte niederriss. Der Himmel war wolkenlos, und die Wüste lag immer noch in diesem ekelhaften Mondlicht. Als die Gruppe die Zelte in Augenschein nahm, bemerkte man meine Abwesenheit, doch in Anbetracht meiner vorherigen Spaziergänge löste dieser Umstand keinen Alarm aus. Aber drei der Männer – alles Australier – hatten ein Gefühl, dass etwas Übles in der Luft lag. Mackenzie erklärte Prof. Freeborn, dass dies eine Angst war, die aus dem Volksglauben der Aborigines entstanden war, denn die Eingeborenen hatten ein seltsames Gewebe von bösartigen Mythen um die hohen Winde, die in langen Zeitabständen bei klarem Himmel über den Sand wehten, geflochten. Diese Winde, so flüsterten sie, kämen aus den großen Steinhütten unter der Erde, wo sich schreckliche Dinge ereignet hätten, und man konnte sie nur in der Nähe der Orte, wo die großen, mit Zeichen versehenen Steine verstreut lagen, wahrnehmen. Kurz vor vier Uhr legte sich der Wind so plötzlich, wie er aufgekommen war, und ließ die Sanddünen in einer neuen, stark veränderten Form zurück.

Kurz nach fünf Uhr, der aufgeblähte, schwammige Mond ging gerade im Westen unter, stolperte ich ins Lager – ohne Hut, die Kleidung zerfetzt, zerkratzt und blutend und ohne meine elektrische Taschenlampe. Die meisten Männer lagen wieder im Bett, nur Prof. Dyer saß vor seinem Zelt und rauchte eine Pfeife. Als er meinen verwirrten und fast panischen Zustand erkannte, rief er Dr. Boyle, und die beiden brachten mich auf mein Feldbett und beruhigten mich. Mein Sohn wurde durch die Geräusche geweckt und gesellte sich schnell zu ihnen. Sie alle bemühten sich, mich zu beruhigen, und rieten mir, ich solle versuchen zu schlafen.

Doch für mich gab es keinen Schlaf. Mein psychischer Zustand war ziemlich außergewöhnlich – nicht mit dem zu vergleichen, was ich schon vorher durchgemacht hätte. Nach einiger Zeit bestand ich darauf zu reden. Nervös und ausführlich erklärte ich meinen Zustand. Ich erzählte ihnen, dass ich müde geworden sei und mich für ein kurzes Nickerchen in den Sand gelegt hätte. Dann kamen Träume, sagte ich ihnen, noch Furcht einflößender als üblich, und als ich durch den plötzlichen, starken Wind aufgeweckt wurde, versagten meine überbeanspruchten Nerven den Dienst. Ich floh in Panik, häufig fiel ich über halb bedeckte Steine, und das wäre der Grund für mein zerzaustes und derangiertes Äußeres. Ich müsste lange geschlafen haben, worauf die Stunden meiner Abwesenheit schließen ließen.

Darauf, dass ich irgendetwas Seltsames gesehen oder erlebt hätte, gab ich nicht den geringsten Hinweis. In dieser Beziehung unterwarf ich mich absoluter Selbstkontrolle. Allerdings erwähnte ich, dass sich meine Einstellung bezüglich der Arbeit der Expedition verändert hätte und bestand darauf, dass sämtliche Grabungsarbeiten in nordöstlicher Richtung eingestellt würden. Meine Argumentation stand offensichtlich auf schwachen Füßen, denn ich sprach von dort nicht vorhandenen Steinblöcken, davon, dass man den Aberglauben der Minenarbeiter nicht provozieren solle, dass das Geld des Colleges ausgehen könnte und nannte weitere Gründe, die entweder unerheblich oder an den Haaren herbeigezogen waren. Natürlich kümmerte man sich nicht im Geringsten um meine neuen Wünsche – noch nicht einmal mein Sohn, dessen Sorge um meine Gesundheit deutlich zu bemerken war.

Am nächsten Tag war ich wieder auf den Beinen und hielt mich im Lager auf, nahm aber nicht an den Ausgrabungen teil. Ich stellte fest, dass ich die Arbeiten nicht aufhalten konnte, und beschloss zum Wohle meiner Nerven, so schnell wie möglich heimzukehren. Mein Sohn versprach mir, mich mit dem Flugzeug nach Perth – tausendfünfhundert Kilometer südwestlich – zu bringen, sobald er das Gebiet, von dem ich will, dass es unberührt bleibt, erforscht hätte. Wenn, so überlegte ich, das Ding, das ich gesehen hatte, immer noch sichtbar wäre, dann sollte ich versuchen, davor zu warnen, selbst wenn ich mich damit lächerlich machen würde. Es war vorstellbar, dass die Minenarbeiter, die die örtlichen Volkssagen kannten, mir Rückendeckung geben würden. Wie um mich zu verspotten, unternahm mein Sohn seinen Erkundungsflug genau an diesem Nachmittag, um das gesamte Gebiet, das ich bei meinem Ausflug möglicherweise durchwandert hätte, in Augenschein zu nehmen. Doch nichts von dem, was ich gefunden hatte, war noch sichtbar. Es war genau wie bei dem abnormalen Basaltblock – der sich verändernde Sand hatte alle Spuren verwischt. Einen Augenblick lang bedauerte ich zum Teil, dass ich in meinem Entsetzen ein bestimmtes, Ehrfurcht gebietendes Objekt verloren hatte, doch inzwischen weiß ich, dass dieser Verlust eine Gnade war. Ich kann immer noch glauben, dieses ganze Erlebnis sei eine Illusion – besonders wenn, wie ich sehnlichst hoffe, dieser teuflische Abgrund nie gefunden wird.

Am 20. Juli brachte mich Wingate nach Perth, weigerte sich aber, die Expedition zu verlassen und nach Hause zurückzukehren. Er blieb bis zur Abfahrt des Dampfers nach Liverpool, am 25. Juli, bei mir. Jetzt, in meiner Kabine auf der *Empress*, brüte ich lange und hektisch über die ganze Angelegenheit und habe entschieden, dass zumindest mein Sohn informiert werden muss. Dann liegt es an ihm, ob er die Sache weitgehend bekannt machen wird. Um auf jede Eventualität vorbereitet zu sein, habe ich eine Zusammenfassung der Hintergründe angefertigt, wie sie in Bruchstücken schon auf die eine oder andere Art anderen bekannt sind. Nun will ich so kurz wie möglich schildern, was in jener grässlichen Nacht meiner Abwesenheit vom Lager möglicherweise passiert ist.

Die Nerven bis zum Zerreißen gespannt und in einem Zustand abseitigen Eifers, ausgelöst durch den unerklärlichen, mit Angst gemischten, von Pseudo-Erinnerungen getriebenen Zwang in Richtung Nordosten, trottete ich unter dem übel leuchtenden Mond dahin. Da und dort sah ich, halb vom Sand verborgen, diese urzeitlichen, zyklopischen Blöcke aus namenlosen, vergessenen Äonen. Das unbestimmbare Alter und der brütende Schrecken dieser monströsen Einöde lasteten wie nie zuvor auf mir, und ich konnte nicht verhindern, dass ich an meine wahnsinnig machenden Träume, die furchtbaren Legenden, die dahinterstanden, und die aktuellen Ängste der Eingeborenen und Minenarbeiter bezüglich der Wüste und diese mit Zeichen versehenen Steine denken musste.

Und doch trottete ich weiter wie zu einer geheimnisvollen Verabredung – immer mehr bedrängt von wilden Fantasien, Zwängen und Pseudo-Erinnerungen. Ich dachte über einige mögliche Formen der Linien der Steine nach, die mein Sohn aus der Luft gesehen hatte, und wunderte mich, dass sie auf einmal so bedrohlich und bekannt wirkten. Irgendetwas rüttelte und fummelte am Schloss meiner Erinnerungen, während eine andere, unbekannte Macht versuchte, den Zugang verschlossen zu halten.

Die Nacht war windstill, und der bleiche Sand erhob und senkte sich wie gefrorene Wellen eines Ozeans. Ich hatte kein Ziel, stolperte aber mit schicksalergebener Sicherheit voran. Meine Träume quollen in die wirkliche Welt über, sodass jeder im Sand steckende Megalith zu einem Teil von endlosen Räumen und Korridoren eines vormenschlichen Mauerwerks wurde, verziert und mit Hieroglyphen versehen, die ich nur zu gut aus meinen Jahren als gefangenes Bewusstsein der Großen Rasse kannte. Manchmal glaubte ich, diese allwissenden, kegelförmigen Schrecken zu sehen, die sich in Erfüllung ihrer üblichen Aufgaben umherbewegten, und ich hatte Angst, an mir herabzublicken und festzustellen, dass ich einer von ihnen war. Währenddessen sah ich zugleich die sandbedeckten Blöcke und die Räume und Korridore, den übel leuchtenden Mond und die schimmernden Kristalle, die endlose Wüste und die schwankenden Farne hinter den Fenstern. Ich war wach und ich träumte – alles zur selben Zeit.

Ich wusste nicht für wie lange und wie weit – oder auch in welche Richtung – ich gelaufen war, bis ich zum ersten Mal die Ansammlung von Blöcken sah, die vom Wind völlig freigelegt worden waren. Es war die größte Ansammlung von Blöcken, die ich bis jetzt gesehen hatte und die einen solchen Eindruck auf mich machte, dass die Visionen von fabelhaften Zeitaltern sofort verblassten. Doch noch immer waren da nur die Wüste und der üble Mond und die Bruchstücke einer unvorstellbaren Vergangenheit. Ich näherte mich, hielt dann inne und ließ das Licht meiner elektrischen Taschenlampe über den Steinhaufen gleiten. Der darüberliegende Sand war weggeblasen worden und hatte eine niedrige, unregelmäßige, runde Ansammlung von Megalithen und kleineren Bruchstücken – etwa zwölf Meter im Durchmesser und zwischen sechzig Zentimetern und einem Meter achtzig hoch – zum Vorschein gebracht.

Das gesamten Erscheinungsbild zeigte mir, dass ich es hier mit einer gänzlich beispiellosen Art von Steinen zu tun hatte. Nicht nur, dass schon ihre Anzahl ohne Entsprechung war, auch die vom Sand in Mitleidenschaft gezogenen Reste ihrer Ornamente, die ich im Licht des Mondes und meiner Taschenlampe untersuchte, nahmen mich gefangen. Es war nicht so, dass sie sich grundsätzlich von den Exemplaren unterschieden, die wir zuvor gefunden hatten. Es war etwas Subtileres als das. Der Eindruck entstand nicht, wenn ich lediglich einen der Blöcke ansah, nur wenn mein Blick gleichzeitig mehrere erfasste. Schließlich erkannte ich die Wahrheit. Die geschwungenen Muster auf vielen der Blöcke *hingen eng zusammen* – sie waren Teile eines weiten, schmückenden Konzepts. Zum ersten Mal in dieser uralten Wüste war ich auf ein erhaltenes Stück Mauerwerk gestoßen, zwar zusammengestürzt, doch immer noch in seiner ehemaligen Form erhalten.

An einer flachen Stelle stieg ich auf die Steine und kletterte mühsam über die Ansammlung, entfernte mit meinen Fingern den Sand und war unentwegt darum bemüht, die Unterschiede in Größe, Form und Stil und die Beziehungen im Muster zu deuten. Nach einer Weile hatte ich mir einen ungefähren Eindruck von der ehemaligen Struktur und den Mustern verschafft, die sich einstmals über die Oberfläche des urzeitlichen Mauerwerks erstreckt hatten. Die deutliche Übereinstimmung des Ganzen mit einigen meiner Traumbilder entsetzte und verunsicherte mich. Es war einmal einer der gigantischen Korridore gewesen, zehn Meter breit, ausgelegt mit achteckigen Fließen und einem soliden Gewölbe darüber. Auf der rechten Seite hatten sich Räume befunden und am gegenüberliegenden Ende eine der seltsamen, abschüssigen Rampen, die in tiefergelegene Bereiche führten.

Als mich diese Vorstellung überkam, erschrak ich heftig, denn es hing mehr damit zusammen, als die Blöcke allein aussagten. Wie konnte ich wissen, dass sich diese Ebene weit unter der Oberfläche befunden hatte? Wie konnte ich wissen, dass die nach oben führende Rampe hinter mir gewesen sein musste? Wie konnte ich wissen, dass die lange, unterirdische Passage zum Platz der Säulen zu meiner Rechten eine Ebene über mir lag? Wie konnte ich wissen, dass sich der Raum mit den Geräten und der nach rechts führende Tunnel zum Zentralarchiv zwei Ebenen unter mir lag? Wie konnte ich wissen, dass eine dieser schrecklichen, mit Metallschienen gesicherten Falltüren sich ganz unten, vier Ebenen tiefer befand? Gänzlich von diesem Einbruch meiner Traumwelt verwirrt, begann ich zu zittern und war in kaltem Schweiß gebadet.

Dann – als letzten, unerträglichen Schlag – spürte ich diesen schwachen, heimtückischen, kalten Luftstrom, der von einer flachen Stelle fast in der Mitte des großen Steinhügels kam. Wie zuvor verblassten meine Visionen sofort, und ich nahm nur noch das üble Mondlicht, die vor sich hinbrütende Wüste und die ausgedehnte Ansammlung von uraltem Mauerwerk wahr. Jetzt stand ich etwas Realem, Greifbarem gegenüber, obgleich erfüllt von grenzenlosen Andeutungen albtraumhafter Mysterien, denn dieser kalte Luftstrom konnte nur eines bedeuten – unter den auf der Oberfläche herumliegenden Blöcken befand sich ein versteckter, enormer Abgrund.

Mein erster Gedanke galt den düsteren Legenden der Aborigines von ausgedehnten, unterirdischen Hütten zwischen den Megalithen, wo sich Schreckliches abspielte und heftige Winde ihren Ursprung hatten. Dann kamen Gedanken an meine eigenen Träume zurück, und ich spürte, wie schwache Pseudo-Erinnerungen an meinem Geist zerrten. Welche Art von Ort lag da unter mir? Welche urzeitliche, unvorstellbare Quelle uralter Mythenzyklen und bedrückender Albträume war ich dabei zu enthüllen? Ich zögerte nur einen Moment, denn mehr als Neugierde und wissenschaftlicher Eifer trieb mich, entgegen meiner anwachsenden Furcht, voran.

Es schien, als würde ich mich automatisch fortbewegen, so als befände ich mich im Griff eines unwiderstehlichen Schicksals. Meine Taschenlampe wegsteckend und mit einer Kraft, von der ich nicht geglaubt hätte, sie zu besitzen, schob ich das erste, mächtige, steinerne Bruchstück zur Seite und dann ein weiteres, bis ein starker Luftzug hervorquoll, dessen Feuchtigkeit in einem seltsamen Gegensatz zu der trockenen Luft der Wüste stand. Ein schwarzer Riss klaffte auf und schließlich, als ich jedes Bruchstück, das klein genug war, um es bewegen zu können, beiseite geräumt hatte, fiel das ekelhafte Mondlicht auf eine Öffnung, die ausreichend war, mich einzulassen.

Ich zog meine Taschenlampe heraus und richtete ihren hellen Lichtstrahl in die Öffnung. Unter mir befand sich ein Chaos von verfallenem Mauerwerk, das grob in Richtung Norden in einem Winkel von ungefähr fünfundvierzig Grad nach unten führte. Offensichtlich war dies das Ergebnis eines Einsturzes weiter oben gewesen. Zwischen dem Mauerwerk und dem Punkt, an dem ich mich befand, klaffte ein undurchdringlicher, schwarzer Abgrund, an dessen Rand sich Anzeichen eines gigantischen, verfallenen Gewölbes befanden. In diesem Moment schien es, als läge der Wüstensand direkt auf dem Boden dieses enormen Gebildes aus der Frühzeit der Erde. Wie es sich durch die Äonen geologischer Verwerfungen erhalten hatte, konnte ich weder damals noch heute auch nur vermuten.

Im Nachhinein erscheint der kleinste Gedanke an ein sofortiges, alleiniges Eindringen in einen solch ungewissen Abgrund –

und zu einem Zeitpunkt, da niemand meinen Aufenthaltsort kannte – als absoluter Höhepunkt geistiger Verwirrung. Vielleicht war dem so, aber in jener Nacht machte ich mich, ohne zu zögern, an den Abstieg. Auch war klar, dass Verlockung und das Getriebensein vom Schicksal wieder einmal mein Vorgehen bestimmten. Meine Taschenlampe, um die Batterie zu schonen, nur ab und zu aufleuchten lassend, begann ich mit der verrückten Kletterei, die zyklopische, finstere Rampe hinter der Öffnung hinabzusteigen – manchmal, wenn ich gute Haltepunkte für meine Hände und Füße fand, den Blick nach vorne gerichtet, und bei anderer Gelegenheit drehte ich mich um und sah auf die Anhäufung der Megalithen, während ich unsicher herumtastete. Beiderseits neben mir erhoben sich, kaum erkennbar im Licht meiner Taschenlampe, entfernte Wände aus verziertem, verfallenem Mauerwerk. Vor mir lag allerdings unverändert nur schwarze Leere.

Während ich nach unten kletterte, achtete ich nicht auf die Zeit. In meinen Gedanken tobten so verwirrende Hinweise und Bilder, dass alle realen Notwendigkeiten in unendliche Ferne gerückt waren. Sämtliche körperliche Empfindungen waren verschwunden, und selbst die Furcht war nur noch ein gespenstischer, untätiger Gargoyle, der mich machtlos angrinste. Irgendwann erreichte ich einen ebenen Flur, übersät mit herabgefallenen Blöcken, formlosen Bruchstücken von Steinen, Sand und allerlei Arten von Schutt. Auf beiden Seiten, etwa zehn Meter voneinander entfernt, ragten feste Mauern auf, die in mächtigen Simsen endeten. Ich konnte sehen, dass sie verziert waren, aber welcher Art die Ornamente waren, konnte ich nicht erkennen. Was mich am meisten erstaunte, war das Gewölbe über mir. Der Strahl meiner Taschenlampe reichte nicht bis zum Dach, doch der untere Teil der mächtigen Bögen war deutlich zu erkennen. Und die Übereinstimmung mit dem, was ich in unzähligen Träumen gesehen hatte, war so gravierend, dass ich zum ersten Mal wirklich zu zittern begann.

Dahinter und weit oben zeugte ein schwacher, heller Schein von dem entfernten Mondlicht der Welt da draußen. Ein kleiner

Fetzen Vorsicht warnte mich, es nicht aus den Augen zu verlieren, denn ansonsten hätte ich keinen Anhaltspunkt für meine Rückkehr. Ich bewegte mich jetzt auf die Mauer zu meiner Linken zu, wo die Spuren von Ornamenten am deutlichsten waren. Der verschmutzte Flur war fast genauso schwer zu überwinden wie die abwärts führende Halle, doch ich bewältigte den schwierigen Weg. An einer Stelle schob ich einige Blöcke beiseite und beseitigte mit den Füßen den Schutt, um zu untersuchen, wie die Fliesen aussahen, und erschrak über die gänzliche, schicksalhafte Vertrautheit der großen, achteckigen Steinplatten, die sich immer noch auf dem aufgeworfenen Untergrund befanden.

Als ich einen passenden Abstand zu der Mauer erreicht hatte, ließ ich den Strahl der Taschenlampe über die verwitterten Reste der Ornamente gleiten. Es sah so aus, als hätten lang zurückliegende Wassereinbrüche auf die Oberfläche der Sandsteine eingewirkt, da es seltsame Einkerbungen gab, die ich mir nicht erklären konnte. An einigen Stellen war das Mauerwerk sehr locker und verschoben, und ich fragte mich, wie viele weitere Äonen dieses urzeitliche, verborgene Bauwerk – angesichts der Erdverschiebungen – noch die verbliebenen Spuren seiner Form bewahren konnte.

Allerdings waren es die Ornamente, die mich am meisten begeisterten. Trotz ihres durch die Zeitläufe verwitterten Zustands, konnte man sie, wenn man genau hinschaute, entschlüsseln, und die völlige, enge Vertrautheit einer jeden Einzelheit machte mich fassungslos. Dass die wesentlichen Attribute dieses uralten Mauerwerks mir bekannt sein sollten, lag nicht außerhalb normaler Wahrscheinlichkeit. Als beeindruckender Ausdruck der Gespinste bestimmter Mythen waren sie Teil im Fortbestand einer rätselhaften Überlieferung geworden, von der ich irgendwie während meiner Amnesie Kenntnis erhalten hatte, und diese hatte lebhafte Bilder in meinem Unterbewusstsein hervorgebracht. Doch wie konnte ich die genaue und bis ins kleinste gehende Übereinstimmung jeder Linie und Spirale dieser fremden Muster mit dem, was ich über viele Jahre hinweg geträumt hatte, erklären? Welche abseitige, vergessene Ikonografie hätte jede noch so kleine Abstufung und Nuance mit so beharrlicher Genauigkeit reproduzieren können, wie sie in den unveränderten Schlafvisionen, die mich Nacht für Nacht heimsuchten, vorkamen?

Dies war weder Zufall noch entfernte Ähnlichkeit. Ganz genau und bestimmt war dieser Millionen Jahre alte und seit Äonen verborgene Korridor, in dem ich stand, das Original von etwas, das ich im Schlaf so genau kannte wie mein Haus in der Crane Street in Arkham. Wahr ist, dass mir meine Träume den Ort in seiner unbeschädigten Vorzeit zeigten, aber die Übereinstimmung war deswegen nicht geringer. Ich kannte mich völlig und auf schreckliche Weise aus. Dieses spezielle Gebäude, in dem ich mich befand, kannte ich. Ebenfalls kannte ich seine Lage innerhalb der schrecklichen, uralten Stadt meiner Träume. Dass ich unfehlbar jeden Punkt in diesem Gebäude und in der Stadt, die die Veränderungen und den Verfall von unzähligen Zeitaltern überstanden hatte, erreichen konnte, erkannte ich mit grässlicher und instinktiver Gewissheit. Was, in Gottes Namen, hatte das alles zu bedeuten? Wie kam es dazu, dass ich wusste, was ich weiß? Und welche furchtbare Realität konnte hinter den alten Erzählungen von Lebewesen stecken, die in diesem Labyrinth urzeitlicher Steine gelebt hatten?

Worte können nur bruchstückhaft vermitteln, welches Chaos von Furcht und Verwirrung meinen Geist erfasst hatte. Ich kannte diesen Ort. Ich wusste, was sich vor mir befand und was sich über mir befunden hatte, bevor die unzähligen darüberliegenden Stockwerke zu Staub und Trümmern und zur Wüste zerfallen waren. Jetzt bestand kein Grund mehr dafür, so überlegte ich mir erschaudernd, das schwache Mondlicht im Auge zu behalten. Ich war zwischen dem Verlangen zu fliehen und einer fieberhaften Mischung von brennender Neugierde und schicksalhafter Getriebenheit hin und her gerissen. Was war mit dieser monströsen Metropole in den Millionen von Jahren seit der Zeit meiner Träume geschehen? Mit all den unterirdischen Labyrinthen, die unterhalb der Stadt lagen und ihre riesigen Türme verbanden? Wie viel davon hatte die Verwerfungen der Erdkruste überlebt?

War ich auf eine vollständige begrabene Welt unheiligen Archaismus gestoßen? Konnte ich noch das Haus der Schreiber finden und den Turm, in dem S'gg'ha, ein gefangenes Bewusstsein der sternköpfigen, pflanzlichen Fleischfresser aus der Antarktis, bestimmte Bilder in die freien Stellen auf der Mauer eingraviert hatte? Würde der Durchgang zu der Halle mit den fremden Bewusstseinen, zwei Stockwerke tiefer, noch intakt und begehbar sein? In dieser Halle hatte ein gefangenes Bewusstsein einer unglaublichen Entität – ein nur zur Hälfte veränderlicher Bewohner des hohlen Kerns eines unbekannten Planeten jenseits des Pluto aus achtzehn Millionen Jahren in der Zukunft – einen bestimmten Gegenstand, den es aus Ton modelliert hatte, aufbewahrt.

Ich schloss die Augen und barg meinen Kopf in den Händen, in dem vergeblichen, nutzlosen Versuch, diese kranken Traumfragmente aus meinem Bewusstsein zu bekommen. In diesem Moment spürte ich zum ersten Mal die Kühle, die Bewegung und die Feuchtigkeit in der mich umgebenden Luft. Mir wurde klar, dass sich tatsächlich eine große Anzahl von seit Äonen verlassenen, schwarzen Abgründen irgendwo vor und unter mir befinden mussten. Ich dachte an die Furcht einflößenden Räume, Korridore und Rampen, wie sie mir aus meinen Träumen in Erinnerung waren. Wäre der Weg zum Zentralarchiv noch offen? Wieder bedrängte diese schicksalhafte Macht beständig meinen Geist, als ich an die fantastischen Aufzeichnungen dachte, die einst in jenen rechteckigen Tresoren aus rostfreiem Metall lagen.

Dort, so besagten die Träume und Legenden, ruhte die gesamte Geschichte, Vergangenheit und Zukunft des kosmischen Raum-Zeit-Gefüges – geschrieben von gefangenen Bewusstseinen von jedem Planeten und aus jedem Zeitalter des Sonnensystems. Natürlich war das Wahnsinn – doch war ich jetzt nicht in eine albtraumhafte Welt gestolpert, so wahnsinnig wie ich selbst? Ich dachte an die verschlossenen Metallregale und die seltsamen

Drehungen an den Schlössern, die nötig waren, ein jedes davon zu öffnen. Mein eigenes kam mir lebhaft in Erinnerung. Wie oft hatte ich, in der irdischen Wirbeltierabteilung auf der untersten Ebene, die eingefleischte Routine der verschiedenen Drehungen und das Hineindrücken ausgeführt. Jede Kleinigkeit war mir präsent und vertraut. Wenn es einen Tresor, wie ich geträumt hatte, gab, könnte ich ihn augenblicklich öffnen. In diesem Moment ergriff der Wahn mich völlig. Einen Augenblick später sprang und stolperte ich über die Trümmer in Richtung der mir gut in Erinnerung gebliebenen Rampe, die in die Tiefen unter mir führte.

VII

Von diesem Punkt an kann man meinen Eindrücken nur sehr eingeschränkt vertrauen, tatsächlich hege ich immer noch eine letzte, verzweifelte Hoffnung, dass sie nur Teile eines dämonischen Traums sind oder Wahnvorstellungen, geboren aus dem Delirium. Von einer Art Fieber geschüttelt, erschien mir alles wie in einem Nebel, manchmal sogar nur bruchstückhaft. Der Strahl meiner Taschenlampe huschte durch die mich umgebende Dunkelheit und enthüllte grässlich vertraute Mauern und Ornamente, sämtlich vom Verfall der Jahrtausende gezeichnet. An einer Stelle waren die Gewölbe auf weiter Strecke zusammengebrochen, sodass ich über eine riesige Anhäufung von Steinen klettern musste, die fast bis zum aufgerissenen, grotesk gezackten Dach reichte. Das alles war der absolute Höhepunkt des Albtraums, der noch durch den Einfluss der Pseudo-Erinnerung verschlimmert wurde. Eine Sache allerdings war mir nicht vertraut, meine eigene Größe im Vergleich zu dem monströsen Mauerwerk. Ich fühlte mich niedergedrückt von meiner eigenen Winzigkeit, so als ob der Anblick dieser aufragenden Mauern von einem menschlichen Körper aus etwas völlig Neues und

Unnormales wäre. Immer wieder blickte ich an mir herab und war von meiner menschlichen Gestalt verunsichert.

Auf meinem weiteren Weg durch die Dunkelheit sprang, stürzte und stolperte ich voran – häufig ging ich zu Boden und handelte mir Prellungen ein, wobei ich einmal fast meine Taschenlampe verlor. Jeder Stein, jede Ecke dieses dämonischen Abgrunds war mir bekannt, und an vielen Stellen verharrte ich, leuchtete mit meiner Taschenlampe in blockierte und verfallene, doch vertraute Torbögen hinein. Einige der Räume waren vollständig in sich zusammengefallen, andere waren leer oder mit Schutt gefüllt. In ein paar davon sah ich Unmengen von Metall – manches intakt, anderes zerbrochen oder zerquetscht oder stark beschädigt –, in dem ich die riesigen Sockel und Tische aus meinen Träumen wiedererkannte. Was sie in Wirklichkeit gewesen waren, wagte ich nicht zu vermuten.

Ich fand die nach unten führende Rampe und begann mit dem Abstieg, doch nach einiger Zeit stand ich vor einer klaffenden Spalte, deren jenseitige Kante nicht weiter als gut einen Meter entfernt sein konnte. An dieser Stelle war das Mauerwerk eingestürzt und hatte unermessliche, schwarze Tiefen freigelegt. Ich wusste, dass es in diesem gigantischen Gebäude noch weitere zwei Kellergeschosse gab, und als ich mich an die mit Metallschienen verschlossenen Falltüren der untersten Ebene erinnerte, überkam mich erneut Panik. Jetzt konnten dort keine Wächter mehr sein – was auch immer dort unten lauerte, hatte schon längst seine grauenhafte Arbeit verrichtet und war schon lange seinem Niedergang anheimgefallen. Zur Zeit der nachmenschlichen Käferrasse würde es schon tot sein. Und ja, als ich an die Legenden der Eingeborenen dachte, lief es mir wieder kalt den Rücken hinunter.

Es kostete mich eine schreckliche Überwindung, die gähnende Spalte zu überspringen, denn der verschmutzte Boden ließ keinen Anlauf für einen Sprung zu – doch der Wahnsinn trieb mich voran. Ich wählte eine Stelle nahe der linken Wand, wo der Riss nicht so breit und die Stelle meiner Landung einigermaßen frei von gefährlichem Schutt war, und erreichte – nach einem entsetzlichen Moment über dem Abgrund – sicher die andere Seite. Schließlich gelangte ich in die untere Ebene. Ich stolperte weiter durch die Tür in den Raum der Maschinen, in dem sich fantastisch anmutende Metalltrümmer befanden, halb begraben unter dem zusammengebrochenen Gewölbe. Alles war dort, wo ich es erwartet hatte, und ich kletterte selbstgewiss über Schuttberge, die den Weg in einen Verbindungskorridor blockierten. Mir war klar, dass ich so unter die Stadt und zum Zentralarchiv käme.

Endlose Zeitalter schienen sich vor mir auszubreiten, als ich mich stolpernd, springend und kriechend den mit Trümmern übersäten Korridor entlangbewegte. Ab und zu konnte ich auf den vom Alter gezeichneten Wänden Ornamente erkennen – einige bekannt, andere anscheinend erst nach der Periode meiner Träume hinzugekommen. Da dies ein unterirdischer Verbindungsweg zwischen den Häusern war, gab es keine Abzweigungen, außer, wenn er durch die unteren Bereiche verschiedener Gebäude führte. An einigen dieser Kreuzungen, schaute ich zur Seite, hinein in wohlbekannte Räume und entlang ebensolcher Korridore. Nur zweimal fielen mir deutliche Veränderungen gegenüber dem auf, was ich geträumt hatte – und in einem dieser Fälle konnte ich die Spuren von einem versiegelten Torbogen, an den ich mich erinnerte, erkennen.

Ich zitterte fürchterlich und spürte, wie eine merkwürdige Welle von zunehmender Schwäche über mich hereinbrach, als ich widerwillig einen schnellen Weg durch das Kellergewölbe eines der großen, fensterlosen, verfallenen Türme einschlug, dessen fremdes Basaltmauerwerk von seiner verfluchten und schrecklichen Herkunft zeugte. Dieses Gewölbe war rund, hatte einen Durchmesser von fast 70 Metern, und die dunklen Steinen wiesen keinerlei Verzierungen auf. Der Boden war hier frei von allem, außer Staub und Sand, und ich konnte die Öffnungen sehen, die nach oben und unten führten. Es gab keine Treppen oder Rampen – und meine Träume hatten mir auch gezeigt, dass diese

Türme von der fabelhaften Großen Rasse völlig in Ruhe gelassen wurden. Jene, die sie erbaut hatten, brauchten keine Treppen oder Rampen. In meinen Träumen waren die nach unten führenden Öffnungen fest verschlossen und aufmerksam bewacht gewesen. Jetzt standen sie offen – schwarz und gähnend –, und aus ihnen drang ein Strom kalter, feuchter Luft. Was dort unten in den grenzenlosen Kavernen ewiger Nacht vor sich hin schwärte, erlaubte ich mir nicht vorzustellen.

Später, als ich auf einem übel aufgeworfenen Bereich des Korridors entlangkroch, gelangte ich an eine Stelle, wo das Dach gänzlich in sich zusammengebrochen war. Die Trümmer ragten wie ein Berg auf, ich stieg über sie und erreichte einen weiten, leeren Raum, wo das Licht meiner Taschenlampe weder Mauern noch Gewölbe enthüllen konnte. Das musste, so überlegte ich, der Keller des Hauses der Metall-Lieferanten sein, das an dem dritten Platz stand, nicht weit von den Archiven entfernt. Was mit ihm passiert war, konnte ich mir nicht vorstellen.

Hinter dem Berg von Trümmern und Steinen fand ich den Korridor wieder, doch nach nur einer kurzen Strecke stieß ich auf eine völlig blockierte Stelle, wo das herabgefallene Gewölbe fast bis an die herunterhängende Decke reichte. Wie ich es fertigbrachte, genügend Blöcke beiseite zu zerren und wegzuräumen, um hindurchzukommen, und wie ich es wagen konnte, die Lage der eng zusammenliegenden Bruchstücke zu verändern, wenn der letzte Ruck vielleicht das Gleichgewicht zunichtemachte und all die Tonnen von überdimensionalem Mauerwerk, das mich zermalmen würde, über mich hereinbrechen ließe, weiß ich nicht. Es war der reine Wahnsinn, der mich antrieb und führte – wenn nicht mein gesamtes unterirdisches Abenteuer, so wie ich hoffte, eigentlich eine höllische Illusion oder ein Traum war. Doch ich schuf – oder träumte zu schaffen – einen Durchgang, durch den ich gelangen konnte. Als ich mich über den Berg von Trümmern schlängelte – meine beständig angeschaltete Taschenlampe fest im Mund –, quälten mich die fantastischen Stalaktiten des zerklüfteten Stockwerks über mir.

Ich war jetzt in der Nähe des großen, unterirdischen Archivgebäudes, das mein Ziel zu sein schien. Ich glitt und kroch die andere Seite der Barriere hinunter und nahm meinen Weg, die Taschenlampe in meiner Hand ab und zu anmachend, den restlichen Teil des Korridors entlang, in Angriff. Ich erreichte schließlich ein niedriges, rundes Gewölbe – immer noch wunderbar erhalten – mit einer Reihe von Türöffnungen im Mauerwerk. Das Mauerwerk, oder zumindest die Teile, die vom Strahl meiner Taschenlampe erreicht wurden, waren ausgiebig mit Hieroglyphen und den typischen, geschwungenen Symbolen versehen – einige erst nach der Periode in meinen Träumen hinzugefügt.

Dies, so wurde mir klar, war mein endgültiges Ziel, und ich durchschritt sofort einen vertrauten Torbogen zu meiner Linken. Dass ich einen freien Weg, die Rampe hinauf oder hinunter, finden würde, daran hatte ich seltsamerweise keinerlei Zweifel. Dieses ausgedehnte, durch Erdmassen geschützte Gebäude, in dem sämtliche Annalen des Sonnensystems gehütet wurden, war mit übernatürlichen Fähigkeiten und Kräften errichtet worden, um so lange Bestand zu haben wie das System selbst. Blöcke von enormer Größe, platziert mit mathematischer Genialität und verbunden mit Zement von unvorstellbarer Festigkeit, hatten sich zu einer Masse verbunden, so beständig wie die mächtigsten Berge. Hier, nach Zeitaltern, erstaunlicher als ich sie mit dem Verstand erfassen kann, stand dieser begrabene Koloss in all seinen wesentlichen Bereichen unbeschädigt, und die ausgedehnten, verstaubten Korridore waren kaum verunreinigt durch den sonst allgegenwärtigen Schmutz.

Das relativ einfache Vorankommen von diesem Punkt an stieg mir merkwürdigerweise zu Kopf. All die bisherige, mühevolle Anstrengung, die zusätzliche Enttäuschung durch die Hindernisse wich jetzt einer fieberhaften Hast, und ich rannte wortwörtlich durch die niedrigen Gänge, die hinter dem Torbogen lagen und an die ich mich unglaublich gut erinnern konnte. Ich war schon nicht mehr über die Vertrautheit dessen erstaunt, was ich sah. Auf jeder Seite erhoben sich monströs die großen, mit Hieroglyphen versehenen Metalltüren der Tresore, einige immer noch an ihren Platz, bei anderen waren die Türen aufgesprungen und noch andere waren verbogen und verbeult von den lange zurückliegenden geologischen Kräften, die aber nicht groß genug gewesen waren, dieses gigantische Gebäude zu zerstören. Da und dort schien ein staubbedeckter Hügel am Fuß eines offen stehenden Tresors darauf hinzudeuten, dass dieser durch die Kräfte eines Erdbebens zu Bruch gegangen war. An einigen Säulen befanden sich große Symbole oder Hieroglyphen, die besagten, zu welcher Klasse oder Unterklasse die Bücher gehörten.

Einmal hielt ich vor einem offenen Gewölbe an und sah, dass sich die gewohnten Metallbehälter immer noch – zwischen dem allgegenwärtigen, grobkörnigen Staub – an ihrer ursprünglichen Stelle befanden. Ich griff nach oben und holte mit einigen Schwierigkeiten eines der schmaleren Exemplare heraus und legte es, um einen Blick darauf zu werfen, auf den Boden. Der Titel war mit den vorherrschenden, geschwungenen Hieroglyphen geschrieben, doch etwas in der Anordnung der Schriftzeichen schien ziemlich ungewöhnlich. Der besondere Mechanismus des angebrachten Schlosses war mir gut bekannt, und ich klappte den immer noch rostfreien und funktionierenden Deckel auf und zog das darin liegende Buch heraus. Letzteres war wie erwartet ungefähr 50 x 40 Zentimeter groß und fünf Zentimeter dick, der dünne Deckel wurde an der Oberseite geöffnet. Die festen Papierseiten schienen die unzählbaren Zyklen der Zeit, die sie durchlaufen hatten, unbeschadet überstanden zu haben, und ich studierte die seltsam gefärbten, mit dem Pinsel angefertigten Buchstaben des Textes – gänzlich verschieden von den geschwungenen Hieroglyphen oder einem jeden anderem, dem Menschen bekannten Alphabet – mit eindringlicher, etwas aufgeregter Erinnerung. Mir fiel ein, dass dies die Sprache eines gefangenen Bewusstseins war, das ich in meinen Träumen flüchtig gekannt hatte – eines Bewusstseins, das von einem großen Asteroiden stammte, auf dem viel von dem früheren Leben und den Erzählungen des ehemaligen Planeten überlebt hatte, von welchem der Asteroid ein Bruchstück war. Im gleichen Moment erinnerte ich mich auch daran, dass diese Ebene des Archivs die Bücher enthielt, die sich mit den nicht solaren Planeten beschäftigten.

Als ich mein Grübeln über dieses unglaubliche Dokument einstellte, bemerkte ich, dass das Licht meiner Taschenlampe nachließ und legte schnell die Ersatzbatterie ein, die ich immer bei mir hatte. Dann, ausgerüstet mit einem deutlich stärkeren Lichtstrahl, nahm ich mein fieberhaftes Hasten durch das Gewirr der Gänge und Korridore wieder auf – erkannte ab und zu ein vertrautes Regal und ärgerte mich über die Akustik, die meine Schritte unpassend durch diese Katakomben von Äonen langem Tod und Stille hallen ließ. Die deutlichen Spuren meiner Schuhe, die ich in dem Millionen Jahre unberührten Staub zurückließ, ließ mich erschaudern. Niemals zuvor, wenn an meinen wahnsinnigen Träumen etwas Wahres war, hatten menschliche Füße dieses uralte Pflaster betreten. Über das eigentliche Ziel meines krankhaften Dahineilens gab mir mein Bewusstsein keinen Aufschluss. Und doch existierte, wie auch immer, eine böse Macht, die meinen benommenen Willen und begrabene Erinnerungen im Griff hatte, und ich war mir undeutlich bewusst, dass ich nicht planlos umherrannte.

Ich kam an eine abschüssige Rampe und lief auf ihr in größere Tiefen. Während ich rannte, passierte ich andere Stockwerke, aber ich hielt nicht an, um sie zu erkunden. In meinem wirren Gehirn begann sich ein bestimmter Rhythmus festzusetzen, der meine rechte Hand in entsprechender Weise zucken ließ. Ich wollte etwas aufschließen und spürte, dass ich all die komplizierten Drehungen und wo ich drücken musste, die dazu notwendig waren, kannte. Es wäre wie ein moderner Tresor mit einem Kombinationsschloss. Traum oder nicht, ich hatte es einst gewusst und wusste es noch immer. Wie konnte irgendein Traum – oder der Fetzen einer unbewusst aufgenommenen Legende – mir eine solch kleine, komplizierte und komplexe Einzelheit vermittelt haben? Ich versuchte erst gar nicht, eine Erklärung zu finden. Ich war jenseits aller vernünftiger Gedanken. War nicht diese ganze Erfahrung – diese Vertrautheit mit einer Ansammlung von unbekannten Ruinen und diese monströse, genaue Übereinstimmung von allem hier mit Dingen, die mir nur meine Träume und Fetzen von Mythen eingegeben haben konnten – ein Schrecken jenseits aller Vernunft? Wahrscheinlich, und das war damals meine grundsätzliche Überzeugung – wie auch jetzt, wo ich mich besser fühle –, dass ich überhaupt nicht wach war, sondern die gesamte, verborgene Stadt eine Ausgeburt meiner Fieberfantasien.

Schließlich erreichte ich die unterste Ebene und wandte mich beim Verlassen der Rampe nach rechts. Aus irgendwelchen dunklen Gründen bemühte ich mich, meine Schritte zu dämpfen, selbst wenn ich dadurch langsamer wurde. Auf diesem tief unten liegenden Stockwerk gab es eine offene Fläche, die ich fürchtete zu überqueren, und als ich näher kam, wusste ich wieder, wovor ich Angst hatte. Es war lediglich eine der mit Metallschienen versiegelten Falltüren, die so scharf bewacht worden waren. Jetzt gäbe es keine Wachen mehr, und aus diesem Grund zitterte ich und lief auf Zehenspitzen, wie ich es schon getan hatte, als ich die schwarze Basaltgruft, wo eine ebensolche Falltür gegähnt hatte, durchquert hatte. Ich bemerkte einen kalten, feuchten Luftzug, wie ich ihn auch dort gespürt hatte, und wünschte, mein Weg würde mich in eine andere Richtung führen. Warum ich genau diesen Weg nahm, wusste ich nicht.

Als ich zu der offenen Fläche kam, sah ich, dass die Falltür weit offen stand. Vor mir standen wieder Regale und vor einem von ihnen lag eine Anzahl von Behältern, nur mit einer dünnen Staubschicht bedeckt, als wären sie erst kürzlich heruntergefallen. Ich selben Moment erfasste mich eine neue Welle von Panik, doch warum, konnte ich eine Weile lang nicht ergründen. Haufen von herabgefallenen Behältern waren nicht ungewöhnlich, denn durch all die Äonen hindurch war dieses dunkle Labyrinth durch die Verschiebungen der Erdkruste angehoben worden und hatte von Zeit zu Zeit vom Ohren betäubenden Gepolter zusammenbrechender Objekte widergehallt. Erst als ich die Fläche fast überquert hatte, wurde mir klar, worüber ich so entsetzt war.

Nicht die Haufen der Behälter, sondern etwas an dem Staub auf diesem untersten Stockwerk hatte mich irritiert. Im Licht meiner Taschenlampe erschien der Staub nicht so gleichmäßig, wie er hätte sein sollen – es gab Stellen, wo er dünner zu sein schien, als wäre er vor nicht allzu vielen Monaten aufgewirbelt worden. Ich war mir nicht sicher, denn selbst die offensichtlichen Stellen, wo er nicht so dick lag, waren noch staubig genug, doch eine bestimmte Anmutung von Gleichförmigkeit in den eingebildeten Unregelmäßigkeiten war höchst beunruhigend. Als ich mit der Taschenlampe eine der seltsamen Stellen untersuchte, gefiel mir gar nicht, was ich sah – denn der Eindruck der Regelmäßigkeit wurde sehr stark. Es schien, als wären es gerade Linien von zusammengehörigen Abdrücken – Abdrücke, die in Dreiergruppen verliefen, jeder mehr als dreißig mal dreißig Zentimeter groß und mit fünf fast runden sieben Zentimeter großen Zusätzen, einer davon ragte über die anderen hinaus.

Diese möglichen Linien von 30 x 30 Zentimeter großen Abdrücken schienen in zwei Richtungen zu führen, so als ob etwas irgendwohin gegangen und dann zurückgekommen wäre. Natürlich waren sie sehr schwach, und möglicherweise waren es Trugbilder oder ein Zufall, doch in dem Weg, den sie vermutlich genommen hatten, lag ein Anflug von schwachem, nagendem Schrecken. Denn an dessen einem Ende befand sich der Haufen von Behältern, die vor nicht allzu langer Zeit heruntergefallen sein konnten, während am anderen die geheimnisvolle Falltür war, aus der der kalte, feuchte Luftzug kam und die unbewacht einen unvorstellbaren Abgrund hinabführte.

VIII

Wie stark und überwältigend der seltsame Zwang war, unter dem ich stand, zeigte sich darin, wie er meine Furcht im Griff hatte. Keine rationale Überlegung hätte mich nach dem grässlichen Verdacht bezüglich der Abdrücke und den quälenden Traum-Erinnerungen, die davon ausgelöst wurden, dazu gebracht, weiterzumachen. Auch meine rechte Hand, selbst als sie vor Furcht zitterte, drehte sich immer noch rhythmisch im Eifer, ein Schloss zu öffnen, das sie zu finden hoffte. Bevor mir dies gewahr wurde, war ich schon an dem Haufen kürzlich herabgefallener Behälter vorbei und rannte auf Zehenspitzen durch Gänge gänzlich unberührten Staubs zu einem Punkt, den ich auf krankhaft schreckliche Weise nur zu gut zu kennen schien. Mein Geist stellte sich Fragen, deren Ursprung und Bedeutung ich erst langsam zu verstehen begann. Könnte man das Regal mit einem menschlichen Körper erreichen? Könnte meine menschliche Hand all die über Äonen hinweg erinnerten Bewegungen des Schließmechanismus bewältigen? Wäre das Schloss unbeschädigt und funktionierte es? Und was würde ich tun – was wagte ich mich zu tun – mit dem, was (wie mir jetzt langsam klar wurde) ich sowohl hoffte als auch fürchtete zu finden? Würde es sich als die Ehrfurcht gebietende, bewusstseinserschütternde Wahrheit über etwas jenseits aller normalen Vorstellungen erweisen oder nur zeigen, dass ich träumte?

Als nächstes wurde mir bewusst, dass ich mein Rennen auf Zehenspitzen aufgegeben hatte und vor einer Reihe von Regalen verharrte, die mit den vertrauten, wahnsinnig machenden Hieroglyphen verziert waren. Die Regale waren fast unbeschädigt erhalten und im näheren Umkreis standen nur bei drei von ihnen die Türen offen. Meine Gefühle beim Anblick dieser Regale waren unbeschreiblich – so umfassend und intensiv war das Gefühl einer alten Vertrautheit. Ich schaute zu einem Regalbrett hinauf, das sich völlig außer Reichweite befand und überlegte, wie ich dort hinaufkommen könnte. Eine offen stehende Regaltür vier

Reihen oberhalb des Bodens wäre hilfreich, und die Schlösser der geschlossenen Türen könnten meinen Händen und Füßen als Steighilfe dienen. Ich müsste meine Taschenlampe zwischen die Zähne nehmen, wie schon bei anderen Gelegenheiten, wo ich beide Hände gebraucht hatte. Und was ganz wichtig war, ich durfte keinen Krach machen. Wie ich das, was ich haben wollte, herunterbrachte, wäre kompliziert, aber vielleicht konnte ich das bewegliche Schloss an meinem Mantelkragen befestigen und den Behälter wie einen Tornister tragen. Erneut fragte ich mich, ob das Schloss unbeschädigt wäre. Dass ich in der Lage war, die vertrauten Handgriffe zum Öffnen auszuführen, daran bestand kein Zweifel. Aber ich hoffte, dass das Ding nicht kratzen oder quietschen würde und meine Hände ordentlich arbeiten würden.

Während mir diese Dinge durch den Kopf gingen, hatte ich schon die Taschenlampe in den Mund gesteckt und mit dem Aufstieg begonnen. Die hervorstehenden Schlösser waren eine armselige Unterstützung, doch wie ich erwartet hatte, war die offen stehende Tür eine große Hilfe. Ich nutzte sowohl die Tür als auch die Öffnung selbst für meinen Aufstieg und schaffte es, jedes Quietschen zu vermeiden. Auf dem oberen Rand der Tür balancierend und mich weit nach rechts beugend, konnte ich das Schloss, zu dem ich wollte, erreichen. Meine Finger, halb taub von der Kletterei, stellten sich zuerst sehr unbeholfen an, doch schon bald bewegten sie sich automatisch auf die richtige Weise. Und der Erinnerungs-Rhythmus führte sie sicher. Aus den Abgründen der Zeit hatten die komplizierten, geheimen Bewegungsmuster mein Gehirn mit jedem kleinsten Detail erreicht, denn nach weniger als fünf Minuten des Herumhantierens erklang ein Klicken, dessen Vertrautheit mich noch mehr überraschte, da ich es nicht bewusst erwartet hatte. Sofort schwang die Metalltür ohne das geringste Geräusch zu verursachen langsam auf.

Verwirrt musterte ich die Reihe von grauen Behältervorderseiten, die sich mir darboten, und spürte eine riesige Woge eines völlig unerklärlichen Gefühls. Gerade noch in Reichweite meiner rechten Hand befand sich ein Behälter, dessen geschwungene Hieroglyphen mir einen Stich versetzten, unendlich komplexer als das Empfinden bloßer Furcht. Immer noch zitternd, gelang es mir, ihn in einer Wolke körnigen Staubs heraus und zu mir hinzuziehen, ohne laute Geräusche zu verursachen. Wie der andere Behälter, den ich schon in der Hand gehabt hatte, war auch dieser 50 x 40 Zentimeter groß, mit geschwungenen, mathematischen Mustern reliefartig versehen und ungefähr sieben Zentimeter dick. Ich keilte ihn grob zwischen mir und dem Regal ein und hantierte an dem Schloss, bis sich schließlich der Riegel löste. Ich öffnete den Deckel, schob das schwere Objekt auf meinen Rücken und klemmte den Riegel unter meinem Kragen fest. Jetzt, da meine Hände wieder frei waren, kletterte ich unbeholfen auf den staubigen Boden hinunter und machte mich daran, meine Beute zu untersuchen.

In dem groben Staub kniend drehte ich den Behälter herum und platzierte ihn vor mir. Meine Hände zitterten, und ich fürchtete mich davor, das Buch herauszuziehen, und gleichzeitig konnte ich es kaum erwarten, ja fühlte mich fast gezwungen, es zu tun. Mir war einigermaßen klar, was ich finden würde, und diese Erkenntnis lähmte fast meine Handlungsfähigkeit. Wenn das Ding existierte – und ich nicht träumte –, wären die Konsequenzen weit jenseits dessen, was ein menschlicher Geist ertragen konnte. Was mich allerdings am meisten quälte, war meine momentane Unfähigkeit zu glauben, das alles sei nur ein Traum. Das Gefühl von Realität war grauenhaft – und ist es auch jetzt, wo ich mich an die Situation erinnere.

Schließlich zog ich mit zitternden Händen das Buch aus seinem Behälter und starrte fasziniert die mir gut bekannten Hieroglyphen auf dem Umschlag an. Es schien mir in sehr gutem Zustand und die geschwungenen Zeichen des Titels lösten bei mir einen fast hypnotischen Zustand aus, so als ob ich sie tatsächlich lesen könnte. Ich kann nicht wirklich beschwören, ob ich sie nicht in einem vorübergehenden Zustand abnormaler Erinnerung doch las. Ich kann nicht sagen, wie lange es dauerte, bis ich mich wagte, den dünnen Metallumschlag anzuheben. Ich zögerte und erfand für mich selbst Ausreden. Ich nahm die Taschenlampe aus meinem Mund und machte sie aus, um Batterie zu sparen. Dann, in der Dunkelheit, nahm ich meinen Mut zusammen und öffnete schließlich das Buch, ohne die Taschenlampe wieder einzuschalten. Zu guter Letzt leuchtete ich dann doch auf die aufgeschlagene Seite, während ich mich darauf vorbereitete, jedes Geräusch zu unterdrücken, was immer ich auch sehen würde.

Ich blickte einen kurzen Moment darauf, dann brach ich fast zusammen. Ich biss die Zähne aufeinander und blieb stumm. Ich sank auf den Boden, und inmitten der mich umgebenden Dunkelheit presste ich meine Hand an die Stirn. Was ich erwartet und befürchtet hatte war dort. Entweder träumte ich oder Raum und Zeit waren zu einem Witz geworden. Ich musste träumen – doch ich würde diesen Schrecken untersuchen, indem ich dieses Ding zurück zum Lager brächte und meinem Sohn zeigte, so als ob es tatsächlich existieren würde. Mein Kopf dröhnte entsetzlich, ohne dass in der mich unverändert umgebenden Düsternis irgendetwas zu sehen gewesen wäre. Vorstellungen und Bilder des absoluten Schreckens, heraufbeschworen durch Eindrücke, die mein kurzer Blick eröffnet hatte, brachen über mich herein und verdunkelten meine Sinne.

Ich dachte an die möglichen Abdrücke im Staub, und das Geräusch meines eigenen Atems ließ mich zittern. Noch einmal schaltete ich die Taschenlampe an und schaute auf die Seite wie das Kaninchen auf die Schlange. Danach schloss ich in völliger Dunkelheit unbeholfen das Buch, steckte es in den Behälter, schloss den Deckel und den seltsamen Riegel. Das Ding musste ich mit in die Außenwelt nehmen, wenn es denn wirklich existierte – wenn dieser ganze Abgrund wirklich existierte – wenn ich und die Welt selbst wirklich existierten.

Wann ich wieder auf die Beine kam und beschloss zurückzukehren, kann ich nicht mit Gewissheit sagen. Es erscheint mir seltsam – als ein Maßstab für den Grad meiner Entfremdung von der normalen Welt –, dass ich nicht ein einziges Mal während der grässlichen Stunden in der Unterwelt auf meine Uhr sah. Mit der Taschenlampe in der Hand und dem verhängnisvollen Behälter unter den Arm geklemmt fand ich mich schließlich auf Zehenspitzen und in stummer Panik an den aus den Abgründen heraufströmenden Winden und den lauernden möglichen Abdrücken vorbeilaufend wieder. Als ich die endlosen Rampen hinaufstieg, verringerte ich meine Vorsichtsmaßnahmen ein wenig, konnte aber das Gefühl einer Bedrohung, das ich beim Abstieg nicht hatte, nicht abschütteln.

Ich fürchtete mich davor, wieder jenes Basaltgewölbe, das älter war als die Stadt selbst, zu durchqueren, wo kalte Luftströme aus unbewachten Tiefen hervorquollen. Ich dachte an das, wovor sich die Große Rasse gefürchtet hatte, und das vielleicht immer noch dort unten lauerte – wie schwach und sterbend es auch sein mochte. Ich dachte an diese Abdrücke mit fünf Kreisen und an das, was meine Träume mir darüber enthüllt hatten, und an die merkwürdigen Winde und pfeifenden Geräusche, die damit einhergingen. Und ich dachte an die Geschichten der heutigen Aborigines, in denen der Schrecken heftiger Winde und namenloser unterirdischer Ruinen – samt ihrer Bewohner – beschworen wurde.

An einem auf eine Mauer gravierten Symbol erkannte ich den richtigen Gang und kam schließlich, nachdem ich an dem andere Buch, das ich untersucht hatte, vorbei war, zu dem großen runden Platz mit den abzweigenden Torbögen. Zu meiner Rechten und sofort zu erkennen, befand sich der Torbogen, durch den ich gekommen war. Den durchschritt ich jetzt, und mir war bewusst, dass mein restlicher Weg aufgrund des verfallenen Mauerwerks außerhalb des Archivgebäudes beschwerlich sein würde. Meine neue Bürde – in Form des Metallbehälters – lastete schwer auf mir, und während ich zwischen Trümmern und Bruchstücken aller Art herumstolperte, fiel es mir immer schwerer, leise zu sein.

Dann erreichte ich den bis zur Decke reichenden Trümmerhaufen, durch den ich mir einen dürftigen Durchgang geschaffen hatte. Meine Angst davor, mich wieder durch ihn zu schlängeln, war grenzenlos. Meine erste Durchquerung hatte einigen Lärm verursacht und nun, nachdem ich die womöglich Spuren gesehen hatte, fürchtete ich nichts mehr als Lärm. Auch der Behälter verdoppelte das Problem, den schmalen Spalt zu passieren. So gut es ging, erstieg ich die Barriere und stieß den Behälter durch die vor mir liegende Öffnung. Dann zwängte ich mich, die Taschenlampe im Mund, selbst hindurch. Mein Rücken wurde wie zuvor von den Stalaktiten zerkratzt. Als ich versuchte, den Behälter wieder aufzunehmen, fiel er ein Stück vor mir den Trümmerhaufen hinunter und verursachte dabei ein beunruhigendes Geklapper und einen Widerhall, bei dem mir der kalte Schweiß ausbrach. Ich sprang sofort hinterher und erlangte ihn ohne weitere Geräusche zurück, doch einen Augenblick später erzeugten die unter meinen Füßen zusammenfallenden Blöcke ein beispielloses Getöse.

Dieses Getöse war mein Verhängnis. Ob real oder nicht, vernahm ich eine schreckliche Antwort aus den Bereichen weit hinter mir. Ich glaubte, ein schrilles, pfeifendes Geräusch zu vernehmen, wie sonst nichts auf der Erde und nicht mit Worten zu beschreiben. Vielleicht war es auch nur Einbildung. Wenn dem so war, dann lag in dem, was danach geschah, eine grimmige Ironie, denn ohne die Panik, die es auslöste, wäre das nächste wohl nicht passiert.

Meine panische Verwirrung war absolut und ungebrochen. Meine Taschenlampe in den Mund nehmend und den Behälter fieberhaft umklammernd, sprang und stürmte ich wild nach vorne, an nichts anderes denkend und von dem wahnsinnigen Verlangen besessen, aus diesen albtraumhaften Ruinen heraus in die reale Welt der Wüste und des Mondlichts zu kommen, die so weit über mir lag. Ich nahm kaum wahr, dass ich den Trümmerberg erreichte, der sich in der ausgedehnten Dunkelheit jenseits des eingestürzten Daches erhob, und mir beim Ersteigen des steilen Hangs aus zerklüfteten Blöcken und Bruchstücken immer wieder Prellungen und Schnittwunden zuzog. Dann ereignete sich das große Unglück. Gerade als ich blindlings den Gipfel überschritt – unvorbereitet auf den Abhang vor mir – riss es mich komplett von den Füßen, und ich fand mich in einer Lawine von herabstürzendem Mauerwerk wieder, deren kanonengleiches Getöse die Dunkelheit der Kaverne mit einer betäubenden Serie von widerhallenden Geräuschen erfüllte, die die Erde erzittern ließen.

Ich habe keine Erinnerung daran, wie ich diesem Chaos entkam, doch ein momentaner Fetzen meines Bewusstseins zeigt mir, wie ich mich mitten in dem Getöse kriechend, stolpernd und hinkend in einem Korridor bewegte – meine Taschenlampe und den Behälter immer noch bei mir. Dann, als ich mich dem urzeitlichen Basaltgewölbe, das ich so fürchtete, näherte, kam der endgültige Wahnsinn. Denn als der Nachhall der Lawine sich gelegt hatte, wurde erneut das Furcht einflößende, fremde Pfeifen vernehmbar, das ich glaubte, schon vorher gehört zu haben. Diesmal gab es keinen Zweifel, und was noch schlimmer war, es kam von einer Stelle, die nicht hinter mir, sondern *vor mir lag.*

Vielleicht habe ich in diesem Moment laut geschrien. Ich habe ein unscharfes Bild von mir, wie ich durch die höllische Basaltgruft der Älteren Kreaturen stürmte und das verdammenswerte, fremde Pfeifen aus der unbewachten Öffnung zu der unteren Dunkelheit heraufdrang. Auch herrschte dort ein Luftzug, nicht unbedingt kalt und feucht, aber heftig und Unheil verkündend strömte er wild und eisig aus diesem abscheulichen Abgrund, aus dem das obszöne Pfeifen kam.

Ich erinnere mich, über Hindernisse aller Art gesprungen und getaumelt zu sein, während der Windzug und das kreischende Geräusch beständig zunahmen und bedrohlich um mich herumwirbelten und kräuselten, als es beängstigend aus dem Bereich hinter und unter mir herausbrach. Obwohl der Wind in meinem Rücken war, hinderte er mich mehr bei meinem Fortkommen, als er half, so als wirke er wie eine Schlinge oder ein Lasso, das mich gefangen hielt. Ohne auf den Lärm zu achten, den ich machte, trampelte ich über eine hohe Barriere von Blöcken und befand mich wieder in dem Gebäude, das an die Oberfläche führte. Ich kann mich erinnern, dass ich in die Bogenpassage zu dem Raum mit den Maschinen schaute und fast aufschrie, als ich die Rampe sah, die zwei Stockwerke hinunterführte, wo eine dieser blasphemischen Falltüren gähnte. Doch statt zu schreien, murmelte ich immer und immer wieder vor mich hin, dass dies nur ein Traum sei, aus dem ich schon bald erwachen musste. Vielleicht befand ich mich im Lager – vielleicht war ich auch zu Hause in Arkham. Als ich mir auf diese Weise Mut gemacht hatte, begann ich, die Rampe zu der nächsthöheren Ebene hochzusteigen.

Mir war natürlich klar, dass ich wieder über die mehr als einen Meter breite Spalte springen musste, doch hatten mich andere Ängste so fest im Griff, dass ich diese schreckliche Tatsache erst realisierte, als ich schon fast da war. Bei meinem Abstieg war der Sprung darüber einfach gewesen, doch konnte ich die Spalte genauso leicht auf dem Weg nach oben bewältigen, behindert von Furcht, Erschöpfung, dem Gewicht des Metallbehälters und der unnatürlichen Wirkung des dämonischen Rückenwindes? Erst im letzten Augenblick dachte ich an diese Dinge und auch an die namenlosen Entitäten, die möglicherweise in dem schwarzen Abgrund unter der Spalte lauerten.

Obwohl das flackernde Licht meiner Taschenlampe immer schwächer wurde, wusste ich aus meiner Erinnerung, dass ich mich der Spalte näherte. Der kalte Luftzug und das widerliche, kreischende Pfeifen hinter mir wirkten im Moment wie eine willkommene Droge, die meine Vorstellungen von den Schrecken des vor mir liegenden Abgrunds minderten. Doch dann bemerkte ich den zusätzlichen Luftzug und weiteres Pfeifen *vor mir* – Wogen der Abscheulichkeit drängten aus der Spalte aus Tiefen hervor, die man weder erahnen noch sich vorstellen konnte.

Jetzt war ich wirklich in den Klauen eines entsetzlichen Albtraums. Mein klares Denken war dahin – und nur noch von einem kreatürlichen Fluchtimpuls getrieben, stürzte und kämpfte ich mich über das Trümmerfeld der Rampe nach oben, so als ob es den Abgrund überhaupt nicht gäbe. Dann sah ich die Kante der Spalte, sprang wahnsinnig mit aller Kraft, die ich noch besaß, ab und befand mich sofort in einem dämonischen Strudel von abscheulichen Geräuschen und vollständiger, greifbarer Dunkelheit.

Das ist das Ende meiner Erlebnisse, soweit ich mich erinnern kann. Alle weiteren Eindrücke gehören völlig in die Abteilung eines fantasierenden Deliriums. Traum, Wahnsinn und Erinnerungen haben sich unkontrolliert zu einer Reihe von abseitigen, bruchstückhaften Trugbildern vermischt, die keinerlei Bezug zur Realität haben. Da war ein grässlicher Fall durch unzählbare Schichten von zäher, fühlbarer Dunkelheit hinab und ein Gewirr von gänzlich abseitigen Geräuschen, die allem, was wir von der Erde und ihrem organischen Leben kennen, fremd waren. In mir ruhende, rudimentäre Sinne schienen zum Leben zu erwachen, zeigten mir Gruben und Abgründe – bewohnt von schwebenden Schrecken – und dunkle Felsgipfel, Ozeane und Städte von fensterlosen Türmen, auf die niemals ein Lichtstrahl gefallen war.

Geheimnisse des urzeitlichen Planeten und seiner vergessenen Äonen schossen durch mein Gehirn ohne die Unterstützung von Bildern oder Geräuschen, und ich erkannte Dinge, die nicht einmal die wildesten meiner vorherigen Träume jemals angedeutet hatten. Und die ganze Zeit umklammerten und berührten mich kalte Finger aus feuchtem Dampf, und das unheimliche, verdammenswerte Pfeifen kreischte teuflisch über all die Wechsel von Geräuschen und Stille in jenem Strudel von Dunkelheit hinweg.

Danach kamen die Visionen von den zyklopischen Städten aus meinen Träumen, nicht von den Ruinen, sondern so, wie ich von ihnen geträumt hatte. Ich befand mich wieder in meinem kegelförmigen, nichtmenschlichen Körper und mischte mich unter die Wesen der Großen Rasse und der gefangenen Bewusstseine, die Bücher durch die hohen Korridore über die ausgedehnten Rampen hin und her trugen. Dann wurden diese Bilder überlagert von den Furcht einflößenden, kurz aufflackernden Eindrücken eines nicht sichtbaren Bewusstseins, das verzweifelte Kämpfe zeigte, ein sich windendes Befreien von klammernden Tentakeln aus pfeifendem Wind, einen üblen, fledermausgleichen Flug durch halbfeste Luft, ein fieberhaftes Wühlen durch Sturm gepeitschte Dunkelheit und ein wildes Stolpern und Kriechen über verfallenes Mauerwerk.

Einmal war da ein merkwürdiger, intensiver Moment des Halbsehens – eine schwache, undeutliche Ahnung von einem bläulichen Schein weit oberhalb. Dann kam der Traum von dem Klettern und Kriechen im entsetzlichen Wind, und, nachdem ich mich durch ein Gewirr von Trümmern, das hinter mir in einem widernatürlichen Hurrikan rutschte und zusammenbrach, gewühlt hatte, schließlich das Heraustreten in das lodernde, satanische Mondlicht. Es war der üble, eintönige Schein des in den Wahnsinn treibenden Mondlichts, der mir schließlich meine Rückkehr in das, was ich einmal als die reale, objektive Welt gekannt hatte, bestätigte.

Ich quälte mich durch den Sand der australischen Wüste und um mich herum tobte ein Sturm, wie ich noch keinen auf unserem Planeten erlebt hatte. Meine Kleidung war in Fetzen, und mein gesamter Körper mit Prellungen und Schürfwunden übersät. Mein Bewusstsein kam nur sehr langsam zurück, und zu keinem Zeitpunkt hätte ich sagen können, wo tatsächliche Erinnerungen endeten und fantastische Träume begannen. Es schien, als ob es einen Hügel aus riesigen Blöcken und einen Abgrund darunter gegeben hätte, eine monströse Offenbarung aus der Vergangenheit und am Ende einen albtraumhafter Schrecken, doch wie viel davon war real? Meine Taschenlampe war verloren und genauso jener Metallbehälter, den ich möglicherweise entdeckt hatte. Hat es wirklich einen Behälter gegeben oder einen Abgrund oder einen Hügel? Ich hob meinen Kopf, schaute hinter mich und sah nur die leblose, wellige Einöde.

Der dämonische Wind legte sich, und der aufgedunsene, schwammige Mond versank rötlich im Westen. Ich kam auf die

Füße und stolperte Richtung Südwesten zum Lager. Was war mir wirklich widerfahren? War ich einfach nur in der Wüste zusammengebrochen und hatte meinen von Träumen geplagten Körper über Kilometer von Sand und verschütteten Blöcken geschleppt? Wenn nicht, wie konnte ich es ertragen, noch länger zu leben? Denn mit diesen neuen Zweifeln wurde mein Vertrauen in die aus Mythen geborene Unwirklichkeit meiner Visionen einmal mehr von den höllischen, älteren Zweifeln ersetzt. Wenn dieser Abgrund real war, dann war auch die Große Rasse real – und ihre blasphemischen Auswirkungen und ihre Bedeutung in den kosmischen Strudeln der Zeit waren keine Mythen oder Albträume, sondern eine erschütternde Tatsache.

War ich in jenen rätselhaften Tagen – in aller grässlichen Tatsächlichkeit – in eine vormenschliche Welt, hundertfünfzig Millionen Jahre zurückgeworfen worden? War mein jetziger Körper die Heimstadt eines fürchterlichen, fremden Bewusstseins aus den Abgründen der paläolithischen Zeit gewesen? Hatte ich, als gefangenes Bewusstsein dieser schlurfenden Schrecken, tatsächlich diese verfluchte Stadt aus Stein in ihren urzeitlichen Tagen erlebt und war diese vertrauten Korridore in der abscheulichen Gestalt meiner Entführer entlanggewackelt? Waren diese mehr als zwanzig Jahre andauernden, quälenden Träume die Ausgeburt starker, monströser *Erinnerungen*? Hatte ich wirklich einst mit Bewusstseinen von unerreichbaren Ecken aus Zeit und Raum gesprochen, hatte ich die Geheimnisse des Universums aus Vergangenheit und Zukunft erfahren und die Geschichte meiner eigenen Welt für diese Metallbehälter in jenem großen Archiv aufgezeichnet? Und waren diese anderen – diese entsetzlichen Älteren Kreaturen der wahnsinnigen Winde und des dämonischen Pfeifens – in Wahrheit eine schleichende, lauernde Bedrohung, die in dunklen Abgründen wartete und langsam an Kraft verlor, während unterschiedliche Lebensformen deren – sich über Millionen von Jahren erstreckenden – Pläne auf der vom Alter gezeichneten Oberfläche des Planeten ausführten?

Ich weiß es nicht. Wenn dieser Abgrund und was sich darin befindet, real ist, dann gibt es keine Hoffnung. Dann, und nur zu wahr, liegt über der Menschheit ein höhnischer und unglaublicher Schatten aus der Zeit. Doch gnädigerweise gibt es keinen Beweis dafür, dass diese Dinge nicht mehr sind als eine neue Phase meiner aus Mythen geborenen Träume. Ich habe den Metallbehälter, der ein Beweis gewesen wäre, nicht mitgebracht, und bis jetzt hat man die unterirdischen Korridore auch nicht gefunden. Wenn die Gesetze des Universums gütig sind, dann werden sie niemals gefunden. Doch ich muss meinem Sohn berichten, was ich sah oder glaubte gesehen zu haben, und es seinem Urteil als Psychologen überlassen, wie er die Realität meiner Erfahrung einschätzt und ob er dies anderen zur Kenntnis bringen will.

Ich habe schon erklärt, dass die schreckliche Wahrheit meiner quälenden Jahre des Träumens direkt damit zusammenhängt, was ich tatsächlich in diesen begrabenen, zyklopischen Ruinen glaubte, gesehen zu haben. Es ist mir schwer gefallen, diese entscheidende Enthüllung zu Papier zu bringen, obgleich kein Leser es nicht schon vermuten würde. Natürlich war es das Buch in dem Metallbehälter – den Behälter, den ich von seinem Aufbewahrungsort im unberührten Staub von Millionen Jahrhunderten entfernt habe. Kein Blick, keine Hand hat dieses Buch berührt, seit dem Aufkommen der menschlichen Rasse auf diesem Planeten. Und doch, als ich den Lichtstrahl meiner Taschenlampe in jenem Furcht einflößenden, urzeitlichen Abgrund darauf richtete, sah ich, dass die seltsam gefärbten Zeichen auf dem brüchigen, seit ewigen Zeitaltern ausgeblichenen Seiten keine Hieroglyphen aus der Frühzeit der Erde waren. Es waren tatsächlich die Buchstaben unseres vertrauten Alphabets, in denen englische Worte in meiner Handschrift geschrieben waren.

Der Schatten über Innsmouth

I

Während des Winters 1927/28 führten Beamte der Bundesregierung eine seltsame und geheime Untersuchung bestimmter Gegebenheiten im alten Seehafen von Innsmouth, Massachusetts, durch. Die Öffentlichkeit erfuhr erstmals im Februar davon, als es zu einer Reihe von Razzien und Verhaftungen kam, gefolgt vom Niederbrennen und Sprengen – unter entsprechenden Sicherheitsvorkehrungen – einer riesigen Anzahl verfallener, von Würmern zerfressener und wahrscheinlich leer stehender Häuser an dem verlassenen Kai. Gleichgültige Menschen nahmen diesen Vorfall als eine heftige Auseinandersetzung im verzweifelten Kampf gegen den Alkohol hin.

Wer jedoch intensiver die Nachrichten verfolgte, wunderte sich über die erstaunlich hohe Zahl der Festnahmen, die unnatürlich große Zahl von Männern, die gebraucht wurde, diese vorzunehmen, und die geheimnisvollen Umstände unter denen die Verhafteten weggeschafft wurden. Man erfuhr nichts über eine Gerichtsverhandlung oder Strafen, auch wurde keiner der Festgenommenen jemals in einem regulären Gefängnis des Landes gesehen. Es gab unklare Hinweise auf Seuchen und Konzentrationslager und später dann von Verteilung auf verschiedene Marine- und Militärgefängnisse, doch nichts Konkretes kam ans Licht. Innsmouth selbst blieb nahezu entvölkert zurück und weist auch bis jetzt nur träge Anzeichen einer Wiederbelebung auf.

Auf Beschwerden von vielen liberalen Organisationen reagierte man mit langen vertraulichen Gesprächen, und Vertretern dieser Organisationen wurden Besuche in bestimmten Lagern und Gefängnissen erlaubt. Das Ergebnis davon war, dass diese Organisationen sich danach überraschend zurückhaltend verhielten und schweigsam wurden. Journalisten waren allerdings schwerer in den Griff zu bekommen, aber am Ende kooperierten sie mit der Regierung. Nur eine Zeitung – ein Boulevardblatt, das beständig wegen seiner wilden Berichterstattung in Verruf geriet – erwähnte ein Unterseeboot, das Torpedos in den Meeresabgrund direkt hinter dem Teufelsriff hineingeschossen hätte. Dieser Punkt, zufällig aufgeschnappt in einer Seemannskneipe, erschien nun wirklich weit hergeholt, da sich das flache, schwarze Riff gut zweieinhalb Kilometer außerhalb vom Hafen von Innsmouth befindet.

Die Leute in der Umgebung und den nahegelegenen Städten tauschten sich untereinander viel über diese Sache aus, aber äußerten wenig gegenüber Außenstehenden. Seit nahezu einem Jahrhundert sprachen sie über das sterbende und halb verlassene Innsmouth, und nichts Neues konnte wilder und grässlicher sein, als das, was sie Jahre zuvor schon geflüstert und angedeutet hatten. Viele Vorkommnisse hatten sie Verschlossenheit gelehrt, und so gab es keinen Grund, jetzt Druck auf sie auszuüben. Außerdem wussten sie wirklich nicht viel, denn ausgedehnte Salzsümpfe, öde und unbewohnt, trennten Innsmouth von seinen Nachbarn auf der Landseite.

Nun aber werde ich diesen Bann des Schweigens bezüglich jener Dinge brechen. Die Ergebnisse, da bin ich überzeugt, sind so gesichert, dass der Öffentlichkeit kein Schaden entstehen wird, außer vielleicht ein Schock des Abscheus durch Andeutungen dessen, was die entsetzten Einsatzkräfte in Innsmouth vorgefunden haben. Außerdem kann es für das, was dort vorgefunden wurde, möglicherweise mehr als eine Erklärung geben. Ich weiß nicht, wie viel von der ganzen Geschichte man selbst mir nicht erzählte, und es gibt viele Gründe, dass ich nicht tiefer in die Sache eindringen möchte, denn meine Verstrickung in diese Angelegenheit war schon viel tiefer als die eines jeden anderen Laien, und ich habe Eindrücke erhalten, die ausreichen, um mich drastische Maßnahmen ergreifen zu lassen.

Ich war es, der in den frühen Morgenstunden des 16. Juli 1927 in panischer Flucht Innsmouth verließ und dessen angstvolle Bitten um eine Untersuchung und Eingreifen durch die Behörden die ganze, inzwischen bekannte Sache ins Rollen brachte. Ich war durchaus willens, solange die Angelegenheit neu und unsicher war, mich ruhig zu verhalten, doch jetzt, da die Neugierde sich gelegt hat und es eine alte Geschichte ist, an der die Öffentlichkeit das Interesse verloren hat, verspüre ich ein seltsames Verlangen über die wenigen, schrecklichen Stunden in diesem übel beleumundeten und vom Bösen überschatteten Hafen des Todes und die blasphemischen Absonderlichkeiten zurückhaltend Auskunft zu geben. Die einfache Darlegung hilft mir, das Vertrauen in meine eigenen Fähigkeiten wiederherzustellen, mir sicher zu sein, dass ich nicht einfach der Erste war, der einer allgemeinen Halluzination zum Opfer fiel. Es hilft mir auch, mir über einen bestimmten, schrecklichen Schritt klar zu werden, der vor mir liegt.

Ich hatte nie etwas von Innsmouth gehört bis zu dem Tag, bevor ich es zum ersten Mal sah und – bis jetzt – auch zum letzten Mal. Ich feierte meine Volljährigkeit mit einer Reise durch Neuengland – Sehenswürdigkeiten, Antiquariate, Genealogie – und wollte eigentlich direkt von dem altehrwürdigen Newburyport nach Arkham fahren, aus dem die Familie meiner Mutter stammt. Ich hatte kein Auto, sondern reiste per Bahn, Straßenbahn und Bus, wobei ich immer die billigste Route wählte. In Newburyport sagte man mir, dass die Eisenbahn das beste Beförderungsmittel wäre, um nach Arkham zu kommen, und erst am Fahrkartenschalter im Bahnhof, als ich mich über den hohen Fahrpreis beschwerte, hörte ich zum ersten Mal etwas von Innsmouth. Der untersetzte, scharfsinnig wirkende Abgestellte, dessen Dialekt zeigte, dass er nicht aus der Gegend stammte, schien meinen Anstrengungen nach Wirtschaftlichkeit Sympathie entgegenzubringen und machte einen Vorschlag, den kein anderer meiner Auskunftsgeber erwähnt hatte.

»Ich *würde* vorschlagen, Sie nehmen den alten Bus«, sagte er mit einem gewissen Zögern, »aber die Leute hier in der Gegend halten nicht viel davon. Er fährt durch Innsmouth – Sie haben vielleicht davon gehört –, und deshalb mögen die Leute ihn nicht. Er wird von einem aus Innsmouth betrieben – Joe Sargent –, aber er kriegt hier keine Fahrgäste und auch nicht in Arkham, nehme ich an. Ich wundere mich, dass er überhaupt noch fährt. Ich nehm an, dass er wirklich billig ist, doch ich habe noch nie mehr als zwei oder drei Passagiere im Bus gesehen – niemand anderen als die Leute aus Innsmouth. Er fährt an dem Platz direkt vor Hammond's Drugstore ab, um 10 Uhr morgens und 7 Uhr abends, wenn sie nicht erst kürzlich die Zeiten geändert haben. Sieht aus wie eine schreckliche Klapperkiste – ich bin nie damit gefahren.«

Das war das erste Mal, dass ich von dem überschatteten Innsmouth hörte. Jeder Hinweis auf eine Stadt, die nicht auf den üblichen Karten verzeichnet oder in den neueren Reiseführern aufgeführt war, hätte mich grundsätzlich interessiert, und die seltsamen Art der Andeutungen des Angestellten erweckte in mir so etwas wie Neugierde. Ich dachte mir, eine Stadt, die bei ihren Nachbarn eine solche Abneigung auslöst, musste zumindest sehr ungewöhnlich und der Aufmerksamkeit eines Touristen wert sein. Wenn sie vor Arkham läge, würde ich dort Halt machen – und so bat ich den Angestellten, mir etwas über die Stadt zu erzählen. Er wurde sehr nachdenklich und sprach in einem Tonfall, der zeigen sollte, dass er eigentlich über dem stand, was er sagte.

»Innsmouth? Nun, das ist eine seltsame Art von Stadt unten an der Mündung des Manuxet. War mal fast eine bedeutende Metropole – ein großer Hafen vor dem Krieg von 1812 –, doch alles ist in den letzten hundert Jahren oder so dahingegangen. Hat heute keine Eisenbahnanbindung mehr – B & M hat niemals eine Strecke dort hindurch gebaut, und die Nebenlinie von Rowley aus wurde schon vor Jahren stillgelegt.

Mehr leer stehende Häuser als Einwohner, glaube ich, und keine nennenswerte Wirtschaft, außer Fisch- und Hummerfang.

Aller Handel findet hauptsächlich hier oder entweder in Arkham und Ipswich statt. Einstmals hatte sie eine ordentliche Anzahl von Manufakturen, doch heute ist nichts davon übrig, außer einer Goldgießerei, und dort wird nur noch sehr selten gearbeitet.

Aber diese Gießerei war mal ein großes Ding, und der alte Marsh, der Besitzer, muss reicher als Krösus sein. Ein seltsamer alter Vogel, der sich fast ausschließlich in seinem Haus aufhält. Man vermutet, dass er mit zunehmendem Alter von einer Hautkrankheit oder Hautveränderung befallen wurde, die dazu führte, dass er sich den Blicken entzieht. Enkel von Kapitän Obed Marsh, der das Geschäft gründete. Seine Mutter soll irgendeine Ausländerin gewesen sein – man sagt Insulanerin aus der Südsee –, also gab es einen Aufstand, als er vor fünfzig Jahren ein Mädchen aus Ipswich heiratete. Doch das machen sie immer bei Leuten aus Innsmouth, und die Menschen hier und in der umliegenden Gegend versuchen immer, jede Spur von Innsmouth-Blut in ihren Adern zu verbergen. Doch Marshs Kinder und Enkel sehen genauso aus wie alle anderen, soweit ich das beurteilen kann. Man hat sie mir, wenn sie in der Stadt waren, gezeigt, nun, wenn ich nachdenke, dann scheint es, dass die älteren Kinder in der letzten Zeit nicht mehr hier gewesen sind. Den Alten habe ich nie gesehen.

Warum sind alle so schlecht zu sprechen auf Innsmouth? Nun, junger Freund, Sie müssen nicht allzu viel darauf geben, was die Leute hier sagen. Man bringt sie nur schwer dazu, den Mund aufzumachen, doch wenn es einmal so weit ist, dann halten sie ihn auch nicht mehr. Sie erzählen Dinge über Innsmouth, meistens im Flüsterton, schon seit mindestens hundert Jahren, wie ich vermute, und ich meine, mehr als alles andere haben sie Angst. Einige der Geschichten würden Sie zum Lachen bringen – über den alten Kapitän Marsh, der mit dem Teufel einen Pakt schloss und Kobolde aus der Hölle heraufbrachte, damit sie in Innsmouth leben, oder von einer Art Teufelsanbetung und grässlichen Opferritualen an einigen Orten in der Nähe der Kais, auf die Leute um 1845 oder so gestoßen sind –, aber ich komme aus Panton in Vermont, und diese Art Geschichten liegen mir fern.

Vielleich interessiert Sie auch, was einige der alten Leute über das schwarze Riff vor der Küste erzählen – Teufelsriff nennen sie es. Die meiste Zeit ragt es aus dem Wasser und ist überwiegend, wenn überhaupt, von nur wenig Wasser bedeckt, doch man kann es kaum als Insel bezeichnen. Die Legenden besagen, dass man manchmal ganze Heerscharen von Teufeln auf dem Riff sehen kann, die dort herumlungern, ins Wasser springen und aus Höhlen, die unter der Oberfläche liegen, herausschießen. Das Riff ist zerklüftet und unregelmäßig, knapp zwei Kilometer vor der Küste, und bis zum Ende des Schiffsverkehrs fuhren die Seeleute große Umwege, nur um ihm aus dem Weg zu gehen.

Das galt aber nur für Seeleute, die nicht aus Innsmouth stammten. Einer der Gründe, der gegen den alten Kapitän Marsh sprach, war, dass man vermutete, er würde manchmal bei Nacht, wenn die Gezeiten günstig waren, dort an Land gehen. Vielleicht war dem so, denn ich würde schon sagen, dass diese Felsformation interessant ist, und er möglicherweise nach einem Piratenschatz gesucht und ihn auch gefunden hat, doch es wurde auch erzählt, er würde dort mit Dämonen verkehren. Im Grunde glaube ich, dass alles in allem der Kapitän für den schlechten Ruf des Riffs verantwortlich gewesen ist.

Das war vor der großen Seuche von 1846, die mehr als die Hälfte der Bewohner dahingerafft hat. Man hat nie herausgefunden, was es gewesen ist, aber wahrscheinlich war es eine ausländische Krankheit, von Schiffen aus China oder von sonst wo eingeschleppt. Die Seuche war auf jeden Fall wirklich schlimm – sie führte zu Aufständen und allen Arten von schrecklichen Geschehnissen, sie sich nicht weiter ausbreiteten –, sodass der Ort in einem bemitleidenswerten Zustand zurückblieb. Er erholte sich nie mehr davon – dort können heute nicht mehr als noch 300 oder 400 Leute leben.

Doch der wirkliche Grund, warum die Menschen so fühlen, sind einfach Rassenvorurteile – und ich verurteile sie nicht dafür. Ich selbst hasse dieses Volk aus Innsmouth und würde mich auch niemals in ihre Stadt begeben. Ich nehme an, Sie wissen – denn an Ihrer Sprechweise erkenne ich, dass Sie aus dem Westen kommen –, wie groß die Zahl von Schiffen aus Neuengland war, die sonderbare Häfen in Afrika, Asien, in der Südsee und sonst wo ansteuerten und welche seltsamen Menschen sie manchmal mit nach Hause brachten. Vielleicht haben Sie von dem Mann aus Salem gehört, der mit einer chinesischen Ehefrau zurückkam, und vielleicht wissen Sie auch, dass irgendwo in der Gegend von Cape Cod noch immer eine Gruppe von Fidschi-Insulanern lebt.

Nun, es muss etwas mit den Lebensumständen der Leute von Innsmouth zu tun haben. Der Ort war schon immer gänzlich von Sümpfen und Wasserläufen vom Rest der Region abgeschnitten, und wir kennen nicht die genauen Umstände in der Angelegenheit, aber es ist offensichtlich, dass der alte Kapitän Marsh ein paar merkwürdige Exemplare mit nach Hause gebracht hat, als er mit seinen drei Schiffen in den Zwanziger- und Dreißigerjahren die Meere befuhr. Auf jeden Fall haftet den heutigen Bewohnern von Innsmouth ein fremder Wesenszug an – ich weiß nicht, wie ich es beschreiben soll, aber es lässt einen zusammenzucken. Sie werden es ein bisschen bei Sargent bemerken, wenn Sie seinen Bus nehmen. Einige von ihnen haben seltsam schmale Köpfe mit flachen Nasen und vorgewölbte, starre Augen, die anscheinend niemals blinzeln, und ihre Haut scheint irgendwie nicht in Ordnung zu sein – rau und verkrustet und die Seiten ihrer Hälse sind alle verschrumpelt und aufgefaltet. Außerdem sind sie schon mit jungen Jahren kahlköpfig. Die Alten sehen am schlimmsten aus – Tatsache ist, ich glaube nicht, schon einmal einen wirklich alten Kerl von ihrer Art gesehen zu haben. Vermute, sie sterben, weil sie zu tief ins Glas schauen. Die Tiere hassen sie – sie hatten häufig jede Menge Ärger mit den Pferden, bevor es Autos gab.

Niemand von hier oder in Arkham und Ipswich will irgendwas mit ihnen zu tun haben, und wenn sie in die Stadt kommen oder jemand in ihren Fischgründen versucht zu fischen, dann verhalten sie sich sehr abweisend. Merkwürdig ist, dass es vor dem Hafen von Innsmouth immer große Fischbestände gibt, wenn anderswo keiner zu finden ist, aber versuchen Sie mal dort zu fischen, dann werden Sie feststellen, wie die Kerle Sie fortjagen! Diese Leute kamen üblicherweise mit der Bahn – liefen zu Fuß, nachdem man die Nebenstrecke stillgelegt hatte, nach Rowley und nahmen von dort den Zug –, doch jetzt benutzen sie den Bus.

Ja, es gibt ein Hotel in Innsmouth – Gilman House –, aber ich glaube nicht, dass es viel hermacht. Ich würde Ihnen nicht empfehlen, es auszuprobieren. Bleiben Sie lieber hier und nehmen morgen den zehn Uhr Bus, dann können Sie den Abendbus um acht Uhr nach Arkham nehmen. Es gab da mal vor einigen Jahren einen Fabrikinspektor, der übernachtete im Gilman, und er hat eine Menge unschöner Erinnerungen daran. Scheint, als hielten sie dort seltsame Versammlungen ab, denn dieser Kollege hat Stimmen in anderen Räumen gehört – obwohl die meisten leer standen –, die ihn erzittern ließen. Er glaubte, es sei eine fremde Sprache, doch er sagte, das wirklich Schlimme daran der Klang einer Stimme war, die manchmal sprach. Sie klang so unnatürlich wie überschlagend, sagte er, sodass er sich angezogen aufs Bett legte. Er blieb die ganze Nacht wach und stand beim ersten Dämmerlicht auf. Die Stimmen waren einen Großteil der Nacht zu hören gewesen.

Dieser Kollege, Casey war sein Name, hatte eine Menge darüber zu erzählen, wie die Leute in Innsmouth ihn beobachtet und irgendwie bewacht hatten. Er hielt die Marsh-Gießerei für einen seltsamen Ort, sie befindet sich in einer alten Manufaktur an den unteren Wasserfällen des Manuxet. Was er gesagt hat, deckt sich mit dem, was ich gehört habe. Die Geschäftsbücher waren in schrecklichem Zustand, und es gab keinen klaren Nachweis für irgendwelche Geschäfte. Hören Sie, es war immer eine Art von Geheimnis, wo das Gold herkam, dass die Marshs verarbeiteten. Sie schienen nie viel davon einzukaufen, doch noch vor Jahren haben sie eine enorme Menge von Goldbarren in den Umlauf gebracht.

Es gab Gerede über den seltsamen, fremden Schmuck, den die Seeleute und Arbeiter der Manufakturen manchmal heimlich verkauften und den man ein, zwei Mal an den Frauen der Marshfamilie gesehen hat. Die Leute räumten ein, dass der alte Kapitän Obed ihn vielleicht in einem heidnischen Hafen erworben hat, besonders seit er Mengen von Glasperlen und Tand orderte, wie ihn die Seefahrer benutzen, um mit den Eingeborenen Handel zu treiben. Andere glaubten und glauben noch immer, er hätte auf dem Teufelsriff einen alten Piratenschatz gefunden. Doch jetzt kommt eine merkwürdige Sache: Der alte Kapitän ist jetzt schon sechzig Jahre tot, und kein ordentliches Schiff hat den Hafen seit dem Bürgerkrieg verlassen, doch immer noch kaufen die Marshs eine gewisse Menge von dieser Eingeborenenhandelsware – zumeist Glas- und Gummitand, so wie man sagt. Vielleicht gefällt es den Leuten in Innsmouth auch selbst. Der Himmel weiß, ob sie inzwischen genauso übel sind wie die Kannibalen der Südsee oder die Eingeborenen von Guinea.

Die Seuche von 1846 muss wohl die Besten von ihnen hinweggerafft haben. Egal, es gibt jetzt eine fragwürdige Anzahl von ihnen, und die Marshs und andere reiche Leute sind genauso schlecht wie alle anderen. Wie ich Ihnen gesagt habe, wahrscheinlich gibt es nicht mehr als 400 Einwohner in der Stadt, trotz der vielen Straßen, die es dort geben soll. Ich denke, man kann sie als »Weißen Abschaum« bezeichnen, wie man es unten im Süden macht – gesetzlos und heimtückisch und voller geheimer Umtriebe. Sie fangen eine Menge Fisch und Hummer und bringen sie mit Lastwagen in den Handel. Seltsam wie die Fischschwärme gerade dort und anderswo nicht sind.

Niemand kommt dahinter, was diese Leute machen, und die Beamten der Schulbehörde und der Volkszählung haben einen wirklich schweren Stand. Sie können sicher sein, dass neugierige Fremde in Innsmouth nicht willkommen sind. Ich persönlich habe von mehr als einem Geschäfts- oder Regierungsmann gehört, der dort verschwunden ist, und es geht das Gerücht um von einem, der wahnsinnig geworden ist und jetzt in der Irrenanstalt von Danvers sitzt. Sie müssen dem Kerl einen gehörigen Schrecken eingejagt haben.

Deshalb würde ich an Ihrer Stelle nicht die Nacht dort verbringen. Ich war niemals dort und habe auch kein Verlangen danach, doch ich denke, ein Besuch bei Tage wird Ihnen nicht schaden, auch wenn die Leute hier in der Gegend Ihnen davon abraten werden. Wenn Sie sich nur umsehen und nach Dingen aus der alten Zeit suchen, dann sollte Innsmouth der passende Ort für Sie sein.«

Und so verbrachte ich einen Teil des Abends in der Bibliothek von Newburyport und suchte nach Informationen über Innsmouth. Als ich versucht hatte, die Einheimischen in den Geschäften, den Restaurants, den Tankstellen und der Feuerwache zu befragen, stellte sich heraus, dass sie noch verschlossener waren, als der Fahrkartenverkäufer mir vorausgesagt hatte, und ich hatte auch nicht die Zeit, ihren anfänglichen, instinktiven Widerstand zu überwinden. Sie zeigten eine Art merkwürdiges Misstrauen, als wäre etwas Bedrohliches in jedem, der sich zu sehr für Innsmouth interessierte. Im YMCA, wo ich übernachtete, wurde ich von dem Angestellten fast entmutigt, einen solch düsteren, dekadenten Ort aufzusuchen, und die Leute in der Bibliothek zeigten die gleiche Einstellung. Für die gebildeten Menschen war Innsmouth eindeutig ein extremer Fall von der Degeneration einer Bevölkerungsgruppe.

Die Geschichtsbücher über Essex County in den Regalen der Bibliothek enthielten nur wenige Angaben, außer, dass die Stadt 1643 gegründet worden war, vor dem Unabhängigkeitskrieg für ihren Schiffsbau bekannt und im neunzehnten Jahrhundert ein bedeutender Umschlagspunkt des Seehandels war. Später dann ein eher kleines Manufaktur-Zentrum, dem der Manuxet die Energie lieferte. Die Seuche und die Aufstände wurden nur kurz erwähnt, so als wären sie ein Schandfleck in der Geschichte des County.

Angaben über den Niedergang gab es nur wenige, doch die Aussagekraft eines späteren Berichtes war eindeutig. Nach dem

Bürgerkrieg beschränkte sich die Industrie einzig und allein auf die Marsh-Gießerei-Gesellschaft, und die Herstellung von Goldbarren war der einzig verbleibende, nennenswerte Geschäftszweig neben dem immerwährenden Fischfang. Die Fischerei zahlte sich aber immer weniger aus, da der Preis für die Ware beständig fiel und große Unternehmen ihnen Konkurrenz machten, doch in dem Gebiet rund um den Hafen von Innsmouth gab es nie einen Mangel an Fischen. Fremde ließen sich nur selten dort nieder, und es gab einige diskret verschleierte Andeutungen, dass eine Gruppe von Polen und Portugiesen, die es versucht hatten, auf ziemlich drastische Weise vertrieben worden war.

Am interessantesten waren die unscheinbaren Hinweise auf seltsamen Schmuckstücke, die irgendwie mit Innsmouth in Verbindung gebracht wurden. Offensichtlich hatten diese in der ganzen Gegend für mehr als nur ein bisschen Aufmerksamkeit gesorgt, da erwähnt wurde, dass sich einige der Schmuckstücke in der Miskatonic-Universität in Arkham und im Ausstellungsraum der Newburyport Historischen Gesellschaft befänden. Die bruchstückhafte Beschreibung von ihnen war nüchtern und kurz, doch für mich war da ein Unterton von steter Fremdheit. Etwas Abseitiges und Herausforderndes umgab sie, sodass sie mir nicht aus dem Kopf gingen, und trotz der schon späten Stunde beschloss ich, mir das hier vorhandene Stück, wenn es sich ermöglichen ließ, anzusehen. Es war ein großes, unförmiges Ding, das offensichtliche die Funktion einer Tiara hatte.

Der Bibliothekar gab mir ein Empfehlungsschreiben an die Kuratorin der Gesellschaft, eine Miss Anna Tilton, die in der Nähe wohnte, und nach einer kurzen Erklärung war die altehrwürdige Dame so freundlich, da die Uhrzeit nicht außergewöhnlich weit fortgeschritten war, mich in das schon geschlossene Gebäude zu führen. Die Sammlung war wirklich beachtlich, doch in meinem momentanen Zustand hatte ich nur Augen für das bizarre Objekt, das in einer Ecke auf einem Regalbrett im elektrischen Licht glänzte.

Es bedurfte nicht eines ausgeprägten Sinns für Schönheit, dass mir bei dem Anblick der seltsamen, überirdischen Herrlichkeit dieses fremden, prunkvollen Fantasiegebildes, das dort auf einem purpurrotem Kissen ruhte, wortwörtlich die Luft wegblieb. Auch jetzt kann ich nur schwer beschreiben, was ich sah. Es war eindeutig eine Art von Tiara, wie die Beschreibung schon besagt hatte. Sie hatte eine hohe Vorderseite, mit einem sehr weiten und unregelmäßigen Umfang, so als wäre sie für einen ungewöhnlichen, elliptischen Kopf geschaffen worden. Das Material schien hauptsächlich Gold zu sein, doch ein unheimlicher, hellerer Glanz ging von einer seltsamen Legierung mit einem ebenfalls schönen und kaum zu identifizierenden Metall aus. Der Zustand war fast perfekt, und man hätte Stunden mit dem Studium der beindruckenden und verwirrend unüblichen Gestaltung zubringen können – einige einfache, geometrische Formen und einige deutlich maritime – in die Oberfläche als Relief geschnitzt oder geformt, anmutig und mit höchster handwerklicher Befähigung ausgeführt.

Je länger ich es ansah, desto mehr war ich fasziniert, doch zu dieser Faszination gesellte sich ein seltsam befremdliches Element, das ich weder benennen noch einordnen konnte. Zuerst glaubte ich, es wäre die merkwürdige, außerweltliche Anmutung dieses Kunstwerks, die mein Unbehagen auslöste. Alle Kunstobjekte, die ich je gesehen hatte, gehörten entweder zu der Tradition eines Volksstamms oder einer Nation oder waren Ausdruck einer bewussten Abwendung von diesen Traditionen. Nichts davon traf auf diese Tiara zu. Sie war eindeutig Ergebnis einer ausgefeilten Technik von unbegrenzter Reife und Perfektion, obwohl sich diese gänzlich von jeglicher Technik – östlicher oder westlicher, antiker oder moderner –, von der ich je gehört und sie ausgeübt gesehen hätte, unterschied. Es war, als ob diese Handwerkskunst von einem anderen Planeten stamme.

Wie auch immer, schon bald bemerkte ich, dass mein Unbehagen noch einen zweiten, vielleicht ebenso starken Grund hatte, der in den bildhaften und mathematischen Anklängen der fremden

Ornamentik lag. Sämtliche Muster deuteten verborgene Geheimnisse und unvorstellbare Abgründe in Zeit und Raum an, und die einförmigen maritimen Darstellung in den Reliefs bekamen einen fast düsteren Aspekt. In den Ornamenten gab es Fabelmonster von ekelhafter Abseitigkeit und Bösartigkeit – andeutungsweise halb Fisch, halb Frosch –, bei denen man sich nicht eines eindringlichen und unbehaglichen Gefühls der Pseudoerinnerung erwehren konnte, so als ob sie ein Bild von tief versteckt liegenden Zellen und Gewebe hervorrufen würden, deren unterdrückte Funktionen gänzlich urzeitlich sind und stetig weitergegeben wurden. Zeitweise bildete ich mir ein, dass jede Abbildung dieser blasphemischen Fisch-Frösche überquoll mit der ultimativen Essenz des unbekannten und unmenschlichen Bösen.

In merkwürdigem Gegensatz zur Pracht der Tiara war ihre profane Geschichte, die mir Miss Tilton erzählte. Sie war für eine lächerliche Summe in einer Pfandleihe 1873 in der State Street von einem betrunkenen Seemann versetzt worden, der kurz danach bei einer Schlägerei umkam. Die Gesellschaft hatte sie direkt von dem Pfandleiher erworben und sie sofort entsprechend ihrer Bedeutung ausgestellt. Die Auszeichnung nannte als möglichen Herkunftsort Ostindien oder Indochina, doch diese Zuordnung sei mit Vorsicht zu genießen.

Miss Tilton, die mir alle Vermutungen über die Herkunft der Tiara und deren Anwesenheit in Neuengland auseinanderlegte, war der Ansicht, dass sie Teil eines exotischen Piratenschatzes war, den der alte Kapitän Obed Marsh entdeckt habe. Diese Sichtweise wurde auch nicht entkräftet durch die beständigen Angebote der Marshs, sobald sie von ihrer Existenz erfahren hatten, sie für eine große Summe zu kaufen, die sie bis zum heutigen Tag – trotz der unveränderten Haltung der Gesellschaft, sie nicht zu veräußern – stetig wiederholten.

Als die gute Dame mich aus dem Gebäude führte, stellte sie klar, dass die Piratentheorie vom Glück der Marsh bei den gebildeten Menschen in der Region verbreiteten Anklang fand.

Ihre eigene Meinung von dem überschatteten Innsmouth, das sie nie besucht hatte, brachte die Entrüstung über eine Gemeinschaft zum Ausdruck, die weit auf der kulturellen Skala heruntergerutscht war, und sie versicherte mir, dass die Gerüchte über Teufelsanbetung teilweise ihren Grund in einem geheimen Kult fanden, der sich dort ausgebreitet und die traditionellen Religionen verdrängt hatte.

Er wurde, so sagte sie, »Der esoterische Orden von Dagon« genannt und war ohne Zweifel eine entwurzelte, quasi-heidnische Sache, die vor einem Jahrhundert aus dem Osten gekommen war, als die Fischer in Innsmouth immer weniger fingen. Sein Weiterbestehen unter den einfachen Leuten war nur natürlich, wenn man das plötzliche und dauerhafte Wiederauftauchen reichlicher Fischbestände in Betracht zog. Schon bald hatte der Orden den größten Einfluss in der Stadt, verdrängte die Freimaurer völlig und machte ihren Tempel zu ihrem neuen Versammlungsort.

All das, so die fromme Miss Tilton, ergab einen hervorragenden Grund, die alte Stadt des Verfalls und der Trostlosigkeit zu meiden, doch für mich war es nur ein weiterer Anreiz. Meinen architektonischen und historischen Erwartungen hatte sich nun ein starkes anthropologisches Interesse hinzugesellt, und ich fand in dieser Nacht in meinem kleinen Raum im YMCA kaum Schlaf.

II

Am nächsten Morgen stand ich kurz vor zehn Uhr mit einer kleinen Reisetasche vor Hammond's Drugstore am alten Marktplatz und wartete auf den Bus nach Innsmouth. Als der Zeitpunkt seiner Ankunft näher kam, bemerkte ich ein allgemeines Streben der Herumstehenden zu anderen Stellen an der Straße oder zu dem *Ideal Lunch* auf der gegenüberliegenden Seite des Platzes. Augenscheinlich hatte der Fahrkartenverkäufer die Abneigung der Leute hier gegenüber Innsmouth und seinen Bewohnern nicht übertrieben. Ein paar Augenblicke später knatterte ein kleiner, altersschwacher Bus von schmutzig grauer Farbe die State Street entlang, bog ab und fuhr direkt auf den Bordstein vor mir zu. Sofort war mir klar, dass dies der richtige war, eine Vermutung, die durch das fast unleserliche Schild an der Windschutzscheibe – »*Arkham – Innsmouth – Newb'port*« schnell bestätigt wurde.

Es befanden sich nur drei Fahrgäste darin, finstere, ungepflegte Männer mit mürrischem Gesichtsausdruck und irgendwie jugendlicher Erscheinung. Als das Fahrzeug anhielt, stolperten sie unbeholfen heraus und liefen stumm und fast verstohlen die State Street entlang. Der Fahrer stieg ebenfalls aus, und ich verfolgte, wie er in den Drugstore ging, um einige Dinge einzukaufen. Das musste Joe Sargent sein, den der Fahrkartenverkäufer erwähnt hatte, und noch bevor ich Einzelheiten erkannte, überkam mich eine Welle der Abneigung, die man nicht erklären oder beschreiben kann. Blitzartig empfand ich es als völlig natürlich, dass die hiesigen Bewohner nicht mit einem Bus fahren wollten, der diesem Mann gehört und von ihm gesteuert wird, und dass sie nicht öfter, als unbedingt nötig, den Wohnort eines solchen Mannes und seiner Mitmenschen aufsuchen wollten.

Als der Fahrer aus dem Drugstore kam, musterte ich ihn genauer und versuchte, den Grund meines schlechten Eindrucks herauszufinden. Er war schlank, hatte einen gekrümmten Rücken und war knapp einen Meter achtzig groß, trug schäbige, blaue Kleidung und eine verschlissene, graue Schiebermütze. Er war vielleicht fünfunddreißig Jahre alt, aber die seltsamen, tiefen Falten an der Seite seines Halses ließen ihn älter erscheinen, wenn man nicht in sein dumpfes, ausdrucksloses Gesicht sah. Er hatte einen schmalen Kopf, hervorstehende, blaue Augen, die nie zu blinzeln schienen, eine flache Nase, ein fliehendes Kinn und eine ebensolche Stirn und außergewöhnlich unterentwickelte Ohren. Seine langen, dicken Lippen und die grobporigen, gräulichen Wangen schienen fast ohne Bartwuchs, wenn man von den wenigen, blonden Haaren, die an verschiedenen, unregelmäßig verteilten Stellen sprossen, absah. An einigen Stellen schien die Haut eigenartig unregelmäßig zu sein, so als würde sie sich wegen einer Hautkrankheit ablösen. Seine Hände waren groß und deutlich von Adern gezeichnet und hatten eine ungewöhnlich blau-graue Färbung. Die Finger waren allerdings ungewöhnlich kurz angesichts der übrigen Hand und schienen die Tendenz zu haben, sich in die große Handfläche zu krallen. Als er auf den Bus zuging, bemerkte ich seinen teilweise schwankenden Gang und dass seine Füße extrem groß waren. Je genauer ich sie betrachtete, desto mehr fragte ich mich, wie er überhaupt Schuhe dafür bekommen konnte.

Der Kerl wirkte auf eine eigentümliche Art schmierig, was meine Abneigung noch verstärkte. Er musste eindeutig in der Nähe des Fischereihafens arbeiten oder wohnen, denn er schleppte diesen charakteristischen Geruch mit sich herum. Wie viel fremdländisches Blut in ihm war, konnte ich nicht einmal vermuten. Sein merkwürdiges Aussehen war ganz sicher nicht asiatischen, polynesischen, arabischen oder negroiden Ursprungs, dennoch konnte ich verstehen, warum die Leute es als fremd bezeichneten. Ich selbst würde denken, dass es sich eher um körperlich Degeneration, denn um Fremdheit handelte.

Ich war enttäuscht, als ich feststellte, dass es keine weiteren Fahrgäste im Bus geben würde. Irgendwie gefiel mir der Gedanke nicht, alleine mit diesem Fahrer zu sein. Aber als die Abfahrtszeit schließlich kam, überwand ich meine Bedenken und folgte dem Mann in den Bus, reichte ihm einen Dollarschein und murmelte ein einziges Wort: »Innsmouth«. Erstaunt musterte er mich kurz, während er mir wortlos vierzig Cent Wechselgeld herausgab. Ich wählte einen Platz weit hinter ihm, aber auf der gleichen Seite, weil ich während der Fahrt auf die Küste blicken wollte.

Schließlich setzte sich das heruntergekommene Fahrzeug mit einem Ruck in Bewegung und ratterte lautstark, inmitten einer Wolke von Abgasen, an den alten Backsteinhäusern der State Street vorbei. Als ich mir die Leute auf den Bürgersteigen ansah, glaubte ich zu bemerken, dass sie den Anblick des Busses vermeiden wollten oder zumindest versuchten, diesen Anschein zu erwecken. Dann bogen wir rechts in die High Street ab, wo die Fahrt ruhiger wurde und wir an stattlichen alten Häusern aus der Zeit der frühen Republik und noch älteren, kolonialen Bauernhöfen vorbeifuhren, passierten Lower Green und den Parker River und erreichten schließlich einen langen, eintönigen Abschnitt einer offenen Küstenlandschaft.

Es war ein warmer, sonniger Tag, doch die Landschaft von Sand, Riedgras und krüppligem Unterholz wurde, je weiter wir vorankamen, immer trostloser. Vom Fenster aus konnte ich das blaue Wasser und die sandige Küstenlinie der Insel Plum sehen und nun, als unsere schmale Straße von der Hauptstraße nach Rowley und Ipswich abgezweigt war, bewegten wir uns näher am Strand. Nirgendwo waren Häuser zu sehen, und am Zustand der Straße konnte ich feststellen, dass hier in der Gegend wenig Verkehr herrschte. Die schmalen, verwitterten Telefonmasten führten nur zwei Drähte. Ab und zu fuhren wir über grob gezimmerte, hölzerne Brücken, die über Gezeitenbäche führten, die sich weit ins Landesinnere hinein schlängelten und die allgemeine Abgeschiedenheit der Region noch verstärkten.

Von Zeit zu Zeit bemerkte ich – über die Sanddünen hinweg – abgestorbene Baumstümpfe und zerfallene Grundmauern und erinnerte mich an eine alte Überlieferung in einem der Geschichtsbücher, dass dies einmal ein fruchtbarer und dicht besiedelter Landstrich gewesen war. Die Veränderung, so wurde berichtet, fand gleichzeitig mit der Seuche von 1846 in Innsmouth statt, und das einfache Landvolk glaubte, sie stände in Zusammenhang mit verborgenen Kräften des Bösen. Tatsächlich aber war der Grund die unkluge Abholzung der Wälder in Küstennähe, die dem Boden seinen besten Schutz nahm und dem vom Wind angewehten Sand Tür und Tor öffnete.

Schließlich verschwand die Insel Plum aus unserem Gesichtsfeld, und zu unserer Linken breiteten sich die unendlichen Weiten des Atlantiks aus. Unsere schmale Straße stieg steil an, und ich fühlte mich etwas unbehaglich, als ich die verlassene Hügelkuppe, wo sich unsere zerfurchte Straße mit dem Himmel traf, ins Auge fasste. Es war, als würde der Bus seinen Aufstieg immer weiter fortsetzen, die sichere Erde gänzlich verlassen und sich mit den unbekannten Bereichen der höheren Luftschichten und des geheimnisvollen Himmels verbinden. Der Geruch des Meeres nahm eine bedrohliche Form an und der starr gebeugte Rücken sowie der schmale Kopf des schweigenden Fahrers wurden mir mehr und mehr verhasst. Als ich ihn ansah, bemerkte ich, dass sein Kopf fast genauso haarlos war wie sein Gesicht und nur ein paar blonde Strähnen die graue, raue Haut bedeckten.

Dann hatten wir die Hügelkuppe erreicht, und vor uns breitete sich das dahinter liegende Tal aus, wo der Manuxet direkt nördlich einer langen Reihe von Klippen, die in Kingsport Head endeten und dann hin zum Cape Ann abbogen, ins Meer mündete. Am weit entfernten, dunstigen Horizont konnte ich gerade noch die verschwommenen Umrisse von Kingsport Head ausmachen, auf dem das merkwürdige alte Haus stand, von dem so viele Legenden erzählten, doch im Augenblick war meine ganze Aufmerksamkeit von dem Anblick dessen, was direkt unterhalb lag, gefangen genommen. Ich realisierte, dass ich mich Angesicht zu Angesicht mit dem von Gerüchten überschatteten Innsmouth befand.

Es war eine sich weit erstreckende, dicht bebaute Stadt, doch mit einer unheilschwangeren Abwesenheit von Lebenszeichen. Aus dem Gewirr von Schornsteinen stieg nicht die kleinste Rauchwolke auf, und die drei hohen Kirchtürme ragten kahl und farblos vor dem Meereshorizont auf. Die Spitze von einem war schon verfallen, und bei diesem und einem der anderen waren an der Stelle, wo die Zifferblätter der Uhren sich befinden sollten, nur schwarze Löcher. Das ausgedehnte Gewirr von durchhängenden Dächern und spitzen Giebeln verstärkte noch den offensichtlichen Eindruck von wurmstichigem Verfall, und als wir nun die Straße hinunterfuhren, erkannte ich, dass viele der Dächer gänzlich zusammengebrochen waren. Es gab auch große, quadratische Georgianische Häuser mit Satteldächern, Kuppeln und »Witwenwachen«. Diese befanden sich meist ziemlich weit vom Meer entfernt, und einige wenige schienen in einem guten, soliden Zustand zu sein. Aus ihrer Mitte heraus erstreckten sich, von schief stehenden Telegrafenmasten ohne Leitungen gesäumt, die verrosteten, überwucherten Gleise der Bahnlinie ins Landesinnere und die kaum noch sichtbaren Spuren der alten Kutschenstraße nach Rowley und Ipswich.

Am Hafen war der Verfall am schlimmsten, dennoch erblickte ich mittendrin den weißen Glockenturm eines ziemlich gut erhaltenen Ziegelgebäudes, das den Eindruck einer kleinen Fabrik erweckte. Der Hafen war schon lange versandet und wurde von einem alten Wellenbrecher umschlossen, auf dem ich die kleinen Gestalten einiger Angler sitzen sah und an dessen Ende sich das Fundament eines ehemaligen Leuchtturms erhob. Innerhalb dieser Barriere hatte sich eine sandige Landzunge gebildet, auf der sich einige baufällige Schuppen, vertäute Fischerboote und verstreute Hummerkörbe befanden. Der einzige Tiefwasserzugang schien dort zu sein, wo der Fluss an dem Ziegelgebäude mit dem Glockenturm vorbeifloss, nach Süden abbog und am Ende des Wellenbrechers ins Meer mündete.

Da und dort reichten die Überbleibsel von Pieren noch ins Meer hinein, wo sie sich in gänzlichem Verfall auflösten. Die am südlichsten gelegenen schienen am stärksten in Mitleidenschaft gezogen. Weit draußen im Meer bemerkte ich trotz der Flut eine lange, schwarze Linie knapp über der Wasseroberfläche, die mir das Gefühl einer seltsamen, unterdrückten Bösartigkeit vermittelte. Das musste das Teufelsriff sein. Während ich hinübersah, schien eine unterschwellige, seltsame Anziehung sich zu der grimmigen Abscheu hinzuzugesellen, und merkwürdigerweise verwirrte mich dieses neue Gefühl mehr als der ursprüngliche Eindruck.

Auf der Straße begegnete uns niemand, doch nun kamen wir an verlassenen Gehöften in den unterschiedlichsten Stadien des Verfalls vorbei. Ich bemerkte ein paar bewohnte Häuser, deren zerbrochene Fensterscheiben mit Lumpen zugestopft waren und in deren mit Abfall übersäten Höfen Muschelschalen und tote Fische herumlagen. Ein oder zwei Mal sah ich lustlos wirkende Menschen in verwahrlosten Gärten arbeiten oder an dem nach Fisch stinkenden Strand unterhalb nach Muscheln graben und Gruppen von dreckigen, affengesichtigen Kindern, die vor den mit Unkraut überwachsenen Türschwellen spielten. Irgendwie erschienen mir diese Leute beunruhigender als die verfallenen Gebäude, denn fast ein jeder wies bestimmte Absonderlichkeiten im Aussehen und den Bewegungen auf, die mich instinktiv abstießen, ohne dass ich in der Lage gewesen wäre, diese zu benennen oder einzuordnen. Einen Moment lang glaubte ich, dass diese körperlichen Merkmale mich an ein Bild erinnerten, das ich mit verschrecktem oder traurigem Gemüt in einem Buch gesehen hatte, doch dieser schwache Erinnerungsfetzen verflog sofort wieder.

Als der Bus die unteren Bereiche erreichte, bemerkte ich in der unnatürlichen Stille das beständige Rauschen eines Wasserfalls. Die schiefen, ungestrichenen Häuser wurden mehr, standen beiderseits der Straße und erweckten eher einen städtischen Eindruck als die Gegend, die wir hinter uns ließen. Der vor uns liegende Anblick hatte sich zu einem Stadtbild verdichtet, und an manchen Stellen war noch zu sehen, wo vormals das Straßenpflaster aus Kopfstein und die Bürgersteige aus Lehmziegeln gewesen waren. Sämtliche Häuser standen offensichtlich leer, und es gab Lücken, in denen zusammengefallene Schornsteine und Kellermauern von den Gebäuden zeugten, die hier in sich zusammengebrochen waren. Über allem hing der übelste Fischgestank, den man sich vorstellen kann.

Schon bald tauchten kreuzende und einmündende Straßen auf. Auf der linken Seite führten sie Richtung Küste in ungepflasterte Bereiche von Schmutz und Verfall, während die rechts den Anblick von vergangener Pracht boten. Bis zu diesem Zeitpunkt hatte ich keinen Menschen in der Stadt erblickt, doch jetzt gab es spärliche Anzeichen von Bewohnern – ein paar Fenster mit Vorhängen und manchmal ein verbeultes Auto am Straßenrand. Der Straßenbelag und die Bürgersteige waren immer deutlicher zu erkennen, und obwohl die meisten Häuser ziemlich alt waren – Holz und Ziegelkonstruktionen aus dem frühen neunzehnten Jahrhundert –, hatte man sie offensichtlich, damit sie bewohnbar blieben, in Ordnung gehalten. Inmitten dieser unveränderten Überbleibsel aus der Vergangenheit vergas ich als Amateuraltertumsforscher fast den ekelhaften Gestank sowie mein Empfinden von Bedrohung und Abscheu.

Doch ich erreichte nicht mein Ziel, ohne einen sehr nachhaltigen Eindruck der besonders unangenehmen Art zu erhalten. Der Bus hatte einen runden Platz erreicht mit gegenüberstehenden Kirchen daran und einer verwahrlosten, runden Grünfläche in der Mitte. An der rechter Hand vor uns liegenden Einmündung erblickte ich eine große Säulenhalle. Der ehemals weiße Anstrich war jetzt grau und blätterte ab, und die schwarz-goldene Inschrift am Giebel war so verblichen, dass ich nur mit Mühe die Worte »Esoterischer Orden von Dagon« lesen konnte. Das war also der ehemalige Freimaurertempel, der jetzt einem degenerierten Kult diente. Während ich mich bemühte, die Inschrift zu entziffern, wurde ich von dem lauten Dröhnen einer kaputten Glocke auf der anderen Straßenseite aufgeschreckt, und ich drehte mich schnell um, um aus dem Fenster auf meiner Seite des Busses zu sehen.

Das Geräusch kam von einer aus Stein errichteten Kirche mit einem gedrungenen Turm, die eindeutig jüngeren Datums als die meisten Häuser war. Erbaut in einem unbeholfenem, gotischen Stil, und mit einem unproportional hohen Kellergeschoss, dessen Fenster mit Läden verschlossen waren. Obwohl des Zifferblatt der Uhr auf der Seite, die mir zugewandt war, keine Zeiger hatte, wusste ich, dass die rauen Glockenschläge elf Uhr schlugen. Dann wurden plötzlich alle Gedanken an Zeit durch ein Bild von größter Intensität und unbeschreiblichem Schrecken ausgelöscht, das über mich kam, bevor ich überhaupt richtig erfasste, was es war. Die Kellertür der Kirche stand offen und gewährte einen Blick auf ein schwarzes Rechteck im Inneren. Und während ich noch hinschaute, durchquerte ein unbestimmtes Objekt dieses dunkle Rechteck. In mein Gehirn brannte sich in diesem Moment die Vorstellung eines albtraumhaften Schreckens ein, was noch beängstigender wurde, da eine nüchterne Betrachtung nicht den geringsten Anhaltspunkt für etwas Albtraumhaftes zu Tage fördern würde.

Es war ein lebendes Wesen – das Erste außer dem Fahrer, das ich zu Gesicht bekommen hatte, seit wir in den inneren Teil der Stadt gekommen waren –, und wäre ich in einem gefestigteren Zustand gewesen, hätte ich dabei, was immer es auch war, nichts Erschreckendes gefunden. Logischerweise, wie ich einen Moment später erkannte, war es der Pastor, angetan mit einem besonderen Gewand, das man zweifellos benutzte, seit der Orden von Dagon die Rituale der örtlichen Glaubensgemeinschaften verändert hatte. Das, was wahrscheinlich meine erste, unbewusste Wahrnehmung beeinflusst und den Anflug von abseitigem Schrecken ausgelöst hatte, war die hohe Tiara gewesen, die er trug, eine fast genaue Kopie jener, die mir Miss Tilton am Abend zuvor gezeigt hatte. Diese Sache, die meine Vorstellung anregte, hatte dem verschwommenen Gesicht und der in ein Gewand gehüllten, schlurfenden Gestalt namenlose, finstere Attribute zugeordnet. Ich kam schnell zu dem Schluss, dass es keinen Grund für mein Erschaudern aufgrund irgendwelcher Pseudo-Erinnerungen gab. War es nicht zu erwarten, dass ein örtlicher Mysterienkult bei seinen Zeremoniengewändern einen Kopfschmuck benutzte, mit dem die Gemeinschaft auf seltsame Weise vertraut ist – und der vielleicht Teil eines Schatzes war?

Ein paar wenige, abweisend wirkende junge Leute waren jetzt auf den Bürgersteigen zu sehen – einzeln und in schweigenden Zweier- oder Dreiergruppen. Im Erdgeschoss der verfallenen Häuser befanden sich manchmal kleine Geschäfte mit schmuddeligen Ladenschildern, und ich bemerkte ein oder zwei Lastwagen, während wir auf der Straße entlangknatterten. Das Geräusch der Wasserfälle wurde immer deutlicher, und vor uns lag ein ziemlich tiefes Flussbett, das von einer langen, eisernen Straßenbrücke überspannt wurde, hinter der sich ein weiter, offener Platz, der Town Square, befand. Als wir über die Brücke rumpelten, schaute ich nach beiden Seiten und erkannte am Rande des mit Gras bewachsenen Abhangs sowie ein Stück unterhalb einige Manufakturen. Der Fluss tief unter uns führte viel Wasser, und zu meiner Rechten, flussaufwärts sah ich zwei mächtige Wasserfälle und mindestens einen flussabwärts zu meiner Linken. An dieser Stelle war das Geräusch ohrenbetäubend. Dann rollten wir auf den halbkreisförmigen Platz jenseits des Flusses und kamen auf der rechten Seite vor einem hohen, von einer Kuppel gekrönten Gebäude zum Stehen, an dem sich noch Reste eines gelben Anstrichs und ein halb verblichenes Schild befanden, das darauf hinwies, dies sei Gilman House.

Ich war froh, aus diesem Bus herauszukommen, und begab mich mit meiner Reisetasche sofort in die Hotellobby, um sie dort aufbewahren zu lassen. Es war nur eine einzige Person zu sehen – ein älterer Mann ohne Anzeichen des »Innsmouth-Aussehens«, wie ich es inzwischen insgeheim bezeichnete – und ich entschied mich, in Erinnerung daran, dass in diesem Hotel schon eigenartige Dinge vorgefallen waren, ihm keine von all den Fragen zu stellen, die mich beschäftigten. Stattdessen schlenderte ich hinaus auf den Platz, den der Bus schon wieder verlassen hatte, und studierte die Szenerie genau und sorgfältig.

Auf einer Seite der offenen, kopfsteingepflasterten Fläche befand sich das schnurgerade Flussbett, auf der anderen Seite ein Halbkreis von Backsteingebäuden mit Satteldächern, die aus der Zeit um 1800 stammten, und von denen verschiedene Straßen nach Südosten, Süden und Südwesten abgingen. Es gab nur wenige, kleine Straßenlampen – alle weißleuchtend und nur mit Schwachstrom betrieben –, und ich war beruhigt, dass ich meine Abreise vor Einbruch der Dunkelheit geplant hatte, obwohl ich wusste, dass ein Vollmond scheinen würde. Die Gebäude waren alle in einem ordentlichen Zustand, und es gab vielleicht ein Dutzend Läden, die geöffnet hatten. Einer davon war ein Lebensmittelladen der First-National-Ladenkette, dazu ein düsteres Restaurant, eine Apotheke und ein Fischgroßhandel, und außerdem am östlichen Rand des Platzes direkt am Fluss das Büro der einzigen Fabrik der Stadt, der Marsh-Gießerei-Betriebe. Man konnte ungefähr zehn Leute sehen, und vier oder fünf Autos und Lastwagen standen herum. Man musste mir nicht erst sagen, dass dies das Stadtzentrum von Innsmouth war. Ich konnte einen Blick auf den blauen Hafen erhaschen, vor dem sich die verfallenen Reste von drei ehemals schönen, georgianischen Kirchtürmen erhoben. In Richtung der Küste, auf der anderen Seite des Flusses sah ich den weißen Glockenturm, der ein Gebäude krönte, das ich für die Marsh-Gießerei hielt.

Aus irgendwelchen Gründen beschloss ich, mit meinen Nachforschungen in dem Lebensmittelladen zu beginnen, dessen Personal wahrscheinlich nicht aus Innsmouth stammte. Ich stieß auf einen einsamen, ungefähr siebzehnjährigen Jungen, der in der Verantwortung stand, und freute mich, eine Aufgewecktheit und Freundlichkeit festzustellen, die umfangreiche Informationen versprach. Er schien außerordentlich beflissen zu sein, sich zu unterhalten, und schon bald stellte sich heraus, dass er diesen Ort, den Fischgestank und die unheimlichen Bewohner nicht leiden konnte. Wenn er mit jemandem von außerhalb sprechen konnte, war dies für ihn eine Erleichterung. Er stammte aus Arkham, wohnte bei einer Familie aus Ipswich, und wann immer er einen Moment frei hatte, fuhr er weg. Seine Familie wollte nicht, dass er in Innsmouth arbeitete, aber die Ladenkette hatte ihn hierher versetzt, und er wollte seine Arbeit nicht aufgeben.

Er sagte, dass es keine öffentliche Bibliothek und keine Handelskammer in Innsmouth gäbe, aber ich würde mich wahrscheinlich schon zurechtfinden. Die Straße, die ich gekommen war, hieß Federal Street. Westlich davon befanden sich die alten, noblen

Wohnstraßen – Broad, Washington, Lafayette und Adams –, und östlich davon lagen zur Küste hin die Elendsviertel. In diesen Vierteln entlang der Main Street würde ich die alten georgianischen Kirchen finden, doch die seien schon lange verlassen. Man sollte sich in dieser Gegend nicht zu verdächtig verhalten, besonders nördlich des Flusses, denn die Leute dort seien missmutig und feindselig. Einige Fremde wären dort schon verschwunden.

Bestimmte Orte waren fast so etwas wie verbotenes Gebiet, wie er auf die harte Tour gelernt hätte. Man sollte nicht zu lange in der Nähe der Marsh-Gießerei verweilen oder einer der immer noch genutzten Kirchen sowie der Säulenhalle des Ordens von Dagon am New Church Park. Diese Kirchen wären recht seltsam – alle wurden heftig von den jeweiligen Konfessionen anderswo verdammt und hatten offensichtlich abseitige Zeremonien und ebensolche kirchlichen Gewänder. Ihr Glaubensbekenntnis war ungewöhnlich und geheimnisvoll und beinhaltete Andeutungen von wundersamen Transformationen, die zu körperlicher Unsterblichkeit – irgendeiner Art – hier auf Erden führten. Der Pastor des Jungen, Dr. Wallace von der Asbury Kirche von Maine in Arkham, hatte ihn eindringlich davor gewarnt, einer der Glaubensgemeinschaften in Innsmouth beizutreten.

In Bezug auf die Bewohner von Innsmouth wusste der Junge nicht, was er von ihnen halten sollte. Sie waren so geheimnisvoll und selten zu sehen wie Tiere, die in Höhlen lebten, und man konnte sich kaum vorstellen, wie sie sich die Zeit vertrieben, abgesehen von ihrer nachlässigen Fischerei. Vielleicht, zog man die Menge von schwarzgebranntem Schnaps, den sie konsumierten, in Betracht, verbrachten sie den Großteil des Tages im Alkoholrausch. Sie schienen auf mürrische Weise in einer Art Brüderschaft und gegenseitigem Verstehen verbunden und verschmähten die Welt, so als ob sie Zugang zu anderen, besseren Sphären des Daseins hätten. Ihr Aussehen, besonders diese starrenden, nicht blinzelnden Augen, die man nie geschlossen sieht, war sicherlich entsetzlich genug, aber ihre Stimmen waren einfach widerlich. Es war schrecklich, sie nachts in ihren Kirchen singen zu hören, ganz besonders während ihrer Hauptfeiertage oder Erneuerungsfeste, die zwei Mal im Jahr, am 30. April und dem 31. Oktober, stattfanden.

Sie liebten das Wasser und schwammen häufig im Fluss und im Hafen. Oftmals fanden Wettschwimmen zum Teufelsriff statt, und jeder hier schien in der Lage zu sein, an diesem anstrengenden Wettkampf teilzunehmen. Wenn man darüber nachdachte, dann waren es hauptsächlich die jungen Leute, die man in der Öffentlichkeit sah, und von diesen waren es die älteren, die am heruntergekommensten aussahen. Wenn es Ausnahmen gab, dann waren es meist Personen ohne Abweichungen, wie der alte Angestellte im Hotel. Man wunderte sich, was mit der Masse der alten Leute geschah und ob das »Innsmouth-Aussehen« nicht eine seltsame, schleichende Krankheitserscheinung war, die mit den Jahren immer ausgeprägter wurde.

Natürlich konnte nur eine sehr seltene Krankheit eine solch umfassende und tiefgreifende Veränderung bei einem Organismus nach der Pubertät auslösen – Veränderungen, die die Knochenstruktur, wie zum Beispiel den Schädel, betrafen –, aber dennoch war dieser Aspekt nicht rätselhafter und unerhörter als die sichtbaren Anzeichen der Krankheit selbst. Es würde wohl schwer sein, wandte der Junge ein, wirklich stimmige Rückschlüsse in dieser Angelegenheit zu ziehen, da niemand, egal wie lange er in Innsmouth auch lebte, persönlichen Kontakt mit einem Einheimischen bekam.

Der Junge war sich sicher, dass noch schlimmere Exemplare als die schlimmsten sichtbaren irgendwo eingesperrt waren. Die Leute hörten manchmal ganz seltsame Laute. Die baufälligen Schuppen am Kai nördlich des Flusses waren eindeutig durch versteckte Tunnel verbunden und bildeten so einen guten Aufenthaltsort für die nicht in Erscheinung tretenden Abnormalitäten. Es war unmöglich zu sagen, welch fremdartiges Blut – falls überhaupt – in den Adern dieser Dinger floss. Manchmal, wenn Vertreter der Regierung oder andere von außerhalb in die Stadt kamen, versteckten sie die besonders abstoßenden Exemplare.

Es wäre zwecklos, so sagte mein Informant, die Einheimischen irgendetwas über diesen Ort zu fragen. Der einzige, der bereit wäre zu reden, sei ein sehr alter, normal aussehender Mann, der in dem Armenhaus auf der Nordseite der Stadt lebte und seine Zeit mit Herumspazieren verbrachte oder bei der Feuerwache herumlungerte. Dieser merkwürdige Kerl, Zadok Allen, sechsundneunzig Jahre alt, war im Kopf nicht ganz richtig und ein stadtbekannter Säufer. Er war ein seltsames, verstohlenes Individuum, schaute beständig über seine Schulter, als ob er vor etwas Angst hätte, und wenn er nüchtern war, brachte man ihn nicht dazu, überhaupt mit Fremden zu sprechen. Andererseits konnte er auch keinem Angebot seines bevorzugten Giftes widerstehen, und wenn er erst einmal betrunken war, dann präsentierte er mit flüsternder Stimme erstaunliche Fetzen aus seiner Erinnerung.

Doch alles in allem könnte ich nur wenig Nützliches von ihm erfahren, da seine Geschichten nur verrückte, bruchstückhafte Andeutungen von unmöglichen Wundern und Schrecken waren, die keinen anderen Ursprung haben konnten als seine eigene wirre Fantasie. Niemand hat ihm je geglaubt, aber die Einheimischen sahen es dennoch nicht gerne, wenn er trank und mit Fremden sprach, und es war nicht ungefährlich, ihm Fragen zu stellen. Auf ihn gingen wahrscheinlich einige der wildesten, allgemein verbreiteten Gerüchte und Wahnideen zurück.

Von Zeit zu Zeit hatten verschiedene, nicht einheimische Bewohner über monströse Dinge berichtet, die sie gesehen hätten, aber im Umfeld von Zadoks Geschichten und den deformierten Bewohnern war es kein Wunder, dass solche Vorstellungen existierten. Keiner der Zugezogenen blieb abends lange draußen, denn es war allgemein bekannt, dass dies nicht ratsam sei. Außerdem wären die Straßen elend dunkel.

Was die Geschäfte betraf – das Vorkommen an Fischen war wirklich ungemein reichhaltig, doch die Einheimischen zogen immer weniger Nutzen daraus. Auch fielen die Preise, und die Konkurrenz nahm zu. Die eigentliche Einnahmequelle der Stadt war die Gießerei, deren Geschäftsräume sich nur wenige Häuser weiter an diesem Platz befanden. Den alten Marsh sah man nie, doch manchmal begab er sich in einem geschlossenen Wagen mit verhängten Fenstern in den Betrieb.

Es gab jede Menge Gerüchte, wie Marsh jetzt wohl aussehe. Einst war er ein bekannter Dandy gewesen, und die Leute behaupteten, er würde immer noch die eleganten, knielangen Mäntel der Edwardischen Epoche tragen, die seinen merkwürdigen Missbildungen angepasst wären. Früher hatten seine Söhne das Büro am Platz geführt, doch in letzter Zeit waren sie mehr und mehr aus der Öffentlichkeit verschwunden und überließen der jüngeren Generation im Wesentlichen die Geschäftsführung. Das Aussehen seiner Söhne und deren Schwestern wurde immer absonderlicher, besonders bei den älteren, und man sagte, dass ihre Gesundheit nachließ.

Eine der Marsh-Töchter war eine abstoßend reptilienhaft anmutende Frau, die eine große Anzahl von Schmuckstücken trug, die eindeutig aus derselben Tradition stammten, die auch die seltsame Tiara hervorgebracht hatte. Mein Auskunftsgeber hatte sie viele Male gesehen und gehört, dass sie aus einem geheimen Schatz stammten, entweder von Piraten oder von Dämonen. Der Geistliche oder Priester – oder wie man ihn heutzutage auch nannte – trug ein ebensolches Schmuckstück als Kopfschmuck, allerdings bekam man sie nur selten zu Gesicht. Andere Exemplare dieser Art hatte der Junge nicht gesehen, doch in der Gegend um Innsmouth soll es noch viele geben.

Die Marshs, ebenso wie die anderen drei vornehmen Familien der Stadt, die Waites, die Gilmans und die Eliots, lebten sehr zurückgezogen. Sie wohnten in riesigen Häusern entlang der Washington Street, und von einigen erzählte man sich, dort würden Familienangehörige versteckt, deren Aussehen nicht für die Öffentlichkeit geeignet war und die offiziell als verstorben galten.

Der Junge warnte mich, dass viele der Straßenschilder verschwunden seien, und dann zeichnete er eine grobe, doch hinreichend genaue Karte von den wichtigsten Punkten in der Stadt. Nachdem ich einen Blick darauf geworfen hatte, war ich mir sicher, dass sie eine große Hilfe sein würde, und steckte sie unter ehrlichen Dankesbezeugungen ein. In Anbetracht der Schmuddeligkeit des einzigen Restaurants, das ich gesehen hatte, erstand ich einen ordentlichen Vorrat an Käsekräckern und Ingwerwaffeln, die mir später als Mittagessen dienen sollten. Mein Programm sah vor, die Hauptstraßen abzulaufen, mit jedem Nichteinheimischen, auf den ich traf, zu sprechen und mit dem acht Uhr Bus nach Arkham zu fahren. So wie es aussah, war die Stadt ein bedeutendes und hervorstechendes Beispiel für den Niedergang einer Gemeinschaft, doch da ich kein Soziologe war, würde ich meine Untersuchungen auf das Feld der Architektur beschränken.

So begann ich meinen systematischen, doch etwas unsicheren Weg durch die schmalen, unheilüberschatteten Straßen von Innsmouth. Die Brücke überquerend und dann in Richtung des Rauschens des unteren Wasserfalls gehend, kam ich dicht an der Marsh-Gießerei vorbei, aus der seltsamerweise keinerlei Arbeitsgeräusche zu hören waren. Das Gebäude stand am Rand des steilen Flussufers, in der Nähe einer Brücke, am Knotenpunkt einiger Straßen, den ich für das ehemalige, aus den frühen Tagen stammende Stadtzentrum hielt, das nach dem Befreiungskrieg durch das heutige Zentrum abgelöst worden war.

Nachdem ich die Schlucht auf der Brücke der Main Street wieder überquert hatte, kam ich in eine völlig verlassene Gegend, die mich erschaudern ließ. Unmengen von zusammengefallene Satteldächern bildeten eine gezackte und fantastisch anmutende Silhouette, über die sich schaurig der Turm einer Kirche erhob, dessen Spitze zerstört war. Einige Häuser an der Main Street waren bewohnt, doch die meisten völlig verfallen. Entlang der ungepflasterten Straßen sah ich die offenen, schwarzen Fensterhöhlen von verlassenen Hütten, von denen sich viele aufgrund des abgesunkenen Fundaments in gefährlicher Schieflage befanden. Diese Fenster starrten so gespenstig, dass ich einigen Mut aufbringen musste, mich ostwärts zu den Hafenanlagen zu wenden. Ganz bestimmt stieg der Schrecken, der von einem einzelnen zerstörten Haus ausging, nicht in linearer, sondern in geometrischer Progression, wenn diese Gebäude immer mehr wurden und eine Stadt völliger Verwüstung bildeten. Der Anblick dieser endlosen Straßen von fischäugiger Leere und Tod, und der Gedanke an die miteinander verschlungene Unendlichkeit von schwarzen, vor sich hinbrütenden Räumen, die den Spinnennetzen, Erinnerungen und dem Gewürm anheimgefallen waren, riefen rudimentäre Ängste und Abneigungen hervor, die nicht einmal die größte mentale Stärke zerstreuen konnte.

Die Fish Street war genauso verlassen wie die Main Street, doch befanden sich an ihr viele Lagerhäuser aus Ziegeln und Stein, die immer noch in bestem Zustand waren. Die Water Street sah fast genauso aus, bis auf eine Reihe von seeseitigen Lücken, wo sich einmal die Piere befunden hatten. Ich sah keine lebende Seele, außer den vereinzelten Fischern auf dem weit entfernten Wellenbrecher, und es gab keinerlei Geräusche, außer dem Klatschen des Gezeitenwassers im Hafen und dem Dröhnen der Wasserfälle des Manuxets. Die Stadt griff mehr und mehr meine Nerven an, und während ich mich auf den Weg zurück über die schwankende Water-Street-Brücke machte, schaute ich mich immer wieder um. Die Fisch-Street-Brücke war gemäß der Zeichnung nur noch eine Ruine.

Nördlich des Flusses gab es Anzeichen von etwas Leben – Fischpackereien, die in Betrieb waren, rauchende Schornsteine und ausgebesserte Dächer dann und wann, manchmal Geräusche undefinierbaren Ursprungs und selten mal eine dahinschlurfende Gestalt in den düsteren Straßen und ungepflasterten Gassen –, doch das erschien mir noch beklemmender als die öde Leere im Süden. Zum einen waren die Menschen hier noch abstoßender und abnormaler als die in der Nähe des Zentrums der Stadt, sodass ich einige Male mit einem üblen Gefühl an etwas absolut Fantastisches erinnert wurde, das ich nicht einordnen konnte. Ohne Zweifel war der fremde Einschlag bei den Einwohnern von Innsmouth hier stärker als weiter im Landesinneren – wenn es sich bei dem »Innsmouth-Aussehen« nicht um einen Rasseneinfluss handelt, sondern doch um eine Krankheit, dann befanden sich in diesem Bezirk die am weitesten fortgeschrittenen Fälle.

Eine Sache, die mich beunruhigte, war der *Verteilung* der wenigen, leisen Geräusche, die ich hörte. Üblicherweise hätten sie nur aus den Häusern kommen dürfen, die sichtbar bewohnt waren, doch in Wirklichkeit waren sie am lautesten hinter den verfallensten Fassaden. Man vernahm ein Huschen, Knarren und raue, zweifelhafte Laute, und ich dachte mit einem unbehaglichen Gefühl an die verborgenen Tunnel, von denen der Ladenjunge gesprochen hatte. Plötzlich fragte ich mich, wie die Stimmen von diesen Bewohnern wohl klingen mochten. Ich hatte in diesem Viertel noch kein Wort gehört und hatte auch überhaupt kein Verlangen danach.

Ich verharrte nur kurz, um mir zwei schöne, aber verfallene alte Kirchen in der Main und der Church Street anzusehen, und verließ dann hastig dieses abscheuliche Elendsviertel am Hafen. Mein logisch nächstes Ziel wäre der New Church Park gewesen, doch irgendwie konnte ich es nicht ertragen, noch einmal an dieser Kirche vorbeizukommen, in deren Kellergeschoss ich die Furcht einflößende Gestalt jenes Priesters oder Pastors mit dem seltsamen Kopfschmuck gesehen hatte. Außerdem hatte mich der Ladenjunge gewarnt, dass diese Kirche und ebenso die Halle des Ordens von Dagon kein empfehlenswerter Aufenthaltsort für Fremde sei.

Aus diesem Grund hielt ich mich auf der Main Street nordwärts bis zur Martin Street, dann bog ich Richtung Landesinnerem ab, überquerte die Federal Street in sicherem Abstand vom Park und betrat die verfallene Gegend der Patrizierhäuser in den nördlichen Abschnitten der Broad, Washington, Lafayette und Adams Street. Obwohl bei diesen stattlichen, alten Alleen der Belag in schlechtem Zustand und sie heruntergekommen waren, war ihre von Ulmen überschattete Würde noch nicht gänzlich verschwunden. Ein Herrenhaus nach dem anderen fesselte meinen Blick, die meisten standen altersschwach und mit Brettern vernagelt auf vernachlässigten Grundstücken, doch ein oder zwei in jeder Straße zeigten Anzeichen, dass sie bewohnt waren. In der Washington Street befand sich eine Reihe von vier oder fünf in hervorragendem Zustand, mit gut gepflegten Rasen und Gärten. Das prächtigste von ihnen – mit breiten, terrassenförmigen Gartenanlagen, die sich hinter dem Haus bis zur Lafayette Street erstreckten – hielt ich für das Heim des alten Marsh, des geplagten Gießereibesitzer.

In all den Straßen stieß ich auf kein lebendes Wesen, und ich wunderte mich über das völlige Fehlen von Katzen und Hunden in Innsmouth. Eine weitere Sache, die mich verwirrte und beunruhigte, war, dass selbst in den am besten gepflegten Häusern die meisten Fenster im zweiten Stock und im Dachgeschoss fest mit Fensterläden verschlossen waren. Verschlossenheit und Heimlichtuerei waren wohl allgemein verbreitet in dieser verschwiegenen Stadt der Fremdartigkeit und des Todes, und ich konnte mich des Gefühls nicht erwehren, dass ich überall aus dem Hinterhalt von verschlagenen, starrenden Augen, die niemals geschlossen waren, beobachtet wurde.

Ich zuckte zusammen, als rechts von mir aus einem Turm brüchige Glockenschläge drei Uhr verkündeten. Nur zu gut erinnerte ich mich an die gedrungene Kirche, von der diese Töne kamen. Der Washington Street folgend erreichte ich nun einen neuen Bezirk, wo früher Handel und Industrie herrschten. Ich sah vor mir die Ruinen einer Manufaktur und weitere Ruinen sowie die Spuren eines alten Bahnhofs und jenseits davon eine gedeckte Eisenbahnbrücke, die weiter oben, zu meiner Rechten den Fluss überspannte.

An der baufälligen Brücke vor mir stand ein Warnschild, doch ich ging das Risiko ein und begab mich wieder ans südliche Ufer, wo sich Anzeichen von Leben zeigten. Verstohlene, schlurfende

Kreaturen starrten geheimnisvoll in meine Richtung, und eher normale Gesichter musterten mich kalt und neugierig. Innsmouth wurde schnell unerträglich, ich bog in die Paine Street ein und lief auf den Platz zu, in der Hoffnung, dort ein Fahrzeug zu bekommen, das mich – noch vor der immer noch weit entfernten Abfahrtszeit des abscheulichen Busses – nach Arkham brächte.

Das war der Moment, als ich die verfallene Feuerwache zu meiner Linken bemerkte und den rotgesichtigen Mann mit buschigem Bart und wasserblauen Augen, in nicht zu beschreibende Lumpen gekleidet, auf einer Bank davor sitzen sah. Er unterhielt sich mit zwei ungepflegten, doch nicht abnormal aussehenden Feuerwehrleuten. Das musste natürlich Zadok Allen sein, der halbverrückte, neunzigjährige Säufer, dessen Geschichten über das alte Innsmouth und den darüberliegenden Schatten so grauenhaft und unglaublich waren.

III

Mich musste ein launischer, kleiner Teufel geritten haben oder ein satanischer Drang dunkler, verborgener Kräfte, der mich meine Pläne ändern ließ. Ich hatte lange zuvor beschlossen, meine Untersuchungen ganz auf die Architektur zu beschränken, und im Moment beeilte ich mich, zum Town Square zu kommen, in der Hoffnung, dort eine Fahrgelegenheit zu finden, mit der ich schnell aus dieser schwärenden Stadt von Tod und Niedergang herausgelangen konnte. Doch der Anblick des alten Zadok Allen lenkte meine Gedanken in eine neue Richtung, und meine Schritte wurden unwillkürlich langsamer.

Ich war mir sicher, dass dieser alte Mann nichts anderes bieten konnte, als Andeutungen von wilden, unzusammenhängenden und unglaubwürdigen Legenden, und war gewarnt worden, dass die Einheimischen nicht begeistert waren, wenn man mit ihm sprach, doch der Gedanke daran, dass dieser Zeuge des Niedergangs der Stadt mit Erinnerungen an die frühen Tage der Schifffahrt und der Manufakturen dort saß, war eine Verlockung, der meine Vernunft nicht widerstehen konnte. Und schließlich sind die seltsamsten und verrücktesten Mythen häufig nur Symbole und Allegorien, die sich auf Wahrheiten gründen, und der alte Zadok musste alles gesehen haben, was sich in den letzten neunzig Jahren in und um Innsmouth ereignet hatte. Die Neugierde gewann die Überhand gegenüber Vernunft und Vorsicht, und in meiner jugendlichen Selbstgewissheit glaubte ich, in der Lage zu sein, einen wahren Kern von wirklichen geschichtlichen Ereignissen aus seinen verwirrten, überzogenen Aussagen herauszufiltern, wahrscheinlich mithilfe von Whiskey.

Ich wusste, dass ich ihn in diesem Moment und an diesem Ort nicht ansprechen konnte, denn die Feuerwehrleute hätten dies bemerkt und wären dagegen eingeschritten. Stattdessen, so überlegte ich, würde ich mich mit schwarzgebranntem Schnaps ausrüsten, den ich mir an einem Ort besorgte, den mir der Ladenjunge genannte hatte und wo jede Menge davon zur Verfügung stand. Dann würde ich mich in der Nähe der Feuerwache ganz unauffällig platzieren und mich dem alten Zadok nähern, wenn er zu einem seiner üblichen Streifzüge aufbrach. Der Junge hatte gesagt, dass Zadok sehr ruhelos sei und sich selten länger als ein oder zwei Stunden an der Wache aufhalte.

Eine Literflasche Whiskey war leicht, allerdings nicht billig zu bekommen, ich erstand sie im Hinterzimmer eines kleinen Kramladens ganz in der Nähe des Town Square, in der Eliot Street. Der schmutzig wirkende Kerl, auf den ich dort traf, hatte einen Anflug des starrenden Blicks des »Innsmouth-Aussehens«, doch sein Verhalten war einigermaßen zivilisiert, vielleicht war an umgängliche Fremde als Kunden gewöhnt – Lastwagenfahrer, Goldeinkäufer und ähnliche –, die manchmal in die Stadt kamen.

Als ich wieder zum Town Square kam, stellte ich fest, dass mir das Glück hold war, denn als ich aus der Paine Street schlenderte und um die Ecke von Gilman House bog, sah ich sofort die hohe, schlanke, zerlumpte Gestalt von Zadok Allen höchstselbst. Meinem Plan folgend, erweckte ich seine Aufmerksamkeit, indem ich meine neu erworbene Flasche herumschwenkte, und schon bald bemerkte ich, dass er sehnsüchtig hinter mir her schlurfte, als ich auf meinem Weg in die verlassenste Gegend der Stadt, die mir einfiel, in die Waite Street abbog.

Ich fand meinen Weg mithilfe der Karte, die der Ladenjunge angefertigt hatte, und bewegte mich auf den völlig verlassenen Streifen Land im südlichen Hafenbereich zu, den ich schon vorher besucht hatte. Die einzigen Menschen dort waren die Fischer auf dem entfernten Wellenbrecher gewesen, und wenn ich noch einige Straßenzüge weiter nach Süden ginge, wäre ich aus ihrem Gesichtsfeld verschwunden, würde auf dem verlassenen Kai ein Plätzchen zum Sitzen finden und könnte den alten Zadok ungesehen so lange aushorchen, wie ich wollte. Noch bevor ich die Main Street erreichte, vernahm ich hinter mir ein schwaches, keuchendes »He, Mister!« und ließ den alten Mann sofort zu mir aufschließen und einige ordentliche Schlucke aus der Literflasche nehmen.

Als wir die Water Street entlanggingen und südwärts mitten in die überall gegenwärtigen, absonderlichen, schiefen Ruinen abbogen, streckte ich vorsichtig meine Fühler aus, stellte aber fest, dass die alte Zunge sich nicht so schnell löste, wie ich erwartet hatte. Schließlich erblickte ich in Richtung der See zwischen eingestürzten Ziegelmauern eine offene, grasbewachsene Fläche und dahinter ein mit Unkraut überwachsenes, aus Erde und Mauerwerk bestehendes Pier. Anhäufungen von moosüberwucherten Steinen versprachen eine akzeptable Sitzgelegenheit, und der Ort war in jede mögliche Richtung durch die Ruinen eines Lagerhauses im Norden vor Blicken abgeschirmt. Dies, so dachte ich, war der perfekte Ort für eine lange, geheime Unterhaltung. Also führte ich meinen Gefährten die Straße hinunter und suchte einen Platz auf den bemoosten Steinen. Die Stimmung von Tod und Zerstörung war schaurig, und der Gestank nach Fisch schier unerträglich, doch ich war entschlossen, mich durch nichts abhalten zu lassen.

Wenn ich den Acht-Uhr-Bus nach Arkham noch erreichen wollte, blieben mir ungefähr vier Stunden für die Unterhaltung, und ich begann, dem alten Säufer mehr Schnaps zu geben, während ich mein karges Mittagessen zu mir nahm. Ich war vorsichtig mit der Menge Alkohol, denn ich wollte nicht die Grenze überschreiten, wo sich Zadoks trunkene Geschwätzigkeit in Benommenheit verwandelte. Nach einer Stunde schien sich sein verstohlenes Schweigen zu lockern, doch zu meiner Enttäuschung wich er immer noch meinen Fragen über Innsmouth und seiner von Schatten heimgesuchten Vergangenheit aus. Er brabbelte über heutige Dinge, enthüllte eine weitreichende Kenntnis der Zeitungen und zeigte eine deutliche Tendenz, auf eine salbungsvoll ländliche Art zu philosophieren.

Als das Ende der zweiten Stunde nahte, befürchtete ich, dass mein Liter Whiskey nicht ausreichen würde, um Resultate zu bringen, und fragte mich, ob ich nicht den alten Zadok hier lassen und noch mehr Schnaps holen sollte. Seltsamerweise eröffnete mir genau in diesem Moment das Glück einen Ansatz, den meine Fragen nicht in der Lage gewesen waren zu schaffen, und das keuchende Faseln des Alten nahm eine Wendung, die mich aufschreckte und aufmerksam zuhören ließ. Ich saß mit dem Rücken zu dem nach Fisch stinkenden Meer, doch er sah direkt darauf, und, was auch immer seinen Blick auf die niedrige, weitentfernte Linie des Teufelsriffs gelenkt hatte, das sich klar und beeindruckend aus den Wellen erhob, der Anblick schien ihn zu verstören, denn er begann, übel zu fluchen, und endete in einem vertraulichen Flüstern, gepaart mit einem wissenden Grinsen. Er beugte sich zu mir, ergriff meinen Jackenaufschlag und zischte einige Andeutungen hervor, die nicht misszuverstehen waren.

»Dort hat alls angefangen – der verfluch Ort allr Bösartigkeit, kam aus dm tiefen Wasser. Tor vonde Hölle – steiler Abgrund bis zum Boden, wo kin Lot nich hinkomm. De Alte Käpn Obed abe doch – er, der mehr gefunn hat, als gut vor ihn war aufn Inseln inner Südsee.

Jeder war aufm schlechten Weg in jen Tagen. Handel ging runner, de Manufakturen machten kin Geschäft – selbst de neuen nich – und die besten von de Männer zogen innen Krieg von 1812 und wurden getötet, oder gingn mit der Brigg *Elizy* und der Schute *Ranger* unter, beide gehörtn dem Gilman. Obed Marsh hatte drei Schiffe aufm Meer – die Brigantine *Columby*, die Brigg *Hetty* un de Bark *Sumatry Queen*. War de einzige de weiter Handel mit Ostindin und dem Pazifik trieb – un ja, mit Ausnahme von Esdras Martin, der es mit seiner Schonebark *Malay Pride* im Jahr achunzwanzig nochmal versucht hat.

Niemals war ner wie Käpn Obed – der alte hinkende Satan! He, he! Kann ihm nich verdenkn, dass immer hat erzählt von de fremdn Länner und die Leut alle für blöd hielt, in die christlichen Kirchen zu laufen, un ihre Last sanfmütig und niedergdrückt zu ertragen. Sagte, sie solln sich besser Götter suchn wie einige der Leut von den West-Indies, Götter, wie solche, die ihnen viel Fische bringn als Dank für ihre Opfer un die wirklich antwortn auf die Gebet der Leut.

Matt Eliot, erster Maat, erzählte auch viel, war aber dagegn, dass die Leut was mit heidnischen Dingen machen. Hat erzählt von ner Insel östlich von Otaheite, wo ne Menge Steinruinen sein solln, älter als man sich vorstelln kann, un keiner weiß was darüber, genauso welche auf Ponape in den Karolinen, aber mit eingemeißelten Gesichtern, die aussehn wie de Statuen auf de Osterinsel. Da war ne kleine Vulkaninsel inner Nähe mit andern Ruinen und andern Bildern – die Ruinen alle abgeschliffen, als ob se einst unner Wasser gewesen wärn nur mit Bildern von schrecklichn Monstern drauf.

Nu, Sir, Matt sacht, die Eingebornen dort hättn all den Fisch, dense fangen können, un tolle Armbänder un Halsketten un Kopfschmuck, gemacht aus nem seltsamen Gold und verziert mit Bildern von Monstern, ganz wie die, die auf de Ruinen der kleinen

Insel waren – ne Art von fischähnlichen Fröschen oder froschähnlichen Fischen, die in alln möglichen Stellungen dargestellt warn wie menschliche Wesen. Niemand konnt aus ihnen rausbringen, wo all de Sachen herkamn und all de anderen Eingeborenen fragtn sich, wieso se es schafftn, so viele Fische zu fangen, während die Insel direkt daneben keinen Fang machte. Matt fragte sich das auch un so Käpn Obed. Obed stellt auch fest, dass Jahr für Jahr die schönen jungn Leute plötzlich verschwandn, obwohl es kaum alte Leute aufer Insel gab. Auch dass einige von ihn verdammt merkwürdig aussahn, selbs für Kanakn.

Es brauchte schon nen Kerl wie Obed, um de Wahrheit aus en Heiden raus zu bekomm. Ich weiß nich, wie ers gemacht hat, aber es begann damit, dass er ihnen die Goldsachen, die se trugen, abhandelte. Fragte se, woher die Dinge käm und ob sie mehr von hättn und zog schließich dem alten Häupling – Walakea wurd er genannt – die Geschichte ause Nase. Nieman außer Obed hätt dem alten, jammerndn Teufel geglaubt, aber der Käpn konnt Menschen wie en Buch lesn. He, he! Niemand glaubt mer heut, wenn ich das erzähl, und ich glaub nich, dass du es tus, junger Freund, doch wenn ich mir dich so anseh, dann hast du die gleiche Art von lesenden Augn, die Obed hätt.«

Das Flüstern des alten Mannes wurde leiser und mir schauderte angesichts des schrecklichen, ernsten und unheilvollen Tons in seiner Stimme, selbst wenn ich mir bewusst war, das seine Erzählung nichts weiter war, als der Fantasie eines Betrunkenen entsprungen.

»Nu, Sir, Obed hat gelernt, dass es Dinge auf dieser Erde gib, von den die meistn Menschn nie erfahrn haben – un se nich glauben würden, wenn se davon hörten. Es hatte n Anschein, dass die Kanakn ne groß Anzahl ihrer jungen Männer un Frauen so ner Art von Gottwesen opferten, die in Meer lebtn, un im Gegenzug jede Menge Wohltatn erhielten. Se begegneten den Wesen aufm kleinen Eiland mit de seltsamen Ruinen, un es scheint, dass de graunhaftn Bilder von Frosch-Fisch-Monstern diese Gottwesen warn. Vielleicht warns diese Lebewesen, mit den de ganzn Geschichtn von Meerjungfrauen angefangen ham. Sie hatten jede Art von Städten aufm Meeresgrund, un diese Insel hat sich von dort erhoben. Schein so, als hättn einige dieser Gottwesen noch gelebt, als die Insel plötzlich an de Oberfläche kam. So kriegtn die Kanakn mit, dass die da unnen warn. Nachem de erste Schreck vorbei war, verständigten sie sich mit Zeichensprache un schlossen bald drauf en Abkommen.

De Wesen mochten Menschenopfer. Hattn sie schon lange Zeit vorher, aber dann verlorn se den Kontakt zur Oberwelt nach ner Weile. Was sie mit ihrn Opfern machn, kann ich nich sagn, un ich glaub auch, Obed war nich scharf drauf zu fragn. Aber für de Heiden wars in Ordnung, denn sie hattn schwere Zeiten und verzweifeltn an allm. Sie gaben den Meereswesen ne bestimmte Anzahl von jungn Leuten, zweimal jedes Jahr – Walpurgisnacht un Halloween – immer regelmäßig. Gabn ihnen auch einiges von dem geschnitzten Plunder, den se machten. Was die Dinger ihnen gaben war reichlich Fische, die se vom gesamten Meer zu ihnen hintriebn, und ein paar Goldsachen ab un zu.

Na, wie ich schon sag, de Eingeborenen trafn de Wesen auf der kleinen Vulkaninsel – fuhrn hin in den Kanus mit den Opfern unnem andern Zeug un brachtn den Goldschmuck mit zurück, wenn se welchen kriegtn. Zuerst kamn de Wesen nicht auf die Hauptinsel, aber nach ner Zeit wolltn se dann schon. Schien, als hätten se Lust, sich mit den Eingeborenen zu mischen und hatten gemeinsame Feiern an den großen Tagen – Walpurgisnacht und Halloween. Du siehst, se warn in der Lage, an Land und im Wasser zu leben – das nennt man amphibisch, glaub ich. Die Kanaken sagten ihnen, dass de Leute von andern Inseln sie vielleicht auslöschen wolltn, wenn sie erfahren, dass se hier sin, aber die sachtn, das kümmert se nich, denn se könnten die ganze menschliche Brut vernichtn, wenn se sich die Mühe machn würdn – jedn, der nich en bestimmtes Zeichen trüge, das vonner Alten Rasse, wer immer das auch sein soll, mal benutzt wurde. Doch sie wolltn ihre Ruhe un gingn in Deckung, wenn jemand die Insel besuchte.

Als de Kanaken sich mit de krötenartigen Fischen paaren solltn, wolltn se nich so recht, doch dann erfuhren sie was, was die Sache in nem andern Licht erscheinen ließ. Die Menschen schienen ne Art Verwandtschaft zu den Wasserbiestern zu habn, da alles Leben ja ausm Wasser mal gekommen is, un es braucht nur ne kleine Änderung, um wieder zurückzugehn. Die Biester sachtn de Kanaken, wenn es Mischlinge gäbe, die würdn ers wie Menschen aussehn, später dann sich aber mehr und mehr in de Biester verwandeln un schließlich ins Wasser gehn un sich de Hauptgruppe der Dinger da unnen anschließn. Un das is der wichtigste Teil, junger Freund, die, die sich in die Fischdinger verwandeln un ins Wasser gehn, *würden nicht sterben*. Die Dinger sterben nie, außer man bringt se um.

Nu, Sir, scheint so, als wärn zum Zeitpunkt, als Obed bei de Inselbewohnern war, die schon voll vom Fischblut der Meerdinger warn. Wenn die älter wurdn un man de Veränderungen sehn konnte, dann versteckte man se, bis sie bereit warn, ins Wasser zu gehn, un de Insel zu verlassen. Einige warn stärker verändert als annere un manche veränderten sich überhaupt gar nich weit genug, um ins Wasser zu gehn, doch meist änderten se sich genauso, wie de Dinger gesagt hattn. Ein paar, die schon bei de Geburt mehr aussahn wie de Dinger, änderten sich früh, aber die, die fast menschlich warn, blieben auf de Insel bis se über siebzig warn, doch unternahmen sie schon Versuche unner Wasser zu gehen vor ihrer Zeit. Leut, die ins Wasser gegangen warn, kamen normalerweise häufig zu Besuch, so hat n Mann oft mit seim Urururururgroßvater gesprochen, der die Insel vor einigen hunnert Jahrn verlassn hat.

Niemand hat mehr ans Sterben gedacht – außer bei Kanu-Kriegen mit anderen Insulanern oder als Opfer für de Gottwesen da unnen oder durch Schlangenbisse oder ne sich ausbreitende Seuche und sowas, wenns passierte, bevor se ins Wasser gehn konnten. Sie ham auf eine Art Verwandlung gewartet, die nach ner Weile nix Schreckliches mehr hatte. Sie glaubtn, dass alles, was se kriegtn, viel besser war, als das, was se aufgabn, un ich vermut, dass Obed auch der Meinung war, als er über die Erzählungen des alten Walakea en bissn nachgdacht hat. Walakea war aber einer de wenigen, die kein Fischblut in sich hattn – war königlichen Geblüts, das sich nur mit königlichem Geblüt anderer Inseln vereinigte.

Walakea, er zeigte Obed ne Menge Rituale un Beschwörungen, die mit den Meeresbiestern zu tun hattn, un auch Leute ausm Dorf, die sich schon stark verwandelt hattn. Wie auch immer, nie ließ er ihn eins der echten Dinger aus dem Wasser sehn. Letzlich gab er ihm ein sonderliches Ding aus Blei oder so, das die Fischdinger an jedem Platz, wo se möglicherweise en Nest hatten, aus dem Wasser rufen würd. Er bräucht es nur ins Wasser fallen lassen un de richtige Zauberformel oder so zu sprechn. Walakea hat gemeint, die Biester wärn über de ganze Welt verstreut, un wenn jemand sich umguckte, konnt er n Nest finden und die Dinger hochbringn, wenn er wollte.

Matt gefiel de Angelegenheit überhaupt nich, un wollte, dass sich Obed von der Insel fernhielt, aber der Käpn war so scharf aufn Profit un er hatte diese goldähnlichen Sachen so billig bekommn, dass er nur daran dachte. So lief es dann für Jahre, un Obed kriegte genug von dem goldartigen Zeug, dass er in Waites alter, kaputter Walkmühle ne Gießerei einrichtete. Er verkaufte die Stücke nich wie se waren, denn die Leut habn beständig Fragen gestellt. Aber wies so kommt, habn seine Seeleuten ab und an n Stück bekommn un es versetzt, obwohl se geschworen hattn, de Mund zu haltn, un seim Weibsvolk hat er erlaubt, einige der Stücke zu tragen, die menschlicher anmuteten als de meisten.

Nu, war so um achundzwanzig, als ich sieben Jahre alt war, da stellt Obed fest, dass sämtliche Insulaner in de Zeit zwischen seinen Besuchen ausgelöscht warn. Schien, als ob de andern Insulaner Wind davon bekommn ham, was da vorging, un hattn die

Sache in de Hand genommn. Vermute, sie mussten es, denn nach allem warn diese alten, magischen Zeichen das Einzige, vor dem sich de Meeresbiester fürchteten. Keine Ahnung, was de Kanakn alles in die Finger bekommen habn, als de Insel mit de Ruinen, älter als de Sintflut, sich ausm Meer erhobn hat. Heiliger Zorn war das, – auf de Hauptinsel un de kleinen Vulkaninsel blieb kein Stein aufm annern, außer dem Teil der Ruinen, der zu mächtig war, um niedergerissn zu werdn. An manchen Stelln warn kleine Steine verstreut, ähnlich Fetischen, un drauf war was, was man heute wohl n Hakenkreuz nennt. Vielleicht das Zeichn der Großen Alten. De Menschen warn alle hinüber, kein Spur von goldartigen Dingern un keiner der in der Nähe lebenden Kanakn verlorn n Wort darüber. Gabn noch nich mal zu, dass de Insel jemals bewohnt war.

Das hat Obed ziemlich hart getroffn, damals wo sein übriger Handel ziemlich schlecht lief. Es traf auch ganz Innsmouth, denn in Zeitn de Schifffahrt hieß Gewinn für den Schiffseigner normal auch anteilign Gwinn für de Mannschaft. De meisten Leut in de Stadt ertrugn die harten Zeiten wie Schafe, hättn aufgegebn, aber sie warn inner schlechten Lage, denn de Fischfang bracht nichts ein, un um die Manufakturen stand es auch nich gut.

Zu dieser Zeit begann Obed, die Leut zu verfluchen, sie wärn dumme Schafe un beteten zu nem christlichen Gott, der doch niemandem hilft. Er sagt ihnen, dass er Menschen gekannt hätt, die zu Göttern beteten, die ihnen gäben, was se bräuchtn, un sagte, wenn ne Anzahl von Männern ihn unterstütztn, könnt er vielleicht bestimmte Kräfte anrufn, die ihnen jede Menge Fische und auch ordentlich Gold bringen würdn. Natürlich ham die Männer, die auf der *Sumatry Queen* warn un de Insel besucht hattn, gewusst, waser meint, und warn nich erpicht drauf, in de Nähe der Meeresbiester zu komm, von denen se gehört hattn, doch die, die nich wusstn, um was es eigentlich ging, warn beeindruckt von dem, was Obed sachte, und fragten, was er tun könne, um se zu dem Glauben zu bringn, de ihnen helfen würde.«

An dieser Stelle stockte der alte Mann, murmelte und verfiel in ein übellauniges und sorgenvolles Schweigen, schaute über seine Schulter und wandte dann seinen Blick auf das entfernte, schwarze Riff. Als ich ihn ansprach, antwortete er nicht, also wusste ich, dass ich ihm den Rest in der Flasche geben musste. Dieses kranke Seemannsgarn, das er von sich gab, interessierte mich gewaltig, denn ich vermutete, dass sich dahinter eine Art krude Allegorie verbarg, die sich auf die Merkwürdigkeit von Innsmouth bezog und ausgeschmückt wurde von einer überbordenden Fantasie voller Bruchstücke von exotischen Legenden. Nicht einen Augenblick glaubte ich, dass die Geschichte tatsächlich eine wirkliche Grundlage hatte, aber dennoch beinhaltete sie eine Andeutung von wirklichem Schrecken, wenn auch nur die Sache mit den fremden Schmuckstücken, die eindeutig der gleichen Art waren wie die verwunschene Tiara, die ich in Newburyport gesehen hatte. Möglicherweise kam die Ornamentik von einer seltsamen Insel, und vielleicht stammten die wilden Geschichten von dem verstorbenen Obed selbst und nicht von dem alten Schluckspecht.

Ich reichte die Flasche Zadok und er trank sie bis auf den letzten Tropfen aus. Es war erstaunlich, wie viel Whiskey er vertrug, denn in seiner hohen, keuchenden Stimme war kein Anzeichen von Schwerfälligkeit zu bemerken. Er leckte die Flaschenöffnung ab und steckte die Flasche in seine Tasche, dann fing er an, zu nicken und leise mit sich selbst zu sprechen. Ich beugte mich zu ihm, um jedes verständliche Wort, das er murmelte, mitzubekommen, und glaubte unter dem dreckigen, buschigen Schnurrbart ein satanisches Grinsen zu bemerken. Ja, er formte tatsächlich Worte, und ich konnte die meisten davon verstehen.

»Armer Matt – Matt war immer dagegen – versuchte de Leute auf seine Seite zu bringn, un hat lang geredet mit den Geistlichen – zwecklos – sie jagten den Pastor der Kongregierten Gemeinde ause Stadt, un der von de Methodisten is von selbst weg – den Resolved Babcock, de Pastor der Baptisten, hab ich nie mehr gesehn – Zorn Gottes – ich war damals noch n verdammt junger Spund, aber was ich gehört hab, hab ich gehört, und was ich gesehn hab, hab ich gesehn. Dagon un Ashtoreth – Belial un Beelzebub – das Goldene Kalb un die Götzen von Kanaan un de Philister, Babylonische Abscheulichkeiten – *Mene, mene, tekel, upharsin*-«

Er hielt erneut inne, und der Blick aus seinen triefenden, blauen Augen ließ mich befürchten, dass er gleich ohnmächtig werden würde. Doch als ich ihn sanft an der Schulter rüttelte, drehte er sich mit erstaunlicher Heftigkeit um und stieß ein paar weitere geheimnisvolle Sätze hervor.

»Glaubst mir nich, he? He, he he, dann sag mir mal, junger Freund, warum Käpn Obed mit zwanzig merkwürdigen Genossen mittn inner Nacht raus zum Teufelsriff gerudert is und laut gesungen hat, sodass mer sie, wenner Wind gut stand, in de ganzen Stadt gehört hat? Sags mir, he? Un sag mir, warum Obed schweres Zeug auf de anderen Seite vom Riff ins Wasser warf, wos runter geht wie bei nem Abgrund, tiefer als ma denken kann? Sag mer, waser gemacht hat mit dem komischen Bleiding, das de Walakea ihm gegebn hat? He, Junge? Und was hamse alle an Walpurgisnacht da draußen gesungen un widder am folgenden Halloween? Un warum de neuen Pastoren – Kerle, die zuvor Seeleute waren – diese seltsamen Gewänder tragen und das goldartige Zeug, das Obed mitbrachte? He?«

In den triefenden, blauen Augen schimmerte jetzt fast Wildheit und Wahnsinn, und sein dreckiger, weißer Bart knisterte, als wäre er statisch aufgeladen. Der alte Zadok sah wahrscheinlich, wie ich zurückzuckte, und begann bösartig zu kichern.

»He, he, he, he! Fängst an zu verstehn, was? Vielleicht würdest gerne ich sein in jenen Tagn, als ich vom Kuppeldach von unserm Haus aufm Meer Dinge bei Nacht gesehen habe. Oh, ich kann der sagen, junge Kerle haben große Ohrn, un ich hab nichts verpasst, wases an Gerüchten gab über Käpn Obed und das Volk draußen am Riff. He, he, he. Wie wärs mit der Nacht, als ich mein Vaters Fernrohr mit rauf auf de Kuppel nahm un gesehn hab, wie das Riff überquoll mit Gestalten, die sofort ins Wasser abtauchten, als de

Mond aufging? Obed un sein Leut warn in nem Boot, doch die Gestalten verschwanden auf de gegenüberliegende Seit ins tiefe Wasser un warn nich mehr gesehen … Willst en kleiner Hosenscheißer sein oben inne Kuppel un sehn die Gestalten, die *nicht menschlich waren*? … He? … He, he, he, he?«

Der alte Mann begann hysterisch zu werden, und mich schauderte ob einer ungreifbaren Beunruhigung. Er legte eine seiner knorrigen Hände auf meine Schulter, und mir schien, dass sie nicht nur aus Heiterkeit zitterte.

»Nehm an, eines Nachts hättst du gesehn, wie was Schweres aus Obeds Boot hinter dem Riff ins Meer geworfen wird, und am nächsten Tag erfahrn, dass n junger Kerl vermisst wird? Ha? Hat jemand was von Hiram Gilman gesehn? Ham sie? Un Nick Pierce un Luelly Waite un Adoniram Southwick oder Henry Garrison? He! He, he, he, … de Gestalten machn Zeichensprache mit ihrn Händen … als ob se überhaupt Hände hättn …«

»Nu, Sir, zu dieser Zeit beganns, bei Obed wieder besser zu laufn, de Leut sahn seine Töchter mit so goldartigem Zeugs herumlaufen, was se nie nich zuvor getragn han, un ausn Gießereischornsteinen stieg wieder Rauch auf. Für andere Leute gings auch voran, de Fische schwammen in de Hafen, um sich fangen zu lassen, und de Himmel weiß, welch große Schiffsladungen wir nach Newb'ryport, Arkham un Boston brachten. Damals hat Obed auch dafür gesorgt, dass de alte Nebenstrecke der Bahn gebaut wurde. Einige Fischer aus Kingsport hatten von den guten Fängen gehört un kamn in ihrn Schaluppen rüber, aber sin alle verschwundn. Niemand hat se je wieder gesehn. Un genau zu dieser Zeit gründeten unsere Leut den Orden von Dagon und haben von de Kalvarien-Loge ihrn Freimaurertempel gekauft … he, he, he! Matt Eliot war selber en Freimaurer un gegen den Verkauf, aber plötzlich war er verschwundn un nich mehr gesehen.

Hör gut zu, ich sag nich, dass Obed Dinge hochgeholt hat wie die aufn Kanaken-Inseln. Ich glaub nich, dass er sich mit denen vermischen wollt, auch nich, dass er wollt, dass de Jungen ins Wasser gehn un zu unsterblichn Fischen werdn. Er wollte das Goldzeugs und hat ordentlich dafür bezahlt, un ich mein, die *anderen* warn für ne Zeit lang damit zufrieden …

Im Jahr vierundsechzig, dann, da hattn die Leut aufmerksam hingeschaut und sich ihre Gedanken gemacht. Zu viel wurdn vermisst – zu viel sonderbare Predigten sonntags inner Kirch – zu viel Gerüchte übers Riff. Ich denk, ich hab was dazu beigetragn, indem ich dem Abgeordneten Mowry was von dem erzählt hab, was ich von der Kuppel aus gesehn hab. Eines Nachts folgte eine Gruppe von Männern mit Booten dem Obed hinaus ans Riff, un ich hörte Schüsse von den Booten. Am nächsten Tag warn Obed und zweiunzwanzig andere im Knast, un jeder fragte sich, was passiert war un was man ihnen vorwarf. Mein Gott, wenn nur jemand hätt in de Zukunft blicken können … n paar Wochen später, als schon lang nichts mehr ins Meer geworfen worden war …«

Zadok zeigte Anzeichen von Furcht und Erschöpfung, und ich ließ ihn eine Zeit lang ausruhen, während ich besorgt auf meine Uhr schaute. Die Gezeiten hatten gewechselt, nun kam die Flut herein, und das Geräusch der Wellen schien ihn aufzurütteln. Ich war froh über die Flut, denn bei steigendem Wasserstand würde der Fischgestank nicht so penetrant sein. Wieder konzentrierte ich mich auf sein Flüstern.

»De schreckliche Nacht … ich hab se erlebt … ich war in de Kuppel … Horden von ihnen … ganze Schwärme von ihnen … bedeckten das ganze Riff und schwammen durch den Hafen den Manuxet hinauf … Mein Gott, was da in dieser Nacht inne Straßen von Innsmouth passiert ist … sie rüttelten an unserer Tür, doch Pa machte nich auf … dann isser mit seiner Muskete ausm Küchenfenster geklettert un hat den Abgeordneten Mowry gesucht, fragen, was er tun soll … Berge von Toten und Sterbenden … Schüsse und Schreie … Geschrei am Ol Square un Toawn Square un New Church Park … Gefängnis aufgebrochn … dann de Proklamation … Landesverrat … nannten es ne Seuche, als se reinkamen un sahn, dass de Hälfte der Leut verschwundn war …

Niemand war mehr übrig außer den, die zu Obed und de Biester gehalten ham oder nichs gesagt ham … hab niemals mehr was von mein Pa gehört …«

Der alte Mann keuchte und war schweißgebadet. Seine Hand auf meiner Schulter verkrampfte sich.

»Alles war am Morgen aufgeräumt worden – doch s gab *Spurn* … Obed übernahm gütigerweise das Kommando und sachte, dass sich alls ändern würd … *andere* würdn mit uns die Versammlungen zelebrieren, un bestimmte Häuser mussten Gäste *aufnehmen … diese anderen* wollten sich vermischen, so wie ses bei de Kanakn getan ham, un deshalb sollte man se nich dran hindern. Obed is weit gegangn … gerade als wär er wahnsinnig gewordn, wenns um diese Sache ging. Sachte, sie wern uns Fisch un Schätze bring, nun sollten se kriegen, was se haben wolln …

Nichts würd sich nach außen hin ändern, nur müsstn wir uns gegenüber Fremdn zurückhalten, wenn mer wüssten, was gut für uns is. Wir alle musstn en Schwur auf Dagon leisten, später dann noch en zweiten und dritten. Die, die uns besonders dienen, kriegn ne besondre Belohnung – Gold un so – Macht kein Sinn sich mit denen anzulegen, denn da unten sin Millionen von ihnen. Se wollen sich nich gegen de Menschen wenden un se auslöschen, doch wenn man se dazu zwingt, könn se das ganz schnell machn. Wir ham kein altn Zauberformeln wie de Leut inner Südsee, mit den wer sie im Zaum halten könn, denn de Kanakn hättn niemals nich ihre Geheimnisse preisgegeben.

Wir brauchn ihnen nur genug Opfer bringn un genug von dem Trödel un die inne Stadt lassen, wann se wollen, dann ham wir unsre Ruh. Lassn de Fremden in Ruh, damit se nich draußen was rumerzählen, so isses, wenn se nich anfangen rumzuspionieren. Isn Band des Vertrauens – Orden von Dagon – un de Kinner werdn niemals sterben, aber gehen zurück zu Mutter Hydra un Vater Dagon, von denen wir alle einst gekommen sind – *Iä! Iä! Cthulhu fhtagn! Ph'nglui mglw'nafh Cthulhu R'lyeh wgah-nagl fhtagn* –«

Der alte Zadok geriet zusehends in wilde Raserei, und ich hielt die Luft an. Arme alte Seele – in welchen erbarmungswürdigen Zustand von Halluzinationen hatte der Schnaps, zusammen mit seinem Hass auf den Verfall, die Fremdartigkeit und die Krankheit um ihn herum, seinen schöpferischen, fantasievollen Geist gebracht. Er begann jetzt zu jammern, Tränen rannen seine zerfurchten Wangen hinab und verschwanden in seinem dichten Bart.

»Mein Gott, was hab ich alles gesehn, seit ich fünfzehn war – *Mene, mene, tekel, upharsin!* – de Leute, die vermisst wurden, un dann behauptet, se hättn sich umgebracht – die, die Sachn in Arkham oder Ipswich oder solch Orten erzählt ham, alle wurden für verrückt gehaltn – genau wie du von mir denks – doch Gott im Himmel, was ich sehn hab – Sie hättn mich schon vor langer Zeit umgebracht, wenn ich nich de zweiten Schwur auf Dagon un aufn Obed gemacht hätt, wenn nich en Gericht beweist, dass ich Sachen offen und mit Absicht erzählt hätt, aber de dritten Schwur, de tu ich nich – da sterb ich lieber.

Um en Bürgerkrieg herum wurds schlimmer, *als de Kinder, die nach sechsunvierzig groß gewordn warn* – vor einigen hat ich wirklich Angst – hab niemals wieder gebet nach dieser schrecklichen Nacht, un hab nie eins von – *denen* – aus der Nähe gesehn, mein Leben lang nich, jedenfalls kein reinrassiges. Ich zog innen Krieg un wenn ich vernünftig gewesn wär und genug Mut gehabt hätt, dann wär ich niemals zurückgekommn, sonder hätt mich weit weg von hier niedergelassn. Doch de Leut schrieben mer, dass es nich so schlimm wär. War wohl, weil die Rekrutierungsbeamten der Regierung hier warn, nach dreiunsechzig. Doch nachm Krieg war es so schlimm wie zuvor. De Leuten gings schlecht, de Manufakturen und Geschäfte machtn zu, de Schifffahrt brach zusamm un de Hafen versandete, de Eisenbahn wurd stillgelegt, doch *die* … die hörtn nicht auf, den Fluss hinauf und hinunter zu schwimmn von dem verfluchtn Riff des Satans aus – un mehr un mehr Dachbodenfenster wurdn mit Brettern vernagelt, un immer öfter hörte ma Geräusche aus Häusern, wo keine Leute nich drin sein sollten …

Die Leut draußn ham ihre Geschichten über uns – nehm an, du hast ne Menge davon gehört, so wieste deine Fragen stellst – Geschichten über Dinge, die se manchmal gesehn ham, und über de seltsamen Schmuck, der immer noch von irgendwo herkommt, un nich alles wird eingeschmolzen – doch nichts is eindeutig. Keiner weiß nichts Genaues. Die glauben, das goldartige Zeug stammt ausem Piratenschatz un lassen de Leute aus Innsmouth ihr fremdes Blut ham oder ne Krankheit oder sowas. Außerdem vertreibn se so viele von de Fremde, wie se können, und warnen de Rest davor, nich zu neugierig zu sein, besonders nachts. De Hunde bellen de Biester an – de Pferde und Maultiere scheuen – doch mit den Automobils wurds besser.

Sechsunvierzig heiratete Käpn Obed zum zweiten Mal, ne Frau, *die niemand in der Stadt nich gesehn hat* – einige sagn, er hätt nich gewollt, doch wurd von denen, die er gerufn hat, gezwungen – hat drei Kinner von ihr – zwei sin schon ganz jung verschwunden, doch n Mädchen, sah ganz normal aus, wurd in Europa erzogen. Obed hat se schließlich mitm Trick mitm Kerl aus Arkham verheiratet, der von nichts gewusst hat. Aber heute will niemand von draußen was mit Leut aus Innsmouth zu tun ham. Barnabas Marsh, de jetzt de Gießerei hat, is Obeds Enkel vonner ersten Frau her, der Sohn von Onesiphorus, seim ältesten Sohn, *doch seine Mutter war eine von denen, die man nie in de Öffentlichkeit gesehn hat.*

Heute is Barnabas einer von den, de sich verändern. Kann sei Augen nich mehr schließn un is ganz deformiert. Man sacht, er trägt immer noch Kleindung, aber wird schon bald ins Meer gehen. Vielleicht haters ja schon versucht – sie gehn manchmal für ne kurze Zeit runter, bevor se für immer verschwindn. Hat sich nich mehr in de Stadt blicken lassn seit ner Nacht vor zehn Jahrn. Kein Ahnung wie sich sein arme Frau fühlt – se stammt aus Ipswich und die ham Barnabas fast umgebracht, als er se vor fünfzig

Jahren gefreit hat. Obed starb achunsiebzig, un de ganze nachfolgende Generation is jetzt auch hin – die Kinner der ersten Frau sin tot und de Rest … weiß der Himmel …«

Das Geräusch der auflaufenden Flut war nun sehr deutlich zu hören, und Stück für Stück schien sich die Stimmung des alten Mannes von jammerndem Tränenvergießen zu einer wachsamen Furcht zu verändern. Er verstummte ab und zu, um erneut nervös über die Schulter oder hinaus aufs Riff zu blicken, und trotz der wilden Absurdität seiner Geschichte konnte ich nicht vermeiden, dass sich seine unbestimmte Besorgnis auch in mir breit machte. Zadoks Stimme wurde schriller, und er schien zu versuchen, sich mit lauter werdenden Worten Mut zu verschaffen.

»He, du, warum sachsten nichts? Wie würds dir gefalln, inner Stadt wie dieser zu leben, wo alles verfällt un stirbt, un weggesperrte Monster meckern un belfern unnen in dunklen Kellern un auf Dachböden, herumspringen, wo immer du auch guckst. Wie würds dir gefalln, se jede Nacht vonnen Kirchen und ausem Tempel des Orden von Dagon heulen zu hörn, *un wüsstest, was se tun, außer dem Heulen?* Willste gern wissn, was von dem schrecklichen Riff jedes Mal an Walpurgisnacht un Halloween kommt. He? Glaubst, der alte Mann is verrückt, was? Nun, Sir, *und das is noch nich mal das Schlimmste!*«

Zadok hatte jetzt wirklich zu schreien begonnen, und die irre Raserei in seiner Stimme beunruhigte mich mehr, als ich mir hätte vorstellen können.

»Verdamm noch mal, sitzt da nich so rum un starr mich an – ich sach dir, der Obed Marsh is jetzt inne Hölle un bleibt auch dort! He, he … inne Hölle, sach ich dir. Kann mich nich kriegn – ich hab nich nix getan, hab keinem was gesagt …

Un du, junger Freund? Wenn ich auch bis jetzt keinem nix gesagt hab, jetzt werd ichs tun! Du hältstn Mund und hörst einfach zu, Junge. Das hab ich noch nie irgendjemand erzählt. Ich hab nich rumspioniert nach jener Nacht, *un doch hab ichs trotzdem herausgefundn!*

Du wills wissn, was de wirkliche Schrecken is, he? Nu, is nich das, was de Fischteufel *getan ham, sondern was se tun werdn!* Se bringn das Zeug, was se da unnen ham, rauf mit inne Stadt – machens schon seit Jahrn, doch jetzt tun ses n bisschen langsamer. De Häuser nördlich vom Fluss, zwischen Water un Main Street sin voll davon – von diesen Teufeln *un was se bringen* – un wenn se bereit sin … ich sach, *wenn se bereit sin* … schon mal von eim *Shoggothen* gehört …?

He, verstehste mich? Ich sach dir, *ich weiß, was de Dinger sind – hab se gesehn inner Nacht als* … EH – AHHHH – AH! E'YA-AHHHH …«

Die überraschende Heftigkeit und unmenschliche Furcht, die in dem Schrei des alten Mannes lag, ließen mich fast ohnmächtig werden. Seine Augen, die an mir vorbei auf das übelriechende Meer gerichtet waren, fielen ihm fast aus dem Kopf, während sein Gesichtsausdruck eine Maske des Schreckens war, einer griechischen Tragödie würdig. Seine knochige Hand bohrte sich in meine Schulter, und er blieb völlig bewegungslos, als ich meinen Kopf in die Richtung drehte, in die er schaute, um zu sehen, was immer er auch erblickt hatte.

Da war nichts zu sehen. Nur die auflaufende Flut und vielleicht eine Stelle, an der das Meer aufgewühlter war als die lange Linie der Wellenkämme. Doch nun begann Zadok mich zu schütteln, ich drehte mich um und sah, wie sein von Furcht entstelltes Gesicht sich in ein Chaos von zuckenden Augenlidern und murmelnden Lippen verwandelte. Dann fand er seine Stimme wieder, doch es war nur ein schwaches Flüstern.

»*Hau ab!* Hau sofort ab! *Sie sehn uns* – lauf um dein Leben! Bleib nich stehen, für nichts auf de Welt! – *sie wissen jetzt* – renn weg – schnell – *raus aus de Stadt* –«

Eine weitere, große Welle schlug gegen das lose Mauerwerk des ehemaligen Kais, und das Flüstern des verrückten Alten verwandelte sich erneut in einen unmenschlichen Schrei, der das Blut gefrieren ließ.

»E – YAAHHHH! … YHAAAAAA! …«

Bevor ich noch meine fünf Sinne wieder beieinander hatte, löste sich sein Griff an meiner Schulter, und er stürmte wild Richtung Landesinnerem und rannte um die verfallenen Mauern des Lagerhauses nordwärts.

Ich schaute zurück aufs Meer, doch da war nichts zu sehen. Als ich die Water Street erreichte und an ihr entlang Richtung Norden sah, gab es dort kein Anzeichen mehr von Zadok Allen.

IV

Ich kann kaum Worte dafür finden, in welcher Stimmung mich dieses grauenvolle Erlebnis zurückließ – ein Erlebnis, das gleichzeitig verrückt, traurig, grotesk und Furcht einflößend war. Der Ladenjunge hatte mich darauf vorbereitet, doch die Realität ließ mich nichtsdestotrotz verwirrt und verstört zurück. So kindisch diese Geschichte auch war, hatte Zadoks verwirrte Ernsthaftigkeit und seine Angst bei mir doch eine zunehmende Unruhe ausgelöst, die sich mit meinem schon vorhandenen Gefühl des Abscheus gegenüber der Stadt und ihrem verderbten, ungreifbaren Schatten verband.

Später würde ich die Geschichte noch einmal überdenken und vielleicht einen Kern geschichtlicher Wahrheit darin finden, doch im Moment wollte ich sie einfach nur aus meinem Kopf bekommen. Es war inzwischen ziemlich spät geworden, meine Uhr zeigte 7:15 Uhr, und der Bus würde um acht am Town Square abfahren. Also lenkte ich meine Gedanken, so weit möglich, in unverfängliche Bahnen und auf praktische Dinge, während ich schnell durch die verlassenen Straßen mit verfallenen Dächern und schiefen Häusern in Richtung des Hotels ging, wo ich meine Reisetasche zurückgelassen hatten und meinen Bus vorfinden würde.

Das goldene Licht des frühen Abends gab den alten Dächern und baufälligen Schornsteinen einen Anstrich von geheimnisvoller Schönheit und Frieden, doch ich konnte nicht anders, als ab und zu über meine Schulter zu blicken. Ich würde sicher sehr froh sein, wenn ich erst einmal aus dem übelriechenden und von Furcht überschatteten Innsmouth heraus wäre, und wünschte, es gäbe ein anderes Beförderungsmittel als den Bus, der von dem finster aussehenden Kerl Sargent gefahren wurde. Doch ich beeilte mich nicht zu sehr, denn an jeder stillen Ecke gab es architektonische Besonderheiten, die es wert waren, genauer in Augenschein genommen zu werden, und ich könnte problemlos, so überschlug ich, in einer halben Stunde die vor mir liegende Strecke bewältigen.

Ich studierte die Karte des Ladenjungen und suchte mir einen Weg, den ich noch nicht genommen hatte. Ich entschied mich, anstatt der State die Marsh Street zu nehmen, um zum Town Square zu gelangen. In der Nähe der Einmündung der Fall Street fielen mir vereinzelte Gruppen von geheimnisvoll flüsternden Leuten auf, und als ich schließlich den Town Square erreichte, stellte ich fest, dass fast alle der in der Stadt herumlungernden Gestalten sich am Eingang des Gilman House versammelt hatten. Während ich meine Reisetasche aus der Lobby holte, schien es, als wären sämtliche hervorstehenden, triefenden, nicht blinzelnden Augen auf mich gerichtet, und ich hoffte, dass keine dieser unappetitlichen Kreaturen in den Bus einsteigen würde.

Etwas früher, kurz vor acht, rumpelte der Bus mit drei Fahrgästen an Bord heran und hielt an. Ein übel aussehender Kerl auf dem Bürgersteig murmelte ein paar unverständliche Worte zu dem Fahrer. Sargent warf einen Postsack und ein Bündel Zeitungen heraus und betrat das Hotel, während die Passagiere – dieselben, die ich am Morgen in Newburyport hatte ankommen gesehen – auf den Bürgersteig stolperten und mit einem der Herumstehenden ein paar kehlige Laute in einer Sprache wechselten, von der ich hätte schwören können, dass es kein Englisch war. Ich stieg in den Bus und nahm den gleichen Platz wie heute Morgen ein, doch ich saß noch nicht einmal richtig, als Sargent wieder auftauchte und mit seiner kehligen Stimme, die besonders abstoßend wirkte, etwas zu murmeln begann.

Wie es aussah, hatte ich richtig Pech. Mit dem Motor wäre etwas nicht in Ordnung, und obwohl man die Strecke von Newburyport fahrplanmäßig zurückgelegt hätte, könnte man die Fahrt nach Arkham nicht fortsetzen. Nein, es könnte nicht noch an diesem Abend repariert werden, auch gäbe es keine andere Fahrgelegenheit aus Innsmouth heraus, weder nach Arkham noch sonst wohin. Sargent entschuldigte sich, ich würde im Gilman übernachten müssen. Wahrscheinlich würde der Portier mir einen guten Preis machen, eine andere Möglichkeit gäbe es nicht. Fast benommen von diesem plötzlich aufgetauchten Hindernis und in großer Furcht vor dem Einbruch der Nacht in dieser sterbenden und fast unbeleuchteten Stadt verließ ich den Bus und betrat erneut die Hotellobby, wo der merkwürdig aussehende Nachtportier sagte, dass ich für einen Dollar Zimmer 428 in der vorletzten Etage haben könnte – groß, aber ohne fließendes Wasser.

Trotz allem, was ich über dieses Hotel in Newburyport gehört hatte, trug ich mich im Anmeldebuch ein, bezahlte den Dollar, ließ den Portier meine Tasche nehmen und folgte dem griesgrämigen, eigenartigen Angestellten drei knarrende Treppen hinauf, vorbei an staubigen Korridoren, die völlig verlassen schienen. Mein düsteres, nach hinten gelegenes Zimmer hatte zwei Fenster und darin befanden sich nur ein paar billige Möbelstücke. Man sah in einen schmuddeligen Hinterhof, der von niedrigen, verfallenen Ziegelmauern umgeben war und meinen Blick auf verfallene, sich nach Westen erstreckende Dächer lenkte sowie auf das Sumpfgebiet dahinter. Am Ende des Korridors befand sich ein Badezimmer – ein entmutigendes Überbleibsel mit einem alten Marmorwaschbecken, einer Zinkwanne, schwachem, elektrischem Licht und vermoderten Holzpanelen über den Rohren und Leitungen.

Es war noch hell draußen. Ich ging hinunter auf den Town Square und schaute mich nach einer Möglichkeit um, wo ich ein Abendessen bekommen könnte. Währenddessen bemerkte ich die merkwürdigen Blicke der heruntergekommenen Stadtstreicher. Da der Lebensmittelladen schon geschlossen hatte, war ich gezwungen, in das Restaurant zu gehen, das ich vorher gemieden hatte. Ein gedrungener, schmalköpfiger Mann mit starrenden, nicht blinzelnden Augen und ein breitnasiges Weibsbild mit unglaublich dicken und unförmigen Händen erwarteten mich. Das Essen wurde an der Theke zubereitet, und ich war erleichtert, als ich feststellte, dass das meiste davon aus Dosen und Packungen angerichtet wurde. Ein Teller Gemüsesuppe und Kräcker reichten mir, und schon bald war ich wieder auf dem Rückweg zu meinem wenig einladenden Zimmer im Gilman. Von dem übel aussehenden Portier erhielt ich eine Abendzeitung und ein zerlesenes Magazin aus dem wackeligen Ständer neben seinem Tresen.

Als die Dämmerung zunahm, schaltete ich die einzige, schwache, elektrische Glühbirne ein, die sich oberhalb des eisernen Bettgestells befand, und versuchte, so gut es ging, mit meiner Lektüre fortzufahren. Ich hielt es für angebracht, meine Gedanken so weit wie möglich zu beschäftigen, denn es wäre nicht gut, über die Abnormalitäten dieser alten, von Fäulnis überschatteten Stadt nachzugrübeln, während ich mich noch innerhalb ihrer Grenzen befand. Dieses kranke Geschwätz, das der alte Trunkenbold von sich gegeben hatte, würde zu keinen schönen Träumen führen, und mir wurde klar, dass ich den Eindruck seiner wilden, triefenden Augen so weit wie möglich beiseiteschieben musste.

Auch sollte ich mich nicht mit dem beschäftigen, was der Fabrikinspektor dem Fahrkartenverkäufer in Newburyport über das Gilman House und die Stimmen seiner nächtlichen Gäste erzählt hatte – nicht damit und auch nicht mit dem Gesicht unter der Tiara in dem dunklen Eingang der Kirche, einem Gesicht, für dessen Schrecklichkeit mein gesunder Geist keine Erklärung fand. Es wäre mir vielleicht einfacher gefallen, meine Gedanken von diesen verstörenden Dingen fernzuhalten, wenn es in dem Zimmer nicht so grauenhaft muffig gerochen hätte. Aber es war so, dass der muffige Gestank der Verwesung sich auf grässliche Weise mit dem Fischgeruch vermischte und permanent die Vorstellung von Tod und Verfall heraufbeschwor.

Die andere Sache, die mich störte, war das Fehlen eines Riegels an meiner Tür. Wie die Spuren deutlich zeigten, hatte es einmal einen gegeben, doch es schien, als sei er erst vor Kurzem entfernt worden. Ohne Zweifel war er hinfällig geworden in diesem baufälligen Gebäude. Unruhig schaute ich mich um und entdeckte am Kleiderschrank einen Riegel, der die gleiche Größe zu haben schien wie der, der sich früher an der Tür befunden hatte, wie man aus den Spuren dort schließen konnte. Um meiner allgemeinen Anspannung etwas Erleichterung zu verschaffen, machte ich mich daran, den Riegel mithilfe des Schraubenziehers am praktischen Dreifach-Werkzeugs an meinem Schlüsselbund, an der Tür anzubringen. Der Riegel passte perfekt, und ich war einigermaßen erleichtert zu wissen, dass ich, wenn ich mich schlafen legte, die Tür fest verschließen konnte. Nicht, dass ich wirklich befürchtete, es wäre notwendig, doch jede Art von Sicherheit war in einer Umgebung wie dieser willkommen. An den beiden seitlichen Verbindungstüren zu den Nebenräumen befanden sich gleichfalls Riegel, die ich schloss.

Ich zog mich nicht aus, sondern entschied zu lesen, bis ich schläfrig wurde, und mich dann auf das Bett zu legen und nur meinen Mantel, den Hemdkragen und meine Schuhe auszuziehen. Ich nahm eine Taschenlampe aus meiner Reisetasche und steckte sie in die Hosentasche, sodass ich meine Uhr lesen konnte, falls ich später im Dunklen aufwachte. Die Schläfrigkeit stellte sich nicht ein, und als ich innehielt, um meine Gedanken zu ordnen, stellte ich zu meiner Beunruhigung fest, dass ich unbewusst auf etwas lauschte – auf etwas lauschte, was ich fürchtete und nicht benennen konnte. Die Geschichte des Inspektors musste stärker auf meine Einbildungskraft gewirkt haben, als ich vermutet hatte. Ich begann wieder zu lesen, musste aber feststellen, dass ich nicht vorankam.

Nach einer Weile glaubte ich, auf den Treppen und Korridoren ein Knarren zu vernehmen, das von Schritten stammte, und fragte mich, ob die anderen Zimmer sich jetzt füllten. Man hörte keine Stimmen, doch mir fiel auf, dass das Knarren etwas unterschwellig Heimliches an sich hatte. Das gefiel mir gar nicht, und ich überlegte mir, ob ich überhaupt schlafen sollte. In dieser Stadt gab es seltsame Menschen und es hatte eindeutig einige Vermisstenfälle gegeben. War das hier so eine Unterkunft, wo die Reisenden wegen ihres Geldes abgeschlachtet wurden? Ganz sicher sah ich nicht nach Reichtümern aus. Oder waren die Einwohner wirklich so schlecht auf neugierige Besucher zu sprechen? Hatte meine unverhohlene Besichtigungstour, zusammen mit meinen häufigen Blicken auf die Karte, zu ungünstiger Aufmerksamkeit geführt? Mir wurde bewusst, dass ich äußerst nervös sein musste, um mich durch ein paar vereinzelte Geräusche zu solchen Spekulationen hinreißen zu lassen – und dennoch bedauerte ich, nicht bewaffnet zu sein.

Mit der Zeit breitete sich Erschöpfung in mir aus, die aber nichts mit Schläfrigkeit zu tun hatte. Ich verriegelte die reparierte Korridortür, löschte das Licht und warf mich auf das harte, unbequeme Bett – mit Mantel, Hemdkragen, Schuhen und allem. In der Dunkelheit erschienen alle nächtlichen Geräusche lauter, und eine Flut von doppelt unangenehmen Gedanken brach über mich herein. Ich bereute, das Licht gelöscht zu haben, doch war zu müde, um aufzustehen und es wieder anzuschalten. Dann, nach einer langen, düsteren Zeitspanne und in Anbetracht des erneuten Knarren der Stufen und des Korridors, erklang das leise, verdammenswerte, unmissverständliche Geräusch, das mir wie eine schreckliche Bestätigung aller meiner Befürchtungen erschien. Ohne dass es den geringsten Zweifel gab, versuchte man mit einem Schlüssel, meine Korridortür zu öffnen – vorsichtig, verstohlen und heimlich.

Meine Aufregung, als ich dieses Anzeichen einer tatsächlichen Bedrohung bemerkte, war aufgrund meiner vorherigen, unbestimmten Ängste geringer als zu erwarten. Ich war, obwohl es keinen wirklichen Grund dafür gab, instinktiv auf der Hut gewesen, und das brachte mir in der neuen und realen Situation, welcher Art sie auch immer sein mochte, einen Vorteil. Trotzdem versetzte mir der Wandel der Bedrohung von einer unbestimmten Vorahnung in eine unmittelbare Realität einen ordentlichen Schock und wirkte wie ein mächtiger Hammerschlag. Nicht einen Moment hatte ich geglaubt, dass dieses Herumfummeln einfach ein Irrtum sein könnte. Böse Absichten, war alles, an was ich denken konnte, und ich verhielt mich mucksmäuschenstill und wartete auf den nächsten Schritt des vermeintlichen Eindringlings.

Nach einer Weile ließ das vorsichtige Kratzen nach, und ich hörte, wie das nördlich angrenzende Zimmer mit einem Schlüssel geöffnet wurde. Dann versuchte man es vorsichtig an der Verbindungstür zu meinem Zimmer. Natürlich hielt der Riegel, und ich hörte den Boden knarren, als der Eindringling das Zimmer verließ. Kurz darauf erklang erneut ein Klappern, und ich wusste, das Zimmer südlich von meinem war betreten worden. Wieder der verstohlene Versuch an einer verriegelten Tür und wieder das Knarren als das Zimmer verlassen wurde. Diesmal bewegte sich das Knarren den Korridor entlang und die Stufen hinunter, und mir war klar, dass der Eindringling festgestellt hatte, dass meine Türen verriegelt waren, und er sein Vorhaben für eine längere oder kürzere Zeitspanne aufgegeben hatte, wie lange, würde die Zukunft wohl zeigen.

Die Geschwindigkeit, mit der ich mir einen Plan zurechtlegte, bewies, dass ich unbewusst mit einer Bedrohung gerechnet hatte und über Wege, wie ich entkommen könnte, seit Stunden unbewusst nachgedacht hatte. Zuerst erkannte ich, dass der ungesehene Kerl, der an den Schlössern herumgefummelt hatte, eine Gefahr darstellte, der man besser aus dem Weg gehen und so schnell wie möglich davor fliehen sollte. Als Erstes musste ich möglichst schnell und lebend aus dem Hotel kommen, und zwar auf einem anderen Weg als über die Treppen und durch die Lobby.

Ich stand leise auf und richtete den Strahl meiner Taschenlampe auf den Lichtschalter, um die Glühbirne über meinem Bett einzuschalten, weil ich ein paar Dinge einstecken wollte, da ich bei meiner Flucht meine Reisetasche zurücklassen müsste. Allerdings passierte nichts, und ich stellte fest, dass die Stromleitung unterbrochen war. Ganz eindeutig gingen merkwürdige und üble Dinge vor, nur welche, war mir nicht klar. Als ich nun so dastand – die Hand an dem nutzlosen Schalter – und grübelte, hörte ich ein gedämpftes Knarren auf dem Korridor einen Stock tiefer und glaubte, leise Stimmen unterscheiden zu können, die sich unterhielten. Einen Moment später war ich mir nicht mehr sicher, dass es sich bei den tieferen Lauten um Stimmen handelte, da das offenbar raue Bellen und unzusammenhängende Krächzen wenig mit einer menschlichen Sprache gemein hatte. Dann dachte ich wieder mit neuer Kraft an das, was der Fabrikinspektor in jener Nacht in diesem verfaulten und verseuchten Gebäude gehört hatte.

Nachdem ich meine Taschen im Licht der Taschenlampe gefüllt hatte, setzte ich meinen Hut auf und ging auf Zehenspitzen an die Fenster, um zu sehen, welche Möglichkeiten bestanden, dort hinunterzuklettern. Entgegen der staatlichen Bestimmungen befand sich auf dieser Seite des Hotels keine Feuertreppe und meine Fenster ließen nur einen zwei Stockwerke tiefen Sprung auf den gepflasterten Hof zu. Allerdings reichten rechts und links einige alte Wirtschaftsgebäude aus Ziegeln ans Hotel heran, deren schräge Dächer sich in machbarer Sprungentfernung zu mir im dritten Stock befanden. Um eins dieser Gebäude erreichen zu können, würde ich mich in ein Zimmer begeben müssen, das zwei Türen von meinem entfernt war, entweder nach Norden oder nach Süden, und sofort wägte ich die Chancen ab, dorthin zu kommen.

Ich entschied, dass ich nicht den Korridor benutzen könnte, wo man meine Schritte sicher hören würde und die Schwierigkeiten, in das gewählte Zimmer zu kommen, unüberwindlich wären. Mein Weg, wenn überhaupt, müsste durch die weniger soliden Verbindungstüren der Zimmer untereinander führen, die Schlösser und Riegel müsste ich notfalls aufbrechen, indem ich meine Schulter als Rammbock benutzte. Das sollte möglich sein, überlegte ich, wenn man die Baufälligkeit des Gebäudes und der Schlösser in Betracht zog, doch es war klar, dass dies nicht geräuschlos vonstattengehen könnte. Ich musste auf Schnelligkeit setzen und auf die Möglichkeit, ein passendes Fenster zu erreichen, bevor irgendwelche feindseligen Kräfte sich so weit organisiert hatten, dass sie eine der Türen, die zu mir führten, mit einem Generalschlüssel öffnen konnten. Meine eigene Korridortür sicherte ich zusätzlich mit einer Kommode, die ich vorsichtig, um so wenig Lärm wie möglich zu machen, davorschob.

Mir war klar, dass meine Chancen höchst gering waren, und ich war auf jeden Zwischenfall vorbereitet. Selbst wenn es mir gelang, ein anderes Dach zu erreichen, wäre das Problem noch nicht gelöst, denn es blieb noch die Aufgabe, auf den Boden zu kommen und die Stadt zu verlassen. Ein Vorteil war der leer stehende und verfallene Zustand der angrenzenden Gebäude und die Anzahl der Dachluken, die in ihnen gähnend schwarz offen standen.

Anhand der Karte des Ladenjungen stellte ich fest, dass die beste Route, aus der Stadt herauszukommen, südwärts führte, und nahm zuerst die Verbindungstür auf der Südseite meines Zimmers in Augenschein. Sie war so angebracht, dass sie sich zu mir hin öffnete, doch nachdem ich den Riegel gelöst hatte, aber noch andere Schließmechanismen vorhanden waren, musste ich mir eingestehen, dass sie nicht geeignet war, um sie mit Gewalt zu öffnen. Nachdem ich diesen Weg verworfen hatte, schob ich das Bett vorsichtig dagegen, um jeden Angriff, der vielleicht später aus dem benachbarten Zimmer geführt wurde, zu erschweren. Die Tür auf der Nordseite öffnete sich von mir weg, und so musste – obwohl eine Überprüfung zeigte, dass sie von der anderen Seite her verschlossen und verriegelt war – dies mein Fluchtweg sein. Wenn ich die Dächer der Gebäude in der Paine Street erreichen könnte und es bis auf Straßenniveau schaffte, könnte ich vielleicht durch den Hinterhof und die benachbarten oder gegenüberliegenden Gebäude zur Washington oder Bates Street gelangen – oder durch die Paine Street entkommen und dann abbiegen in die Washington Street. Auf jeden Fall würde ich mich Richtung Washington Street bewegen und so schnell wie möglich aus der Gegend um den Town Square verschwinden. Wichtig war mir, der Paine Street auszuweichen, da die Feuerwache dort vielleicht die ganze Nacht besetzt war.

Während dieser Überlegungen schaute ich über das erbärmliche Meer von verfallenen Dächern unter mir, das nun vom Licht des fast vollen Mondes erhellt wurde. Auf der rechten Seite durchschnitt der schwarze Streifen des Flussbetts die Aussicht, verlassene Fabriken und der Bahnhof klebten wie Seepocken an dessen Hängen. Jenseits davon lagen die verrosteten Eisenbahngleise, und die Straße nach Rowley verlor sich in dem flachen, sumpfigen Gebiet, in dem vereinzelt höher gelegene, kleine, trockene Inseln herausragten, die mit Unterholz überwachsen waren. Zur Linken, deutlich näher, lag die von Bächen durchzogene Landschaft, und die schmale Straße nach Ipswich glänzte hell im Mondlicht. Von meiner Seite des Hotels aus konnte ich die südliche Route nach Arkham, die ich nehmen wollte, nicht sehen.

Ich sinnierte noch darüber, wann es am besten sei, die nördliche Tür in Angriff zu nehmen und wie das möglichst leise zu bewerkstelligen wäre, als ich bemerkte, dass die schwachen Geräusche unter mir von einem erneuten, deutlicheren Knarren der Treppe abgelöst wurden. Durch das Oberlicht meiner Tür drang ein flackernder Lichtschein, und die Dielen des Korridors ächzten unter einer erheblichen Last. Gedämpfte Laute, möglicherweise von Stimmen, näherten sich, und schließlich erklang ein hartes Klopfen an meiner Zimmertür.

Einen Moment lang hielt ich einfach die Luft an und wartete ab. Ewigkeiten schienen zu vergehen, und der üble Fischgestank um mich herum schien plötzlich ins Unermessliche anzuwachsen. Dann wiederholte sich das Klopfen – immer wieder und mit zunehmender Heftigkeit. Ich wusste, die Zeit zu handeln war gekommen, und entfernte unverzüglichen den Riegel an der nördlichen Verbindungstür. Dann holte ich tief Luft, um die Tür aufzubrechen. Das Klopfen wurde immer lauter, und ich hoffte, dass es die Geräusche des Aufbrechens der Tür überdecken würde. Schließlich legte ich los, ich warf mich mit meiner linken Schulter immer wieder gegen die dünnen Bretter, ohne mich um den Schmerz zu kümmern. Die Tür leistete größeren Widerstand, als ich gedacht hatte, doch ich gab nicht auf. Und während der ganzen Zeit nahm der Krach an der Korridortür zu.

Schließlich gab die Verbindungstür nach, allerdings unter so einem Getöse, dass mir klar war, die draußen mussten es gehört haben. Sofort wurde aus dem Klopfen ein heftiges Schlagen, während Schlüssel verdächtig in den Korridortüren der Zimmer auf beiden Seiten des meinen knirschten. Ich stürmte durch die neu entstandene Öffnung, und mir gelang es, die Korridortür zu verriegeln, bevor sich das Schloss öffnete, doch noch während ich dies tat, hörte ich, wie sich jemand an der Tür des dritten Zimmers – jenem, von dessen Fenster aus ich die darunterliegenden Dächer erreichen wollte – mit dem Hauptschlüssel zu schaffen machte.

Einen Moment lang war ich völlig verzweifelt, denn ich war in einem Zimmer gefangen, in dem es kein Fluchtfenster gab. Ein fast unmenschlicher Schrecken durchfuhr mich und verlieh den Spuren des Eindringlings, die ich kurz im Schein der Taschenlampe im Staub sah und der versucht hatte, die Verbindungstür von diesem Zimmer aus zu öffnen, eine unerklärliche, grauenerregende Absurdität. Doch dann, trotz der Hoffnungslosigkeit meiner Lage und halb betäubt, fasste ich den Plan, mich auf die nächste Verbindungstür zu stürzen und sie aufzubrechen – darauf hoffend, dass der Riegel der Korridortür, wie in dem zweiten Zimmer, noch intakt wäre und ich diese rechtzeitig verriegeln könnte, bevor sie von außen geöffnet würde.

Außerordentliches Glück verschaffte mir eine Galgenfrist, denn die vor mir liegende Verbindungstür war nicht nur unverschlossen, sondern stand offen. Blitzschnell war ich hindurch und stemmte mich mit dem rechten Knie und der Schulter gegen die Korridortür, die sich deutlich sichtbar nach innen öffnete. Der plötzliche Widerstand traf den Eindringling völlig überraschend, sodass es mir gelang, den gut erhaltenen Riegel einzurasten, so wie ich es bei der anderen Tür getan hatte. Als ich mir diese Verschnaufpause verschafft hatte, vernahm ich, wie das Hämmern an den anderen zwei Türen nachließ, während von der Verbindungstür, die ich mit dem Bettgestell gesichert hatte, eine wildes Knattern erklang. Offensichtlich hatte die Masse meiner Angreifer das südliche Zimmer betreten und sammelte sich zu einem tödlichen Angriff. Doch im gleichen Moment hörte ich einen Schlüssel im Schloss des nach Norden hin angrenzenden Zimmers, und mir war klar, dass diese Gefahr unmittelbarer war.

Die nördliche Verbindungstür stand weit offen, doch es blieb keine Zeit, sich der Korridortür zu widmen, in deren Schloss sich der Schlüssel bereits drehte. Ich konnte nur die Verbindungstür schließen und verriegeln, ebenso die auf der anderen Seite, und schob das Bettgestell gegen die eine und eine Kommode gegen die andere sowie einen Waschtisch vor die Korridortür. Ich sah ein, dass ich darauf vertrauen musste, dass diese behelfsmäßigen Barrikaden Stand hielten, bis ich aus dem Fenster und auf dem Dach des Gebäudeblocks in der Paine Street war. Doch selbst in diesem Moment bestand meine primäre Furcht nicht aufgrund der offensichtlichen Unzulänglichkeit meiner Verteidigungsmaßnahmen, sondern ich zitterte, weil keiner meiner Verfolger – außer einem grässlichen Keuchen und Grunzen und manchmal unterdrücktem Bellen – einen verständlichen Laut herausbrachte.

Während ich die Möbelstücke verschoben hatte und zum Fenster eilte, hörte ich ein Furcht einflößendes Herumhasten auf dem Korridor in Richtung des Zimmers nördlich von mir und bemerkte, dass das Getrommel im südlichen Zimmer nachgelassen hatte. Ganz eindeutig konzentrierten sich die meisten meiner Gegner auf die schwache Verbindungstür, die direkt zu mir führen musste. Draußen stand der Mond direkt über dem Dachfirst des Gebäudes unter mir und ich sah, dass der Sprung aufgrund der sehr schrägen Fläche, auf der ich landen musste, außerordentlich gefährlich sein würde.

Nachdem ich die Lage sondiert hatte, entschied ich, das südlichere der beiden Fenster als Fluchtweg zu nehmen, und plante, auf der inneren Dachseite zur landen und von dort zur nächstgelegenen Dachluke zu kommen. Einmal im Inneren des verfallenen Ziegelgebäudes musste ich damit rechnen, verfolgt zu werden, doch ich hoffte, es nach unten zu schaffen, dann durch die offen stehenden Türen und entlang des im Schatten liegenden Hinterhofs irgendwie zur Washington Street zu gelangen und Richtung Süden die Stadt zu verlassen.

Das Scheppern an der nördlichen Verbindungstür war jetzt beängstigend, und ich sah, dass das hinfällige Material zu splittern begann. Offensichtlich hatten meiner Belagerer etwas massives wie einen Rammbock ins Spiel gebracht. Das Bettgestell hielt allerdings, so bestand zumindest eine geringe Chance, dass meine Flucht erfolgreich sein könnte. Beim Öffnen des Fensters fielen mir die schweren Velour-Vorhänge links und rechts davon auf, die mit Messingringen an einer Gardinenstange befestigt waren, und auch, dass sich an der Außenseite eine weit vorspringende Halterung für die Fensterläden befand. Die Möglichkeit erkennend, den gefährlichen Sprung zu vermeiden, riss ich an der Halterung, und die Stange samt allem anderen kam herunter. Danach befestigte ich schnell zwei der Gardinenringe an der Halterung der Läden und warf den Vorhang hinaus. Die schweren Falten reichten bis hinab auf das Dach des nebenstehenden Gebäudes und ich ging davon aus, dass die Ringe und die Halterung mein Gewicht tragen würden. Also kletterte ich aus dem Fenster und die improvisierte Strickleiter hinunter und ließ für immer die düsteren und vom Schrecken heimgesuchten Mauern des Gilman House hinter mir zurück.

Ich landete sicher auf den losen Schieferplatten des steilen Daches und schaffte es, ohne abzurutschen, zu der klaffenden, schwarzen Öffnung der Dachluke. Als ich mich nach dem Fenster, aus dem ich geflohen war, umsah, stellte ich fest, dass es noch immer dunkel war, doch in weiter Entfernung, hinter den verfallenen Schornsteinen im Norden konnte ich Lichter geheimnisvoll aufflackern sehen. Sie kamen aus dem Tempel des Orden von Dagon, der Baptistenkirche und der Kongregierten Kirche, wobei die Erinnerung an diese mich schaudern ließ. Es schien, als befände sich niemand in dem Hinterhof unter mir, und ich hoffte, hier wegzukommen, bevor es einen allgemeinen Alarm gäbe. Ich richtete meine Taschenlampe in die Dachluke und sah, dass es keine Leiter nach unten gab. Indes war der Abstand zum Boden nicht so groß. Ich kletterte über den Rand, ließ mich fallen und landete auf einem staubigen Fußboden, der mit kaputten Kisten und Fässern übersät war.

Der Ort war unheimlich, doch ich war schon darüber hinaus, mich um solche Eindrücke zu kümmern, und begab mich sofort zu der Treppe, die ich im Licht meiner Taschenlampe gesehen hatte. Ein schneller Blick auf meine Uhr zeigte mir, dass es zwei Uhr war. Die Stufen knarrten, erweckten aber den Eindruck, stabil zu sein, und ich stürmte nach unten, vorbei am ersten Stock, der wie ein Lagerraum wirkte, und erreichte das Erdgeschoss. Es war gänzlich verlassen, und ich hörte nur das Echo meiner Schritte. Schließlich kam ich in die Eingangshalle und sah am anderen Ende ein schwach erhelltes Rechteck, dass die zerstörte Türöffnung zur Paine Street darstellte. Ich lief in die andere Richtung, stieß auf die Hintertür, die ebenfalls offen war, und schoss heraus, fünf Steinstufen hinunter auf die Gras überwucherten Pflastersteine des Hinterhofs.

Das Mondlicht reichte nicht bis hier herunter, aber ich konnte, ohne meine Taschenlampe zu benutzen, gerade noch meinen Weg erkennen. Einige der Fenster im Gilman House waren schwach erleuchtet und ich vermeinte leise Geräusche von dort zu vernehmen. Vorsichtig ging ich zu der Seite, wo die Washington Street lag, bemerkte einige offene Türen und wählte die aus, die am nächsten zu meinem Weg lag. Im Inneren der Eingangshalle war es pechschwarz, und als ich die gegenüberliegende Seite erreichte, stellte ich fest, dass die Tür zur Straße hoffnungslos verkeilt war. Gezwungen, ein anderes Gebäude zu suchen, tastete ich mich zurück in Richtung Hinterhof, doch als ich die Tür erreichte, blieb ich unvermittelt stehen.

Denn aus einer offenen Tür im Gilman House strömte eine große Anzahl von zweifelhaften Gestalten – Laternen schwankten in der Dunkelheit und schreckliche, krächzende Stimmen tauschten tiefe Rufe aus – in einer Sprache, die keinesfalls Englisch war. Die Gestalten bewegten sich unsicher, und zu meiner Erleichterung bemerkte ich, dass sie keine Ahnung hatten, wo ich mich befand, und doch ließen sie mich vor Schrecken erschaudern. Die Gestalten waren nicht zu unterscheiden, doch ihr geduckter, schlurfender Gang war außerordentlich abstoßend. Am Schlimmsten war eine Gestalt in einem seltsamen Gewand und zweifellos von einer hohen Tiara gekrönt, deren Aussehen mir nur allzu bekannt vorkam. Als die Gestalten im Hinterhof ausschwärmten, merkte ich, wie meine Furcht zunahm. Man stelle sich vor, ich fände aus diesem Gebäude keinen Ausgang zur Straße? Der Fischgestank wurde immer stärker, und ich fragte mich, ob ich ihn ertragen könnte, ohne ohnmächtig zu werden. Wieder tastete ich mich in Richtung der Straße, öffnete eine Tür, die aus der Halle hinausführte, und betrat einen Raum mit Fenstern ohne Scheiben, aber von Läden fest verschlossen. Ich fummelte im Licht meiner Taschenlampe herum und schaffte es, die Läden zu öffnen, im nächsten Moment war ich herausgeklettert und verschloss die Fenster in gleicher Weise wieder.

Nun befand ich mich auf der Washington Street, und im Moment war weder ein lebendes Wesen noch ein Licht – außer dem des Mondes – zu sehen. Aus verschiedenen Richtungen, allerdings in einiger Entfernung, konnte ich den Klang rauer Stimmen hören und Schritte und eine Art von Klatschen, das gar nicht nach Schritten klang. Offen gesagt, ich hatte keine Zeit zu verlieren. Mein Weg war völlig klar, und ich war froh, dass sämtliche Straßenlaternen gelöscht waren, so wie es oft Sitte in rückständigen, ländlichen Gegenden in mondhellen Nächten ist. Einige der Geräusche kamen aus dem Süden, doch ich blieb bei meinem Plan, in diese Richtung zu fliehen. Es würde dort genügend verlassene Hauseingänge geben, in denen ich mich verbergen konnte, falls ich eine Person oder eine Gruppe sehen würde, die wie Verfolger wirkten.

Ich ging leise und schnell und blieb immer nahe bei den verfallenen Häusern. Ohne Hut und nach meinem beschwerlichen Abstieg ziemlich zerzaust sah ich nicht besonders präsentabel aus und hatte gute Chancen, wenn ich einem gewöhnlichen Streuner begegnete, unerkannt zu bleiben. In der Bates Street versteckte ich mich in einem offenen Vorzimmer, während vor mir zwei schlurfende Gestalten die Straße überquerten, war aber schon bald wieder auf meinem Weg und näherte mich dem offenen Terrain, wo an der südlichen Kreuzung die Eliot Street schräg die Washington Street querte. Obwohl ich diese Kreuzung nie gesehen hatte, hatte sie selbst auf der Karte des Ladenjungen schon gefährlich auf mich gewirkt, denn das Mondlicht würde dort freie Bahn haben. Es hatte keinen Sinn, diesen Bereich zu umgehen, denn jede andere Route würde Umwege mit gefährlichen Sichtverhältnissen und Verzögerungen bedeuten. Das Einzige, was man tun konnte, war, die Kreuzung offen und mutig zu überqueren, so gut man konnte das übliche Schlurfen der Leute aus Innsmouth zu imitieren und darauf zu vertrauen, dass niemand – oder zumindest keiner meiner Verfolger – dort sein würde.

Wie gut die Verfolgung organisiert war und was überhaupt ihr Ziel war, davon konnte ich mir kein Bild machen. In der Stadt schien es außergewöhnliche Aktivitäten zu geben, aber ich kam zu dem Schluss, dass die Nachricht von meinem Entkommen sich noch nicht verbreitet hatte. Ich würde aber schon bald von der Washington Street auf eine andere Straße Richtung Süden wechseln müssen, denn die Gruppe aus dem Hotel war untrüglich auf meinen Fersen. Ich hatte sicherlich im Staub des letzten alten Gebäudes Fußspuren hinterlassen, die zeigten, wie ich auf die Straße gekommen war.

Das offene Terrain lag wie erwartet im hellen Mondschein, und ich sah die Überreste einer parkähnlichen, von Eisengittern eingezäunten Grünfläche in der Mitte. Zum Glück war niemand zu sehen, jedoch schien eine merkwürdige Art von Brummen oder Dröhnen sich aus Richtung des Town Square zu nähern. Die South Street war sehr breit, führte einen leichten Abhang hinunter zum Hafen und bot einen weiten Blick hinaus aufs Meer. Ich hoffte, dass niemand von dort in meine Richtung sah, während ich durch das helle Mondlicht lief.

Unbehelligt kam ich voran, und keine neuen Geräusche erschollen, die darauf hindeuteten, dass ich entdeckt worden wäre. Als ich mich umsah, wurden meine Schritte für ein paar Sekunden unwillkürlich langsamer, und ich warf einen Blick auf das prächtig im hellen Mondschein am anderen Ende der Straße daliegende Meer. Weit draußen, jenseits des Wellenbrechers, befand sich die kaum sichtbare, dunkle Linie des Teufelsriffs, und als ich diese sah, konnte ich nicht anders, als an all die abscheulichen Legenden zu denken, die ich in den letzten vierunddreißig Stunden zu hören bekommen hatte. Legenden, die diesen zerklüfteten Felsen als einen tatsächlichen Eingang zu einem Reich unermesslichen Schreckens und unvorstellbarer Abnormitäten beschrieben.

Dann, völlig unvermittelt, sah ich auf dem weit abgelegenen Riff in regelmäßigen Abständen Lichter aufblitzen. Sie waren klar und deutlich zu sehen und lösten bei mir einen schieren Schrecken weit jenseits aller Vernunft aus. Meine Muskeln spannten sich – bereit für eine kopflose Flucht – und wurden nur von einer unbewussten Vorsicht und einer fast hypnotischen Faszination in Zaum gehalten. Und was die Sache noch schlimmer machte, jetzt leuchteten von der hohen Kuppel des Gilman House, die im Nordwesten hinter mir aufragte, entsprechende Lichter nur in einem anderen Rhythmus auf, die nichts anderes als ein Antwortsignal sein konnten.

Meine Muskeln wieder unter Kontrolle bekommend und erneut mir bewusst werdend, wie deutlich sichtbar ich war, nahm ich meine schnellere, vorgetäuscht schlurfende Gangart wieder auf, jedoch behielt ich das höllische und bedrohliche Riff so lange im Blick, wie die freie Sicht die South Street entlang es mir ermöglichte. Was das alles zu bedeuten hatte, konnte ich mir nicht vorstellen, außer dass es mit irgendeinem Ritus zu tun hätte, der mit dem Teufelsriff zusammenhing, oder dass jemand mit einem Boot auf diesem finsteren Fels gelandet wäre. Ich bog nun links um die verwahrloste Grünfläche, immer noch auf den Ozean blickend, der im geisterhaften, sommerlichen Mondlicht glänzte, und das geheimnisvolle Aufblitzen dieser unerklärlichen Leuchtfeuer verfolgend.

Es war in diesem Moment, als mich der schrecklichste Anblick von allen traf – der Anblick, der den letzten Rest meiner Selbstbeherrschung zerstörte und mich panisch nach Süden hetzen ließ, vorbei an den gähnenden, schwarzen Türöffnungen und fischäugig starrenden Fenstern dieser verlassenen, albtraumhaften Straßen. Denn bei einem genaueren Hinsehen hatte ich bemerkt, dass die Gewässer zwischen dem Riff und der Küste keinesfalls leer waren. Sie quollen über vor wimmelnden Horden von Kreaturen, die auf die Stadt zuschwammen, und selbst aus dieser Entfernung und nur für einen Moment konnte ich feststellen, dass die auf und ab hüpfenden Köpfe und die schlagenden Arme auf eine Art fremdartig und abnormal waren, die kaum zu beschreiben oder verstandesmäßig zu erfassen war.

Meine kopflose Flucht endete, noch bevor ich einen Gebäudeblock hinter mich gelegt hatte, denn zu meiner Linken vernahm ich etwas, was nach dem Geschrei und Getöse einer geordneten Verfolgergruppe klang. Man hörte Schritte und kehlige Laute und ein klapperndes Motorengeräusch, das entlang der Federal Street keuchte. Innerhalb eines Augenblicks waren alle meine Pläne hinfällig geworden; da die südliche Ausfallstraße vor mir blockiert war, musste ich einen anderen Weg hinaus aus Innsmouth finden. Ich hielt inne und schlüpfte durch eine offene Tür. Mir wurde bewusst, wie viel Glück ich gehabt hatte, das im Mondlicht liegende, freie Terrain überquert zu haben, bevor meine Verfolger die Parallelstraße entlanggekommen waren.

Ein zweiter Gedanke war weniger beruhigend. Da die Verfolger eine andere Straße nahmen, war klar, dass sie mir nicht direkt folgten. Sie hatten mich noch nicht entdeckt, sondern folgten dem grundsätzlichen Plan, meine Flucht zu verhindern. Das hieß allerdings, dass sämtliche Straßen, die aus Innsmouth herausführten, in gleicher Weise kontrolliert wurden, denn die Einheimischen konnte ja nicht wissen, welchen Weg ich nehmen würde. In diesem Fall müsste ich querfeldein fliehen und jede Straße meiden. Doch wie sollte ich das in Anbetracht der sumpfigen und von Bächen durchzogenen Landschaft zustande bringen? Für einen Moment wurde mir ganz schwindelig – einerseits von der blanken Hoffnungslosigkeit meiner Lage und andererseits von dem intensiver werdenden, allgegenwärtigen Fischgestank.

Dann kam mir die aufgelassene Eisenbahntrasse nach Rowley in den Sinn, deren fester, Unkraut überwachsener Bahndamm sich immer noch von dem verfallenen Bahnhof am Flussbett aus in Richtung Nordwesten erstreckte. Es bestand die Möglichkeit, dass die Stadtbewohner nicht daran denken würden, da die mit Dornenbüschen überwachsene Trasse fast unpassierbar und die wohl ungünstigste Route für eine Flucht war. Ich hatte die Strecke deutlich von meinem Hotelfenster aus gesehen und wusste, wo sie lag. Ein Großteil der anfänglichen Strecke war unangenehmerweise deutlich von der Straße nach Rowley und von höher gelegenen Punkten in der Stadt einsehbar, aber man könnte vielleicht unauffällig durch das Unterholz kriechen. Wie auch immer, es war meine einzige Möglichkeit zu entkommen, und mir blieb nichts anderes übrig, als es zu versuchen.

Ich zog mich etwas weiter in die Eingangshalle meines verlassenen Unterschlupfs zurück und studierte mithilfe der Taschenlampe noch einmal die Karte des Ladenjungen. Das entscheidende Problem war, wie die alte Bahnlinie zu erreichen sei. Ich sah, dass der sicherste Weg hin zur Babson Street vor mir und dann nach Westen zur Lafayette wäre, von dort aus am Rande eines offenen Geländes entlang, gleich dem, das ich überquert hatte, allerdings ohne es diesmal kreuzen zu müssen –, anschließend dann wieder nach Norden und Westen in einem Zickzackkurs durch die Lafayette, Bates, Adams und Bank Street, wobei letztere am Flussbett entlangführte, zu dem verlassenen und verfallenen Bahnhof, den ich von meinem Fenster aus gesehen hatte. Der Grund dafür, die Babson Street zu nehmen, lag darin, dass ich weder den freien Platz nochmals überqueren noch meinen Weg nach Westen auf einer so breiten Querstraße wie der South Street beginnen wollte.

Ich machte mich wieder auf den Weg und überquerte so vorsichtig wie möglich die Straße zu meiner Rechten zur Babson Street. Von der Federal Street her hörte ich immer noch Geräusche, und als ich zurückblickte, vermeinte ich Lichter in der Nähe des Gebäudes zu sehen, durch das ich geflohen war. Darauf bedacht, von der Washington Street wegzukommen, verfiel ich in ein lockeres Traben und vertraute auf mein Glück, dass mich niemand sah. Kurz bevor ich die Kreuzung mit der Babson Street erreicht hatte, bemerkte ich zu meinem Entsetzen, dass eins der Häuser noch bewohnt war, wie mir die Vorhänge an den Fenstern offenbarten, doch es war kein Licht im Inneren zu sehen, und ich kam ohne Zwischenfall daran vorbei.

In der Babson Street, die die Federal kreuzte, wodurch ich von meinen Verfolgern gesehen werden konnte, drückte ich mich so eng wie möglich an die verfallenen, ungleichmäßigen Gebäude und hielt zwei Mal inne, als die Geräusche hinter mir kurzzeitig anschwollen. Das Terrain vor mir lag offen und verlassen im Mondlicht, doch ich musste es auf meinem Weg ja nicht überqueren. Während meiner zweiten Pause bemerkte ich ein neues, unterschwelliges Geräusch, und als ich vorsichtig aus meiner Deckung blickte, sah ich ein Automobil – aus der Eliot Street kommend, die hier auf die Babson und Lafayette traf – über den offenen Platz stadtauswärts fahren.

Während ich hinsah – halb erstickt von dem plötzlichen Anstieg des Fischgestanks, nachdem er zuvor nachgelassen hatte –, bemerkte ich eine Gruppe von unbeholfenen, gebeugten Gestalten, die sich torkelnd und schlurfend in dieselbe Richtung bewegten. Ich wusste, dass dies die Gruppe sein musste, die die Landstraße nach Ipswich bewachen sollte, denn diese war die Verlängerung der Eliot Street. Zwei der Gestalten trugen aufwendige Gewänder und eine davon ein spitzes Diadem, das im Mondlicht weiß glänzte. Der Gang einer der beiden Gestalten war so ekelerregend, dass mich ein Schauder durchlief, denn es schien, als ob die Gestalt fast *hüpfte.*

Als der Letzte der Gruppe außer Sicht war, setzte ich meinen Weg fort, huschte um die Ecke in die Lafayette Street und überquerte eilig die Eliot Street, falls Nachzügler der Gruppe noch auf der Durchgangsstraße entlangkämen. Ich hörte noch ein paar krächzende und klappernde Geräusche weit entfernt aus Richtung des Town Square, aber erreichte die andere Seite, ohne dass es zur Katastrophe kam. Die größte Herausforderung war das erneute Überqueren der breiten und vom Mond beschienenen South Street – mit dem Blick auf das Meer – also musste ich mich für diese Feuerprobe rüsten. Es war gut möglich, dass mich irgendjemand sah, und auch Nachzügler auf der Eliot Street könnten mich von zwei Stellen aus bemerken. Im letzten Moment entschied ich mich, meine gewöhnliche Gangart aufzugeben und die Überquerung wie zuvor in dem schlurfenden Gang eines durchschnittlichen Einwohners von Innsmouth zu machen.

Als der Blick auf das Meer sich wieder öffnete – diesmal zu meiner Rechten –, war ich eigentlich entschlossen, nicht dorthin zu schauen. Doch ich konnte nicht widerstehen und riskierte, während ich automatisch weiter in Richtung der Schatten vor mir schlurfte, einen verstohlenen Blick. Dort war kein Schiff zu sehen, wie ich eigentlich erwartet hatte. Stattdessen sah ich als erstes ein kleines Ruderboot, das auf die verlassenen Kaianlagen zusteuerte und in dem sich ein unförmiges, in Segeltuch verschnürtes Objekt befand. Obwohl weit entfernt und nur undeutlich zu sehen, wirkten die Ruderer außerordentlich abstoßend. Einige Schwimmer waren noch zu sehen, während auf dem weit entfernten schwarzen Riff ein beständiger Lichtschein, ganz anders als die Leuchtzeichen zuvor und von einer Farbe, die ich nicht genau zuordnen konnte, zu sehen war. Über den steilen Dächern vor und rechts neben mir erhob sich die hohe Kuppel des Gilman House, allerdings war sie völlig dunkel. Eine gnädige Brise hatte für einen Moment den Fischgestank vertrieben, der jetzt wieder mit unverminderter Macht hereinbrach.

Ich hatte die andere Straßenseite noch nicht erreicht, als ich eine brabbelnde Gruppe hörte, die sich von Norden her auf der Washington Street näherte. Als sie den weiten, offenen Raum erreichte, von dem aus ich meinen ersten beunruhigenden Blick aufs Meer geworfen hatte, stellte ich fest, dass sie gerade noch einen Häuserblock entfernt war, und erschrak ob der tierischen Abnormität ihrer Gesichter und ihres hundeähnlichen, nicht menschlichen, gebückten Gangs. Einer der Männer bewegte sich eindeutig wie ein Affe, wobei seine langen Arme ab und zu den Boden berührten, während eine andere Gestalt – gewandet und eine Tiara tragend – sich hüpfend fortbewegte. Es war offensichtlich jene Gruppe, die ich in dem Hinterhof des Gilman gesehen hatte. Diese Gruppe war eindeutig auf meinen Fersen. Als sich einer aus der Gruppe umdrehte und in meine Richtung sah, erstarrte ich innerlich vor Schreck, doch es gelang mir, meinen lockeren, schlurfenden Gang, den ich angenommen hatte, beizubehalten. Bis heute weiß ich nicht, ob sie mich gesehen haben. Wenn sie mich gesehen haben, dann musste meine List funktioniert haben, denn sie liefen weiter über den im Mondlicht liegenden Platz, ohne von ihrem Weg abzuweichen, während sie beständig in einem kehligen, grässlichen Idiom, das ich nicht identifizieren konnte, krächzten und plapperten.

Ich nahm meine gleichmäßige Gangart wieder auf und trabte an den schiefen, verfallenen Häusern entlang, die ausdruckslos in die Nacht starrten. Nachdem ich auf den westlichen Bürgersteig gewechselt war, bog ich an der nächsten Ecke in die Bates Street ab, wo ich mich eng an die Gebäude auf der Südseite hielt. Ich kam an zwei Häusern vorbei, die bewohnt schienen, in einem davon schimmerte im oberen Stockwerk ein schwacher Lichtschein, aber es traten keine Schwierigkeiten auf. Als ich die Adams Street erreicht hatte, verspürte ich eine deutliche Erleichterung, doch ich war wie vor den Kopf geschlagen, als direkt vor mir ein Mann aus einer schwarzen Türöffnung stolperte. Zum Glück stellte sich heraus, dass er sturzbetrunken war und keine Gefahr darstellte. So erreichte ich sicher die trostlose Ruine des Lagerhauses in der Bank Street.

Nichts rührte sich in der verlassenen Straße neben dem Flussbett, und das Donnern des Wasserfalls übertönte meine Schritte. Es war noch ein weiter Weg bis zu dem verfallenen Bahnhof, und die hohen Ziegelmauern des Lagerhauses um mich herum schienen irgendwie bedrohlicher als die Gebäudefronten der Wohnhäuser. Schließlich sah ich die Arkaden des alten Bahnhofs – oder was noch von ihnen übrig war – und ging direkt zu den Gleisen, die von der gegenüberliegenden Seite aus ihren Anfang nahmen.

Die Gleise waren verrostet, aber noch in Ordnung, und nur die Hälfte der Schwellen war verrottet. Das Laufen oder gar Rennen auf einem solchen Untergrund war sehr schwer, aber ich gab mein Bestes, und insgesamt schaffte ich es in einer sehr annehmbaren Zeit. Eine gewisse Strecke verliefen die Gleise entlang des Flussbetts, doch dann erreichte ich die lange, gedeckte Brücke, auf der sie den Abgrund in einer schwindelerregenden Höhe überquerten. Der Zustand dieser Brücke würde darüber entscheiden, was ich als nächstes tat. Wenn menschenmöglich, würde ich sie benutzen, wenn nicht, dann müsste ich eine weitere Wanderung durch die Straßen riskieren und die nächste, intakte Straßenbrücke nehmen.

Die enorme, scheunenartige Konstruktion der alten Brücke glänzte geheimnisvoll im Mondlicht, und ich sah, dass die Schwellen – zumindest auf den ersten Metern – in Ordnung waren. Als ich sie betrat, schaltete ich meine Taschenlampe ein und fiel fast in Ohnmacht, als eine Wolke von Fledermäusen an mir vorbeiflog. Nach der Hälfte der Strecke tat sich eine gefährliche Lücke in den Schwellen auf, und für einen Moment befürchtete ich, am Ende meines Weges zu sein, doch dann riskierte ich einen gefährlichen Sprung, der glücklicherweise gelang.

Ich war froh, das Mondlicht wiederzusehen, nachdem ich diesen merkwürdigen Tunnel verlassen hatte. Die alten Gleise kreuzten direkt dahinter die River Street und bogen dann sofort in ein Gebiet ab, das zunehmend ländlicher wurde, und der grässliche Fischgestank von Innsmouth verflog nach und nach. Hier behinderte mich allerdings der dichte Bewuchs von Büschen und Dornensträuchern, die meine Kleidung zerrissen, dennoch war ich froh, dass es sie gab und sie mir, im Fall einer Verfolgung, Deckung geben würden. Mir war klar, dass ein Großteil meines Weges von der Straße nach Rowley einsehbar war.

Kurz darauf begann das Sumpfgebiet, und die Gleise verliefen auf einem niedrigen, mit Gras überwachsenem Erdwall, wo der Bewuchs etwas spärlicher war. Dann führten die Gleise über eine Art von Insel, die etwas höher lag und eine flache Lichtung mit Büschen und Brombeersträucher aufwies. Ich war sehr froh über diesen teilweisen Sichtschutz, denn an dieser Stelle, wie ich von meinen Beobachtungen aus dem Fenster wusste, verlief die Straße unangenehm nah bei den Gleisen. Hinter der Lichtung würde sie die Bahngleise kreuzen und dann in einem sichereren Abstand verlaufen, doch bis dahin musste ich extrem vorsichtig sein. Zu diesem Zeitpunkt war ich mir erfreulicherweise sicher, dass die Bahnstrecke nicht überwacht wurde.

Bevor ich die Lichtung betrat, schaute ich zurück, doch es waren keine Verfolger zu sehen. Die alten Dächer und Türme des verfallenen Innsmouth glänzten lieblich und ätherisch im magischen, gelben Mondlicht, und ich stellte mir vor, wie sie wohl ausgesehen haben mussten in jenen alten Tagen, bevor der Schatten sich über Innsmouth legte. Doch dann, als mein Blick von der Stadt zur Insel wanderte, erweckte etwas Anderes, weniger Bezauberndes meine Aufmerksamkeit und ließ mich kurz erstarren.

Was ich sah – oder glaubte zu sehen – war eine beunruhigende, wellenförmige Bewegung weit im Süden, ein Anblick, der mich zu dem Schluss kommen ließ, dass eine große Horde auf Höhe der Straße nach Ipswich aus der Stadt hinausströmte. Die Entfernung war zu groß, als dass ich Einzelheiten erkennen konnte, doch der Anblick dieser Heerscharen gefiel mir überhaupt nicht. Die Wellenbewegung war zu heftig, und sie glänzte zu hell im Licht des jetzt schon untergehenden Mondes. Ich vernahm auch eine Ahnung von Lauten, obwohl der Wind in die andere Richtung stand – eine Ahnung von bestialischem Kratzen und Brüllen, viel schlimmer als das Gemurmel der Gruppen, zu ich zuvor belauscht hatte.

Mir gingen alle möglichen, unangenehmen Konsequenzen durch den Kopf. Ich dachte an die überaus abseitigen Exemplare der Innsmouth-Bewohner, die in dem verfallenen, Jahrhunderte altem Labyrinth in der Hafengegend versteckt wurden. Auch gingen mir die namenlosen Schwimmer, die ich gesehen hatte, nicht aus dem Sinn. In Anbetracht der Anzahl der Gruppen, die ich bis jetzt gesehen hatte und zusätzlich derer, die die anderen Straßen überwachten, musste die Zahl meiner Verfolger unwahrscheinlich groß für eine so verlassene Stadt wie Innsmouth sein.

Woher kam diese Menge von Leuten, die jetzt hinter mir her waren? Wimmelte dieses alte, unerforschte Labyrinth von herumwuselndem, unbekanntem und nicht kontrolliertem Leben? Oder hatte doch ein Schiff unbemerkt diese Legionen von unbekannten Außenweltlern auf das höllische Riff gebracht? Wer waren sie?

Warum waren sie hier? Und wenn eine solch große Horde die Straße nach Ipswich überflutete, kontrollierten sie die anderen Straßen in gleicher Weise?

Ich hatte die mit Büschen bewachsene Lichtung erreicht und bewegte mich sehr langsam vorwärts, als dieser elende Fischgestank wieder intensiver wurde. Hatte sich der Wind plötzlich gedreht und kam aus Osten, sodass er vom Meer her über die Stadt wehte? Es musste wohl so sein, da ich jetzt ein beängstigendes, kehliges Murren aus einer Richtung vernahm, in der es vorher still gewesen war. Es gab noch ein anderes Geräusch – eine Form von umfassendem, mächtigem Klatschen oder Schlagen, das irgendwie bei mir Bilder der abscheulichsten Art heraufbeschwor. Unwillkürlich dachte ich an die unerquickliche, sich wellenförmig fortbewegende Horde auf der weit entfernten Straße nach Ipswich.

Und dann verstärkten sich der Gestank und die Geräusche, sodass ich zitternd und dankbar für die Deckung, die mir die Büsche gaben, eine Rast einlegte. Ich rief mir ins Gedächtnis, dass dies genau die Stelle war, an der die Straße ganz nah an der alten Bahnstrecke entlanglief, bevor sie diese in westlicher Richtung kreuzte und sich schließlich davon entfernte. Etwas näherte sich auf der Straße, und ich müsste mich ganz dicht auf den Boden pressen, bis es vorbei und in einer gewissen Entfernung verschwunden wäre. Gott sei Dank hatten diese Kreaturen keine Hunde zur Fährtenlese – vielleicht war das, aufgrund des hier herrschenden Gestanks, auch unmöglich. Verborgen zwischen den Büschen dieser sandigen Stelle fühlte ich mich einigermaßen sicher, obwohl mir klar war, dass der Suchtrupp die Bahngleise keine hundert Meter vor mir überqueren musste. Ich würde sie sehen, sie mich allerdings nicht, außer es würde ein abscheuliches Wunder geschehen.

Ganz plötzlich hatte ich Angst, sie bei der Überquerung zu beobachten. Ich sah die nahe gelegene, vom Mondlicht erleuchtete Stelle, wo sie vorbeikommen mussten, und machte mir seltsame Gedanken über die nicht wieder gutzumachende Verseuchung dieser Stelle. Wahrscheinlich wären sie die übelsten Exemplare des »Innsmouth-Aussehens« – etwas, an das man sich nicht erinnern möchte.

Der Gestank wurde unerträglich und die Geräusche schwollen zu einem Crescendo von Krächzen an, ein Bellen und Knurren, das keinerlei Ähnlichkeit mit menschlicher Sprache hatte. Waren dies wirklich die Stimmen meiner Verfolger? Hatten sie vielleicht doch Hunde bei sich? Bis jetzt hatte ich in Innsmouth keine Haustiere gesehen. Das Klatschen und Schlagen war abscheulich – ich konnte mir die degenerierten Kreaturen, die dafür verantwortlich waren, einfach nicht ansehen. Ich würde meine Augen geschlossen halten, bis die Geräusche Richtung Westen verschwunden wären. Die Horde war jetzt sehr nah, die Luft war erfüllt von ihrem rauen Knurren, und die Erde bebte fast von ihren fremdartigen Schritten. Mit blieb beinahe die Luft weg, und ich setzte meine ganze Willenskraft ein, meine Augenlider geschlossen zu halten.

Auch jetzt kann ich noch nicht mit Bestimmtheit sagen, ob das, was folgte, eine grässliche Tatsache oder nur ein albtraumhaftes Trugbild war. Die späteren Maßnahmen der Regierung, die auf meine verzweifelten Bitten hin getroffen wurden, tendieren dahin, dass es den Tatsachen entsprach. Doch besteht nicht die Möglichkeit, dass sich ein solches Trugbild unter dem hypnotischen Einfluss dieser alten, verwunschenen und überschatteten Stadt wiederholte? Solche Orte verfügen über seltsame Kräfte, und das Vermächtnis krankhafter Legenden könnte unter Umständen, inmitten dieser vom Gestank erfüllten Straßen und der Anhäufung von verrotteten Dächern und verfallener Kirchtürme, die Vorstellungskraft von mehr als einem menschlichen Wesen beeinflusst haben. Ist es nicht möglich, dass ein tatsächlicher Keim ansteckenden Wahnsinns in den Tiefen jenes Schattens über Innsmouth lauert? Wer kann sich noch der Realität sicher sein, wenn er Dinge wie die Erzählung des alten Zadok Allen gehört hat? Die Leute von der Regierung haben Zadok nie gefunden, noch konnten sie Angaben darüber machen, was aus ihm geworden war. Wo endet der Wahnsinn und wo beginnt die Wirklichkeit? Ist es möglich, dass selbst mein letzter Schrecken nur eine Wahnvorstellung war?

Doch ich muss versuchen zu berichten, was ich in jener Nacht im Licht des mich verhöhnenden Mondes zu sehen vermeinte – was da wogend und hüpfend, klar und deutlich vor mir sichtbar die Straße nach Rowley entlangkam, während ich unter den Brombeersträuchern an der aufgelassenen Bahnstrecke lag. Natürlich war mein Vorhaben, die Augen geschlossen zu lassen, gescheitert. Das Scheitern war vorauszusehen gewesen, denn wer konnte sich schon verstecken und die Augen geschlossen halten, wenn eine Horde von krächzenden, bellenden Wesen unbekannter Herkunft in nicht einmal hundert Metern Entfernung lärmend an ihm vorbeizog?

Ich glaubte, auf das Schlimmste vorbereitet zu sein, und das sollte ich auch in Anbracht dessen, was ich zuvor schon gesehen hatte. Meine anderen Verfolger waren abscheulich abnormal gewesen, also musste ich bereit sein für den Anblick einer *Steigerung* des Abnormalen, Gestalten zu erblicken, die nicht mehr eine Vermischung mit dem Normalen waren. Ich öffnete meine Augen erst, als das raue Geschrei von einem Punkt direkt vor mir kam, denn so wusste ich, dass ein Großteil der Horde deutlich zu sehen sein musste, dort wo der Bereich flacher wurde und die Straße die Gleise kreuzte, und ich konnte mich auch nicht länger zurückhalten, mich jedwelchem Schrecken zu stellen, den der grinsende, gelbe Mond mir enthüllen würde.

Es war das Ende all dessen, was mir noch vom Leben auf dieser Erde blieb, von jenem Rest von Seelenfrieden und dem Vertrauen in die Einheit von der Unverletzlichkeit der Natur und dem menschlichen Geist. Nichts, was ich mir hätte vorstellen können, – selbst nichts, was ich mir hätte zusammenreimen können, wenn ich Zadoks verrückter Geschichte aufs Wort geglaubt hätte – war in irgendeiner Weise vergleichbar der dämonischen, blasphemischen Realität, die ich sah – oder glaubte zu sehen. Ich habe versucht, nur Andeutungen zu machen, um den Schrecken, der damit einhergeht, es genau niederzuschreiben, zu vermeiden. Ist es möglich, dass dieser Planet wirklich solche Dinge hervorgebracht hat, dass menschliche Augen sie wirklich in Fleisch und Blut gesehen haben, Dinge die man bisher nur aus Fieberträumen und halb vergessenen Legenden kannte?

Und doch sah ich sie in einem endlosen Strom – stolpernd, hüpfend, krächzend, meckernd – im gespenstischem Mondlicht auf nicht menschliche Weise dahinwogen wie in einem grotesken, bösartigen Reigen eines fantastischen Albtraums. Einige von ihnen trugen hohe Tiaren aus diesem weißlichen Goldmetall … einige trugen seltsame Gewänder … und der, der sie anführte, war mit einem gespenstisch ausgebeulten, schwarzen Mantel und gestreiften Hosen bekleidet und hatte einen Hut auf das unförmige Ding gestülpt, das wohl seinem Kopf entsprach …

Ich glaube, sie waren im Wesentlichen grau-grün, allerdings hatten sie weiße Bäuche. Meist glänzten sie und waren glitschig, aber die Wülste auf ihren Rücken waren mit Schuppen bedeckt. Ihre Körper waren entfernt menschenähnlich, während ihre Köpfe die von Fischen waren, mit hervorstehenden Augen, die nie geschlossen waren. An ihren Hälsen befanden sich vibrierende Kiemen, und an ihren Pranken befanden sich Schwimmhäute. Ihr Hüpfen war unregelmäßig – manchmal auf zwei, manchmal auf vier Beinen. Ich war froh, dass sie nicht mehr als vier Beine hatten. Ihre krächzenden, bellenden Stimmen benutzten eindeutig eine Sprache, und sie waren der differenzierten Modulation fähig, während ihre Gesichter starr blieben.

Doch trotz all ihrer Monstrosität waren sie mir nicht unvertraut. Ich wusste nur zu gut, was sie sein mussten, denn meine Erinnerung an die teuflische Tiara in Newburyport war noch präsent. Sie waren jene blasphemischen Fischfrösche der unbekannten Ornamentik – lebend und Furcht einflößend –, und als ich sie sah, wurde mir auch klar, an was mich der bucklige, Tiara tragende Priester im dunklen Untergeschoss der Kirche erinnert hatte. Ihre Zahl war nicht zu schätzen. Es schien mir, als gäbe es unzählige Horden von ihnen – und mein kurzer Blick zeigte mir nur die Nachhut. Im nächsten Moment wurde alles ausgelöscht durch eine gnädige Bewusstlosigkeit, die erste, die mich je überkam.

V

Ein sanfter Regen weckte mich unter den Büschen der Lichtung aus meiner Benommenheit, und als ich hinaus auf die Straße stolperte, fand ich keinen Hinweis auf irgendwelche Spuren in dem frischen Schlamm. Auch der Fischgestank war verflogen. Die verfallenen Dächer und beschädigten Kirchtürme erhoben sich grau im Südosten, doch in den umliegenden Salzsümpfen konnte ich kein lebendes Wesen entdecken. Meine Uhr funktionierte noch und zeigte mir eine Stunde nach Mittag an.

Ob das, was ich durchgemacht hatte, wirklich so geschehen war, dessen war ich mir völlig unsicher, doch ich spürte, dass etwas Schreckliches im Hintergrund drohte. Ich musste von diesem üblen Schatten über Innsmouth wegkommen, und deshalb überprüfte ich meine verkrampften und müden Beine auf ihre Bewegungsfähigkeit. Trotz der Müdigkeit, des Hungers, der Schrecken und meiner Verwirrung war ich nach einiger Zeit in der Lage zu gehen, also begann ich langsam, die Straße nach Rowley entlangzulaufen. Noch vor dem Abend hatte ich ein Dorf erreicht, hatte eine Mahlzeit bekommen und mich mit ordentlicher Kleidung ausgestattet. Ich nahm den Nachtzug nach Arkham, und am nächsten Tag führte ich eine lange und ernsthafte Unterhaltung mit den staatlichen Behörden dort, eine Sache, die ich später in Boston wiederholte – mit dem wichtigsten Ergebnis, dass die Öffentlichkeit jetzt in Kenntnis gesetzt ist, und ich wünschte zum Wohle der Normalität, dass es nichts mehr zu berichten gäbe. Vielleicht verfalle ich dem Wahnsinn, vielleicht ist es ein größerer Schrecken, oder ein Wunder, was nach mir greift.

Wie man sich vorstellen kann, gab ich die meisten meiner Pläne für meine weitere Reise auf – die sehenswürdigen Landschaften, Architektur und Altertümer, auf die ich so viel Wert gelegt hatte. Auch traute ich mich nicht, das seltsame Schmuckstück in Augenschein zu nehmen, das sich im Museum der Miskatonic-Universität befinden sollte. Stattdessen nutzte ich meinen Aufenthalt in Arkham, um einige genealogische Hinweise zu verfolgen, wie ich es schon lange vorgehabt hatte. Es geschah sehr oberflächlich und übereilt, was wohl stimmt, doch wären sie mir später sehr nützlich, wenn ich vielleicht Zeit hätte, sie zu vergleichen und zu entschlüsseln. Der Kurator der dortigen Historischen Gesellschaft, Mr E. Lapham Peabody, war sehr zuvorkommend mir zu helfen und zeigte ungewöhnliches Interesse, als ich ihm erzählte, dass ich ein Enkel von Elisa Orne aus Arkham sei, die im Jahr 1867 geboren wurde und mit siebzehn Jahren einen James Williamson aus Ohio geheiratet hatte.

Es hatte den Anschein, dass ein Onkel von mir – mütterlicherseits – vor vielen Jahren mit gleichen Nachforschungen wie die meinen, hier gewesen war und dass die Familie meiner Großmutter einige Neugierde in der Gegend ausgelöst hatte. Es hatte da, so sagte Mr Peabody, einiges Gerede gegeben bezüglich der Heirat ihres Vaters, Benjamin Orne, direkt nach dem Bürgerkrieg, da die Herkunft der Braut ziemlich rätselhaft war. Man sagte, die Braut sei eine Waise aus der Familie Marsh von New Hampshire – eine Cousine der Essex County Marshs –, doch sie wäre in Frankreich erzogen worden und wüsste nur sehr wenig von ihrer Familie. Ein Vormund hatte bei einer Bostoner Bank einen Fond hinterlegt für ihren und ihrer französischen Gouvernante Unterhalt, allerdings war der Name des Vormunds niemandem in Arkham geläufig, und nach einer gewissen Zeit beachtete man ihn nicht länger, sodass die Gouvernante seine Rolle auf gerichtlichen Beschluss hin übernahm. Die Französin – jetzt schon lange tot – war sehr verschlossen gewesen, und es gab Leute, die behaupteten, sie hätte mehr gewusst als sie bereit gewesen war zu sagen.

Das Erstaunlichste war allerdings, dass niemand die offiziell geführten Eltern der jungen Frau – Enoch und Lydia (Meserve) Marsh – einer der bekannten Familien der Marsh in New Hampshire zuordnen konnte. Möglicherweise, so vermuteten viele, war sie die leibliche Tochter eines prominenten Marsh, ganz bestimmt aber hatte sie die typischen Marsh-Augen. Die meisten Gerüchte entstanden nach ihrem frühen Tod bei der Geburt ihres einzigen Kindes, meiner Großmutter. Nach meinen abstoßenden Erfahrungen im Zusammenhang mit dem Namen Marsh war mir die Nachricht, dass dieser Teil meines eigenen Stammbaums war, gar nicht recht und besonders nicht, dass Mr Peabody meinte, auch ich hätte die typischen Marsh-Augen. Aber egal, ich war dankbar für die Informationen, von denen ich sicher war, dass sie sich als wertvoll erweisen würden, und nahm Kopien von Schriftstücken und eine Liste von Referenzbüchern bezüglich der gut dokumentierten Orne-Familie mit.

Von Boston aus begab ich mich direkt nach Hause nach Toledo und erholte mich danach einen Monat in Maumee von meinen Strapazen. Im September ging ich nach Oberlin für mein letztes Studienjahr, und von da an bis zum nächsten Juni war ich vollauf mit meinem Studium und den ganzen anderen Aktivitäten beschäftigt. Erinnert wurde ich an den vergangenen Schrecken nur durch den gelegentlichen Besuch von Regierungsleuten in Zusammenhang mit den Maßnahmen, die sie aufgrund meiner Bitten und Beweisen durchgeführt hatten. Ungefähr Mitte Juli – genau ein Jahr nach meinem Abenteuer in Innsmouth – verbrachte ich eine Woche bei der Familie meiner verstorbenen Mutter in Cleveland und überprüfte meine neuen, genealogischen Daten mit den verschiedenen Aufzeichnungen, Überlieferungen und Erbstücken, die es dort gab, denn ich wollte feststellen, welche Querverbindungen ich wohl finden könnte.

Ich genoss diese Aufgabe nicht gerade, denn die Stimmung im Haus der Williamsons hatte mich stets bedrückt. Es herrschte dort immer ein Gefühl von Düsternis, und meine Mutter hatte mich als Kind nie dazu aufgefordert, ihre Eltern zu besuchen, obwohl es sie stets freute, wenn ihr Vater sie in Toledo besuchte. Meine in Arkham geborene Großmutter kam mir immer merkwürdig und Angst einflößend vor, und ich glaube nicht, dass es mir leid tat, als sie starb. Damals war ich acht Jahre alt, und es wurde gesagt, sie wäre nach dem Selbstmord ihres ältesten Sohnes, meines Onkels Douglas, in tiefe Trauer versunken. Er hatte sich nach einem Besuch in Neuengland erschossen, ohne Zweifel die Reise, die zu den Erinnerungen an seinen Besuch bei der Historischen Gesellschaft in Arkham geführt hatte.

Dieser Onkel war ihr sehr ähnlich gewesen, und auch ihn hatte ich nie gemocht. Etwas in dem starren, unbewegten Gesichtsausdruck der beiden hatte bei mir eine unbestimmte, nicht zu erklärende Bedrücktheit ausgelöst. Weder meine Mutter noch mein Onkel Walter hatten so ausgesehen. Sie waren wie ihr Vater, dennoch war der arme, kleine Cousin Lawrence – Walters Sohn – fast das genaue Ebenbild seiner Großmutter, bevor sein Zustand ihn in die Abgeschiedenheit eines Sanatoriums in Canton brachte. Ich hatte ihn seit vier Jahren nicht mehr gesehen, doch mein Onkel erklärte, dass sein Zustand sowohl körperlich als auch geistig sehr schlecht sei. Dieser tragische Umstand war wahrscheinlich auch der Hauptgrund für den Tod seiner Mutter zwei Jahre zuvor.

Jetzt bildeten mein Großvater und sein verwitweter Sohn den Haushalt in Cleveland, doch die Erinnerung an alte Zeiten lastete schwer auf ihnen. Ich mochte den Ort immer noch nicht und versuchte, meine Nachforschungen so schnell wie möglich abzuschließen. Informationen über die Williamsons erhielt ich in Fülle von meinem Großvater, doch für Material über die Ornes war ich auf meinen Onkel Walter angewiesen, der mir all seine Unterlagen, Notizen, Zeitungsausschnitte, Briefe, Erbstücke, Fotografien und Bilder überließ.

Als ich die Briefe und Bilder der Orne-Seite durchsah, begann sich in mir ein schreckliches Gefühl bezüglich meiner eigenen

Vorfahren zu entwickeln. Wie ich schon erwähnte, haben meine Großmutter und Onkel Douglas mich immer beunruhigt. Nun, Jahre nach ihrem Tod, schaute ich mit einem deutlich stärkeren Empfindung von Ablehnung und Fremdheit auf ihre im Bild festgehaltenen Gesichter.

Zuerst konnte ich die Veränderung nicht einordnen, doch nach und nach machte sich eine schreckliche Form von *Vergleich* wie von selbst in meinem Unterbewusstsein breit, und dies trotz der beständigen Weigerungen meines Bewusstseins, selbst den geringsten Verdacht anzuerkennen. Es war klar, dass der typische Ausdruck dieser Gesichter jetzt etwas in mir auslöste, was er vorher nicht getan hatte – etwas, das mich in völlige Panik versetzen würde, wenn ich es gewähren ließe.

Aber der schlimmste Schock traf mich, als mir mein Onkel die Orne-Juwelen zeigte, die sich in der Innenstadt in einem Bankschließfach befanden. Einige davon waren durchaus anmutend und interessant, doch in einer Schachtel befanden sich seltsame, alte Stücke, die aus dem Erbe meiner geheimnisvollen Urgroßmutter stammten und die mir mein Onkel nur widerwillig zeigte. Ihre Gestaltung, so erklärte er, sei sehr abseitig und fast widerwärtig, und sie waren nie, soweit er wusste, in der Öffentlichkeit getragen worden, doch seine Großmutter liebte es, sie anzusehen. Verschwommene Legenden von Unglück gingen mit ihnen einher und die französische Gouvernante meiner Urgroßmutter hatte gesagt, dass man sie nicht in Neuengland tragen sollte, obwohl es ziemlich ungefährlich wäre, sie in Europa zu tragen.

Während mein Onkel vorsichtig und widerwillig die Sachen auspackte, warnte er mich, mich nicht von der fremden und teilweise abscheulichen Ornamentik schockieren zu lassen. Künstler und Archäologen, die sie gesehen hätten, hätten die handwerkliche Ausführung und die exotischen Formen gelobt, obgleich niemand das benutzte Material genau bestimmen oder sie einer speziellen Kunstrichtung zuordnen konnte. Es gab zwei Armreife, eine Tiara und eine Art Halskette, letztere wies reliefartige Figuren von fast unerträglicher Fremdheit auf.

Bei seinen Erklärungen behielt ich meine Gefühle fest im Griff, doch mein Gesicht musste meine ansteigende Furcht gezeigt haben. Mein Onkel wirkte besorgt, unterbrach das Auspacken und schaute mich fragend an. Ich bedeutete ihm weiterzumachen, und er tat es mit erneuten Anzeichen des Widerwillens. Als das erste Stück – die Tiara – zum Vorschein kam, schien er mit einer Reaktion zu rechnen, doch glaube ich nicht, dass er vorausgesehen hatte, was dann tatsächlich passierte. Ich ebenfalls nicht, da ich ja deutlich vorgewarnt war, als was sich der Schmuck erweisen würde. Ich fiel, ohne einen Laut von mir zu geben, in Ohnmacht, genauso wie zwischen den Dornenbüschen an der Bahnstrecke ein Jahr zuvor.

Von diesem Tag an war mein Leben ein Albtraum aus Grübeleien und Angst, ohne dass ich entscheiden konnte, wie viel davon abscheuliche Wahrheit und wie viel Wahnsinn war. Meine Urgroßmutter war eine Marsh unbekannter Herkunft gewesen, deren Ehemann aus Arkham kam – und hatte nicht der alte Zadok gesagt, dass die Tochter von Obed Marsh, geboren von einer monströsen Mutter, durch einen Trick mit einem Mann aus Arkham verheiratet worden war? Was stand hinter der Bemerkung des alten Säufers, meine Augen würden denen von Kapitän Obed ähneln? Auch in Arkham hatte mir der Kurator gesagt, ich hätte die typischen Marsh-Augen. War Obed Marsh mein Ururgroßvater? Wer – oder *was* – war meine Ururgroßmutter gewesen? Aber vielleicht war das alles auch eine Ausgeburt des Wahnsinns. Diese weißlich goldenen Schmuckstücke konnten auch einfach von dem Vater meiner Urgroßmutter, wer immer sie auch gewesen war, von einem Seemann erworben worden sein. Und dieser starrende Blick in den Augen meiner Großmutter und des durch die eigene Hand gestorbenen Onkels könnte auch reine Einbildung meinerseits sein – eine Einbildung, die noch durch den Schatten über Innsmouth, der meine Fantasie verdunkelt hatte, verstärkt worden war. Doch warum hatte sich mein Onkel, nachdem er Nachforschungen über seine Familiengeschichte in Neuengland angestellt hatte, umgebracht?

Mehr als zwei Jahre kämpfte ich – mit nur teilweisem Erfolg – gegen diese Überlegungen an. Mein Vater brachte mich bei einer Versicherungsagentur unter, und ich vergrub mich so tief wie möglich in die tägliche Routine. Ungefähr im Winter 1930/31 begannen die Träume. Anfänglich waren sie selten und verschwommen, doch im Laufe der nächsten Wochen wurden sie häufiger und lebendiger. Große Wasserflächen erstreckten sich vor mir, und ich schien durch gigantische, versunkene Arkaden und Labyrinthe zu laufen, vorbei an überwachsenen, zyklopischen Mauern, wobei mich seltsame Fische begleiteten. Dann erschienen diese *anderen Silhouetten*, die mich im Moment des Erwachens mit namenlosem Schrecken erfüllten. Doch während ich träumte, erschreckten sie mich überhaupt nicht, ich war einer von ihnen, trug ihre nicht menschlichen Geschmeide, folgte ihrem unterseeischen Leben und betete auf monströse Weise in ihren teuflischen Tempeln auf dem Meeresgrund.

Da war noch viel mehr, was mir nicht in Erinnerung blieb, doch selbst das, an was ich mich jeden Morgen erinnerte, würde ausreichen, mich entweder als wahnsinnig abzustempeln oder als Genie anzusehen, sollte ich mich je wagen, es niederzuschreiben. Ich spürte, dass ein beängstigender Einfluss mich langsam aus der wahren Welt des Lebens in unnennbare Abgründe der Dunkelheit und Fremdartigkeit zog, und dieser Prozess hatte starke Auswirkungen auf mich. Meine Gesundheit und mein Erscheinungsbild wurden beständig schlechter, bis ich schließlich gezwungen war, meinen Beruf aufzugeben und das gleichförmige, zurückgezogene Leben eines Kranken zu führen. Irgendein seltsames Nervenleiden hatte mich im Griff, und manchmal war es mir fast nicht möglich, meine Augen zu schließen.

Zu dieser Zeit betrachtete ich mein Spiegelbild mit zunehmender Beunruhigung. Es ist nicht angenehm, die langsamen Verwüstungen zu verfolgen, die eine Krankheit anrichtet, doch in meinem Fall war da noch etwas Unterschwelliges und Rätselhafteres im Hintergrund. Mein Vater schien es auch zu bemerken, denn er begann, mich neugierig, ja fast ängstlich anzusehen. Was geschah mit mir? Konnte es sein, dass ich meiner Großmutter und Onkel Douglas ähnlicher wurde?

Eines Nachts hatte ich einen beängstigenden Traum, in dem ich meiner Großmutter im Meer begegnete. Sie lebte in einem phosphoreszierenden Palast mit vielen Terrassen, mit Gärten voller Faltenkorallen und merkwürdigen, schwingenden Blüten, und sie begrüßte mich mit einer Herzlichkeit, die vielleicht sarkastisch gemeint war. Sie hatte sich verändert – so wie die, die ins Wasser gegangen sind – und sagte mir, dass sie nie gestorben sei. Stattdessen wäre sie zu einer Stelle gegangen, von der ihr toter Sohn ihr erzählt habe, und habe sich in ein Reich begeben, dessen Wunder – die auch für ihn bestimmt waren – er mit einer rauchenden Pistole verschmäht habe. Das sollte auch mein Reich sein – ich könnte dem nicht entfliehen. Ich würde nie sterben, sondern mit denen leben, die schon gelebt hatten, bevor der Mensch auf der Erde war.

Ich traf das Ding, was ihre Großmutter war. Seit achtzigtausend Jahren hatte Pth'thya-l'yi in Y'ha-nthlei gelebt und war nach Obed Marshs Tod dorthin zurückgekehrt. Y'ha-nthlei wurde nicht zerstört, als die oberirdischen Männer den Tod hinabschossen. Es wurde beschädigt, aber nicht zerstört. Die in der Tiefe können niemals zerstört werden, selbst wenn die vergessene *Alte Rasse* sie mit ihrer uralten Magie manchmal eindämmte. Im Moment würden sie sich eine Ruhepause gönnen, aber eines Tages, wenn sie sich erinnerten, dann würden sie sich wieder erheben, um den Tribut für den Großen Cthulhu einzufordern. Das nächste Mal würde es eine Stadt viel größer als Innsmouth sein. Sie planten, sich auszubreiten, und hätten jene aufgezogen, die ihnen helfen würden, doch jetzt müssten sie erst einmal abwarten. Um den oberirdischen Männern den Tod zu bringen, müsste ich Buße tun, doch es wäre keine schwere. Das war der Traum, in dem ich zum ersten Mal einen *Shoggothen* sah, und der Anblick ließ mich schreiend aufwachen. An diesem Morgen bestätigte mir der Spiegel eindeutig, dass ich das *»Innsmouth-Aussehen«* angenommen hatte.

Bis jetzt habe ich mich nicht erschossen wie mein Onkel Douglas. Ich habe mir eine Automatik gekauft und hätte fast den Schritt getan, doch bestimmte Träume hielten mich davon ab. Die Phasen des überwältigenden Schreckens wurden weniger, und ich fühlte mich von den unbekannten Tiefen des Meeres eher angezogen, statt sie zu fürchten. Im Schlaf höre und tue ich seltsame Dinge und wache erschöpft auf, anstatt von Furcht geplagt. Ich glaube nicht, dass ich auf die große Chance warten muss, wie die meisten anderen. Wenn ich das täte, dann würde mich mein Vater vielleicht in einem Sanatorium wegschließen, so wie meinen armen, kleinen Cousin. Wunder und unbekannte Herrlichkeiten erwarten mich dort unten, und schon bald werde ich sie sehen. *Iä-R'lyeh! Cthulhu fhtagn! Iä! Iä!* Nein, ich werde mich nicht erschießen! Niemand wird mich dazu bringen, mich zu erschießen!

Ich sollte die Flucht meines Cousins aus der Irrenanstalt in Canton planen, und zusammen werden wir ins von Wundern überschattete Innsmouth gehen. Wir werden zu diesem dräuenden Riff im Meer schwimmen und durch schwarze Abgründe hinab in das zyklopische und säulenreiche Y'ha-nthlei tauchen und in dieser Wohnstatt jener in der Tiefe inmitten von Wundern und Pracht ewig leben.

Das Ding auf der Schwelle

I

Es stimmt! Ich habe meinem besten Freund sechs Kugeln in den Kopf gejagt, und doch hoffe ich, mit diesem Bericht zu beweisen, dass ich nicht sein Mörder bin. Man könnte mich zuerst einmal einen Wahnsinnigen nennen – wahnsinniger als der Mann, den ich in seiner Zelle im Sanatorium von Arkham erschossen habe. Später dann werden meine Leser die verschiedenen Aussagen abwägen und an den bekannten Fakten messen und sich fragen, ob ich denn anders hätte handeln können, als ich es in Anbetracht jenes offensichtlichen Schreckens getan habe – jenem Ding auf der Schwelle.

Doch bis es so weit ist, erkenne auch ich in den wilden Geschichten, von denen ich ein Teil bin, nichts als Wahnsinn. Selbst jetzt noch frage ich mich, ob ich irregeführt wurde oder ob ich nicht doch wahnsinnig bin. Ich weiß es nicht – doch auch andere erzählen seltsame Dinge über Edward und Asenath Derby, und selbst die sture Polizei ist mit ihrer Weisheit am Ende, wenn es um den letzten, schrecklichen Besucher geht. Sie haben vergeblich versucht, sich eine Theorie von einem grässlichen Scherz oder einer Rache von entlassenen Dienstboten zusammenzubasteln, doch insgeheim wissen sie, dass es sich in Wahrheit um etwas unendlich Schrecklicheres und Unglaublicheres handelt.

Deshalb behaupte ich, dass ich Edward Derby nicht ermordet habe. Eher habe ich ihn gerächt, und indem ich dies tat, habe ich die Erde von einem Schrecken befreit, der vielleicht unvorstellbares Entsetzen über die gesamte Menschheit gebracht hätte. Abseits unserer täglichen Wege befinden sich dunkle Schattenzonen, und dann und wann verschaffen sich böse Seelen einen Durchgang. Wenn das geschieht, dann muss ein Mann, der Bescheid weiß, eingreifen, ohne an die Konsequenzen zu denken.

Ich habe Edward Pickman Derby sein Leben lang gekannt. Er war acht Jahre jünger als ich, allerdings so frühreif, dass wir, seit er acht und ich sechzehn war, schon viel gemeinsam hatten. Er war der mit Abstand beste Schüler, den ich je gekannt habe, und schon im Alter von sieben Jahren schrieb er Gedichte von einer düsteren, fantastischen, ja fast morbiden Art, die alle seine Lehrer erstaunte. Vielleicht hatte sein Privatunterricht und die verwöhnte Abgeschiedenheit etwas mit seinem vorpubertären Aufblühen zu tun. Er war ein Einzelkind und körperlich schwach, was seine besorgten, liebenden Eltern dazu veranlasste, ihn immer in ihrer Nähe zu haben. Er durfte nie ohne seine Kinderfrau hinausgehen und durfte nie frei mit anderen Kindern spielen. Ohne Zweifel begünstigte das eine seltsame, geheimnisvolle Entwicklung seines Charakters, wobei seine Vorstellungskraft der einzige Weg in die Freiheit war.

Auf jeden Fall war seine jugendliche Lernfähigkeit erstaunlich und ungewöhnlich, und seine leichthin geschriebenen Texte begeisterten mich trotz meines höheren Alters. Zu dieser Zeit hatte ich einen Hang zu künstlerischen Werken der mehr absonderlichen Art und fand in diesem Kind einen seltenen, verwandten Geist. Der Grund unserer gemeinsamen Vorliebe für Schatten und Wunder war zweifellos die alte, vermoderte und unterschwellig Furcht einflößende Stadt, in der wir lebten – das von Hexen verfluchte, legendenumwobene Arkham, dessen zusammengekauerte, durchhängende Walmdächer und bröckelnde, georgianischen Brüstungen schon seit Jahrhunderten neben dem dunklen, murmelnden Miskatonic River vor sich hin brüteten.

Die Zeit verging, ich wandte mich der Architektur zu und gab meinen Plan, ein Buch mit Edwards dämonischen Gedichten zu illustrieren, auf, dennoch wurde unsere Kameradschaft davon nicht beeinträchtigt. Das Genie des jungen Derby entwickelte sich beeindruckend, und als er achtzehn war, wurden seine gesammelten Albtraum-Gedichte, als sie unter dem Titel *Azathoth und andere Schrecken* erschienen, zu einer Sensation. Er wechselte intensiv Briefe mit dem berüchtigten, baudelaireschen Dichter Justin Goeffrey, der *The People of the Monolith* geschrieben hatte und der 1926 schreiend in einer Irrenanstalt gestorben war, nachdem er ein finsteres, übel beleumundetes Dorf in Ungarn besucht hatte.

In punkto Selbstvertrauen und bei praktischen Dingen war Derby aufgrund seines behüteten Lebens außerordentlich unterentwickelt. Seine Gesundheit hatte sich zwar gebessert, doch seine Art von kindlicher Abhängigkeit wurde von seinen übervorsichtigen Eltern noch bestärkt, und infolgedessen reiste er nie alleine, traf keine eigenen Entscheidungen oder übernahm Verantwortung. Schon früh zeigte sich, dass er niemals in der Lage wäre, sich in der Geschäftswelt oder einem Beruf zu behaupten, doch das Vermögen der Familie war so groß, dass dies kein Problem darstellte. Als er in die Jahre des Erwachsenseins kam, behielt er weiterhin den trügerischen Anschein von Knabenhaftigkeit. Blond und blauäugig strahlte er die Unbeschwertheit eines Kindes aus, und seine Versuche, sich einen Schnurrbart wachsen zu lassen, waren nur schwer wahrzunehmen. Seine Stimme war sanft und hoch, und seine unsportliche, verwöhnte Lebensweise führte eher zu einer kindlichen Molligkeit denn zu einem verfrühten Bauchansatz der mittleren Jahre. Er war groß gewachsen und sein hübsches Gesicht hätte ihn zu einem bemerkenswerten Kavalier gemacht, wenn nicht seine Schüchternheit ihn in die Abgeschiedenheit zu seinen Büchern getrieben hätte.

Derbys Eltern unternahmen jeden Sommer eine Auslandsreise mit ihm, und er eignete sich schnell die oberflächlichen Aspekte europäischer Denkart und Ausdrucksform an. Seine Poe ähnlichen Talente konzentrierten sich mehr und mehr auf das Dekadente und andere künstlerische Empfindsamkeiten, und dadurch wurden teilweise Sehnsüchte in ihm geweckt. In jenen Tagen führten wir heftige Diskussionen. Ich hatte in Harvard abgeschlossen, war in einem Bostoner Architekturbüro in die Lehre gegangen, hatte geheiratet und war schließlich nach Arkham zurückgekehrt, um meinen Beruf auszuüben. Ich hatte mich im Haus meiner Familie in der Saltonstall Street niedergelassen, da mein Vater aus gesundheitlichen Gründen nach Florida gezogen war. Edward besuchte mich fast jeden Abend, und schließlich sah ich ihn als Teil der Familie an. Er hatte eine typische Art zu klingeln oder den Türklopfer zu betätigen, die zu einem wahren Erkennungszeichen wurde, sodass ich nach dem Abendessen immer auf die vertrauten drei kurzen Schläge, nach einer Pause gefolgt von zwei weiteren, wartete. Ich besuchte ihn in seinem Haus weniger häufig und wenn, dann bemerkte ich neidisch die merkwürdigen Bücher in seiner stetig anwachsenden Bibliothek.

Derby durchlief die Miskatonic-Universität in Arkham, da seine Eltern nicht erlaubten, dass er woanders eine Wohnung nahm. Er trat im Alter von sechzehn Jahren ein und war nach drei Jahren fertig, seine Hauptfächer waren englische und französische Literatur, und er erhielt in allem sehr gute Noten, außer in Mathematik und Naturwissenschaften. Er hatte nur wenig Kontakt mit den anderen Studenten, doch schaute er neidisch auf die »Außenseiter« oder »Bohemiens« – deren oberflächlich »exaltierte« Sprache und ihre bedeutungslose, ironische Haltung er nachahmte und deren seltsames Benehmen er auch gerne angenommen hätte, wenn er sich denn getraut hätte.

Er wurde allerdings ein fast fanatischer Anhänger der abgründigen, magischen Überlieferungen, für die die Bibliothek der Miskatonic berühmt war und immer noch ist. Seine Interessen waren bisher immer auf der Oberfläche des Fantastischen und Merkwürdigen angesiedelt, doch jetzt grub er sich tief in die Runen und Rätsel ein, die aus einer sagenhaften Vergangenheit stammten und den Nachkommen als Leitfaden oder Rätsel hinterlassen worden waren. Er las Sachen wie das fürchterliche *Buch von Eibon*, die *Unaussprechlichen Kulte* von von Junzt und das verbotene *Necronomicon* des wahnsinnigen Arabers Arab Abdul Alhazred, allerdings sagte er seinen Eltern nicht, dass er sie kannte. Edward war zwanzig, als mein Sohn und einziges Kind geboren wurde, und schien geschmeichelt, als ich den Neuankömmling nach ihm Edward Derby Upton nannte.

Mit fünfundzwanzig war Edward Derby ein außerordentlich gelehrter Mann und ein ziemlich bekannter Dichter und Vertreter des Fantastischen, obwohl sein Mangel an Kontakten und öffentlichen Auftritten und seine überzogenen und konstruiert wirkenden Werke seine literarische Karriere behinderten. Ich war wahrscheinlich sein engster Freund – in ihm fand ich eine unerschöpfliche Quelle von wichtigen, theoretischen Erkenntnissen, während er meinen Rat in allen Angelegenheiten brauchte, die er nicht mit seinen Eltern besprechen konnte. Er blieb unverheiratet, eher aufgrund seiner Schüchternheit, seiner Trägheit und des elterlichen Beschützerinstinkts denn aus Absicht, und er nahm am gesellschaftlichen Leben nur sehr selten und äußerst zurückhaltend teil. Als der Krieg kam, fesselte ihn sowohl seine Gesundheit als auch seine eingefleischte Schüchternheit ans Haus. Ich begab mich in Plattsburg zur Armee, doch kam nie nach Übersee.

So vergingen die Jahre. Edwards Mutter starb, als er vierunddreißig war, und er war für Monate aufgrund einer seltsamen psychischen Erkrankung arbeitsunfähig. Sein Vater brachte ihn nach Europa, und wie auch immer, es gelang Edward, seine Schwierigkeiten zu überwinden, ohne dass sichtbare Nachwirkungen blieben. Danach schien er sich in einem merkwürdigen Zustand von Hochgefühl zu befinden, so als ob er sich von unsichtbaren Fesseln befreit hätte. Er schloss sich den »fortgeschrittenen« Studenten des Colleges an, obwohl er eigentlich schon zu alt dafür war, und nahm an einigen wilden Aktionen teil. Bei einer Gelegenheit bezahlte er eine beträchtliche Bestechungssumme (die er sich von mir lieh), um seine Teilnahme an einer bestimmten Sache vor seinem Vater geheim zu halten. Einige der hinter vorgehaltener Hand erzählten Gerüchte über die Miskatonic-Bande waren einzigartig. Es gab sogar Gerüchte über Schwarze Magie und Geschehnisse, die jenseits aller Glaubwürdigkeit waren.

II

Edward war achtunddreißig als er Asenath Waite begegnete. Sie war damals – nach meiner Einschätzung – ungefähr dreiundzwanzig und hatte auf der Miskatonic einen Kurs über mediterrane Metaphysik belegt. Die Tochter eines meiner Freunde war ihr schon vorher einmal begegnet – in der Hall-Schule in Kingport – und hatte beschlossen, Asenath wegen ihres sonderbaren Rufs aus dem Weg zu gehen. Sie war von dunklem Typ, zierlich und sehr gut aussehend – mit Ausnahme von den hervorstehenden Augen –, doch etwas in ihrem Aussehen war für besonders empfindsame Menschen befremdlich. Jedoch war es hauptsächlich ihre Herkunft und was sie sagte, was die gewöhnlichen Leute sie meiden ließ. Sie war eine der Innsmouth Waites, und dunkle Legenden umgaben seit Generationen das zerfallene, halb verlassene Innsmouth und seine Bewohner. Es gab Geschichten über einen schrecklichen Handel – um das Jahr 1850 herum – und von fremden Elementen, die »nicht ganz menschlich« waren, in den alten Familien des heruntergekommenen Fischereihafens – Legenden, die nur die alten Yankees sich ausdenken und mit der notwendigen Eindringlichkeit erzählen können.

In Asenaths Fall wurde es noch durch den Umstand verschlimmert, dass sie Ephraim Waites Tochter war – ein Kind seiner späten Jahre, von einer unbekannten Frau, die immer verschleiert gewesen war. Ephraim lebte in einem halb verfallenen Haus in der Washington Street in Innsmouth und jene, die es gesehen hatten (die Leute aus Arkham vermieden, wann immer sie konnten, nach Innsmouth zu fahren), berichteten, dass die Fenster des Dachbodens immer mit Brettern vernagelt seien und dass manchmal, wenn die Nacht hereinbrach, seltsame Geräusche herausdringen würden. Der alte Mann war zu seiner Zeit ein eifriger Student der Magie gewesen, und Legenden behaupten, dass er auf See Stürme ganz nach seinem Willen heraufbeschwören oder abflauen lassen konnte. In meiner Jugend hatte ich ihn ein oder zwei Mal gesehen, wenn er nach Arkham kam, um verbotene Folianten in der College-Bibliothek einzusehen, und ich hatte sein wölfisches, düsteres Gesicht mit dem zerzausten, weißen Bart gehasst. Er war geistig verwirrt gestorben – unter sehr seltsamen Umständen –, kurz bevor seine Tochter, die immer seine krankhaft eifrige Schülerin gewesen war und manchmal ebenso teuflisch aussah wie er selbst, (er hatte testamentarisch den Direktor zu ihrem Vormund bestellt) in die Hall-Schule kam.

Der Freund, dessen Tochter mit Asenath Waite zur Schule gegangen war, erzählte viele seltsame Dinge, als sich die Kunde von Edwards Verbindung mit ihr zu verbreiten begann. Asenath, so schien es, hatte sich an der Schule als eine Art von Hexe produziert und schien in der Lage gewesen zu sein, einige sehr verblüffende Wunder zu wirken. Sie behauptete, Gewitter erzeugen zu können, doch ihre Erfolge wurden allgemein irgendeinem unheimlichen Trick bei der Wettervorhersage zugeschrieben. Es war deutlich zu sehen, dass alle Tiere sie nicht leiden konnten, und sie brachte jeden Hund durch bestimmte Bewegungen ihrer rechten Hand zum Heulen. Es gab Momente, in denen sie Brocken von Wissen und Sprachen preisgab, überaus ungewöhnlich – und sehr schockierend – für ein junges Mädchen, und sie erschreckte ihre Mitschülerinnen mit Blicken und Gesten ganz ungewöhnlicher Art und schien aus dieser Situation eine obszöne und genussvolle Befriedigung zu erlangen.

Doch am Ungewöhnlichsten waren die gut belegten Fälle von ihrem Einfluss auf andere Personen. Sie war ohne Zweifel eine begabte Hypnotiseurin. Wenn sie eine Mitschülerin auf besondere Art ansah, vermittelte sie ihr das ausgeprägte Gefühl von *ausgetauschter Persönlichkeit* – als ob diese sich plötzlich in dem Körper der Hexe befände und durch den Raum hindurch ihren wirklichen Körper sehen könnte, in dem die Augen mit einem seltsamen Ausdruck loderten und hervortraten. Asenath traf häufig ausgefallene Aussagen über die Natur des Bewusstseins und seiner Unabhängigkeit von der körperlichen Hülle – oder zumindest von den Lebensprozessen der physischen Hülle. In höchste Wut konnte sie darüber geraten, dass sie kein Mann war, denn sie glaubte, dass ein männliches Gehirn über einzigartige, weitreichende kosmische Kräfte verfüge. Wenn sie ein männliches Gehirn hätte, so erklärte sie, dann wäre sie nicht nur ihrem Vater ebenbürtig, sondern würde ihn in der Beherrschung von unbekannten Mächten weit übertreffen.

Edward traf Asenath auf einem Treffen der »Intelligenzia«, das in einem der Studentenräume stattfand, und als er mich am nächsten Tag besuchte, konnte er von nichts anderem sprechen. Er hatte sie von all den Interessen und der Gelehrsamkeit erfüllt gefunden, in die auch er völlig versunken war, und war außerdem von ihrer Erscheinung überwältigt. Ich hatte die junge Frau niemals gesehen und konnte mich nur schwach an ihre Beschreibung erinnern, doch ich wusste, wer sie war. Ich fand es ziemlich bedauerlich, dass Derby sich so für sie begeisterte, doch ich sagte nichts, was ihn entmutigen könnte, da Verliebtheit durch Widerstand nur aufblüht. Er würde sie nicht, so sagte er, seinem Vater gegenüber erwähnen.

In den nächsten paar Wochen erfuhr ich nur sehr wenig von dem jungen Derby, außer wenn es um Asenath ging. Auch anderen fiel jetzt Edwards späte Verliebtheit auf, doch merkten sie an, dass sein Aussehen bei Weitem nicht seinem tatsächlichen Alter entsprach oder dass er eine unpassende Begleitung für seine bizarre Göttin sei. Er war lediglich ein bisschen rundlich, trotz seiner Trägheit und seiner Selbstgefälligkeit, und sein Gesicht war gänzlich faltenfrei. Auf der anderen Seite hatte Asenath vorzeitig Krähenfüße bekommen, die von der Ausübung ihres starken Willens herrührten.

Um diese Zeit brachte Edward die junge Frau mit zu mir, um sie mir vorzustellen, und ich bemerkte sofort, dass sein Interesse nicht einseitig war. Sie sah ihn beständig mit einem raubtierhaften Blick an, und ich musste feststellen, dass ihre Beziehung schon weit fortgeschritten war. Kurz darauf besuchte mich der alte Mr Derby, den ich immer bewundert und respektiert habe. Er habe die Geschichten über die neue Freundin seines Sohnes gehört und hätte die ganze Wahrheit aus »dem Jungen« herausgequetscht. Edward hatte vor, Asenath zu heiraten, und hatte sich sogar schon nach Häusern in den Vororten umgesehen. Da ihm mein großer Einfluss auf seinen Sohn bekannt sei, fragte mich der Vater, ob ich nicht behilflich sein könnte, diese unschöne Affäre zu beenden, doch ich äußerte zurückhaltend meine Zweifel. Dieses Mal war es nicht eine Frage von Edwards schwachem Willen, sondern von dem starken Willen der Frau. Das ewige Kind hatte seine Abhängigkeit von den Eltern durch eine neue und mächtigere Abhängigkeit ersetzt, und dagegen konnte man nichts tun.

Die Hochzeit fand einen Monat später statt – auf Wunsch der Braut vor einem Friedensrichter. Mr Derby erhob auf meinen Rat hin keinen Widerspruch, und er, ich selbst, meine Frau und mein Sohn nahmen an der kurzen Zeremonie teil, die anderen Gäste waren wilde, junge Leute aus dem College. Asenath hatte das alte Crowninshield-Anwesen am Ende der High Street gekauft, und dort wollten sie sich, nach einem kurzen Besuch in Innsmouth, von wo drei Bedienstete, einige Bücher und Haushaltsgegenstände mitgebracht würden, niederlassen. Es entsprang wahrscheinlich nicht so sehr einer Übereinkunft von Edward und seinem Vater, sondern Edwards Wunsch, in der Nähe des Colleges, seiner Bibliothek und der Gruppe von »Intellektuellen« zu sein, was Asenath dazu brachte, in Arkham zu wohnen, anstatt endgültig nach Hause zurückzukehren.

Als Edward mich nach den Flitterwochen besuchte, gewann ich den Eindruck, dass er sich etwas verändert hatte. Asenath hatte ihn dazu gebracht, sich von dem kaum entwickelten Schnurrbart zu trennen, doch es gab noch mehr. Er wirkte ernst und nachdenklich, sein gewöhnlicher Ausdruck von kindlicher Rebellion hatte sich in eine tiefgreifende Traurigkeit verwandelt. Ich rätselte, ob ich diese Veränderung als gut oder schlecht ansehen sollte. Ganz sicher wirkte er im Moment mehr wie ein normaler Erwachsener als jemals zuvor. Vielleicht tat ihm die Heirat gut – und führte der *Wandel* in der Abhängigkeit zu einer wirklichen *Befreiung*, die in einer verantwortungsbewussten Unabhängigkeit enden würde. Da Asenath viel beschäftigt war, kam er alleine. Sie hatte eine Menge von Büchern und Apparaten aus Innsmouth mitgebracht und beendete gerade die Renovierung des Crowninshield-Anwesens und des Gartens.

Ihr Zuhause in *jener Stadt* war ein ziemlich beunruhigender Ort, doch bestimmte Gegenstände darin hatten ihm einige überraschende Dinge offenbart. Er machte in Bezug auf die esoterischen Legenden schnelle Fortschritte, nun da Asenath seine Lehrerin war. Einige der Experimente, die sie vorschlug, waren sehr wagemutig und weitreichend – er hatte nicht das Recht, sie zu beschreiben –, doch er vertraute ihren Kräften und Absichten. Die drei Dienstboten waren sehr merkwürdig – ein unglaublich altes Ehepaar, das schon im Dienst von Ephraim gestanden hatte und das manchmal von ihm und Asenaths Mutter in geheimnisvollen Andeutungen sprach, sowie ein dunkelhäutiges, junges Weibsbild, das sonderbar ungestaltet aussah und beständig nach Fisch roch.

III

Im Verlauf der nächsten zwei Jahre sah ich Derby immer seltener. Manchmal vergingen zwei Wochen, ohne dass ich das vertraute drei- und zweimalige Klopfen an der Tür vernahm, und wenn er mich besuchte – oder ich ihn, was beständig seltener vorkam –, war er kaum bereit, über entscheidende Dinge zu reden. Er blieb verschlossen in Bezug auf die okkulten Studien, die er früher ausgiebig beschrieben und über die er mit mir diskutiert hatte, und zog es vor, nicht über seine Frau zu sprechen. Seit ihrer Hochzeit war sie dramatisch gealtert, bis sie jetzt – ungewöhnlich genug – als die ältere von beiden zu wirken schien. Ihr Gesichtsausdruck war der konzentrierteste und verbissendste, den ich je gesehen habe, und ihre ganze Erscheinung hatte eine schwache, nicht einzuordnende Widerwärtigkeit angenommen. Meine Frau und mein Sohn hatten den gleichen Eindruck, und wir alle vermieden zunehmend den Kontakt mit ihr, wofür sie, wie Edward in einem seiner jugendlichen, taktlosen Momente zugab, überaus dankbar war. Manchmal gingen die Derbys auf lange Reisen – angeblich nach Europa, doch Edward deutete zuweilen an, auch zu abseitigeren Zielen.

Es war nach einem Jahr, dass die Leute begannen, über die Veränderungen in Edward Derby zu reden. Es war das übliche Gerede, da die Veränderungen rein psychologischer Natur waren, doch es brachte einige interessante Dinge ans Licht. Ab und zu, so hatte es den Anschein, stellte man bei Edward einen besonderen Gesichtsausdruck fest, und er tat Dinge, die nicht zu seiner kraftlosen Natur passten. Ein Beispiel – obwohl er niemals Autofahren gelernt hatte, sah man ihn heutzutage manchmal am Steuer von Asenaths hochmotorisiertem Packard, den er meisterhaft beherrschte, aus der Einfahrt des alten Crowninshield-Anwesens preschen und sämtliche gefährliche Verkehrssituationen mit Bravour und Entschlossenheit meistern, die seiner eigentlichen Natur gänzlich fremd waren. In diesen Fällen, so schien es, kam er gerade von einer Ausfahrt zurück oder war zu einer solchen unterwegs – welche Art von Ausfahrt konnte niemand sagen, doch meist benutzte er die Straße nach Innsmouth.

Seltsamerweise schienen die Veränderungen nicht gänzlich erfreulich. Die Leute sagten, in diesen Momenten ähnelte er seiner Frau zu sehr oder sogar dem alten Ephraim selbst – aber vielleicht wirkten diese Momente auch so unnatürlich, weil sie sehr selten waren. Manchmal, Stunden nachdem er aufgebrochen war, kam er zurück, lustlos auf dem Rücksitz seines Wagens hingestreckt, während ein offensichtlich angeheuerter Fahrer oder Mechaniker das Fahrzeug lenkte. Auch sein übliches Verhalten in der Öffentlichkeit, während seiner immer seltener werdenden Gänge zu Besuchen (einschließlich derer bei mir), war in altbekannter Weise zurückhaltend – sein unverfängliches, kindliches Gehabe eher noch deutlicher als in der Vergangenheit. Während Asenaths Gesicht alterte, veränderte sich Edwards – abgesehen von den besonderen Gelegenheiten – zu einer Art entspannter Jugendlichkeit, außer wenn sich eine Spur der neuen Traurigkeit oder Erkenntnis in ihm zeigte. Es war wirklich sehr verwirrend. In der Zwischenzeit hatten die Derbys fast keinen Kontakt mehr zu dem Kreis der ausschweifenden Collegestudenten – nicht aus eigenem Antrieb, so hörte man, sondern weil etwas in Zusammenhang ihrer momentanen Studien selbst die gefühllosesten der anderen Dekadenten schockierte.

Im dritten Jahr ihrer Ehe begann Edward, offen mit mir über bestimmte Ängste und seine Unzufriedenheit zu sprechen. Er ließ Bemerkungen fallen wie »es geht zu weit« und sprach verhalten darüber, dass er »seine Identität retten müsse«. Zuerst überging ich solche Hinweise, doch nach einiger Zeit begann ich, vorsichtig nachzufragen, da ich mich daran erinnerte, was die Tochter meines Freundes über Asenaths hypnotischen Einfluss auf andere Mädchen in der Schule erzählt hatte – die Fälle, in denen Schülerinnen geglaubt hatten, sie wären in Asenaths Körper und blickten auf sich selbst. Diese Fragen schienen ihn augenblicklich aufzuschrecken und dankbar zu machen, und einmal murmelte er etwas, wie: er müsse mit mir später ein ernsthaftes Gespräch führen.

Um diese Zeit herum starb der alte Mr Derby, wofür ich im Nachhinein sehr dankbar bin. Edward war völlig erschüttert, doch keineswegs verstört. Seit seiner Heirat hatte er außerordentlich wenig Kontakt zu seinem Vater gehabt, denn Asenath hatte seinen gesamten, ausgeprägten Familiensinn auf sich konzentriert. Einige bezeichneten ihn angesichts seines Verlustes als herzlos – besonders weil die unbeschwerten und überschwänglichen Ausflüge mit dem Auto seitdem zugenommen hatten. Er wollte jetzt wieder in das alte Haus der Derbys ziehen, doch Asenath bestand darauf, im Crowninshield-Haus, in dem sie sich sehr gut eingerichtet hatte, zu bleiben.

Nicht lange danach erfuhr meine Frau von einer Freundin – eine von jenen, die nicht mit den Derbys gebrochen hatten – eine merkwürdige Sache. Sie war zum Ende der High Street gegangen, um das Paar zu besuchen, und hatte gesehen, wie ein Auto aus der Einfahrt geschossen kam, mit Edwards seltsam verbissenem, fast höhnischem Gesicht hinter dem Steuerrad. Als sie klingelte, beschied ihr das abweisende Weibsbild, dass Asenath ebenfalls nicht da sei, doch als die Freundin wieder ging, schaute sie am Haus hoch. Dort bemerkte sie hinter einem der Fenster von Edwards Bibliothek ein hastig zurückweichendes Gesicht – ein Gesicht, dessen Ausdruck von Schmerz, Niederlage und wehmütiger Hoffnungslosigkeit so erschütternd war, dass man es kaum beschreiben konnte. Es war – unglaublich genug, in Anbetracht seines sonstigen herrschsüchtigen Ausdrucks – Asenaths Gesicht, doch die Besucherin hatte beschworen, dass in diesem Moment die traurigen, verwirrten Augen des armen Edwards daraus hervorblickten.

Edwards Besuche wurden jetzt etwas häufiger, und seine Andeutungen wurden manchmal konkreter. Was er sagte, war kaum zu glauben, selbst in dem Jahrhunderte alten und von Legenden heimgesuchten Arkham, doch er trug seine dunkle Erzählung mit einer Düsternis und Überzeugungskraft vor, die einen um seine geistige Gesundheit fürchten ließ. Er sprach von schrecklichen Zusammenkünften an einsamen Orten, von zyklopischen Ruinen im Herzen der Wälder von Maine, neben denen mächtige Treppen hinab in Abgründe nächtlicher Geheimnisse führten, von verschlungenen Gängen, die durch unsichtbare Mauern in andere Regionen von Zeit und Raum führten, und vom abscheulichen Austausch der Persönlichkeiten, der es möglich machte, abgelegene und verbotene Orte auf anderen Welten und in anderen Raum-Zeit-Kontinuen zu ergründen.

Ab und zu präsentierte er zum Beweis von bestimmten, abseitigen Andeutungen Objekte, die mich völlig erstaunten – sie waren von unbestimmter Farbe und verblüffender Struktur, wie man sie nie auf diesem Planeten gesehen hatte, deren ungewöhnliche Biegungen und Oberflächen auf keinen möglichen Zweck schließen ließen und keiner erkennbaren Geometrie folgten. Diese Dinge, so sagte er, stammten von »außerhalb«, und seine Frau wüsste, wie man sie bekäme. Manchmal – und immer nur in einem Furcht erfüllten, zweideutigem Flüstern – deutete er Dinge über den alten Ephraim Waite an, den er in jenen vergangenen Zeiten manchmal in der College-Bibliothek gesehen hatte. Diese dunklen Andeutungen blieben stets ungenau, drehten sich aber um den besonders schrecklichen Zweifel, ob der alte Hexenmeister nun wirklich tot sei – sowohl im geistigen als auch im körperlichen Sinn.

Von Zeit zu Zeit unterbrach Derby seine Enthüllungen abrupt, und ich fragte mich, ob Asenath möglicherweise seine Ausführungen aus der Entfernung verfolgt und sie durch eine unbekannte Art von telepathischem Mesmerismus unterbrochen hatte – eine Kraft, die sie schon in der Schule bewiesen hatte. Ganz sicher verdächtigte sie ihn, dass er mir bestimmte Dinge erzählte, denn im Verlauf von Wochen versuchte sie, seine Besuche mit Worten und Blicken von unerklärlicher Macht zu verhindern. Nur unter großen Schwierigkeiten konnte er mich noch besuchen, selbst wenn er behauptete, er würde woandershin gehen, behinderte üblicherweise eine unsichtbare Kraft seine Schritte oder ließ ihn sein Ziel für einige Zeit vergessen. Gewöhnlich besuchte er mich, wenn Asenath weg war – weg, in ihrem eignen Körper, wie er es seltsamerweise nannte. Doch sie kam immer dahinter – die Bediensteten überwachten sein Kommen und Gehen –, aber ganz offensichtlich hielt sie es für unklug, etwas Entscheidendes dagegen zu unternehmen.

IV

Als ich an einem Tag im August das Telegramm aus Maine erhielt, war Derby länger als drei Jahre verheiratet. Ich hatte ihn seit zwei Monaten nicht mehr gesehen, doch gehört, dass er »geschäftlich« unterwegs sei. Asenath sollte bei ihm sein, doch aufmerksame Urheber von Gerüchten meinten, dass sich jemand hinter den mit doppelten Vorhängen versehenen Fenstern im ersten Stock des Hauses befände. Sie hatten auch die Einkäufe der Bediensteten beobachtet. Und jetzt hatte mir der Polizeichef von Chesuncook County eine Nachricht über einen heruntergekommenen Wahnsinnigen telegrafiert, der aus den Wäldern gestolpert sei und wild tobend nach mir geschrien hätte, und dass ich ihn beschütze solle. Es war Edward, und er erinnerte sich gerade noch an seinen eigenen Namen und meinen und meine Adresse.

Chesuncook liegt nahe am wildesten, tiefsten und am wenigsten erschlossenen Waldgebiet von Maine, und man braucht einen ganzen Tag unsäglichen Geholpers durch eine fantastische und düstere Landschaft, um mit dem Auto dorthin zu kommen. Ich fand Derby in einer Zelle der örtlichen Polizeistation, schwankend zwischen Raserei und Apathie. Er erkannte mich sofort und begann sogleich, einen Schwall bedeutungsloser, halb zusammenhängender Worte in meine Richtung auszustoßen.

»Dan – dem Himmel sei Dank! Die Grube der Shoggothen! Die sechstausend Stufen hinab … die Abscheulichkeit aller Abscheulichkeiten … Ich hätte ihr nie erlauben dürfen, mich mitzunehmen, und dann fand ich mich dort wieder … Iä! Shub-Niggurath … Die Gestalt erhob sich von dem Altar, und da waren 500, die heulten … Das Ding mit der Kapuze stieß ›Kamog! Kamog!‹ hervor – das war der geheime Name des alten Ephraim in dem Zirkel … Ich war dort, obwohl sie versprochen hat, mich nicht mitzunehmen … Eine Minute zuvor war ich in der Bibliothek eingeschlossen, und dann war ich dort, wohin sie mit meinem Körper gegangen war – an dem Ort der größten Blasphemie, in der unheimlichen Grube, wo das schwarze Reich beginnt und die Beobachter das Tor bewachen … Ich sah einen Shoggothen – er veränderte seine Gestalt … Ich kann es nicht ertragen … Ich werde es nicht ertragen … Wenn sie mich jemals wieder dorthin schickt, bringe ich sie um … Ich bringe diese Entität um … sie, ihn, es … Ich bringe es um! Bringe es mit meinen eigenen Händen um!«

Ich brauchte eine Stunde, um ihn zu beruhigen, doch schließlich lenkte er ein. Im Dorf besorgte ich ihm anständige Kleidung, und dann brach ich mit ihm Richtung Arkham auf. Seine hysterische Raserei war vorbei, und er hüllte sich in Schweigen, doch als wir durch Augusta fuhren, begann er, verworren vor sich hin zu murmeln – so als ob der Anblick der Stadt unschöne Erinnerungen in ihm weckte. Es war klar, dass er nicht nach Hause wollte, und in Anbetracht der abseitigen Wahnvorstellungen, die er von seiner Frau zu haben schien – Wahnvorstellungen, die ohne Zweifel von einer tatsächlichen, hypnotischen Quälerei, deren Opfer er gewesen war, hervorgerufen worden waren –, glaubte auch ich, dass dies besser wäre. Ich kam zu dem Schluss, ich sollte ihn eine Zeit lang mit zu mir nehmen, unabhängig davon, welche Unannehmlichkeiten das mit Asenath heraufbeschwören würde. Später dann würde ich ihm bei der Scheidung helfen, denn ganz offensichtlich gab es psychologische Aspekte dieser Ehe, die ihn in den Selbstmord treiben könnten. Als wir wieder in offenem Gelände waren, verstummte Derbys Gemurmel, und ich ließ ihn auf dem Beifahrersitz vor sich hindösen, während ich weiterfuhr.

Als wir bei Sonnenuntergang durch Portland rasten, setzte sein Gemurmel wieder ein, diesmal deutlicher als zuvor, und beim Hinhören bekam ich ein völlig krankes Gefasel über Asenath mit. Das Ausmaß, in dem sie auf Edwards Nervenkostüm eingewirkt hatte, war offensichtlich, denn er hatte ein ganzes Netz aus wirren Vorstellungen um sie herum gewoben. Sein gegenwärtiges Problem, murmelte er wütend, war nur eines in einer langen Reihe. Sie bekam ihn unter Kontrolle, und er wusste, dass sie ihn eines Tages nicht mehr loslassen würde. Selbst jetzt ließ sie ihn wahrscheinlich nur noch los, wenn sie musste, weil sie ihn nicht für längere Zeit unter Kontrolle halten konnte. Regelmäßig benutzte sie seinen Körper, um zu namenlosen Orten und namenlosen Riten zu gehen, und ließ ihn in ihrem Körper im Obergeschoss eingeschlossen zurück; doch manchmal konnte sie sich nicht in ihm halten, und er fand sich plötzlich in seinem eigenen Körper wieder – an einem weit entfernten, schrecklichen und vielleicht unbekannten Ort. Manchmal gelang es ihr, ihn wieder zu übernehmen, manchmal auch nicht. Häufig blieb er irgendwo zurück, so wie ich ihn gefunden hatte … immer wieder musste er sich seinen Weg aus beängstigenden Entfernungen zurück suchen und jemanden dazu bringen, den Wagen zu fahren, wenn er ihn gefunden hatte.

Das Schlimmste war, dass sie jedes Mal länger von ihm Besitz ergreifen konnte. Sie wollte ein Mann sein –völlig menschlich sein –, deshalb ergriff sie von ihm Besitz. Sie hatte bei ihm das Zusammentreffen von einem exzellenten Geist und einem schwachen Willen gespürt. Eines Tages würde sie ihn verdrängen und mit seinem Körper verschwinden – verschwinden, um ein großer Hexenmeister wie ihr Vater zu werden – und ihn, ausgesetzt in dieser weiblichen Hülle, die noch nicht einmal gänzlich menschlich war, zurücklassen. Ja, er wusste inzwischen von dem Innsmouth-Blut. Es hatte geschlechtlichen Verkehr mit den Dingern aus dem Meer gegeben – einfach schrecklich … Und der alte Ephraim – er kannte das Geheimnis, und als er älter wurde, hat er etwas Grässliches getan, um weiterzuleben … er wollte ewig leben … Asenath würde Erfolg haben – einen erfolgreichen Versuch hatte es ja schon gegeben.

Während Derby weiter vor sich hin brabbelte, sah ich ihn von der Seite genau an, um mir meinen Eindruck von seiner Veränderung, den ich schon bei einer früheren Musterung gewonnen hatte, zu bestätigen. Paradoxerweise schien er in einem besseren Zustand als üblich – gefestigter, mehr normal entwickelt und ohne eine Spur kranker Schwammigkeit aufgrund seines kindlichen Verhaltens. Es war, als ob er zum ersten Mal in seinem behüteten Leben wirklich aktiv und körperlich fit war, und ich nahm an, dass Asenaths Kraft ihn auf ungewohntem Weg zu körperlicher Betätigung und Wachsamkeit geführt hatte. Doch gerade jetzt war sein Geist in einem bemitleidenswerten Zustand, da er wilde Vermutungen über seine Frau murmelte, über Schwarze Magie, über den alten Ephraim und über einige Enthüllungen, die selbst mich überzeugten. Er erwähnte Namen, die ich aus vergangener Zeit vom Durchblättern verbotener Bücher wiedererkannte, und die mich über bestimmte, mythologische Zusammenhänge erschaudern ließen – es waren überzeugende Übereinstimmungen, die sich durch sein Gefasel zogen. Wieder hielt er inne, so als ob er Kraft für eine letzte und schreckliche Enthüllung schöpfen müsste.

»Dan, Dan, erinnerst du dich nicht an ihn – die wilden Augen und der ungepflegte Bart? Einmal starrte er mich an, und das konnte ich nie vergessen. Nun starrt *sie* auf diese Weise. *Und ich weiß, warum!* Er hat sie im *Necronomicon* gefunden – die Formel. Ich wage noch nicht, dir die Seite zu nennen, doch wenn ich es tue, dann kannst du es lesen und wirst verstehen. Dann weißt du, was mich verschlungen hat. Weiter, weiter, weiter, weiter – Körper für Körper für Körper – das bedeutet, nie zu sterben. Der Funke des Lebens – er weiß, wie man die Abfolge durchbrechen kann … er kann noch eine Weile flackern, während der Körper schon tot ist. Ich werde dir Hinweise geben und vielleicht ahnst du es. Hör zu, Dan – weißt du, warum meine Frau sich solche Mühe mit dieser blöden, nach links geneigten Handschrift gibt? Hast du jemals ein Manuskript des alten Ephraim gesehen? Willst du wissen, warum ich erschauderte, als ich einige, schnell dahingeworfene Notizen von Asenath sah?

Asenath … *gibt es sie überhaupt?* Warum hat man vermutet, dass Gift im Magen des alten Ephraim war? Warum tuscheln die Gilmans über die Art, wie er geschrien hat – wie ein verängstigtes Kind –, als er wahnsinnig geworden ist, und Asenath ihn auf dem Dachboden mit den vernagelten Fenstern eingeschlossen hat, wo – der andere – gewesen war? *War es Ephraims Seele, die dort eingeschlossen wurde? Wer hat da wen eingeschlossen?* Warum hatte er monatelang nach jemandem mit einem wachen Geist und einem schwachen Willen gesucht? Warum verfluchte er seine Tochter, weil sie kein Sohn war? Sag's mir, Daniel Upton – *welcher teuflische Austausch hatte in dem schrecklichen Haus stattgefunden, wo dieses blasphemische Monster sein ihm vertrauendes, willensschwaches, halb menschliches Kind in seiner Gewalt hatte?* War dieser Austausch dauerhaft – wie sie es am Ende mit mir tun wird? Sag mir, warum schreibt dieses Ding, das sich Asenath nennt, auf andere Art, wenn es unbeobachtet ist, *sodass man bei dem Geschrieben keinen Unterschied zu …*«

Dann geschah es. Während Derbys wirre Ausführungen sich zu einem schrillen Schrei erhoben hatten, brachen sie mit einem fast mechanischen Klicken ab. Ich dachte an die anderen Gelegenheiten bei mir zu Hause, als seine vertraulichen Mitteilungen jäh abgebrochen waren – bei denen ich halb davon überzeugt war, dass eine unbekannte, telepathische Strömung von Asenaths geistiger Kraft dafür gesorgt hatte, ihn zum Schweigen zu bringen. Dies aber war etwas gänzlich anderes – und, so spürte ich, unendlich schrecklicher. Das Gesicht neben mir verzerrte sich für einen Augenblick fast nicht wahrnehmbar, während der ganze Körper zitterte, so als ob sämtliche Knochen, Organe, Muskeln, Nerven und Drüsen sich von selbst zu einer völlig anderen Haltung, Anordnung und gesamter Persönlichkeit zusammensetzten.

Doch worin der wesentliche Schrecken bestand, könnte ich im Leben nicht beschreiben, aber mich überkam eine solch übermächtige Welle von Übelkeit und Abscheu, so ein kaltes Gefühl absoluter Fremdheit und Abnormalität, dass meine Hände am Steuerrad die Kraft verließ und anfingen zu zittern. Die Gestalt neben mir schien nicht mehr der lebenslange Freund, sondern ein monströser Eindringling aus dem Weltraum zu sein – aus einem verdammenswerten, gänzlich verfluchten Kristallisationspunkt von unbekannten und bösartigen kosmischen Kräften.

Meine Verwirrung dauerte nur einen Moment, doch bevor noch ein weiterer vergangen war, hatte mein Gefährte schon das Lenkrad ergriffen und mich gezwungen, mit ihm die Plätze zu tauschen. Die Abenddämmerung war schon weit fortgeschritten, und die Lichter von Portland lagen weit hinter uns, sodass ich nicht viel von seinem Gesicht erkennen konnte. Doch das Lodern in seinen Augen war unglaublich, und ich wusste, dass er sich jetzt in diesem seltsamen, energiegeladenen Zustand befinden musste, der so untypisch für ihn war und den schon viele Menschen bei ihm bemerkt hatten. Es schien abseitig und unvorstellbar, dass der apathische Edward Derby – er, der sich nie durchsetzen konnte und der nie Autofahren gelernt hatte – mir Anweisungen gab und das Steuer meines eigenen Wagens übernahm, doch genau das war passiert. Eine Zeit lang sagte er kein Wort, und in meinem unbeschreiblichem Schrecken war ich froh darüber.

In den Lichter von Biddeford und Saco sah ich seinen zusammengekniffenen Mund und zitterte beim Anblick seiner lodernden Augen. Die Leute hatten Recht – er sah seiner Frau und dem alten Ephraim in diesen Zustand abscheulich ähnlich. Ich wunderte mich nicht, dass man diesen Zustand nicht mochte – ganz sicher hatte er etwas Unnatürliches und Diabolisches an sich, und ich spürte dieses finstere Element noch mehr, da ich seine wilden Fantasien vernommen hatte. Dieser Mann, gemessen an meiner lebenslangen Bekanntschaft mit Edward Pickman Derby, war ein Fremder – irgendein Eindringling aus den schwarzen Abgründen.

Er sprach nicht, bis wir uns auf einem dunklen Abschnitt der Straße befanden, und als er es tat, klang seine Stimme völlig fremd. Sie war tiefer, fester und entschlossener, als ich sie je erlebt hatte, während sich sein Akzent und seine Betonung grundlegend verändert hatten und doch, schwach, weit entfernt und ziemlich verstörend erinnerten sie mich an etwas, was ich nicht einordnen konnte. Da war, so meinte ich, eine Spur von sehr tiefgründiger und sehr spezieller Ironie in dem Klang – es war nicht die auffällige, bedeutungslose, muntere Pseudo-Ironie der unreifen »Gelehrten«, die Derby gewöhnlich beeinflussten, sondern etwas verbissenes, tiefgreifendes, durchdringendes und potenziell Böses. Ich wunderte mich über diese so schnell nach dem panischen Gestammel eingetretene Selbstbeherrschung.

»Ich hoffe, du wirst meinen Anfall dort oben vergessen, Upton«, sagte er. »Du weißt, wie es um meine Nerven bestellt ist, und ich glaube, du kannst solche Dinge entschuldigen. Ich bin natürlich äußerst dankbar für diese Heimfahrt.

Und du musst natürlich auch all die verrückten Sachen vergessen, die ich vielleicht über meine Frau gesagt habe – oder auch über andere Dinge. Das kommt von der Überanstrengung, wenn man auf einem Gebiet forscht wie dem meinen. Mein Denken ist voll von obskuren Vorstellungen, und wenn der Geist ausgelaugt ist, dann brütet er alle möglichen Wahnvorstellungen von tatsächlichen Möglichkeiten aus. Ich werde mir ab heute eine Auszeit gönnen – du wirst mich vielleicht eine Zeit lang nicht zu Gesicht bekommen, und mach bitte nicht Asenath dafür verantwortlich.

Diese Reise war ein bisschen seltsam, doch es ist wirklich ganz einfach. Oben in den nördlichen Wäldern befinden sich bestimmte indianische Relikte – aufrecht stehende Steine und solches Zeug –, die in der der Folklore eine wichtige Bedeutung haben, und Asenath und ich sind dieser Sache nachgegangen. Es war eine komplizierte Suche, und deshalb habe ich wahrscheinlich den Kopf verloren. Ich muss jemanden nach dem Wagen schickten, wenn ich nach Hause komme. Ein Monat Erholung wird mich wohl wieder auf die Beine bringen.«

An das, was ich zu der Unterhaltung beitrug, kann ich mich nicht mehr erinnern, denn die rätselhafte Fremdheit meines Mitfahrers erfüllte mein gesamtes Denken. Mit jedem Moment intensivierte sich mein schwer fassbares Gefühl von kosmischem Schrecken, bis ich mich schließlich offensichtlich in einem Zustand befand, in dem ich nur noch das Ende der Fahrt herbeisehnte. Derby bot nicht an, dass ich das Steuer wieder übernehmen sollte, und ich war froh darüber, mit welcher Geschwindigkeit Portsmouth und Newburyport vorüberflogen.

An der Kreuzung, wo die Hauptstraße ins Landesinnere abbog, um Innsmouth zu umgehen, befürchtete ich fast, mein Fahrer würde die trostlose Küstenstraße, die durch diesen verdammenswerten Ort führte, nehmen. Nun, er tat es nicht, sondern raste an Rowley und Ipswich vorbei auf unser Ziel zu. Wir erreichten Arkham noch vor Mitternacht und stellten fest, dass im alten Crowninshield-Haus noch Licht war. Derby wiederholte hastig seinen Dank und stieg aus dem Wagen, und ich fuhr mit einem seltsamen Gefühl der Erleichterung nach Hause. Es war eine schreckliche Fahrt gewesen – noch schrecklicher, da ich nicht genau sagen konnte, warum, und ich bedauerte Derbys Ankündigung nicht, längere Zeit auf meine Gesellschaft zu verzichten.

V

In den nächsten zwei Monaten brodelte die Gerüchteküche. Die Menschen sprachen davon, Derby immer häufiger in seinem neuen, selbstbewussten Zustand gesehen zu haben, und Asenath war kaum einmal da, wenn ihre wenigen Besucher sie aufsuchen wollten. Es gab nur einen Besuch von Edward, als er kurz mit Asenaths Auto vorbeischaute – inzwischen ordnungsgemäß zurückgebracht, von wo auch immer er es in Maine zurückgelassen hatte – um ein paar Bücher, die er mir geliehen hatte, abzuholen. Er war in seinem neuen Zustand und blieb nur solange, um ein paar ausweichende, höfliche Bemerkungen zu machen. Es war deutlich zu sehen, dass er, wenn er sich in diesem Zustand befand, nichts mit mir zu besprechen hatte, und ich bemerkte, dass er sich noch nicht einmal die Mühe machte, das alte drei-und-zwei-Signal zu benutzen, als er die Türglocke läutete. Genau wie an dem Abend im Auto verspürte ich einen unendlich großen Schrecken, den ich mir nicht erklären konnte, sodass sein schneller Abgang eine gewaltige Erleichterung darstellte.

Mitte September war Derby eine Woche lang weg, und einige aus der dekadenten College-Gruppe sprachen gut informiert über die Angelegenheit und machten Andeutungen von einem Treffen mit einem berüchtigten Kultführer, der vor Kurzem aus England ausgewiesen worden war und in New York seinen Hauptsitz eingerichtet hatte. Was mich anging, konnte ich die seltsame Fahrt von Maine herunter nicht aus dem Kopf bekommen. Die Veränderung, deren Zeuge ich geworden war, hatte mich nachhaltig getroffen, und ich ertappte mich immer wieder dabei, wie ich versuchte, das Geschehen einzuordnen und auch den extremen Schrecken, den es bei mir ausgelöst hatte.

Die sonderbarsten Gerüchte waren allerdings die von dem Schluchzen im alten Crowninshield-Haus. Es war die Stimme einer Frau, und einige der jüngeren Leute meinten, dass sie wie Asenaths klingen würde. Sie wurde nur selten gehört und manchmal brach sie ab, so als ob man sie brutal unterbinden würde. Man sprach von einer polizeilichen Untersuchung, doch die hatte sich erübrigt, als Asenath in den Straßen auftauchte und lebhaft mit einer großen Anzahl von Bekannten plauderte, sich für ihre Abwesenheit in der letzten Zeit entschuldigte und nebenbei von dem Nervenzusammenbruch und der Hysterie eines Gastes aus Boston erzählte. Den Gast hat man nie gesehen, doch nach Asenaths Auftritt konnte man nichts mehr dazu sagen. Aber dann bekamen die Gerüchte neue Nahrung, indem jemand behauptete, das Schluchzen sei ein oder zwei Mal das einer männlichen Stimme gewesen.

Mitte Oktober hörte ich eines Abends das vertraute drei-und-zwei-Klingeln an der Haustür. Als ich die Tür öffnete, fand ich Edward auf der Türschwelle und sah sofort, dass seine Persönlichkeit die alte war, die seit seinem Toben auf der schrecklichen Fahrt von Chesuncook nicht mehr in Erscheinung getreten war. Sein Gesicht war von einer Vielzahl von widersprüchlichen Gefühlen verzerrt, bei denen sich Furcht und Triumph die Waage zu halten schienen, und als ich die Tür hinter ihm schloss, schaute er verstohlen über seine Schulter.

Als er mir unsicher in mein Arbeitszimmer folgte, bat er um einen Whiskey, um seine Nerven zu beruhigen. Ich war ungeduldig, ihm Fragen zu stellen, doch ich wartete, bis er selbst bereit war zu sagen, was immer er sagen wollte. Schließlich gab er mit leiser Stimme einige Informationen preis.

»Asenath ist weg, Dan. Letzte Nacht, als die Bediensteten außer Haus waren, hatten wir ein langes Gespräch, und sie musste mir versprechen, mich in Ruhe zu lassen. Natürlich verfüge ich über bestimmte – bestimmte okkulte Verteidigungsmethoden, von denen ich dir nie erzählt habe. Sie musste nachgeben, doch sie wurde fürchterlich böse. Sie packte ihre Sachen und machte sich auf nach New York – ging geradewegs hinaus, um den 8:20-Uhr-Zug nach Boston zu nehmen. Ich nehme an, es wird unter den Leuten Gerede geben, doch das kann ich nicht ändern. Du solltest nicht erwähnen, dass es Ärger gegeben hat, sag einfach, sie wäre auf einer langen Forschungsreise.

Wahrscheinlich wird sie sich bei einer ihrer schrecklichen Gruppen von Bewunderern aufhalten. Ich hoffe, sie geht in den Westen und willigt in die Scheidung ein – wie auch immer, sie musste mir versprechen, sich fernzuhalten und mich in Ruhe zu lassen. Es war schrecklich, Dan – sie hat meinen Körper gestohlen – mich daraus vertrieben – hat einen Gefangenen aus mir gemacht. Ich lenkte ein und erweckte den Anschein, sie machen zu lassen, doch ich musste auf der Hut sein. Ich war in der Lage, Pläne zu schmieden, denn sie konnte meine Gedanken nicht wortwörtlich oder bis ins Kleinste erkennen, musste aber vorsichtig sein. Alles, was sie von meinen Plänen mitbekam, war der allgemeine Eindruck von Auflehnung – doch sie dachte immer, ich sei harmlos. Dachte niemals, dass ich sie überwältigen könnte … doch ich kenne ein oder zwei Zauberformeln, die funktionierten.«

Derby schaute über die Schulter und trank noch etwas Whiskey.

»Heute Morgen, als sie zurückkamen, habe ich diese verdammten Bediensteten entlassen. Sie haben sich fürchterlich darüber aufgeregt, sind aber gegangen. Sie sind von Asenaths Art – Leute aus Innsmouth – und waren ihr hörig. Ich hoffe, dass sie mich in Ruhe lassen – es war unheimlich, wie sie lachten, als sie gingen. Ich muss so viele von Vaters Bediensteten zurückholen, wie ich kann. Ich werde jetzt wieder in mein altes Zuhause ziehen.

Ich vermute, du hältst mich für verrückt, Dan – doch in der Geschichte von Arkham gibt es Hinweise, die das bestätigen, was ich dir gesagt habe – und was ich dir noch sagen werde. Du warst selbst Zeuge einer dieser Verwandlungen – an jenem Tag, als wir in deinem Auto aus Maine kamen und ich dir von Asenath erzählt habe. Da hat sie mich erwischt – hat mich aus meinem Körper vertrieben. Das Letzte, an was ich mich von dieser Fahrt erinnere, ist, wie ich kurz davor war, dir zu sagen, *was für eine Teufelin sie ist.* Dann erwischte sie mich, und plötzlich war ich wieder in dem Haus – in der Bibliothek, in die mich diese verdammten Bediensteten eingeschlossen hatten – und in diesem verfluchten, teuflischen Körper …, der nicht einmal menschlich ist … Du weißt, dass sie es war, mit der du zurückgefahren bist … dieser beutesüchtige Wolf in meinem Körper … Du musst den Unterschied bemerkt haben!«

Mir lief ein kalter Schauder über den Rücken, als Derby innehielt. Ich *hatte* den Unterschied bemerkt, aber konnte ich eine solch abseitige Erklärung akzeptieren? Doch mein besorgter Besucher ging noch weiter.

»Ich musste mich retten – ich musste, Dan! An Allerheiligen hätte sie mich vollständig in Besitz genommen – sie veranstalten da einen Hexensabbat, oben hinter Chesuncook, und das Opfer hätte die Sache besiegelt. Sie hätte mich in ihrer Gewalt … sie wäre ich, und ich wäre sie gewesen … für immer … zu spät … mein Körper hätte für immer ihr gehört … Sie wäre ein Mann geworden und gänzlich menschlich, genauso, wie sie es immer wollte … Ich vermute, sie hätte mich aus dem Weg geräumt – ihren ehemaligen Köper mit mir darin getötet, verflucht sei sie, *genauso wie sie es schon vormals getan hatte* – genauso wie es, er oder sie es schon vorher getan hatte …«

Edwards Gesicht war jetzt auf grässliche Weise verzerrt, und er beugte sich unangenehm nah zu mir, als seine Stimme zu einem Flüstern wurde.

»Du musst dich doch erinnern, was ich im Auto angedeutet habe – *dass sie nicht wirklich Asenath ist, sondern eigentlich der alte Ephraim persönlich.* Ich hatte diesen Verdacht schon vor eineinhalb Jahren, und jetzt weiß ich es mit Bestimmtheit. Ihre Handschrift verrät es, wenn sie nicht aufpasst – manchmal macht sie eine Notiz in einer Schrift, die genau der in den Manuskripten ihres Vaters entspricht, Strich für Strich – und manchmal sagt sie Dinge, die niemand außer ein alter Mann wie Ephraim aussprechen würde. Als er den Tod herannahen spürte, hat er die Körper getauscht, sie war die Einzige mit den entsprechenden geistigen Fähigkeiten und einem ausreichend schwachem Willen, die er finden konnte – er übernahm ihren Körper dauerhaft, so wie sie es fast bei mir gemacht hätte, und vergiftete den alten Körper, in dem sie sich befand. Hast du nicht gesehen, wie die Seele des alten Ephraim Dutzende von Malen in den Augen dieser Teufelin geglüht hat … und in den meinen, wenn sie die Kontrolle über meinen Körper hatte?«

Der Flüsterer keuchte und schnappte nach Luft. Ich sagte nichts, und als er seine Stimme wiedergefunden hatte, klang sie ein Stück weit normaler. Das war, so überlegte ich, ein Fall für die Irrenanstalt, doch ich würde nicht der sein, der ihn dorthin brachte. Vielleicht würde die Zeit und die Trennung von Asenath etwas bewirken. Ich erkannte, dass er sich niemals wieder mit diesem morbiden Okkultismus beschäftigen würde.

»Später erzähle ich dir mehr – jetzt brauche ich erst einmal ausgiebig Ruhe. Ich werde dir etwas von den verbotenen Schrecken erzählen, in die sie mich geführt hat – etwas von den Jahrhunderte alten Schrecken, die selbst heute noch in versteckten Ecken schwären und von wenigen monströsen Priestern am Leben erhalten werden. Einige Menschen wissen Dinge über das Universum, die niemand wissen sollte, und vermögen Dinge zu tun, die zu tun keiner in der Lage sein sollte. Ich war bis über meinen Kopf darin verstrickt, doch das ist jetzt vorbei. Heute würde ich dieses verdammte *Necronomicon* und den ganzen Rest verbrennen, wenn ich der Bibliothekar der Miskatonic wäre.

Aber jetzt kann sie mich nicht kriegen. Ich muss das verfluchte Haus verlassen und, so schnell ich kann, wieder in mein ehemaliges Heim umsiedeln. Ich weiß, du wirst mir helfen, wenn ich Hilfe brauche. Diese teuflischen Bediensteten, du weißt ... und wenn die Leute zu neugierig in Bezug auf Asenath werden. Du verstehst, ich kann ihnen ihre Adresse nicht geben ... Dann gibt es noch bestimmte Gruppen von Suchenden – bestimmte Kulte, verstehst du – die möglicherweise unsere Trennung missverstehen ... einige von denen haben verdammt seltsame Vorstellungen und Methoden. Ich weiß, dass du zu mir hältst, wenn irgendwas passieren sollte – selbst wenn ich dir eine Menge erzählen muss, was dich entsetzen wird ...«

Ich brachte Edward dazu, über Nacht zu bleiben und in einem der Gästezimmer zu schlafen, und am Morgen schien er sich beruhigt zu haben. Wir sprachen über verschiedene Vorbereitungen für seinen Umzug in das Haus der Derbys, und ich hoffte, er würde keine Zeit verlieren, diesen Umzug durchzuführen. Er besuchte mich nicht am nächsten Abend, doch in den folgenden Wochen sah ich ihn häufig. Wir sprachen so wenig wie möglich über seltsame und unschöne Dinge, sondern erörterten die Renovierung des alten Derby-Hauses und die Reisen, die Edward im nächsten Sommer mit mir und meinem Sohn unternehmen wollte.

Über Asenath sprachen wir nicht, denn ich merkte, dass dies ein besonders heikles Thema war. Natürlich kochte die Gerüchteküche, doch das war nichts Neues angesichts der seltsamen Umstände, die im alten Crowninshield-Haus geherrscht hatten. Eine Sache, die mir gar nicht gefiel, war die übertriebene Darstellung, die Derbys Bankier im Miskatonic-Klub zum Besten gab – betreffend die Schecks, die Edward regelmäßig an Moses und Abigail Sargent und Eunice Babson in Innsmouth sandte. Das erweckte den Eindruck, als würden diese übel aussehenden Bediensteten eine Art von Abgabe von ihm erpressen – doch er hatte diese Angelegenheit mir gegenüber nie erwähnt.

Ich sehnte den Sommer herbei und damit die Ferien für meinen Sohn in Harvard, sodass wir Edward nach Europa bringen könnten. Wie ich schon bald feststellte, erholte er sich nicht so schnell, wie ich gehofft hatte, denn manchmal mischte sich in seine gelegentliche Hochstimmung eine Spur von Hysterie, während seine Anfälle von Furcht und Depression noch zu häufig waren. Das alte Derby Haus war im Dezember bereit, doch Edward verschob immer wieder den Umzug. Obwohl er Crowninshield hasste und zu fürchten schien, war er gleichzeitig auf seltsame Art daran gebunden. Es schien, als könne er nicht damit beginnen, Dinge einzupacken, und nutzte jeden möglichen Grund, den Umzug hinauszuzögern. Als ich ihm das darlegte, schien er mir auf unerklärliche Weise verängstigt zu sein. Der Butler seines Vaters – der sich dort mit anderen wiedereingestellten Bediensteten befand – erzählte mir eines Tages, dass Edwards gelegentliches Herumschleichen im Haus und besonders unten im Keller ihm seltsam und abseitig vorkäme. Ich fragte mich, ob Asenath ihm verstörende Briefe geschickt hatte, aber der Butler erklärte, dass keine Post gekommen sei, die von ihr stammen könnte.

VI

Es war um Weihnachten herum, als Derby eines Abends zusammenbrach, während er bei mir war. Ich lenkte die Unterhaltung auf die Reise im nächsten Sommer, als er plötzlich schrie und von seinem Stuhl mit einem Blick voller überwältigender und unkontrollierbarer Furcht aufsprang – ein kosmischer Schrecken und

Abscheu einer Art, die nur die tiefen Abgründe eines Albtraums über einen gesunden Geist bringen können.

»Mein Gehirn! Mein Gehirn! Um Gottes Willen, Dan – es zerrt – von weit her – klopft – klammert – diese Teufelin – selbst jetzt – Ephraim – Kamog! Kamog! – Die Grube der Shoggothen. Iä! Shub-Niggurath! Die Ziege mit der tausendfachen Brut …!

Die Flamme – die Flamme … jenseits des Körpers, jenseits des Lebens … in der Erde … oh Gott …!«

Ich drückte ihn zurück auf seinen Stuhl und gab ihm, als seine Raserei einer dumpfer Apathie gewichen war, etwas Wein zu trinken. Er wehrte sich nicht, aber seine Lippen bewegten sich, als ob er mit sich selbst spräche. Dann bemerkte ich, dass er versuchte, mir etwas zu sagen, und brachte mein Ohr an seinen Mund, um seine matten Worte zu verstehen.

»… wieder und wieder … versucht sie es … ich hätte es wissen müssen … niemand kann diese Kraft aufhalten, keine Entfernung, keine Magie oder der Tod … es kommt immer wieder, meistens bei Nacht … ich komme nicht los … es ist schrecklich … mein Gott, Dan, *wenn du nur wie ich wüsstest, wie schrecklich es ist* …«

Als er benommen zusammenbrach, machte ich es ihm mit ein paar Kissen bequem und ließ ihn schlafen, bis er aufwachte. Ich rief keinen Arzt, denn ich wusste, was man bezüglich seiner Gesundheit sagen würde, und wollte der Natur eine Chance geben, wenn ich könnte. Er wachte um Mitternacht auf, und ich brachte ihn nach oben ins Bett, am nächsten Morgen war er weg. Er hatte sich leise aus dem Haus geschlichen, und als ich bei ihm anrief, sagte mir sein Butler, dass er zu Hause sei und ruhelos in der Bibliothek umhergehe.

Kurz danach verfiel Edward zusehends. Er kam nicht mehr zu Besuch, doch ich schaute jeden Tag bei ihm vorbei. Er saß immer in seiner Bibliothek, starrte ins Nichts und erweckte den Eindruck, auf etwas zu *lauschen*. Manchmal redete er ganz vernünftig, doch nur über alltägliche Dinge. Jede Erwähnung seiner Schwierigkeiten, zukünftiger Pläne oder Asenaths versetze ihn in Raserei. Sein

Butler erklärte, dass Edward nachts fürchterliche Anfälle hätte, bei denen er sich manchmal Schaden zufügte.

Ich hatte ein langes Gespräch mit seinem Arzt, seinem Bankier und seinem Anwalt, und schließlich suchte der Arzt ihn mit zwei Spezialisten auf. Der Tobsuchtsanfall, der auf die erste Frage folgte, war heftig und erbarmenswert – und an diesem Abend brachte man ihn in einem geschlossenen Wagen in das Sanatorium von Arkham. Ich wurde zu seinem Vormund bestellt und besuchte ihn zweimal die Woche. Mir kamen fast die Tränen, wenn ich seine wilden Schreie, sein abseitiges Geflüster und das entsetzliche, leiernde Wiederholen von Satzfetzen wie: »Ich muss es tun – ich muss es tun … es wird mich kriegen … es wird mich kriegen … dort unten … dort unten im Dunklen … Mutter, Mutter! Dan! Rette mich … rette mich …«, hörte.

Wie groß die Hoffnung auf eine Genesung war, konnte niemand sagen, doch ich bemühte mich, optimistisch zu sein. Edward musste ein Heim haben, wenn er entlassen wurde, also brachte ich seine Bediensteten in das Haus der Derbys, denn wenn Edward gesund wäre, dann würde er sicher diese Lösung gutheißen. Was mit dem Crowninshield-Wohnsitz und mit seinen umfangreichen Einrichtungen und Sammlungen von gänzlich fremden Objekten geschehen sollte, konnte ich nicht entscheiden, und so ließ ich es fürs Erste auf sich beruhen. Ich beauftragte das Hausmädchen aus Derbys Haus, einmal in der Woche hinüberzugehen und die wichtigsten Räume zu putzen und den Heizer an diesem Tag anzufeuern.

Der finale Albtraum kam noch vor Lichtmess – in grausamer Ironie durch einen falschen Hoffnungsschimmer angekündigt. An einem Morgen Ende Januar rief mich das Sanatorium an, um mir mitzuteilen, dass Edward plötzlich wieder vernünftig geworden sei. Sein Erinnerungsvermögen sei stark beeinträchtigt, doch seine Gesundung stehe fest. Natürlich müsse er noch einige Zeit zur Beobachtung bleiben, doch es bestehe nur wenig Zweifel an dem Ergebnis. Alles stehe gut, und er würde bestimmt in einer Woche entlassen werden.

Überwältigt vor Freude eilte ich ins Sanatorium, doch als mich eine Schwester in Edwards Zimmer gebracht hatte, stand ich verwirrt da. Der Patient stand auf, um mich zu begrüßen, dabei streckte er seine Hand mit einem höflichen Lächeln aus, doch ich erkannte sofort, dass es sich um die fremde, energische Persönlichkeit handelte, die seiner eigenen Natur so entgegengesetzt war – diese zupackende Persönlichkeit, die ich so erschreckend fand und von der Edward einst selbst gesagt hatte, es wäre die Seele seiner Frau, die von ihm Besitz ergriffen hätte. Da war derselbe glühende Blick wie der von Asenath und dem alten Ephraim – und derselbe entschlossene Mund, und als er sprach, erkannte ich dieselbe verbissene, durchdringende Ironie in der Stimme – diese umfassende Ironie, geschwängert von potenzieller Bösartigkeit. Das war die Person, die vor fünf Monaten meinen Wagen durch die Nacht gelenkt hatte – die Person, die ich seit seinem kurzen Besuch, als er das alte Klingelzeichen vergessen und in mir verschwommene Ängste heraufbeschworen hatte, nicht mehr gesehen hatte – und nun erfüllte er mich wieder mit demselben unterschwelligen Gefühl von blasphemischer Fremdheit und unbeschreiblichem, kosmischem Grauen.

Er sprach leutselig von Vorbereitungen für seine Entlassung – und ich hätte nichts zu tun, als meine Zustimmung zu geben, auch wenn es in seiner Erinnerung einige deutliche Lücken gäbe. Dennoch spürte ich, dass da etwas schrecklich und unerklärlich falsch und unnatürlich war. In dem Ding waren Schrecken, die ich nicht begreifen konnte. Vor mir stand eine gesunde Person, aber war sie wirklich der Edward Derby, den ich gekannt hatte? Wenn nicht, wer oder was war sie dann – *und wo war Edward*? Sollte sie frei sein oder in Verwahrung bleiben … oder sollte man sie vom Angesicht der Erde tilgen? In allem, was die Kreatur sagte, war eine Andeutung von einer abgrundtiefen Teufelei – diese wie Asenath blickenden Augen verliehen bestimmten Worten einen rätselhaften, höhnischen Beigeschmack, wenn sie über »frühe Freiheit, errungen durch eine besonders harte Gefangenschaft« sprach. Ich muss mich ziemlich unbeholfen verhalten haben und war froh, als ich mich zurückziehen konnte.

Den ganzen Tag und auch den nächsten beschäftigte mich dieses Problem. Was war geschehen? Welches Bewusstsein schaute aus diesen fremden Augen in Edwards Gesicht? Ich konnte an nichts anderes als dieses dunkle, schreckliche Rätsel denken und gab alle Versuche auf, meine übliche Arbeit zu verrichten. Am zweiten Morgen rief das Krankenhaus an, um mir mitzuteilen, dass der Zustand des geheilten Patienten unverändert sei, und am Abend befand ich mich am Rande eines Nervenzusammenbruchs. Ich gebe das zu, obwohl andere es als Bestätigung für meine darauffolgenden Visionen ansehen werden. Dazu habe ich nichts zu sagen, außer, dass kein Wahnsinn meinerseits *alle* Beweise erklären könnte.

VII

Es war in der Nacht – nach jenem zweiten Abend –, als ein mächtiger, tiefer Schrecken über mich kam und meinen Geist in eine schwarze, erdrückende Panik hüllte, von der er sich nicht mehr befreien konnte. Es begann mit einem Telefonanruf kurz vor Mitternacht. Ich war als Einziger noch wach und nahm schläfrig in der Bibliothek den Hörer ab. Niemand schien in der Leitung zu sein, und ich wollte schon auflegen und zu Bett gehen, als ich am anderen Ende die schwache Ahnung eines Lauts wahrnahm. Versuchte da jemand, unter großen Schwierigkeiten zu sprechen? Als ich lauschte, glaubte ich, eine Art halbflüssiges, blubberndes Geräusch zu hören – »Blubb … blubb … blubb …« – das einen merkwürdigen Anklang von unartikulierten, unverständlichen Worten und Silben hatte. Ich fragte: »Wer ist da?« Doch die einzige Antwort war: »Blubb-blubb … blubb-blubb.« Ich konnte nur vermuten, dass das Geräusch mechanischen Ursprungs war, doch in dem

Glauben, dass es vielleicht von einem kaputten Gerät herrührte, dass zwar empfangen, aber nicht senden konnte, fügte ich hinzu: »Ich kann Sie nicht hören. Besser Sie hängen auf und versuchen es bei der Störungsstelle.« Sofort hörte ich, wie der Hörer am anderen Ende aufgelegt wurde.

Das war, wie ich gesagt habe, kurz vor Mitternacht. Als man später den Anruf zurückverfolgt hatte, stellte man fest, dass er aus dem alten Crowninshield-Haus gekommen war, obwohl es eine halbe Woche vor dem Tag war, an dem sich das Hausmädchen gewöhnlich dort aufhielt. Ich kann nur erwähnen, was man in dem Haus vorfand – die Unordnung in einem abgelegenen Lagerraum im Keller, die Spuren, den Dreck, die hastig herausgerissenen Kleidungsstücke, die absonderlichen Spuren am Telefon, das zusammengeknüllte Schreibpapier und den abscheulichen Geruch, der über allem lag. Die Polizei, diese armen Narren, haben ihre selbstgefälligen, kleinen Theorien und suchen noch immer nach den finsteren, entlassenen Bediensteten – die man mitten in dem momentanen Aufruhr völlig aus den Augen verloren hat. Sie reden von einem grässlichen Racheakt für irgendwelche Handlungen und behaupten, dass ich in der Sache mit drinstecke, weil ich Edwards bester Freund und Berater gewesen sei.

Idioten! – Glauben sie wirklich, dass diese absurden Hanswurste die Handschrift gefälscht haben könnten? Glauben sie, dass diese so raffiniert waren, das zu inszenieren, was dann kam? Sind sie so blind, dass sie nicht die Veränderungen an dem Körper bemerkt haben, der einmal Edwards war? Soweit es mich betrifft, *glaube ich inzwischen alles, was mir Edward Derby jemals erzählt hat.* Es gibt Schrecken jenseits des Lebens, die wir uns nicht vorstellen können, und von Zeit zu Zeit bringt sie die menschliche Neugierde in unsere Reichweite. Ephraim – Asenath – dieser Teufel hat sie heraufbeschworen, und sie verschlangen Edward, so wie sie mich verschlingen.

Kann ich denn gewiss sein, dass ich sicher bin? Diese Mächte überleben die physische Existenz. Am Nachmittag des nächsten

Tages, als ich meine Erschöpfung überwunden hatte und in der Lage war, mich auf den Beinen zu halten und zusammenhängend zu sprechen, ging ich in die Irrenanstalt und erschoss ihn – zum Wohle Edwards und der Welt, doch sicher kann ich erst sein, wenn er eingeäschert ist. Sie bewahren den Körper für eine blödsinnige Autopsie durch verschiedene Ärzte auf – doch ich sage, er muss eingeäschert werden. *Er muss eingeäschert werden – dieses Ding, das nicht Edward Derby war, als ich es erschoss.* Wenn das nicht geschieht, dann werde ich verrückt, weil ich vielleicht der Nächste bin. Doch mein Wille ist nicht schwach – und ich werde mich nicht von den Schrecken unterwandern lassen, die um mich herum brüten. Ein Leben – Ephraim, Asenath und Edward – wer jetzt? Ich *werde mich nicht* aus meinem Körper vertreiben lassen … Ich werde meine Seele nicht mit der dieses von Kugeln durchsiebten Kadavers in der Irrenanstalt tauschen.

Doch lassen Sie mich der Reihe nach von diesem letzten Schrecken berichten. Ich werde nicht von dem sprechen, was die Polizei so beharrlich ignoriert – den Geschichten von dem zwergenhaften, abseitigen, übelriechenden Ding, das von mindestens drei Spaziergängern kurz vor zwei Uhr morgens auf der High Street gesehen wurde, oder von der Beschaffenheit einzelner Fußabdrücke an bestimmten Orten. Ich will nur sagen, dass ich gegen zwei Uhr von der Türklingel und dem Klopfer geweckt wurde, Klingel und Klopfer wurden abwechselnd und unsicher wie in einer Art matter Verzweiflung betätigt, und *mit beiden wurde versucht, Edwards altes Signal von drei und zwei Schlägen auszuführen.*

Aus tiefem Schlaf gerissen dröhnte mir der Kopf. Derby war an der Tür und erinnerte sich an das alte Signal. Die andere Persönlichkeit konnte sich nicht daran erinnern … befand sich Edward wieder in seinem eigentlichen Zustand? Warum war er in einem solchen angespannten und abgehetzten Zustand hier? War er vorzeitig entlassen worden oder war er geflohen? Vielleicht, so überlegte ich, als ich mir einen Morgenmantel überwarf und die Stufen hinabeilte, ging seine Rückkehr zu seinem Selbst mit Ausbrüchen von Gewalt einher, was weitere Einschließung nach sich gezogen hätte und ihn zu einer verzweifelten Flucht in die Freiheit veranlasst hatte. Was auch immer passiert war, er war wieder der gute alte Edward, und ich würde ihm helfen!

Als ich die Tür in die von Ulmen gesäumte Dunkelheit öffnete, warf mich ein Schwall von unerträglich ekelhaften Gestanks fast um. Ich keuchte vor Übelkeit, und eine Sekunde lang bemerkte ich die zwergenhafte, bucklige Gestalt auf den Stufen gar nicht. Die Umstände passten zu Edward, doch wer war dieses ekelhafte, verwachsene Zerrbild? Wo war Edward hingegangen? Sein Klingeln war nur eine Sekunde, bevor ich die Tür geöffnet habe, erklungen.

Der Besucher trug einen von Edwards Mänteln, dessen Saum fast den Boden berührte, und die Ärmel waren hochgekrempelt, bedeckten aber immer noch seine Hände. Auf dem Kopf hatte er einen tief heruntergezogenen Schlapphut, während ein schwarzer Seidenschal sein Gesicht verdeckte. Als ich unsicher einen Schritt nach vorne trat, gab die Gestalt einen halbflüssigen Laut von sich, so wie ich ihn am Telefon gehört hatte – »*blubb … blubb …*« und streckte mir ein großes, eng beschriebenes Stück Papier, aufgespießt auf der Spitze eines langen Bleistifts, entgegen. Immer noch mit dem ekelhaften und unerklärlichen Gestank kämpfend, nahm ich das Papier und versuchte es im Licht, das aus dem Flur drang, zu lesen.

Zweifellos war es Edwards Handschrift. Doch warum hatte er es geschrieben, wo er doch hier war – und warum war die Schrift so unbeholfen, grob und zittrig? In dem schwachen Licht konnte ich nichts erkennen, und so trat ich zurück in den Flur. Die zwergenhafte Gestalt folgte mir automatisch, verharrte aber auf der Türschwelle. Der Gestank dieses seltsamen Boten war wirklich entsetzlich, und ich hoffte (nicht vergeblich, Gott sei Dank!), dass meine Frau nicht aufwachte und damit konfrontiert würde.

Dann, als ich das Schriftstück las, fühlte ich, wie meine Beine unter mir nachgaben und mir schwarz vor Augen wurde. Als ich wieder zu mir kam, lag ich auf dem Boden, dieses verfluchte Stück

Papier immer noch in meiner vor Furcht zitternden Hand. Folgendes stand darauf:

Dan – geh zum Sanatorium und bring es um. Vernichte es. Es ist nicht mehr Edward Derby. Sie hat mich gekriegt – es ist Asenath – *und sie war dreieinhalb Monate lang tot.* Ich habe gelogen, als ich sagte, sie sei weggegangen. Ich habe sie getötet. Ich musste es tun. Es geschah plötzlich, aber wir waren alleine, und ich befand mich in meinem richtigen Körper. Ich habe einen Kerzenständer genommen und ihr den Kopf eingeschlagen. Sie hätte mich an Allerheiligen gänzlich übernommen.

Ich habe sie in einem abgelegenen Lagerraum im Keller unter alten Kisten begraben und alle Spuren verwischt. Die Bediensteten haben am nächsten Morgen etwas vermutet, doch sie selbst haben genug Dreck am Stecken, dass sie nicht wagen würden, zur Polizei zu gehen. Ich habe sie entlassen, doch der Himmel weiß, was sie – und andere Anhänger des Kults – unternehmen werden.

Eine Weile glaubte ich, alles sei in Ordnung, doch dann fühlte ich das Zerren an meinem Geist. Ich wusste, was es war – ich hätte daran denken sollen. Eine Seele wie die ihre – oder Ephraims – löst sich nur halb und bleibt nach dem Tod noch, solange der Körper existiert. Sie kriegte mich und zwang mich, mit ihr den Körper zu tauschen – *nahm meinen Körper in Besitz und steckte mich in ihren Leichnam, der begraben im Keller lag.*

Ich wusste, was kommen würde, deshalb schnappte ich über und musste ins Irrenhaus. Dann geschah es – ich fand mich eingeschlossen im Dunkeln – in Asenaths verwesendem Kadaver, unten im Keller unter den Kisten, wo ich ihn begraben hatte. Und ich wusste, dass sie sich in meinem Körper im Sanatorium befand – für immer, denn es war nach Allerheiligen, und das Opfer dort hatte auch ohne ihre Anwesenheit funktioniert – gesund und bereit, um entlassen und zu einer Bedrohung für die ganze Welt zu werden. Ich war verzweifelt, *und trotz aller Widerstände wühlte ich mir meinen Weg nach draußen.*

Ich bin zu hinüber, um zu sprechen – ich schaffte es nicht, zu telefonieren – doch ich kann noch schreiben. Ich werde es irgendwie schaffen, dir diese letzten Worte und Warnung zu bringen. *Töte diese Teufelin,* wenn dir der Friede und die Annehmlichkeiten der Welt etwas bedeuten. *Sorge dafür, dass sie eingeäschert wird.* Wenn nicht, dann wird sie immer weiterleben, Körper für Körper in alle Ewigkeit. Ich kann dir nicht sagen, was es tun wird. Halte dich von Schwarzer Magie fern, Dan, sie ist das Geschäft des Teufels. Leb wohl, du warst ein guter Freund. Erzähle der Polizei, was immer sie bereit ist zu glauben – und es tut mir verdammt leid, dass ich dir das alles aufbürde. Schon bald werde ich meinen Frieden haben – das Ding hier wird sich bald auflösen. Hoffe, du kannst das alles lesen. *Und töte das Ding – töte es.*

Der Deine – Ed

Ich war am Ende des dritten Absatzes ohnmächtig geworden, erst nachdem ich wieder zu mir gekommen war, las ich die letzte Hälfte des Papiers. Danach fiel ich erneut in Ohnmacht, als ich sah und roch, was da auf der Türschwelle, wo die warme Luft auf es getroffen war, zusammengesunken war. Der Bote würde sich nicht mehr bewegen, noch hatte er einen Funken Leben in sich.

Der Butler, aus härterem Holz als ich geschnitzt, fiel nicht in Ohnmacht, als er am Morgen im Flur darauf stieß. Stattdessen rief er die Polizei. Als sie eintraf, hatte man mich schon nach oben ins Bett gebracht, doch jene – andere Masse – lag noch da, wo sie in der Nacht zusammengesunken war. Die Polizisten hielten sich Taschentücher vor die Nase.

Was sie schließlich in Edwards seltsam zusammengestellter Kleidung fanden, war zum großen Teil flüssiger Schrecken. Man fand auch Knochen – und einen eingeschlagenen Schädel. Ein zahntechnischer Abgleich ergab, dass es der Schädel von Asenath war.